"十二五"国家重点图书出版规划项目

中国社会科学院创新工程学术出版资助项目

总主编：金　碚

经济管理学科前沿研究报告系列丛书

THE FRONTIER REPORT ON DISCIPLINE OF FINANCE

杨志勇　主编

财政学学科前沿研究报告

图书在版编目（CIP）数据

财政学学科前沿研究报告/杨志勇主编. —北京：经济管理出版社，2014.10
ISBN 978-7-5096-3418-9

Ⅰ. ①财… Ⅱ. ①杨… Ⅲ. ①财政学—研究报告—中国 Ⅳ. ①F812

中国版本图书馆 CIP 数据核字（2014）第 229239 号

组稿编辑：张永美
责任编辑：张永美 高 娅
责任印制：司东翔
责任校对：超 凡

出版发行：经济管理出版社
（北京市海淀区北蜂窝 8 号中雅大厦 A 座 11 层 100038）
网 址：www. E-mp. com. cn
电 话：（010）51915602
印 刷：三河市延风印装厂
经 销：新华书店
开 本：787mm×1092mm/16
印 张：23.75
字 数：533 千字
版 次：2015 年 1 月第 1 版 2015 年 1 月第 1 次印刷
书 号：ISBN 978-7-5096-3418-9
定 价：75.00 元

《经济管理学科前沿研究报告》专家委员会

主　任：李京文

副主任：金　碚　黄群慧　黄速建

专家委员会委员（按姓氏笔划排序）：

方开泰　王方华　王立彦　王重鸣　毛程连　包　政　史　丹　左美云

石　勘　刘　怡　刘　勇　刘伟强　刘秉链　刘金全　刘曼红　刘湘丽

吕　政　吕　铁　孙玉栋　孙建敏　朱　玲　何　瑛　宋　常　张　晓

张文杰　张世贤　张玉立　张屹山　张晓山　张康之　李　平　李　周

李　晓　李子奈　李小北　李仁君　李京文　李国平　李春瑜　李海峥

李海舰　李维安　杜莹芬　杨　杜　杨世伟　杨冠琼　杨春河　杨瑞龙

汪　平　汪同三　沈志渔　沈满洪　肖慈方　芮明杰　辛　暖　陈　耀

陈传明　陈国权　陈国清　周小虎　周文斌　周治忍　周晓明　林国强

罗仲伟　郑海航　金　碚　洪银兴　荆林波　贺　强　赵顺龙　赵景华

赵曙明　项保华　夏杰长　席酉民　徐二明　徐向艺　徐宏玲　徐晋涛

涂　平　秦荣生　袁　卫　郭国庆　高　闯　符国群　黄泰岩　黄速建

黄群慧　曾湘泉　程　伟　韩文科　赖德胜　雷　达　廖元和　蔡　昉

潘家华　魏一明　魏后凯

《经济管理学科前沿研究报告》
编辑委员会

序　言

中国社会科学院哲学社会科学创新工程的实施，对加快建设哲学社会科学创新体系，实现中国社会科学院成为马克思主义的坚强阵地、党中央国务院的思想库和智囊团、哲学社会科学的最高殿堂的定位要求，提升中国社会科学院在国际、国内哲学社会科学领域的话语权和影响力，加快中国社会科学院哲学社会科学学科建设，推进哲学社会科学的繁荣发展具有重大意义。

为了准确把握经济和管理学科前沿发展状况，评估各学科发展近况，及时跟踪国内外学科发展的最新动态，引领学科发展方向，积极推进学科建设，特组织院内外专家研究撰写《经济管理学科前沿研究报告》。本系列报告的研究和出版得到了国家新闻出版广播电影电视总局的支持和肯定，并将本系列报告丛书列为“十二五”国家重点图书出版项目。

《经济管理学科前沿研究报告》包括经济学和管理学两大学科。经济学包括能源经济学、旅游经济学、服务经济学、农业经济学、国际经济合作、世界经济学、资源与环境经济学、区域经济学、财政学、金融学、产业经济学、国际贸易学、劳动经济学、数量经济学、统计学。管理学包括管理学、创新管理学、战略管理学、技术管理与技术创新、公司治理学、会计（审计）学、财务管理学、市场营销学、人力资源管理学、组织行为学、企业信息管理学、公共政策与政府管理、物流供应链管理、创业与中小企业管理、管理科学与工程。

《经济管理学科前沿研究报告》依托中国社会科学院独特的学术地位和超前的研究优势，撰写出具有一流水准的哲学社会科学前沿报告，致力于体现以下特点：

（1）前沿性。本系列报告要体现国内外学科发展的最新前沿动态，包括各学术领域内的最新理论观点和方法、热点问题及重大理论创新。

（2）系统性。本系列报告将囊括学科发展的所有范畴和领域。一方面，学科覆盖具有全面性，包括不同学科的科研成果、理论发展、科研队伍的建设，以及某学科发展过程中具有的优势和存在的问题。另一方面，就各学科而言，还将涉及该学科下的各个二级学科，既包括学科的传统范畴，也包括新兴领域。

（3）权威性。本系列报告将由各个学科内长期从事理论研究的专家、学者主编，组织本领域内一流的专家、学者进行撰写，无疑将是各学科内的权威学术研究。

（4）资料性。本系列报告不仅系统总结和评价了每年各个学科的发展历程，还提炼了各学科学术发展进程中的重大问题、重大事件及重要学术成果，因此具有工具书式的资料性，为哲学社会科学研究的进一步发展奠定了新的基础。

《经济管理学科前沿研究报告》全面体现了经济、管理学科及其分支学科国内外的发展状况、最新动态、重要理论观点、前沿问题、热点问题等。该系列报告包括经济学和管理学一级学科和二级学科，其中经济学科15个，管理学科15个。将按年度撰写出版30个学科前沿报告，成为系统研究的年度连续出版物。这项工作虽然是学术研究的一项基础工作，但意义十分重大。要想做好这项工作，需要开展大量的组织、协调、研究工作，更需要专家、学者付出大量的时间和艰苦的努力，在此，特向参与本研究的院内外专家、学者和参与出版工作的同仁表示由衷的敬意和感谢。相信在大家的齐心努力下，将会进一步推动中国对经济学和管理学学科建设的研究，同时，也希望本报告的连续出版能推动我国经济和管理学科研究水平有较大提高。

金　碚

2013年3月

目　录

第一章 财政学科2010年国内外研究综述

第一节 2010年的中国财政学

中国财政学研究的一大特色是紧紧围绕现实重大财政问题展开，这应是中国转型期财政问题较多的现实所决定的。因此，关于中国财政学研究成果的介绍，本书还是按照主题进行，并介绍相关的理论发展。

（一）“十二五”时期的财税改革

2010年是“十一五”的收官之年。对“十一五”财税改革进行回顾，对“十二五”进行展望，已经成为财政学界关注的重点问题。高培勇主编（2010）对“十二五”时期的中国财税改革进行了较为系统全面的研究。该研究在对“六五”以来的财税改革作了基本回顾的基础之上，剖析了“十二五”时期的宏观经济环境，对“十二五”时期的财政收支规模作了分析，还对“十二五”时期的财政支出结构改革、政府收入体系改革、税收改革、预算管理改革、财政管理改革、财政体制改革、财政政策取向等进行了较为深入的探讨，对加快经济发展方式转变的财税制度安排进行了构建。陈元主编（2010）也对深化财税体制改革作了研究，内容涉及财税体制的方方面面，特别是阐述了未来5~10年财税体制改革的总体思路和政策措施。高培勇主编（2010）的研究是一项基础性研究工作，对世界主要国家财税体制作了比较，并提出了相关的借鉴意见。

财税改革需要解决一些基础理论问题。刘尚希（2010）提出了财政公共化改革的一种转轨理论假说。他认为：作为我国财政公共化改革的一种理论假说，“公共财政”这个范畴只有放在中国的语境下才有意义。它主要解决公共化改革中的两个问题：一是政府财政活动的范围和职能定位；二是政府财政活动的方式。其背后对应着观念和认识的前提：市场机制在工具意义上的有效性和公共权力来源的契约性，使政府与市场、政府与民众的逻辑关系呈现一种颠倒性变化，前者从计划经济体制下的资源配置中“政府第一，市场第二（补充）”变为“市场第一，政府第二（补充）”；后者从“政府第一，民众第二”变为“民众第一，政府第二”，也就是从“国家本位”（治民）到“人民本位”（民治）。这种具有颠覆性的变革是以渐进改革的方式来进行的，这个过程至今没有完成。

（二）财政政策

众所周知，财政政策作用在理论界一直有争议，但是，国际金融危机来临之后，世界主要国家无不重视其作用的发挥。重新思考财政政策，已经成为财政学界（也包括宏观经济学界）重视的一个重要问题。一度偏袒货币政策的主张正在部分地得到纠正。高培勇（2010）对新一轮积极财政政策的进程作了盘点，对未来走势作了前瞻性分析。贾康（2010）分析了中国宏观调控必须特别注重理性的“供给管理”的特定原因，以及这种调控的地位和相关的基本要领。王立勇（2010）利用 HP 滤波方法估计了中国潜在产出和产出缺口，并测算中国通胀缺口，进而从目标实现角度定量分析了财政政策在促进经济增长和稳定物价方面的有效性。他认为，在稳定物价方面，财政政策绩效不容乐观；平抑物价波动的功劳不应归属于财政政策，通货膨胀主要还是一种货币现象，应主要利用货币政策来调控。

蒋伏心、林江（2010）从中国改革开放以来财政分权和锦标赛式的官员晋升机制并存的制度背景出发，提出了一个解释这一时期宏观经济所表现出的较显著的阶段性差异的分析框架，并利用 1978~2007 年的省级面板数据对中国政治经济周期的存在性、政治周期的财政扩张效应以及财政政策的顺周期性这三个基本假设作了实证分析。他们还认为，1994 年推行的分税制收紧地方财政是改变原有财政顺周期性特征并实现宏观经济波动趋于平滑的重要原因。邵挺（2010）利用季度数据，用久期模型分析了相机性的财政和货币政策对中国经济走出 1992~2009 年间四次衰退的作用。其研究结果表明，相机性的财政政策和货币政策的协调组合对中国经济走出衰退具有比较显著的正向作用，但公共债务水平的上升会削弱相机性政策协调对经济走出衰退的刺激作用，特别是会严重制约积极财政政策的可持续性。闫坤、张鹏（2010）对全球经济低速增长与通胀“迷局”下的积极财政政策作了分析。在他们看来，中国主要税种的收入呈增长趋势，财政收入体系的自动调节功能得到完善，财政支出重点逐步向社会事务转移，形成了由经济外延性扩张向社会外延性扩张的转变。

贾俊雪、郭庆旺（2010）构建了一个不完全市场竞争条件下的动态随机均衡模型，并以改革开放以来的中国经济为样本进行数值模拟分析，深入剖析了不同经济条件下最优财政政策和货币政策的周期特征。理论分析表明，即使在完全市场竞争条件下，弗里德曼货币政策规则也并非最优，其根源在于政府生产性支出的生产外部性。数值模拟分析进一步支持了这一结论，同时表明，最优劳动所得税率和政府生产性支出比重在整个周期内的波动幅度较小且具有较强的持续性；最优通货膨胀率具有高度波动性，持续性很弱；市场权力、风险厌恶和公共服务拥挤程度对最优财政政策和货币政策的周期特征具有重要影响。这对于中国实现宏观经济稳定的财政政策和货币政策选择具有重要意义。

严成樑、王弟海、龚六堂（2010）在一个资本积累与创新相互作用的框架下内生化劳动力供给，假设政府通过征收平滑的收入税为公共支出融资，并且将政府公共支出区分为资本性支出和研发性支出，从而考察了税收和财政支出结构对经济增长的影响及其作用机制。研究发现，当政府通过征收收入税为生产性公共支出融资时，收入税税率与经济增长率之间存在一个倒“U”型的关系，从而回到了 Barro（1990）的结论，尽管他们强调的政府财政政策作用于经济增长的机制与 Barro（1990）差别较大；在基准经济（Benchmark Economy）的参数环境下，财政支出结构与经济增长率之间存在一个倒“U”型关系，从而经济中存在一个最优的财政支出结构。

（三）税制改革

1. 税制结构、税收负担与税收的经济效应

税制改革的一个目标是优化税制结构。刘佐（2010）对中国直接税与间接税比重变化趋势进行了研究。他认为，直接税与间接税的比重，是税制结构研究的主要问题之一。通过相关资料的整理和分析，他概要描述了中国若干重要历史时期特别是新中国成立 60 年以来历次重大税制改革以后直接税与间接税比重变化的轨迹，并探讨了上述比重变化的趋势和进一步合理调整上述比重的途径。

税收负担是税收理论的重要内容。用中国数据来研究税收理论，并为政策选择提供支持，将在未来一段时间内支配相关研究的进行。间接税是累退税，早已进入教科书。那么中国的情况又是什么样呢？过去缺少相关经验研究。聂海峰和刘怡（2010）研究了进入 21 世纪以来，税收收入高速增长对于城镇不同收入家庭间接税负担的影响。他们认为，收入越高的家庭负担的间接税越多，但税收占收入的比例却是低收入家庭大于高收入家庭，间接税是累退的；2000~2005 年，所有家庭的税收负担比例都增加了，税收累退程度没有变化。他们通过把税收负担变化分为税收征管和经济结构引起的实际税率变化和家庭消费结构变化两部分，发现实际税率提高是近年来所有家庭税收负担增加的主要原因。

税收的经济效应研究是中国财政学研究的薄弱环节。缺少相关研究，很容易导致某些税收决策的“拍脑袋”。一般认为，提高烟草税可以降低烟草消费，那么中国的情况怎么样？2009 年烟草消费税上调提供了一次研究机会。

高松、刘宏、孟祥轶（2010）采用中国健康与营养调查（China Health and Nutrition Survey，CHNS）的面板数据，运用传统需求模型（Conventional Demand Function）、短视成瘾模型（Myopic Addiction Model）以及理性成瘾模型（Rational Addiction Model），估计中国居民的烟草需求。他们的估计结果支持吸烟是理性成瘾的假设，具有不同社会经济地位的子群体吸烟成瘾程度不同，烟草需求价格弹性也不同。他们用估计出的价格弹性，测量了 2009 年烟草税调整的政策影响，发现 2009 年的烟草消费税上调，在不影响香烟零售价格的基础上，可以增加国家税收收入达 589.87 亿元人民币；如果烟草税的调整在未来传递到零售价格上，预计可以降低卷烟消费 1.75 亿包/年，并增加财政收入 630.36 亿元/年。

2. 增值税改革

增值税与营业税分立并行，不利于增值税中性作用的发挥，增值税“扩围”改革势在必行。但是，营业税主要是地方税，增值税“扩围”必须解决好地方政府收入损失问题。施文泼和贾康（2010）从理论上分析了中央与地方财政体制中增值税的税权配置和收入分享问题，借鉴了几个典型国家增值税改革的经验与教训，对我国增值税下一步的改革方向和实施路径提出了建议。杨默如（2010）基于对金融业由目前课征营业税改为课征增值税

的必要性与可行性分析，应用投入产出表对金融业重复课税规模进行测算，提出了我国金融业增值税制的改革建议，包括：①在税率设计方面，金融业应与其他行业保持增值税税率的一致，但增值税的标准税率需略微降低；②在税基确定方面，应将金融服务全面纳入增值税课征范围，再分项目确定是否给予免征或零税率的特殊政策；③在财政体制方面，从税源性质与征管条件出发，建议作为中央税或共享税，征管主体由两个系统集中到一个系统。

一般认为，增值税转型（从生产型到消费型）能够刺激投资，促进经济增长。但转型也会扭曲资本与劳动相对价格，产生资本对劳动的替代效应，对就业造成负面影响。而过去用可计算一般均衡（CGE）模型研究中国增值税转型的文献，大多假设中国是处在劳动和资本充分就业的新古典主义框架下，忽视了这个替代作用。和以往研究不同，陈烨、张欣、寇恩惠、刘明（2010）考虑了中国这一特殊国情、要素市场和宏观经济形势，设置了一个凯恩斯和剩余劳动力状况下的宏观闭合的 CGE 模型，在此框架下模拟增值税转型对于宏观经济与就业的政策效应。他们的研究发现，增值税转型对于实际 GDP 的刺激非常有限，却可能造成多至 444 万人数的新增失业。在同样的减税成本下，如果采取无歧视减税政策，即将原生产型增值税税率向下普调 2%，会同时增加就业、更大程度地刺激整体经济和提高居民福利水平。在中国国情下，无歧视减税政策比增值税转型更优选。

3. 个人所得税改革

个人所得税是下一步税制改革的重点。刘佐（2010）回顾了 100 年来中国的个人所得税制度的发展历程。刘怡、胡祖铨、胡筱丹（2010）认为，中国的工薪所得适用的个人所得税的累进税率设计在诸多方面已不适应中国经济社会新状况和国民收入分配呈现的新问题，妨碍了所得税收入分配功能的实现。他们针对现行工薪所得个人所得税累进税率设计存在的问题，提出了改进设想。

刘怡、聂海峰、邢春冰（2010）利用 2005 年个人所得税费用扣除标准改革提供的自然实验机会，使用微观样本数据估计税制改革对劳动供给的影响，发现税制改革对不同性别群体的劳动供给存在不同影响。税制改革显著增加了就业女性的工作时间，平均每周增加了 3.72 小时，但对男性的工作时间没有显著影响。在影响个人劳动时间的社会特征中，家庭其他收入、家庭人口的工作时间影响不显著；在企事业单位工作，具有党员身份、较高教育和工龄使个人工作时间更长；具有城镇户口相对工作时间较少。婚姻和学龄前子女对男性和女性工作时间有不同影响。

4. 财产和行为税改革

胡洪曙（2010）研究了财产税税率问题。他首先讨论了税率的决定主体应是上级政府还是地方政府，然后比较分析了浮动税率与固定税率之优劣，最后探讨了定额税率、累进税率和比例税率实施的理论依据。这些分析和探讨有可能为中国开征财产税后的具体税率形式选择提供相关决策依据。

司言武（2010）从一般均衡分析方法入手，构建了环境税经济效应研究的理论模型。他认为，在次优税收理论架构下，环境税"双重红利"假说不成立，最优污染品课税的税率水平只能定位在低于庇古税税率水平上，但引入非同质性假设条件后论证表明，环境税“双重红利”假说可能成立，从而为环境税税率水平定位在高于庇古税税率水平之上提供了可能。

碳税作为有效的市场减排手段，为各国政府所提倡。姚昕和刘希颖（2010）从微观主体出发，考虑中国经济增长阶段性特征，并通过求解在增长约束下基于福利最大化的动态最优碳税模型，得到最优碳税征收路径，并测算其宏观影响。他们发现，开征碳税有利于减少碳排放，提高能源效率，并可以调整产业结构。在保障经济增长的前提下，中国最优碳税是一个动态的渐进过程。随着经济增长，经济社会承受力不断提高，最优碳税额逐渐上升。他们认为，开始比较低的碳税可以使经济社会避免受到比较大的冲击。

5. 税收征管

税权交易的兴起与衰落是一个复杂的历史过程。汤玉刚、关凤利（2010）在高度抽象的层面论证了税权交易形成的原因，税权交易的税收负担效应和生产率效应，税权交易与财政分权指标度量的关系，以及税权交易衰落的趋势。压力型体制下，以税收计划指标为依托的纵向税收竞争诱发了地区之间横向的非正式税收合作，使税权交易双方的福利同时得到改进。但这种改进是局部的，随着税收制度规范化程度提高，上级通过税收指标控制税收征管效率的收益递减，内生于纵向指标化管理的税权交易也将淡出历史舞台。

（四）财政支出

1. 财政支出效率

财政资源在竞争性支出项目之间配置是否合理，不仅直接影响社会资源配置效率，而且关乎社会发展成果能否为全民共享。直接测度财政资金配置效率不大现实，为克服这一困难，李永友（2010）不直接核算财政资金配置效率的绝对水平，而是采用相对效率的核算方法，即从评价对象中确定一个样本为前沿生产面，以此作为最优财政资金配置标准，根据其他地区与该最优标准的距离函数确定其他地区的相对效率。他通过引入非参数前沿技术对中国地方财政支出结构配置效率进行的估算表明，中国地方财政支出结构配置效率平均只有 0.7，虽然自 1994 年财税改革之后，出现一种整体上升趋势，但上升速度较为缓慢。地方财政支出结构配置效率，无论是相对水平，还是变化趋势，地区间都存在显著差异。从时间上看，在过去的 10 多年中，地区间财政支出结构配置效率呈现出明显的差序调整态势。一些中西部地区在中央财政的大力支持下，财政支出结构配置相对效率上升较快。

中国已经不再对企业提供直接补贴，但各类企业仍然有机会得到以财政专项资金或其他各类奖励名义的另类“财政补贴”。这类“财政补贴”会长期存在，关键在于“补贴”是否公正，效果是否良好。余明桂、回雅甫、潘红波（2010）以中国民营上市公司为样本，分析与地方政府建立政治联系的企业是否能够比无政治联系的企业获得更多的财政补贴。结果发现，与地方政府建立政治联系的民营企业确实能获得更多财政补贴；而且，在制度环境越差的地区，政治联系的这种补贴获取效应越强。进一步的检验发现，与地方政府建立政治联系的民营企业获得的财政补贴与企业绩效及社会绩效负相关，而无政治联系的民营企业获得的财政补贴与企业绩效及社会绩效正相关。他们的研究结果支持民营企业建立政治联系的寻租假设，即民营企业通过与地方政府建立政治联系来俘获掌握着财政补贴支配权的地方政府官员，进而得到更多财政补贴；在制度约束弱的地区，这种寻租行为更加盛行。就地方政府的公共政策而言，他们的研究结果意味着，地方政府基于政治联系的财政补贴支出会扭曲整个社会稀缺资源的有效配置，降低社会的整体福利水平。

2. 社保支出

人口老龄化进程中的养老保险体系选择是中国在未来几十年内将面临的一项重大挑战。从长期来看，以基金制为核心的养老保险制度可以维持整个体系可持续的均衡运行，但在省级统筹的前提下各地方政府的财政能力会显著地影响到基金制运行的市场效率。邵挺（2010）通过构建一个简单的理论模型，推断出一个重要的命题：如果各地的财政能力相差过大，基金制改革只会进一步拉大各地养老基金运行效率的差距。最后，他认为，目前尚处在省级统筹层次的养老保险体系还不具备从现收现付制向基金制转变的条件，只有提高统筹层次，尽快建立起全国统筹的养老保险体系，才能为如此重大的制度转轨奠定坚实的基础。

3. 财政支出与税收的关系研究

金戈（2010）将 Barro 模型关于内生公共支出的基本特征引入 Chamley 模型，考察了经济增长中的最优税收与公共支出结构问题。他利用两阶段逆向归纳法，分别探讨了社会第一优和次优的税收与公共支出结构的一般条件，并通过一个具体例子给出了最优公共支出与税收的显示路径。最后通过数值模拟，他估计了中国的最优宏观税负水平。

金戈、史晋川（2010）构建了一个包含多种类型公共支出的内生经济增长模型，其中包括具有不同产出弹性和消费弹性的纯生产性支出、纯消费性支出与生产—消费混合型支出。在这一框架里，他们探讨了多种类型公共支出促进经济增长和社会福利的机制，考察了社会最优路径的存在性和唯一性，给出了一组各种公共支出的最优条件及相互间的最优比例关系，并研究了不同筹资模式下分散均衡路径的福利性质。他们还通过一个特例考察了三类典型公共支出的最优解析路径，并进行了比较静态分析。最后，他们对某些公共服务所具有的拥挤性和排他性特征作了初步讨论。

贾俊雪、郭庆旺（2010）构建了一个最优地方政府支出规模的理论模型，探寻财政分权和政府组织结构对地方政府支出规模的影响机理，并据此构建计量模型，利用 1997~2005 年中国县级面板数据进行实证分析。他们的研究表明，纵向政府级次减少和辖区政府数量增加对县级地方政府支出规模均具有显著的负效应，“撤乡并镇”改革对县级地方政府支出规模具有显著的滞后负效应。财政支出分权对县级地方政府支出规模具有显著的正效应，财政收入分权则具有显著的负效应。财政收支分权对县级地方政府支出规模的非对称性影响自 2002 年所得税收入分享改革以来以及在东部地区均相对较弱。进一步的研究还表明，财政分权特别是财政收入分权对县级地方政府支出规模的影响在一定程度上取决于政府组织结构特点。

张克中、冯俊诚、鲁元平（2010）从公共支出效率和公共支出结构两个角度，论述了财政分权和贫困减少之间的理论联系。一方面，财政分权通过增加亲贫式支出的配置效率来实现减贫目标；另一方面，财政分权加剧了地方政府间的竞争程度，而地区竞争会扭曲公共支出结构，阻碍减贫目标的实现。他们利用中国分税制改革后的省际数据发现：就北京、上海和天津而言，财政分权程度的增加恶化了贫困状况；而对于其他省份而言，财政分权程度的增加则有利于缓解贫困。

（五）政府预算改革

王雍君（2010）研究供应面方法的预算改革问题，分析了源自参与式预算的挑战。参与式预算的兴起和广阔的发展前景，对传统上采用的供应面方法预算改革及其有效性提出了有力挑战，也在一定程度上预示了下一阶段我国部门预算改革的新方向：融入参与理念的需求面方法。他认为，融入需求面方法的预算改革需要链接一个磋商性预算过程、融入规划元素和最低限度的预算透明度。

政府预算改革既是制度改革问题，也是技术问题。将仅仅反映收支状况的政府预算升级为政府综合财务报告体系，需要技术支撑。政府资产负债表的编制就是中国政府预算改革必须解决的问题。政府资产负债全景图可以理解为由全面反映政府资产负债境况的财务报表、附注及一系列其他说明性报告所构成的报告体系的总称。常丽（2010）介绍了美国和日本的实践经验。简单地说，美国联邦政府目前的资产负债全景图以管理层讨论与分析为起点、以主要财务报表为主体，由管理层讨论与分析、主要财务报表、报表注释、未经审计的补充信息和托管信息四个层次的内容构成。日本政府资产负债表的主要目标是通过完整反映政府财务状况来增强对公众的受托责任，即形成一套完整的“政府资产负债全景图”。美国和日本政府资产负债信息披露全景图展现了全面反映政府财务境况的两个侧重点，即通过表内信息与表外信息的有机结合，全方位反映政府财务状况。

（六）政府间财政关系

1. 政府间财政关系改革的总体思路

杨志勇（2010）认为现在已到全面改革财政体制的时候了。他对财政体制运行中所遇到的现实问题和可能遭遇到的挑战作了全景式的概括，提出要实行分税、分租与分利相结合的财政体制。张晋武（2010）旨在纠正目前流行的政府间收支权责配置原则的理论偏颇与欠科学之处，为构建合理的政府间财政关系和进一步改革、完善财政体制提供正确的指导规范。他认为，按照分级财政体制的要求和对“事权”概念的正确解释及解决我国分税制改革后政府间财政关系矛盾的现实需要，科学、全面的政府间收支权责配置原则应当是“公共服务职责划分清晰，事权财权与出资责任相匹配，财力与支出责任相匹配。”

朱青（2010）从国际比较视角探讨了中国分税制的一些热点问题。他认为：在地方一般预算收入中，本级收入占的比重较低并不会影响地方财政支出，关键是要有一个科学合理的中央对地方的转移支付制度；中国是单一制国家，不可能给地方政府税收立法权，但可以让地方在中央立法的框架内有一定的选择权，此外还可以通过发展中央地方共享税的路径完善地方税体系；下一步完善分税制应适当调整中央与地方的分税办法，并进一步加大均衡性转移支付的比重。

白彦锋、吴哲方（2010）对现行分税制体制中的增值税中央与地方的分享比例问题作了分析，认为增值税分享比例在不同情景的不同数值，是中央与地方在政府间财政关系上不断博弈的结果。马海涛、曾康华（2010）在数理分析省际人均财政收入差异形成的基础上，利用人均财政收入和人均 GDP 的数据，构建三线段回归模型，实证分析了 1978~2008 年中国四次财政体制改革对 30 个省、市、自治区政府人均财政收入变动的影响和人均财政收入差异形成的轨迹。研究的结论是，中国财政体制改革有利于缩小省际人均财政收入的差异，对实现公共服务均等化具有积极的促进作用。

张斌、杨之刚（2010）从公共需求的多样性、差异性和变动性出发，分析了信息不对称条件下公共需求的偏好显示与排序问题。他们认为，公共品的受益范围、偏好同质性、支付能力、公共需求排序方式和排序成本是在规范意义上影响政府间职能纵向划分的主要因素。公共需求偏好显示及排序所要求的小政府与公共产品与服务供给效率的矛盾以及不同地方政府之间公共产品和服务组合的差异化与社会公平之间的矛盾是政府间财权事权纵向配置面临的两个基本问题，在区分供应与生产的基础上，归纳了政府间职能纵向划分的基本模式。

2. 财政转移支付

谷成（2010）探讨了政府间转移支付制度设计问题。他认为，在分权化财政体制下，各地区的资源禀赋差异、收入分配的不对称以及包括要素投入价格和生产能力在内的成本差异都将导致财政差异的产生。为消除财政差异，均等化转移支付要求将财政能力均等化至全国平均水平，并对各地区不同的公共服务需求和成本予以补偿。在中国目前的分权约束条件下，宏观经济指标法是衡量中央以下各级政府财政能力的理想选择。在支出需求方面，应在承认特定地区成本和需求差异的基础上，通过制定以支出需求为基础的最低标准的转移支付，使某些公共服务的财政需求简便而客观地得以补偿。

转移支付的确定必须明了公共服务的成本。各地自然、经济和社会条件的差异，导致区域间公共事业发展的单位成本不同，即在不同区域提供相同水平的公共服务的成本不同。因此，地区间财政能力的均等化必须考虑公共事业发展成本差异因素。伏润民、常斌、缪小林（2010）论证了公共事业发展成本差异存在的依据，并从自然条件、经济条件和社会条件三个方面构建了公共事业发展成本差异评价指标体系，进一步采用因子分析法和熵值法分别对我国 30 个省（市、自治区）和云南省 129 个县（市、区）进行了实证测算，得到中国各区域公共事业发展成本差异系数。

中国目前地区财力的巨大差异，客观上要求稳步提高均等化财政转移支付规模，而现行财政预算体制对地方政府的财政行为约束相对有限。付文林（2010）在地方政府内生化财政选择背景下考察了均等化转移支付制度对地方财政行为的激励效应。他的研究发现，转移支付总体上对提高落后地区人均财力有积极作用，但在一定程度上也降低了地方的征税积极性，另外，转移支付规模扩大可能助长了地方财政支出更加偏向于行政性支出。他认为政府间财政分配体制的可持续发展，需要完善对地方征税行为和地方公共品供给结构优化的激励机制。

财政分权体制下产生的市场分割和地方保护主义不利于经济发展，却是地方政府的一个理性选择。范子英和张军（2010）认为，给予落后地区更多财政转移支付，使其可以分享发达地区经济增长的好处，且当转移支付的量能使得落后地区参与分工的效用超过分割时的效用时，则即使是在分权的体系下，落后地区也会主动放弃市场分割，而采取策略性分工的政策，进而提高市场的规模效应。利用 1995~2005 年的中国省级面板数据，他们验证了转移支付能显著带来国内市场整合；且三大转移支付中的专项转移支付的作用最显著也最大，而财力性转移支付和税收返还的作用不明显。他们的结论表明，中央政府确实在利用专项转移支付协调地方政府的行为，但该政策的负面作用不容忽视。

范子英和张军（2010）分别采用线性以及非线性方法，分析 1995~2006 年省级面板数据，发现转移支付比重每增加 1 个百分点将使得地方经济的长期增长率降低 0.03 个百分点，这种无效率的水平在西部地区更达到 0.37 个百分点，表明 1999 年以来倾斜性的转移支付政策恶化了这种无效率状况，支出结构的不合理变化和转移支付带来的激励扭曲都可能降低经济增长的潜力。

贾俊雪、郭庆旺和高立（2010）分别利用空间面板数据模型和两情势空间德宾面板数据模型全面考察了中国中央财政转移支付及其构成对地方政府财政支出特别是不同类型支出的竞争行为的影响。他们的研究表明，1995~2008 年，中央财政转移支付对省级地方政府竞争性支出行为总体上具有较为显著的影响，其中税收返还与财力性和专项转移支付的激励效应存在着明显差异。

3. 房价与土地财政

杨圆圆（2010）以 1999~2007 年省级数据为基础，大致估算了全国各地区土地财政规模，并在此基础上采用动态面板模型对土地财政的影响因素进行了定量分析。研究表明，土地财政规模存在较大时空差异。东部地区土地财政规模较大，政府支出对土地财政的依赖程度相对较高，中西部地区土地财政规模虽然相对较小，但增长趋势较明显。各地对土地财政的依赖与经济发展水平、城市化进程、地区竞争度、腐败、财政信息披露程度等因素有很大关系，其中腐败和财政信息披露的影响更为重要。

以对住房需求和住房供给进行分类控制，实现政策性和市场化分配相结合的双轨制房地产发展模式为特征的房地产发展体制改革（“二次房改”），是解决当前房地产问题的重要方法和关键所在。张双长、李稻葵（2010）以“二次房改”的财政基础作为分析对象，从地方政府的土地财政与当地房地产价格变动之间的关系出发，通过对历史数据的回归分析，发现在控制了其他房地产价格影响因素之后，地方政府对土地财政的依赖程度越高，该城市的房地产价格上涨越快，从而证明地方政府的确有可能通过各种手段促进城市房价上涨，因此越是依赖土地财政，地方政府越会推动房价上涨，以便从中获取更多的政府收益；同时，在房价上涨时，越是依赖土地财政的地方政府越会推动房价的持续高涨，而在房价下跌时，这些地方政府相对更不愿看到房价下跌，从而在数据上表现为房价变动幅度与地方政府对土地财政的依赖程度之间的关系随房价处于不同的上涨（下跌）区间而不同。他们的结论表明，由于土地财政的存在，中国房地产市场调控和发展体制改革不能仅仅针对房地产业和房地产市场，还必须有财政体制改革等其他政策措施相配合。

4. 地方性公共产品与财政竞争

邵挺、袁志刚（2010）在传统的 Tiebout-Oates 理论框架中引入了住宅用地供应量这一变量，提出了土地供应量的增加会降低地方公共品供给对房价的资本化速度这一理论假说，并利用 2001~2007 年全国 35 个大中城市的面板数据进行实证研究。他们发现，地方公共品提供水平的高低对住宅价格有着显著的影响，另外住宅供地面积的增加会显著地降低地方公共产品供给对房价的资本化速度。基于这一发现，他们认为，中国已经出现了明显的地方公共品供给资本化的现象。另外，为了抑制这些大中型城市的住宅价格过快上涨，一方面需要尽快实现全国基本公共产品服务提供的均等化，另一方面需要大量增加大中型城市的住宅供地规模。

陈硕（2010）发现，20 世纪 90 年代中期以来，中国地方公共产品供给水平有下降趋势，同时发现较高的公共产品供给水平总是和较高的地方财政自主权联系在一起。他应用分省面板数据，特别利用了 1994 年分税制改革导致的地方财政自主权的跨时和跨区变化，为上述假设提供了实证证据。他认为中国在财政分权化过程中面临的一系列既有制度设置可以作为上述因果关系的解释机制。一系列测量偏误和模型选择的检验显示其实证结论是稳健的。基于中国的研究支持了那些认为财政分权而不是集权将改善地方公共品供给水平的观点。

皮建才（2010）从激励理论的角度分析了转型时期地方政府公共物品供给机制。地方政府既可以供给民生型公共物品，也可以供给发展型公共物品。该文通过模型求解找到了影响地方政府供给民生型公共物品和发展型公共物品的主要因素。地方政府之所以重视发展型公共物品供给而轻视民生型公共物品供给，除了因为现行的激励结构使得发展型公共物品的“政治价格”大大高于民生型公共物品的“政治价格”以外，还因为民生型公共物品供给过程中的风险高于发展型公共物品供给过程中的风险。

地方政府竞争在中国经济崛起和转型过程中扮演着重要角色，“兄弟竞争”、“父子争议”即地方政府之间的“横向策略互动”和地方政府对中央政府的“纵向共同反应”两种行为特性。王美今、林建浩、余壮雄（2010）基于 1985~2006 年的数据，设定能刻画空间交互性反应特征的空间面板计量模型，对地方政府财政竞争的这两种行为特性进行识别，以期科学估算、正确区分，为解释当前中国问题提供了一个新的视角。他们的研究显示，宏观税负以分税制改革为界，其策略互动特性从相互模仿转变为差异化，而支出相对规模、基本建设支出和科教文卫支出均表现出相互模仿的策略互动；在纵向共同反应特性方面，地方政府在宏观税负、支出相对规模和基本建设支出这三项政策上跟随效仿中央政府，但中央政府的科教文卫支出政策未能对地方政府产生强有力的影响。

此外，2010 年中国还有少数财政史研究成果。例如，张威、吴能全（2010）对当代中国财政史的研究。20 世纪 50 年代的全面公有化的产权变革，在时序推进上是激进的，在变革倾向上是高度意识形态化的。而所有这些，无不与 1978 年以来朝向民营化的渐进改革具有一种结构上的对称性。他们的研究表明，20 世纪 50 年代的激进公有

化，是一个“财政能力—治理能力”处于“低水平均衡”中的传统国家在遭遇外部危机时的自然反应。

第二节　2010 年国外财政学的发展

2010 年的国外财政学（本书主要指英语财政学界的研究成果），与中国有着很大的差异，研究对象较为分散。国外财政学研究主题具有广泛性的特点，大的如财政政策，小的如政府发放购物券，等等，均有涉及。这或许与基本理论框架已定和财政制度基本稳定有关。财政学研究表现出精细化耕耘的特点。这样，短短篇幅，自然很难全面涵盖国外财政学理论的发展态势。

与中国财政学著作出版繁荣（数量多）相比，国外财政学著作，特别是个人撰写的专著数量更是寥寥。即使是以书的形式出版的，也多属论文集。因此，本书对国外财政学著作的择要介绍，是不足以深入了解国外财政学发展的。欲深入了解国外财政学发展，特别是英语财政学界的研究成果，除了阅读相关论文之外，似别无他路。具体篇目可见本书第五章。

基于此，本书所做的综述也就无法面面俱到，而更多地谈论个人眼中的国外财政学发展状况。本书主要作为“引子”，希望能起到管中窥豹的作用。本书所提供的代表性论著介绍和索引也可以帮助读者了解国外财政学的发展概况。需要说明的是，所谓代表性论著，只能是编者心目中有代表性的论著。由于篇幅限制，所介绍的论著数量有限，编者希望选入的论著在理论研究或政策选择上有一定的启示意义。

财政学论文除了发表在专门的财政学（公共经济学）学报外，还散落在经济学、政治学、法学、公共管理学等相关学报中。受视野所限，本书关注的非财政学专门学报主要是经济学类学报。本书主要介绍 2010 年国外财政学发展中值得注意的几个主题。

（一）行为财政学

过去 20 年，“行为经济学”，或其他社会科学方法和实证在经济学中的应用得到迅猛发展。通过实验室实验验证许多预测是一种重要方法。James（2010）在《国家税收学报》（National Tax Journal）发表了文章综述和评价行为经济学在公共经济学[①] 领域的各种应用或“行为公共经济学”的验证。他探讨了行为经济学的基本要素、实验经济学方法、实验方法在行为公共经济学中的应用以及未来应该有用的主题。《国家税收学报》（National Tax Journal）还刊登了大量行为财政学的文章。

《公共财政分析》（Finanz Archiv：Public Finance Analysis）是最古老的财政学专业学

① “财政学”和“公共经济学”有些微差别，但经常在相同意义上使用。

报，创办于 1884 年。它发表财政学（公共经济学）各领域的原创性作品，例如税收、公债、公共产品、公共选择、联邦主义、市场失效、社会政策福利国家。它强调当前政策问题的高质量理论与实证研究论文。2010 年第 1 期（第 66 卷）就是行为财政学的专辑。

Riedl（2010）介绍了实验经济学和行为经济学的部分结果和行为规律并进行了讨论，这些结果和规律在现实中对公共政策至关重要，或可能对公共政策有重要的影响。在定格效应、亲社会行为、互惠的基础之上，他说明了它们与税制、社会和个人福利的相互影响，最终讨论了对公共政策的影响。财政学研究认真对待与传统个人和集体决策“行为的”不一致性，完全是合适的。这提出了问题：国家是否应该在保护个人中发挥作用，个人是否易于受组成国家的人们所操纵，甚至剥削。Slemrod（2010）讨论了税制复杂性和税收遵从方面的议题。

Rauchdobler、Sausgruber 和 Tyran（2010）通过给最小项目规模（例如，技术原因导致桥不能只修一半）（公共产品连续提供，对社区图书馆的捐赠）设立门槛，将一种低效均衡的公共产品博弈转换为一套帕累托占优均衡的协调博弈。在公共产品的自愿提供中，各种门槛可能因此改善效率。他们在一次性实验中，发现协调经常失败，外生施加的各种门槛最多是无效的，并经常产生相反效果。在门槛水平和退款率的一定范围内，这能够成立。他们验证，如果是内生选择的话，那么各种门槛的绩效更好，即假如该门槛得到公民投票支持，因为信号和承诺效应，投票可能有利于协调。他们发现投票确实有信号和承诺效应，但它们不足以显著改善各种门槛的效率。

（二）财政学史

2010 年 10 月号《欧洲经济思想史学报》(The European Journal of the History of Economic Thought）是“公共经济学史研究”专辑。这一专辑除导论和 Alan Peacock 的专稿（包括从个人视角回忆公共经济学与经济思想史以及 20 世纪 50 年代撰写但未发表的文章）外，还有来自英国、法国、意大利和德国的文章。

来自英国的文章涉及的主题分别是：边沁、法国革命与代议制的政治经济学；边沁《幸福计算》中的集体利益与个人利益：来自福利主义与公平的疑问；帕累托、庇古、第三方消费与福利理论的多种方法及对财政学研究的影响。

来自法国的文章的主题分别是：18 世纪法国的累进间接税与社会公正；公共经济学史：法国的历史学派；大胆的思想：法国自由主义经济学家与国家；效用与公正：19 世纪法国自由主义经济学家；杜普伊思想中的公正的基础；Gustave Fauveau 对财政理论的贡献等。

来自意大利和德国的文章的主题主要有：作为激励瓦格纳公共干预理论勇气的自然法；意大利财政学传统中的国家思想；意大利财政理论中的公共支出；共同福利与私人企业的精神等。欧洲大陆的财政学传统与盎格鲁—撒克逊有很大的差异。英美传统只重视收入，而忽略支出。20 世纪 30 年代前，最小的政府是最好的政府。国家的经济边界从 20 世纪 30 年代开始发生显著变化。欧洲大陆在 19 世纪最后几十年发生了变化。奥地利、法国、德国、瑞典、意大利，用新的边际价值理论探讨公共支出。公共活动和私人活动

的相互补充，支出对经济发展的影响，税收归宿受支出的影响（抵消），一般公共支出的生产性等诸多方面都得到了研究。

该专辑还概述“二战”后的公共经济学。内容涉及外部性，科斯定理，罗尔斯的正义论与有益产品的概念，经济理论中的慈善组织，政府和公共产品提供，新自由主义之后的公共经济学等。Madra 和 Adaman（2010）在《新自由主义后的公共经济学：理论——历史视角》一文中研究战后凯恩斯主义向新自由主义转变背景下公共经济学的转型，旨在恢复和再现马斯格雷夫公共经济学活力的原创计划，即用政府来限制市场经济的过剩和混乱，让经济回到公共部门民主控制之中。

（三）税收理论研究

Adireksombat（2010）运用全国调查数据和本次救济金提高的机会，考察了 1993 年美国劳动所得税收抵免（EITC）扩张对未婚女性劳动供给的影响。与独生子女和“丁克家庭”相比，1993 年 EITC 扩张大幅度提高了两个和两个以上孩子家庭的救济金。研究发现，1993 年的扩张大幅度提升了两个或两个以上孩子的未婚女性的劳动参与率。而且，参与率的提高主要来自 EITC 项目的目标人群——受教育较少的女性。关于劳动小时数，文章还发现扩张增加了所有未婚女性的劳动小时数的证据。但是，目前文章未发现未婚女性劳动者年工作小时数的统计显著改变的证据。

Saez（2010）利用税收申报表数据来分析美国所得税税率表拐点扎堆。他用扎堆证据估计，申报所得对（1–）边际税率的不变弹性。他很清晰地发现，在劳动所得税收抵免的第一个拐点扎堆的证据，但他所关注的只是自我雇用者。这些结果可以用一个简单的逃税模型来解释。他发现在第一个所得税档次门槛扎堆的证据，此处开始有应付税款，但没有证据表明在其他拐点扎堆。

Cremer 等（2010）以准线性偏好和罗尔斯社会福利函数为标签，得出一套关于最优所得税的分析结果。假定劳动供给不变弹性，技能对数正态分布，他们分析识别标签的赢家和输家。他们证明，如果一个群体的技术分布一阶随机决定其他，标签呼唤从前者到后者的再分配。最后，他们以性别为标签，校正了美国工人模型。福利影响引人注目。输家只有男性高工资劳动所得者。其他所有人受益，有些人甚至大大受益。

消费税作为税制的选择项引入，且作为政府收入的主要来源，会带来更有效的税制。这种说法相对比较熟悉。但是，基于资本和劳动所得的税制，转向基于消费的税制，传统的认识会导致不合意的分配结果。Correia（2010）发展了一种非常简单的方法，以说明这种根本性税制改革的最合理的结果是相反的。与文献相关的主要差异，源于所假定的家庭异质性。除此之外，该文还说明引入消费税使得再分配政策不牺牲效率成本。谢长泰等（Hsieh、Shimizutani 和 Hori）研究了日本购物券项目对开支的影响。

Farhi 和 Werning（2010）提出一个父母利他和异质性生产率模型，得到最优遗产税的两个重要特征：第一，遗产税应该是累进的，从而留下遗产越多的父母，净遗赠越少；第二，边际遗产税应为负数，因此所有父母在遗赠上都有边际补贴。

异质性可能是最优税收方案的一个重要决定因素。Chone 和 Laroque（2010）解决连续代理人的莫里斯模型中的议题。各代理人的生产率和工作机会成本不同，但是劳动供应只是取决于两个特征的一维组合。边际税率无论什么地方都是非负的标准结果成立的条件给定。当工作机会成本的分布独立于生产率时，这更是事实。但是人们也能得到负边际税率：研究收入分布最底端负税率是最优的经济体，并基于英国数据给出了数量说明。

Mateos-Planas（2010）研究人口结构对劳动和资本税率组合的影响。他运用量化的一般均衡、世代交替模型（每一时期过去没有承诺，税率由投票决定，这可概括为马尔可夫均衡）。在美国，与 1965 年相比，1990 年的投票年龄人口较年轻，这解释了所观察到的 1990 年与 1965 年的相对资本税率下降。较年轻的人口提高资本净回报，导致选民增加储蓄，导致资本低税优惠的偏好。反过来，老龄化可能提高资本税。

（四）社会保障问题研究

Raj Chetty 和 Emmanuel Saez（2010）概括了私人部门提供部分保险时政府干预的福利利得。他们分析逆向选择、事前信息或不完全最优化带来政府干预作用的模型。他们推导公式，描绘存在的实证估计最优政策的量化预测。当私人保险带来道德风险时，最优政府保险的标准公式由于财政外部性必须修正。相反，不会带来道德风险的“非正式的”私人保险不影响标准公式。对健康和失业的应用显示正式私人市场保险可以显著地降低最优政府福利金支付率。

Lars Kunze 和 Christiane Schuppert（2010）分析了为社会保障融资而对资本所得课税。资本所得课税的增长效应，如果增加的收入用于削减与工作相关的社会保障税以降低失业。分析在内生增长、失业、由养老金和失业救济金组成的社会保障体系的世代交替模型中进行。改革不仅促进了就业，而且可能额外刺激了经济增长。欧盟 15 国数据校正模型显示，欧洲国家实际上可以得到更高的就业和增长，如果最初的资本所得税不是太高的话。

（五）其他

传统的公共产品理论在这一年也得到了发展。Cornes 和 Itaya（2010）拓展了公共产品自愿提供的简单模型，考虑了两种或两种以上公共产品，在这一背景中探寻新的可能性。他们说明，有许多公共产品时，自愿捐献均衡通常出现，不仅是公共产品提供的太低水平，而且是公共产品的错误组合。他们还分析了更一般情形的中性特征。

财政政策研究是财政学的重要领域之一。国际金融危机催生了各界重新思考财政政策理论。但受发表周期的限制，2010 年相关文章还较少。

2010 年国外财政学最为引人关注的成果之一是 Narayana R. Kocherlakota（2010）出版的《新动态财政学》(The New Dynamic Public Finance)。详见本书第三章。

此外，2010 年国外财政学的最终发展还可关注当年的学术会议。详见本书第四章。

参考文献

[1] 白彦锋，吴哲方. 增值税中央与地方分享比例问题研究 [J]. 财贸经济，2010 (3).

[2] 常丽. 美、日政府资产负债信息披露全景图比较研究 [J]. 财政研究，2010 (8).

[3] 陈硕. 分税制改革、地方财政自主权与公共品供给 [J]. 经济学（季刊），2010（4）.

[4] 陈烨，张欣，寇恩惠，刘明. 增值税转型对就业负面影响的 CGE 模拟分析 [J]. 经济研究，2010（9）.

[5] 陈元. 深化财税体制改革研究 [M]. 北京：研究出版社，2009.

[6] 范子英，张军. 财政分权、转移支付与国内市场整合 [J]. 经济研究，2010（3）.

[7] 范子英，张军. 中国如何在平衡中牺牲了效率：转移支付的视角 [J]. 世界经济，2010（11）.

[8] 伏润民，常斌，缪小林. 我国地区间公共事业发展成本差异评价研究 [J]. 经济研究，2010（4）.

[9] 付文林. 均等化转移支付与地方财政行为激励初探 [J]. 财贸经济，2010（11）.

[10] 高培勇. 新一轮积极财政政策：进程盘点与走势前瞻 [J]. 财贸经济，2010（1）.

[11] 高培勇主编. "十二五"时期的中国财税改革（中国财政政策报告 2010/2011）[M]. 北京：中国财政经济出版社，2010.

[12] 高培勇主编. 世界主要国家财税体制：比较与借鉴（中国财政政策报告 2009/2010）[M]. 北京：中国财政经济出版社，2010.

[13] 高松，刘宏，孟祥轶. 烟草需求、烟草税及其在中国的影响：基于烟草成瘾模型的经验研究 [J]. 世界经济，2010（10）.

[14] 谷成. 基于财政均等化的政府间转移支付制度设计 [J]. 财贸经济，2010（6）.

[15] 郭庆旺，贾俊雪. 财政分权、政府组织结构与地方政府支出规模 [J]. 经济研究，2010（11）.

[16] 胡洪曙. 财产税的税率设计研究 [J]. 财贸经济，2010（10）.

[17] 贾俊雪，郭庆旺. 市场权力、财政支出结构与最优财政货币政策 [J]. 经济研究，2010（4）.

[18] 贾俊雪，郭庆旺，高立. 中央财政转移支付、激励效应与地区间财政支出竞争 [J]. 财贸经济，2010（11）.

[19] 贾康. 中国特色的宏观调控：必须注重理性的"供给管理"[J]. 当代财经，2010（1）.

[20] 蒋伏心，林江. 晋升锦标赛、财政周期性与经济波动 [J]. 财贸经济，2010（7）.

[21] 金戈. 经济增长中的最优税收与公共支出结构 [J]. 经济研究，2010（11）.

[22] 李永友. 中国地方财政资金配置效率核算与分析 [J]. 经济学家，2010（6）.

[23] 刘尚希. 公共财政：公共化改革的一种转轨理论假说 [J]. 财贸经济，2010（8）.

[24] 刘怡，胡祖铨，胡筱丹. 工薪所得个人所得税税率的累进设计：问题与改进 [J]. 税务研究，2010(9).

[25] 刘怡，聂海峰，邢春冰. 个人所得税费用扣除调整的劳动供给效应 [J]. 财贸经济，2010（6）.

[26] 刘佐. 中国个人所得税制度发展的回顾与展望——纪念《中华人民共和国个人所得税法》公布 30 周年[J]. 税务研究，2010（9）.

[27] 刘佐. 中国直接税与间接税比重变化趋势研究 [J]. 财贸经济，2010（7）.

[28] 马海涛，曾康华. 中国省际人均财政收入差异形成的计量研究 [J]. 财贸经济，2010（5）.

[29] 聂海峰，刘怡. 城镇居民间接税负担的演变 [J]. 经济学（季刊），2010，9（4）.

[30] 皮建才. 转型时期地方政府公共物品供给机制分析 [J]. 财贸经济，2010（9）.

[31] 邵挺. 相机性政策、公共债务与经济复苏：来自中国的证据 [J]. 财贸经济，2010（4）.

[32] 邵挺，袁志刚. 土地供应量、地方公共品供给与住宅价格水平——基于 Tiebout 效应的一项扩展研究 [J]. 南开经济研究，2010（3）.

[33] 邵挺. 养老保险体系从现收现付制向基金制转变的时机到了吗？——基于地方财政能力差异的视角 [J]. 财贸经济，2010（11）.

[34] 施文泼，贾康. 增值税“扩围”改革与中央和地方财政体制调整［J］. 财贸经济，2010（11）.

[35] 司言武. 环境税经济效应研究：一个趋于全面分析框架的尝试［J］. 财贸经济，2010（10）.

[36] 汤玉刚，关凤利. 税权的跨区跨期交易与税收制度规范化［J］. 经济研究，2010（9）.

[37] 王立勇. 我国财政政策调控有效性的定量评价［J］. 财贸经济，2010（9）.

[38] 王美今，林建浩，余壮雄. 中国地方政府财政竞争行为特性识别：“兄弟竞争”与“父子争议”是否并存？［J］. 管理世界，2010（3）.

[39] 王雍君. 供应面方法的预算改革：源自参与式预算的挑战［J］. 财贸经济，2010（4）.

[40] 吴群，李永乐. 财政分权、地方政府竞争与土地财政［J］. 财贸经济，2010（7）.

[41] 闫坤，张鹏. 全球经济低速增长与通胀“迷局”下的积极财政政策分析［J］. 财贸经济，2010（2）.

[42] 严成樑，王弟海，龚六堂. 政府财政政策对经济增长的影响——基于一个资本积累与创新相互作用模型的分析［J］. 南开经济研究，2010（1）.

[43] 杨默如. 我国金融业改征增值税的现实意义、国际经验借鉴与政策建议［J］. 财贸经济，2010（8）.

[44] 杨圆圆. “土地财政”规模估算及影响因素研究［J］. 财贸经济，2010（10）.

[45] 杨志勇. 全面改革分税制财政体制时机已到［N］. 21世纪经济报道，2010-9-21.

[46] 姚昕，刘希颖. 基于增长视角的中国最优碳税研究［J］. 经济研究，2010（11）.

[47] 余明桂，回雅甫，潘红波. 政治联系、寻租与地方政府财政补贴有效性［J］. 经济研究，2010（3）.

[48] 张斌，杨之刚. 政府间职能纵向配置的规范分析［J］. 财贸经济，2010（2）.

[49] 张晋武. 中国政府间收支权责配置原则的再认识［J］. 财贸经济，2010（6）.

[50] 张克中，冯俊诚，鲁元平. 财政分权有利于贫困减少吗？——来自分税制改革后的省际证据［J］. 数量经济技术经济研究，2010（12）.

[51] 张双长，李稻葵. “二次房改”的财政基础分析——基于土地财政与房地产价格关系的视角［J］. 财政研究，2010（7）.

[52] 张威，吴能全. 财政交易、意识形态约束与激进公有化：中国20世纪50年代的政治经济学［J］. 经济研究，2010（2）.

[53] 朱青. 从国际比较视角看我国的分税制改革［J］. 财贸经济，2010（3）.

[54] Adireksombat Kampon. The Effects of the 1993 Earned Income Tax Credit Expansion on the Labor Supply of Unmarried Women. Public Finance Review，January 2010，38（1）：11-40.

[55] Alm James. Testing Behavioral Public Economics Theories in the Laboratory. National Tax Journal，December 2010，63（4）：635-658.

[56] Chetty Raj，Saez Emmanuel. Optimal Taxation and Social Insurance with Endogenous Private Insurance. American Economic Journal：Economic Policy，May 2010，2（2）：85-114.

[57] Chone Philippe，Laroque Guy. Negative Marginal Tax Rates and Heterogeneity. American Economic Review，December 2010，100（5）：2532-2547.

[58] Cornes Richard，Itaya Jun-Ichi. On the Private Provision of Two or More Public Goods. Journal of Public Economic Theory，2010，12（2）：363-385.

[59] Correia Isabel. Consumption Taxes and Redistribution. American Economic Review，September 2010，100（4）：1673-1694.

[60] Cremer Helmuth，Gahvari Firouz，Lozachmeur Jean-Marie. Tagging and Income Taxation：Theory and an Application. American Economic Journal：Economic Policy，February 2010，2（1）：31-50.

[61] Farhi Emmanuel, Werning Iván. Progressive Estate Taxation. Quarterly Journal of Economics, 2010, 125 (2): 635-673.

[62] Hsieh Chang-Tai, Shimizutani Satoshi, Hori Masahiro. Did Japan's Shopping Coupon Program Increase Spending? Journal of Public Economics, 2010, 94: 523-529.

[63] Kunze Lars, Schuppert Christiane. Financing Social Security by Taxing Capital Income: A Bad Idea? FinanzArchiv: Public Finance Analysis, 2010, 66 (3): 243-262.

[64] Mateos-Planas Xavier. Demographics and the Politics of Capital Taxation in a Life-Cycle Economy. American Economic Review, March 2010, 100 (1): 337-363.

[65] Raj Chetty, Emmanuel Saez. Dividend and Conporate Taxation in an Agency Model of the Firm [D]. Havard University Department of Economics, 2010.

[66] Rauchdobler Julian, Sausgruber Rupert, Tyran Jean-Robert. Voting on Thresholds for Public Goods: Experimental Evidence, FinanzArchiv/Public Finance Analysis, March 2010, 66 (1): 34-64.

[67] Riedl Arno. Behavioral and Experimental Economics Do Inform Public Policy. FinanzArchiv/Public Finance Analysis, March 2010, 66 (1): 65-95.

[68] Saez Emmanuel. Do Taxpayers Bunch at Kink Points? American Economic Journal: Economic Policy, August 2010, 2 (3): 180-212.

[69] Slemrod Joel. Old George Orwell Got It Backward: Some Thoughts on Behavioral Tax Economics. FinanzArchiv/Public Finance Analysis, March 2010, 66 (1): 15-33.

第二章　财政学科 2010 年期刊论文精选

第一节

分税制改革、地方财政自主权与公共品供给*

陈　硕[①]

【内容提要】本文发现20世纪90年代中期以来中国地方公共品供给水平有下降趋势，同时发现较高的公共品供给水平总是和较高的地方财政自主权联系在一起。本文应用分省面板数据，特别利用了1994年分税制改革导致的地方财政自主权的跨时和跨区变化，为上述假设提供了实证证据。本文认为中国在财政分权化过程中面临的一系列既有制度设置可以作为上述因果关系的解释机制。一系列测量偏误和模型选择的检验显示本文的实证结论是稳健的。基于中国的研究支持了那些认为财政分权而不是集权将改善地方公共品供给水平的观点。

【关键词】分税制改革　财政分权　地方财政自主权　公共品　中国

【经济文献分类号】H61，H71，H72

一、引言

财政分权作为一项制度创新，在最近20年成为世界潮流。世界各国的中央或联邦政府纷纷下放财政管理权，这种现象在非洲、南美和亚洲的发展中国家尤其突出。然而，对于财政分权和地方政府公共品供给水平之间的因果关系，学术界却没有达成一致的意见。不同的理论结构和前提假设会导致大相径庭的描述性与因果性推论。

将模型的前提设定在居民可以自由迁徙的社区，Tiebout（1956）论证了向地方政府分

* 本文选自《经济学（季刊）》2010年第9卷第4期。

① 陈硕，香港科技大学社会科学部；电子信箱：chenshuo@ust.hk。作者衷心感谢北京大学社会学系周飞舟教授对本文最初版本的指导以及香港中文大学大学服务中心（USC）为本研究所用数据提供的便利；本文曾入选第八届中国经济学年会，作者感谢会上参与讨论的学者，特别是评论人北京大学经济研究中心李力行教授的宝贵意见；作者同时感谢匿名审稿人的修改建议和意见。文中如有缺失，均为本人修业不深之责。

权有利于提高该社区公共品的供给水平：相对于中央政府，地方政府更加了解本地居民的偏好。Oates（1972）的研究支持前述结论并认为地方政府在提供公共品上具备更高的效率，其理由和 Tiebout（1956）相似。Oates（2006）进一步认为，财政分权会鼓励地方政府进行试验和制度创新，所以公共服务会变得更加优质。此后，为数众多的学者（Shah，1998；Wallis 和 Oates，1988；World Bank，1994；UNDP，1993；Galiani 和 Schargrodsky，2002；Faguet，2004；Zhang 等，2004；周飞舟，2006）用实证或个案研究的方式支持了上述理论假设。上述中文文献中关于上述问题的研究虽在结论上符合 Tiebout（1956）的预测，但其背后蕴涵的因果机制也许呈现出不同的图景。由于存在严格的户籍制度，中国的人口并不能完全自由地流动（乔宝云、范剑勇和冯兴元，2005；傅勇和张晏，2007）。此外，较之企业增值税，个人所得税在中国税收收入中比重过低，也使得地方政府对居民流动的反应缺乏弹性。

尽管偏好分权的观点已被众多国家财政改革的实践支持，但是近年来也出现了很多质疑分权优越性的理论。这些研究将注意力放到分权优越性所依靠的那些假设上，他们认为在民主体制和社区代表权等前提不具备时，分权反而会带来更坏的影响。Litvack、Ahmad 和 Bird（1998）就警告作为前述理论的前提条件——设计良好的制度在大多数发展中国家其实并不具备。因此，在这些国家的分权尝试中，公共服务的水平和效率并没有达到预期水平。这种结果尤其适用于以下三种情况：公共品具有较大的外部性（Jacques 等，1996；Lockwood，2002；Besley 和 Coate，2003），地方政府缺乏技术、人才和财政能力（Smith，1985；Crook 和 Sverrisson，1999），以及当地方政府之间存在着竞争关系（Keen 和 Marchand，1997；Janeba 和 Wilson，2003）。需要指出，上述三种情况并非外生于分权过程，就中国的经验来说，地方政府之间的竞争正发生于财政分权化过程中，其竞争程度在 20 世纪 90 年代中后期变得更加激烈。Azfar 等（2001）考察了正在经历财政分权改革的乌干达和菲律宾，他们发现分权并不自动地改善地方福利。同样是针对乌干达的研究，Akin 等（2005）进一步揭示了在分权化过程中该国地方政府并不情愿增加公共品支出。

到目前为止，财政分权和地方公共品供给水平的关系并没有得到足够的实证检验，基于中国的研究则更少。West 和 Wong（1995）分别在 1993 年和 1994 年对山东、河北和贵州三省进行实地调研来考察财政分权对社会服务的作用，他们发现一些重要的社会服务，比如教育和医疗的人均支出在省际之间存在较大的差异。The China Human Development Report（UNDP，2000）也认为财政分权导致公共服务水平恶化。这些个案或者描述性研究的结论很有价值，但也值得我们再思考。傅勇和张晏（2007）利用 1994 年以后的数据发现地方政府财政支出结构在分权化过程中出现“重基本建设、轻人力资本投资和公共服务的扭曲”，该发现很有启示意义，其结论也被其他研究所佐证（王世磊和张军，2008）。问题是，如果研究设计仅覆盖 1994 年之前或之后，这意味着没有利用 1994 年改革带来的地方财政自主性变化，公共支出扭曲的原因到底归咎于财政分权还是集权依然不明确。此外，有些学者的研究虽然覆盖了 1994 年财政改革前后，不过研究的重点集中在地方政府的支出效率（陈诗一和张军，2008）和地方政府行为（包括支出行为）上（陈抗、Hillman

和顾清扬，2002；平新乔和白洁，2006；张军、高远、傅勇和张弘，2007；Li，2007）。[①] 因此，为了更加可信地估计该关系，本文采用的研究设计同时覆盖了 1994 年财政改革的前后时期，以此捕获此次改革导致的中央地方财政关系的巨大变化，同时设计出的分权指标也可以一致地描述分税制改革前后的中央地方财政关系。该研究发现地方公共服务供给水平在分税制改革后有显著下降，同时较高水平的公共品供给一般和较高的地方财政自主性联系在一起。这篇基于中国数据的研究应被视作现有考察财政关系和公共品供给文献的一部分，其结论支持了那些认为财政分权改善公共品水平的观点。本文组织结构如下：第二部分介绍 1994 年财政改革的背景，同时描述公共品供给水平在改革前后变化的机制并提出假设，第三部分介绍本文采用的分权指标，第四部分描述计量模型及用到的数据，第五部分是对于实证结果的解释和稳健性检验，最后是本文的结论。

二、1994 年分税制改革：中央政府财政集权的努力

1978 年以来，在社会和经济领域，中国逐步摆脱计划经济体制并经历了明显的管理权下放过程。和其他转型国家相似，这段时期中国地方政府获得了很多在改革前没有的财政管理权力。与之前统收统支的财政体制相比，地方政府拥有了独立的预算制定权并享有一定的财政自主性，比如地方政府可以不受干扰地决定预算支出和中央政府分享预算收入等（Oksenberg 和 Tong，1991）。1994 年财政改革以前，中国的财政体制采用“包干制”，其中政府财政收入被分为三类：中央固定收入、地方固定收入和中央地方共享收入。显而易见，在这种制度设计下，地方政府会主动参与管理以增加本地政府的固定收入。一般认为，财政自主权赋予了地方政府较大的激励去谋求经济发展（Chen，1993；Montinola，Qian 和 Weingast，1995；Qian 和 Weingast，1996；Qian 和 Roland，1998；Xu 和 Zhuang，1998；Lin 和 Liu，2000；Blanchard 和 Shleifer，2001；张晏和龚六堂，2005；张军，2007；周黎安，2007）。然而在这段时期，我们也注意到中央政府的财政负担显著增加，这主要体现在财政收入占 GDP 的比重以及中央预算收入占全部预算收入的比重的增加（见图 1）（Wang 和 Hu，1994；王绍光，1997；Zhang，1999）。

中国的财政分权趋势在 20 世纪 80 年代达到顶峰，而后被 1994 年的财政改革代替（Cai 和 Treisman，2006），也有学者认为分权在 90 年代初达到最大（Qian，2003）。此次改革被称为分税制改革，目的是取代原有的财政包干体制。[②] 中央政府主动推行此次改革旨在调整 20 世纪 80 年代形成的中央地方关系，并重新回收重要领域的经济管理权

① 为了便于比较该领域文献的研究方法、样本、结论及各自采用的分权指标，对引言部分涉及的财政分权和中国地方政府行为实证研究的汇总见本文附录。该建议来自匿名审稿人。

② 对分税制实施过程的讨论见张军（2007）以及刘克崮和贾康（2008）。此观点感谢匿名审稿人的意见。

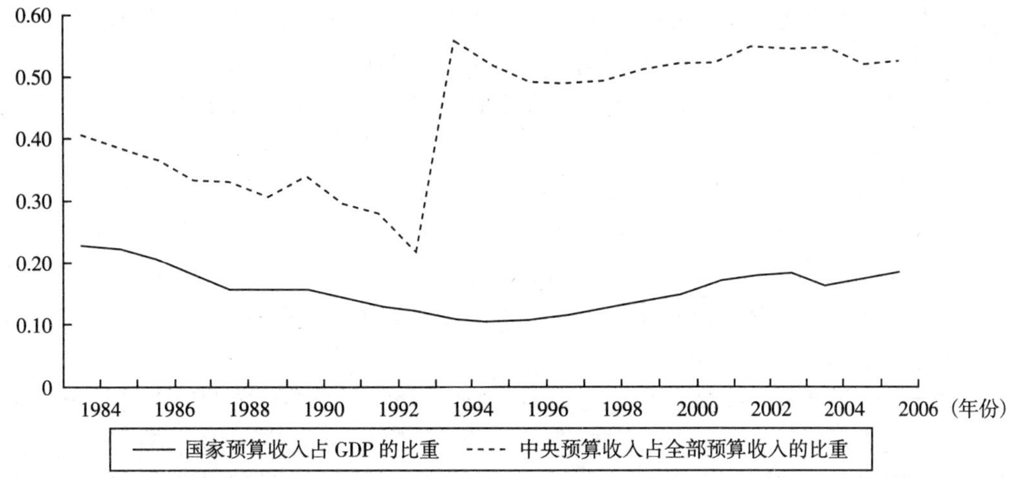

图 1　国家预算收入占 GDP 的比重以及中央预算收入占全部预算收入的比重

(Zhang，1999；张军，2007；刘克崮和贾康，2008)。通过这次改革，中央政府成功获得了在改革初期转移到地方政府手中的大部分财政权力。改革的核心内容是将税收分为中央税、地方税和共享税。同时，中央政府依靠规模巨大的财政转移来消除地方政府的赤字。相应地，地方政府的财政支出分为两个部分：本级政府财政净收入和来自中央的转移支付。前者为地方财政总收入减去上解中央后的部分。推行此次改革的动机是：在全国范围内减少在公共品供应水平方面的省际不平衡，消除各省之间的外部性，实现有效的宏观经济管理。

1994 年分税制改革是中央政府试图集中财政权力的一次努力。当然在本文中讨论的财政分权和集权都是相对概念。相对于 20 世纪 80 年代以前高度集中的计划经济体制，中国的财政体制在改革以后是明显的分权过程。然而在整个分权过程中，中央地方之间的财政关系并不是一成不变的。与 20 世纪 80 年代中国实行的财政包干制度相比较，1994 年的分税制改革使中国地方政府在财政自主权上经历了显著的收缩。

1994 年改革最初的设计和驱动力都是为了提高中央政府在财政再分配中的地位。这个结论也体现在图 1 反映出的变化趋势上：从图 1 中我们发现其中的一个比率——政府预算收入占 GDP 的比率随着改革的推行仅仅经历了缓慢的提升。而另外一个比率——中央财政预算收入占整个政府预算收入的比率，在 1994 年，即分税制改革的第一年，发生了极其显著的跳跃，并在之后一直保持在高位。因此，这次改革并没有显著扩大原先政府的收入基础，而是显著改变了中央地方之间的财政关系，其政治含义大于经济含义（Zhang，1999）。

为所在辖区提供公共品以换取中央政府政治上的支持是解释中国地方政府提供公共品动机的重要原因（Qian，2003）。由于中国在改革初期对外开放程度不高而且保护私有产权的法律制度不成熟，介于国有企业和私人企业之间的乡镇企业因此兴起，并成为地方政府收入的重要来源。因此，除了再投资以外，被地方政府控制的乡镇企业税后利润中的相当一部分被用来提供地方公共品。1985 年，49%的乡镇企业税后利润被用做地方公共支出，1992 年这个数字是 40%（国家统计局，1992，1993）。分税制改革使地方政府失去了对乡镇企业的收入的控制权，转而寻找其他收入增长点。这在一定程度上可以解释中国 20 世纪 90 年代中后期乡镇企业的大规模私有化和快速的城市化过程。随着开放的深入，90 年代初期以后，地方政府发展本地经济的主要手段变成引进外资和扩大出口。与改革初期税收主要来自本地乡镇和国有企业相比，这个阶段地方政府的税收来源更加多元：既依赖本地投资的私有企业和国有企业，也依赖外来投资的企业。外部环境的变化使得地方政府的支出结构偏向于基础设施建设以吸引外来资本从而提高资本回报（张晏和夏纪军，2006）。

分税制改革无疑极大地改善了中央政府的财政处境，但很多地方政府却挣扎于财政赤字（阎坤和张立承，2003）。省级政府会用相似的逻辑把本级政府承担的财政压力转移给下级政府（周飞舟，2006）。然而，1978 年经济改革以后形成的财政支出体制和其中蕴涵的政治逻辑并没有因为 1994 年分税制改革的推行而改变，省级以下政府仍然要承担绝大部分地方公共品支出责任。考虑到分税制改革以后地方政府面临的财政压力，它们会相应改变公共品支出结构，优先确保政府运转和基础设施的建设，以此吸引外来投资促进经济增长。后者对地方官员的政治前途有显著的影响（Landry，2002；Chen、Li 和 Zhou，2005；Li 和 Zhou，2005；周飞舟，2009），[①] 对那些具有较高外部性或投资回报期长于官员任期的领域比如教育、卫生等，地方政府并不情愿投入过多。[②] 表 1 反映了 1978 年以来地方政府在教育和医疗卫生领域的财政支出情况，从中可以发现从实施分税制改革的第九个五年计划以后，这些领域中地方财政支出占地方政府总支出的比率均发生明显下降。[③]

很显然，作为 20 世纪 70 年代后期以来经济分权总趋势中的一次集权化努力，1994 年财政改革为检验财政集（分）权和公共品供给之间的因果关系提供了非常有价值的跨时变化。将 1994 年以前的时间段当做控制组，本文采用 30 个省、市和自治区，时间跨度为 1984 年到 2006 年的面板数据来检验该因果关系。

---

① 经济绩效对于中国政府官员晋升的影响，现有研究中的不同观点主要集中在经济绩效是否对不同级别的官员存在不同影响上。Lundry（2002）采用市长数据发现经济发展对于市长晋升存在正向作用。然而，对于省级官员的升黜，经济增长是否同样重要，现有文献并没有得到一致的结论，Chen、Li 和 Zhou（2005）和 Li 和 Zhou（2005）的研究认为经济增长同样是决定省级官员晋升与否的重要指标，然而 Opper 和 Brehm（2007）却认为真正发挥作用的是官员的关系网络而不是经济绩效。本文的定量证据来自地市数据汇总。因此，本文对内部机制的讨论可以绕开争论较大的省级官员晋升决定因素而建立在省级以下政府行为的基础上。此点感谢匿名审稿人的意见。

② 本文研究设计的目的是建立财政分（集）权和公共品供给之间的因果关系并提出其背后的机制。张军等（2007）、傅勇和张晏（2007）已经就财政和基础设施之间的关系作了富有成果的论证。有学者建议对比分税制改革前后地方政府的财政支出结构，以此显示改革后基础设施建设和行政管理事业费支出对教卫文体事业支出的“挤压”效用。本文作者汇总并计算出地方政府的支出结构，发现确有此趋势。由于本文以下部分采用的模型中教育、卫生、文化和体育事业费的支出项是放在回归方程式的右边以建立“投入—产出”关系，如果不考虑“投入—产出”的效率，分税制改革后教卫文体事业费在整个地方政府预算支出中比率的缩小并不必然地意味着公共品供给就会恶化。当然，存在这样的趋势只会强化本文的论点。

③ 关于财政分权和公共品供给关系的内在机制的讨论，感谢匿名审稿人的建议和补充。

表1 基础教育及公共医疗卫生支出在地方政府总支出中的比重

	基础教育支出（%）	公共医疗卫生支出（%）
第六个五年计划（1981~1985年）	10.77	2.86
第七个五年计划（1986~1990年）	13.34	2.43
第八个五年计划（1991~1995年）	14.43	2.46
第九个五年计划（1996~2000年）	14.27	2.00
第十个五年计划（2001~2005年）	14.00	1.71

数据来源：基础教育支出数据来自《中国科技统计年鉴》（2008）；公共医疗卫生支出数据来自《中国卫生统计年鉴》（2008）。

三、如何测量财政分权程度

在进行实证研究之前需要解决的问题是财政分权程度的测量。关于测量的标准，正如财政分权和公共品供给水平的关系一样，现有研究也没有取得一致的意见。Oates（1985）介绍了三种度量中央地方财政关系的指标：中央财政收入在总财政收入中的比率、中央财政支出在总财政支出中的比率和地方政府部门的绝对数量。在目前中国的财政支出体制下，中央地方支出责任主要依据公共品的外部性大小来划分，比如中央政府负责外部性极大的国防、外交、高等教育等方面的财政支出，而地方政府一般负责基础教育、公共医疗和本地基础设施等外部性相对较小的领域。这是1994年财政改革前后中央地方在支出对比上没有显著变化的原因。数据显示，中国地方政府在1990年的预算内财政支出占整个国家财政支出的68%，这个比重在1994年改革以后一直维持在70%左右，到2004年略微升至74%（周飞舟，2006）。Oates的第三个财政分权指标无法提供任何关于地方财政自主权变化的信息：像中国这样一个中央集权制国家，地方政府部门数的增加并不必然意味着其自主权的扩大。该指标会拾取其他干扰而导致测量偏差。和Oates不同，Lin和Liu（2000）利用地方政府总财政收入增量中地方政府所占的份额来测量分权程度。这是一个非常适合中国情况的指标，特别是能够准确刻画财政包干体制下的中央地方关系。不过这种划分的不足是将很多差别很大的省份归到一类，仅由于它们在包干制下的份额相同，因此该指标不能准确地测量各省在财政自主权上的差异。此外，这个指标也不能反映财政关系的跨时间变化，尤其不能对分税制改革导致的变化进行测量。度量中国财政分权的合适指标需要反映出1978年改革以来中央地方之间财政关系的变化：既能反映出跨时变化，特别是1994年分税制改革后地方财政自主性降低的事实，也能体现财政自主性在地区上的差异。最终，本文采用收入指标作为财政分权程度的测量标准。其计算公式如下：

$$地方财政自主性_{it}=\frac{地方财政净收入_{it}}{地方财政总支出_{it}}$$

$$=\frac{地方财政净收入_{it}}{地方财政净收入_{it}+中央政府转移支付_{it}}$$

一般说来，地方财政净收入和来自中央政府的转移支付构成了地方政府在该预算年度的总财政支出。如前所述，1994 年改革以后，所有地方政府都要依靠中央政府转移支付来消除本地收入和本地支出之间的差距。名义上，地方政府的财政自主性可以表示为地方政府自身收入在其所有财政支出中的比率，其基准值为 1，表示地方政府所有的财政支出都来自自身财政收入，不依靠中央转移支付。如果比率大于 1，说明地方政府自身财政收入在满足本级支出之外还能利用剩余财力支持中央财政。图 2 展示的是根据此公式计算出来的财政自主性的分地区变化趋势。该图清楚地显示地方政府的自主性，无论是中国的东部、西部还是中部地区，在分税制改革以后都经历了显著的下降。地方财政自主性在 1994 年以后的变化范围为 0.32~0.75，均小于 1，也就是说，所有的地方政府都或多或少地依靠中央政府转移支付来维持本地财政收支平衡。同时，此图还展示出，较之于中、西部地区，东部沿海地区在 1978 年以来的经济改革中一直享受最高的财政自主性。① 图 2 揭示的图景和我们对中国财政自主性的省际差异和时间趋势的一般认识相符合，因此本文采用的度量指标可以正确地刻画出地方政府的财政自主性。②

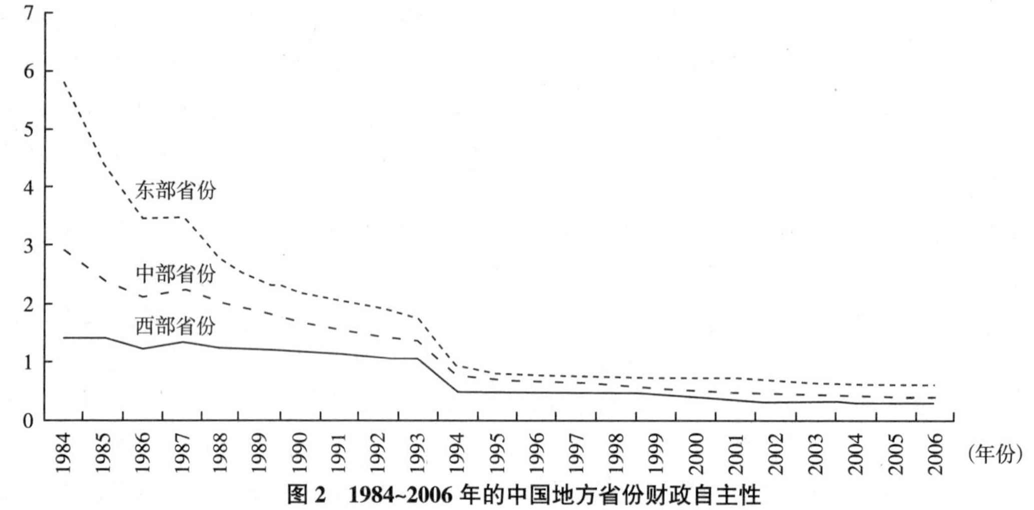

图 2　1984~2006 年的中国地方省份财政自主性

① 直观来说，东部地区享有较高的财政自主权是因为其自主财政收入在总收入中的比重较中西部地区高。分税制改革中的中央政府转移支付制度是建立在地方政府之间财政能力的差异上，该制度的设置有偏向中西部落后地区的初衷。一方面，中西部地区财力不足导致对中央转移支付的依赖，另一方面，中西部地区由于财力有限无法保证转移支付配套资金和后续资金（张晏和龚六堂，2005）；同时，为了照顾东部富裕省份的利益，转移支付中有相当一部分是基于公式计算得到的税收返还，主要基于以前年度的税收贡献（马拴友和于红霞，2003）。有政治学文献（Sheng，2005）认为东部地区享有较高的自主权的原因除了经济实力之外，东部省份地方领导人较高的政治级别也意味着这些地区有较高的谈判能力（Bargaining Power），比如在 2000 年左右，两个政治局委员级别的省委书记均在沿海省份任职。此点感谢匿名审稿人的建议。

② 本文采用的财政自主性测量指标并没有考虑到预算外财政收支情况。如果考虑此种情况，上述公式的分母部分应当加上“地方政府预算外财政收入”，分子则加上“地方政府预算外财政支出”。一般情况下，地方政府的预算外财政收入往往大于预算外财政支出。因此，由正文中的公式计算得到的地方政府财政分权指标实际上轻微低估了地方政府真实的财政自主性。此外，中央转移支付中税收返还部分由于 1994 年财政改革使得和 1994 年前数据不可比，本研究没有考虑税收返还，这将进一步导致地方财政自主权的低估，特别是对于东部沿海省份。最后，由于缺少地方政府非预算财政收支的数据，本研究也没有考虑非预算的情况。

四、计量模型、变量和数据介绍

对于财政分权和公共品之间因果关系的实证检验只有在控制了一系列相关变量之后才能得到。这些相关的社会经济指标包括人均 GDP、农村人口比率、城市农村人均收入比率、城乡收入差别及年龄结构等。本文采用的回归模型如下：

$$PG_{it}=\gamma F_{it}+X'\prod+\lambda_i+\zeta_t+\varepsilon_{it}$$

其中，i 表示省，t 表示年。PG 为模型的被解释变量，代表公共品的供给水平，在本文的主要实证分析中采用两个指标代表公共品供给水平：第一个是万人中小学和初中生的人数，第二个是万人中医生的数量。前者测量基础教育的水平，后者则测量地方公共医疗的水平。基础教育和公共医疗是地方政府提供的最重要的两种公共品。此外，在本文稳健性检验部分也会考察其他公共品种类如治安、基础设施在财政分权下的供给情况，以此检验主要结论的稳健性。F 代表省级政府的财政自主性，为本文分析中最关心的解释变量。向量 X 包括一系列控制变量：人均 GDP，城市人口比率，城市农村人均收入比率，人口比重以及政府在文化、教育、卫生及体育事业上的财政支出。加入财政支出变量是为了控制在模型中出现的投入—产出问题，以此来控制以前研究中提到的由于变量缺失而引起的内生性问题（Griliches，1976；Barankay 和 Lockwood，2007）。此外，此向量也包括衡量地方政府竞争的指标以及该指标和财政自主性交叉项，加入这两个变量的动机是为了更好地说明分权和公共品供给关系的内在机制。λ 是时间不变的省级效用，ζ 表示省级不变的时间效用；ε_{it} 是其他可能起作用但是没有被模型捕获的因素，按照假设应该随机分布于本模型的被解释变量。

表 2 是这些变量的统计描述。为了便于比较，观察值被分为两组：1994 年前和 1994 年后（包含 1994 年）。表 2 的样本均值列显示出每万人中小学学生人数在 1994 年以后有轻微下降，而万人中医生的数量则有一定的上升。各省城市化水平在 1994 年以后都有显著的提升，城乡收入差距则扩大了 30%左右。1994 年以后 65 岁以上人群在总人口中的比重较 1994 年前有显著上升，凸显了社会老龄化趋势，也潜在地增加了对公共医疗的需求。财政自主性指标在 1994 年以前的平均值为 3，这说明 1994 年改革前各省在完成本省预算以后一般补贴中央政府。这样的趋势在分税制改革以后被完全改变：地方省份的财政支出中有超过一半的部分来自中央财政补助。同时，该变量在 1994 年以后方差变小，这表明大部分省份面临相似的问题：2/3 的省份的财政自主性位于 0.3~0.7 区间，说明各省的财政自主权在分税制改革前后差别不大。城市化和城乡差别的地区差异在 1994 年前后不明显。不过人均 GDP、人均教卫文体事业支出和财政自主性的地区差别在 1994 年以后变得越来越显著。

表 2 主要变量的统计描述

变量	观察值		均值		方差	
	1994 年前	1994 年后	1994 年前	1994 年后	1994 年前	1994 年后
每万人小学、初中学生人数（名）	480	388	1739.89	1615.39	356.63	264.80
每千人医生数（名）	480	366	18.09	19.36	9.28	9.00
人均 GDP（元，按 2000 年可比价格）	480	390	2961.08	9353.96	2329.01	7635.33
城市人口比率（%）	480	390	28.75	39.62	18.37	17.96
城乡人口收入比率	447	390	2.14	2.85	0.57	0.76
5~14 岁人口比率（%）	480	390	17.54	17.59	0.42	0.46
55 岁以上人口比重（%）	480	390	8.54	10.38	0.37	0.41
人均 FDI（元，按 2000 年可比价格）	298	380	58.77	168.19	427.05	634.99
人均教卫文体事业支出（元）	480	390	98.86	291.39	59.74	248.05
财政自主性（%）	480	390	300.41	54.07	338.81	20.65

注：为了数据表述的直观起见，本表所列变量均没有经过对数变换，不过在实证检验中将采用对数形式。人均 GDP、人均教卫文体事业支出按照 2000 年 CPI 为基数进行调整。样本包括 1984 年到 2006 年，覆盖 30 个省份和地区。重庆市的数据按照人口加权平均后被归并到四川省。

数据来源：人均教卫文体事业支出来自历年《中国财政年鉴》（财政经济出版社），FDI 数据来自《中国商务年鉴》（中国商务出版社）及 China Data Online。[①] 各年龄段人口比重的分省数据只有 1982 年、1987 年、1990 年、1995 年、2000 年和 2005 年，其中 1987 年、1995 年和 2005 年为 1%人口抽样，1982 年、1990 年和 2000 年为人口普查数据。中间数据为推算数，推算过程参见 Edlund 和 Li 等（2007）。其他数据来自 China Data Online（中国数据在线，http：//china-dataonline.org/index.asp）。

五、实证结果和稳健性检验

（一）基本的实证结果

首先，我们考察 1994 年分税制改革对地方公共品的政策性影响。用哑变量来表示 1994 年改革，该变量 1994 年以前为 0，1994 年及以后的值为 1。估计结果如表 3 所示，模型 1 和模型 2 中同时控制了地区和时间效用。[②] 估计结果一致地显示代表 1994 年财政改

① 感谢武汉大学经济与管理学院罗知博士关于分省历年 FDI 数据处理方法的建议。

② 在以前的相关研究中，一些学者（Bardhan，2002；Barankay 和 Lockwood，2007）指出，如果忽略了地区间差异，地方财政自主性对于公共品供给水平的影响的估计会出现偏差，甚至符号相反。对于来自中国的数据，应该尤其注意其省际的巨大差异。当没有控制省际差异时（Oneway Fixedeffect Estimate Method），作者估计的 1994 年分税制改革对公共品供给作用的结果为负，其统计显著水平为 0.05。同时，教卫文体事业财政支出的变量的估计结果非常不现实（如果一省在文教卫体事业上的人均财政支出增加 1%，则万人学生的数量下降将近 1000 人）。这些令人费解的估计结果证实了上文提到的那些学者的担忧，之所以出现这样的结果，是因为没有考虑一些重要的相关因素，比如当地特殊的文化等，而这些当地独有的特征又和模型的残差相关，从而导致估计结果出现偏差。因此，本次的所有模型都控制了省份固定效用以避免前述问题的出现。

革的哑变量的符号为负并且在 1% 水平上显著。万人中医生数量比分税制改革之前下降了大约 5.3 人，万人中中小学生人数下降了 243 人。就地区差别来说，中部地区的基础教育受到这次财政改革的负面影响最大，改革后万人中的学生密度比作为对照组的西部地区少 165 人。此外，估计结果还发现基础教育对投入和城乡收入差距反应敏感。而适学儿童比重的变化对于万人中学生数没有影响。[①] 地方公共医疗的供给水平受到多个因素影响：如果该省实现 1% 的 GDP 增长则万人中医生数量会增加 3 名；老龄化推动了医疗卫生水平的提高：如果 65 岁以上人群在总人口中的比重提高 1%，则万人中医生的数量大约增加 7 名。[②] 最后，较高的医疗供给水平一般和较大的城乡收入差距联系在一起。就公共品供给水平的地区差异来说，无论改革前后，东部地区始终享有较高的医疗服务，而中部地区则拥有最多的中小学生密度。

表 3　1994 年分税制改革和地方公共品供给水平：LSDV 估计

	万人中医生数（1）	万人中中小学生数（2）
人均 GDP（对数）	3.239 (1.116)**	-81.209 (72.235)
城市人口比率	-0.037 (0.025)	-0.046 (0.782)
城乡收入比率	1.432 (0.596)**	-8.965 (4.941)*
文教卫体事业人均支出（对数）	-1.913 (1.259)	451.235 (58.004)***
65 岁以上人口比重（%）	7.263 (2.756)***	
5~14 岁人口比率（%）		67.235 (45.106)
中部地区	6.912 (1.153)***	689.235 (153.263)***
东部地区	31.115 (3.458)***	-189.425 (177.556)
1994 年分税制改革	-5.335 (2.461)**	-243.252 (85.549)***

① 从表 1 可以发现，1994 年前的中小学初中生的比重为 17.39%，而相应的适学儿童人口比重为 17.54%。1994 年以后这两个数字分别是 16.15%和 17.59%。一般来讲，大部分儿童 6 岁或者以后入学，大约 15 岁初中毕业。由于数据的限制，本研究只得到 5~14 岁儿童的人口比重，应该和 6~15 岁人口比重差别不大。数据显示人口比重均大于学生比重，因此，出现因学生比重收敛于人口比重而导致人口比重失去显著性的可能性不大。同时，在滞后 3 期情况下基于面板数据的单位根测试（Levinlin Panel Unit Root）得到的 T 值无法拒绝平稳性原假设，证明学生比重不存在收敛情况。讨论人口比重作用的建议来自匿名审稿人。

② 由于采用双向固定效用模型，且老龄人口比重在一个省内跨年度变化很小，这意味着去掉均值之后的离差变化不大。因此估计结果的系数偏大。同样的问题也存在模型 2 中适学儿童比重的估计系数上。作者也采用了随机效用模型，两个人口比重变量的估计结果分别为 5.326 和 49.851。此外，Hausman 测试的 p 值无法拒绝原假设，意味着两种估计方法没有区别。这种情况下，随机效用模型在效率上优于固定效用模型。

续表

	万人中医生数（1）	万人中中小学生数（2）
中部地区×分税制改革	-0.799 (0.655)	-165.238 (29.650)***
东部地区×分税制改革	0.518 (0.641)	-79.847 (37.259)**
常数项	-10.505 (11.067)	-356.902 (545.223)
Observations	647	679
省固定效用	有	有
年固定效用	有	有
R-squared	0.89	0.78

注：括号里为稳健标准误；残差方差经加权处理，权数是人均 GDP 的对数形式。
* 在 10%水平显著；** 在 5%水平显著；*** 在 1%水平显著。

我们应该谨慎对待表 3 估计出来的结果：仅用 1994 年哑变量把样本时间段分为前后两期，该变量会拾取太多其他跨省不变的时间干扰而导致分税制改革作用的高估。更重要的是，该变量仅仅给出公共品和改革之间的相关性，却无法给出背后的机制。在接下来的表 4 中采用上文介绍的分权指标代替仅有两个值的哑变量。为了进一步理解表 3 结果的内在机制，我们加入了测量政府间竞争的人均 FDI 数量（对数形式）以及其与分权指标的交叉项。[①] 表 4 的回归结果显示了在其他因素不变的情况下，地方财政自主性的扩大可以显著改善公共品供给的水平。如果地方政府财政净收入在全部财政支出中的份额增加一倍的话，在万人中可以增加 3 个医生和 75 个中小学生。一个 7000 万人口规模的省份，其对应的数字是 2100 个医生和大约 52 万个中小学生。两个模型中负的人均 FDI 意味着地方政府为增长而竞争（张军和周黎安，2007）恶化了公共服务水平。此外，分权指标和政府竞争交叉项在两个方程中均为负值，表示即使在分权状况下，地方政府为了争取外来投资而展开的竞争削弱了财政分权对于公共服务的促进作用。该估计结果似乎印证了本文第二部分提到的内部机制。[②] 这里需要说明的是财政分权并不必然意味着竞争加剧，财政集权也不表示竞争缓和。分税制改革后地方财政权力被削弱并不导致地方政府间的竞争趋缓。出现这种现象的原因需要结合中国转型的背景。本文第二部分提到，20 世纪 90 年代前地方政府的注意力主要放在本地的乡镇和国有企业上，政府间的竞争并不激烈；随着开放的深入，外来资本，特别是外商直接投资对于地方政府收入和经济增长的贡献日益重要，因此

① 就地区差异来说，即使加入地区变量和交叉项，表 4 的结果也和表 3 相似，没有发现财政自主性和公共品之间的关系有显著的地区差异，仅仅发现在东部地区财政自主性对于公共医疗的影响要略微低于西部和中部地区。这进一步说明决定财政自主性和地方公共品供给之间的机制是没有地区性差异的。

② 该模型虽然控制了投入（能力）和政府竞争（一定程度上解释了政府供应公共品的意愿），但是公共品支出效率并没有被模型捕获。如果财政分权和公共品支出效率之间不正交的话，该遗漏变量会影响分权系数的估计结果。一般来说，如果分权提高了效率，则分权估计系数被高估，反之则被低估。

这段时间地方政府围绕外来资本展开的竞争比以前明显加剧。[①] 同时，分税制改革导致地方政府财政困难（阎坤和张立承，2003；周飞舟，2006）。这两个因素交织在一起，促进了地方政府改变其支出结构，优先注重对基础建设的投资来吸引外资，而忽视基础教育或者公共医疗等外溢性比较大的公共服务。至于其他控制变量，除了城市化指标在表 4 中变得显著为正以外，其余变量的方向均和表 3 一致且系数大小也相似。[②] 对比表 3 的回归结果，公共医疗的决定因素继续发挥一致性的作用。同时，基础教育依然对投入敏感，增加教卫文体事业费可以显著改善地方基础教育水平。城乡收入差距的扩大促进了公共医疗的发展但却恶化了基础教育。[③] 模型 4 中人均 GDP 和基础教育之间的不相关关系需要我们重新审视经济发展和教育之间的关系：基础教育并不必然地随着经济发展而得到改善，因此如何促使地方政府有激励去投资基础教育是目前亟须解决的问题。

表 4　财政自主性和地方公共品供给水平：LSDV 估计

	万人中医生数（3）	万人中中小学生数（4）
人均 GDP（对数）	2.146 (1.106)**	106.200 (97.235)
城市人口比率	0.019 (0.011)*	0.021 (0.725)
城乡收入比率	1.526 (0.497)***	-3.585 (1.629)**
文教卫体事业人均支出（对数）	-0.689 (1.602)	468.231 (60.008)***
65 岁以上人口比重（%）	6.852 (2.135)***	
5~14 岁人口比率（%）		62.202 (50.280)
财政自主性	0.035 (0.007)***	0.755 (0.183)***

① 将样本分为 1994 年前和 1994 年以后（包含 1994 年），然后进行单独估计。结果表明政府竞争的系数在 1994 年之前的样本中仅仅在临界点 10%水平上为正，1994 年以后的样本则在 1%水平上显著。

② 在本文的最初版本中，城市化系数对于公共医疗影响在 10%显著性水平上为负，而对于基础教育不显著。此结果和已有发现相左，也不符合直觉。在中国的城乡二元格局中，地方政府采取了城市偏向的发展政策，相对于农村居民，城市居民往往享受到更高水平的公共服务（陆铭和陈钊，2004）。由于中国的分省人口数据在 2000 年以前极不系统（有的省份公布的是总人口，有的省份则为户籍人口），因此造成该变量的大小和显著性对方程的设置敏感。本版本最终采用户籍人口，其理由是户籍数据是政府掌握且能有效管理的人口信息，因此，由政府提供的公共品可以此做出反应。数据来源为各省统计年鉴、《中国人口年鉴》、《中国统计年鉴》、《全国暂住人口统计资料汇编》以及《新中国 55 年统计资料汇编》。此点感谢匿名审稿人的意见。

③ 从 1982 年到 2004 年，城市居民可支配收入年均增长 13.83%，而农村居民可支配收入年均增长率为 11.51%。因此，城乡差距扩大部分是由于相对于农村居民，城市居民可支配收入的更快速提高，导致对公共医疗供给的更高需求。由于公共医疗资源主要集中在城市，而学生来源的分布却相反，这也许是城乡收入差距变大导致学生密度显著下降的原因。

续表

	万人中医生数（3）	万人中中小学生数（4）
政府竞争（人均 FDI，对数）	–1.406 (0.395)***	–23.068 (10.952)**
财政自主性×政府竞争	–0.014 (0.006)**	–0.359 (0.199)*
常数项	–10.223 (15.236)	711.236 (576.119)*
观察值	575	598
省固定效用	有	有
年固定效用	有	有
R–squared	0.86	0.70

注：括号中为 Huber White 稳健标准误；残差方差经加权处理，权数是人均 GDP 的对数形式。
* 在 10%水平显著；** 在 5%水平显著；*** 在 1%水平显著。

（二）估计结果的稳健性检验

中国中央政府在 1986 年颁布义务教育法，其中规定到 1999 年各个地方省份应该在本省所有适龄儿童中实现九年制义务教育。1999 年，也就是义务教育法规定实现目标的最后一年，中央和地方政府推行各种措施以保证该计划能按时实现。因此，有理由怀疑学生密度会受到一些不可观测的政治压力的影响。从统计上说，如果这些压力是随机分布的话，最终的估计结果不会出现偏差，只是估计的效率会被损害（Woodridge，2003）。但一旦压力具备某种趋势而不再随机分布，系数的估计则会出现偏差（Hall 和 Midgley，2004）。西部省份学生密度在整个样本时间段（1984~2006 年）都保持着稳定的增长，并没有因为普及九年制义务教育而在规定的最后几年忽然增加。但是中部和东部省份的学生数在 20 世纪 90 年代末达到了峰值，紧接着却是显著的下降，幅度均超过 5%。也许来自中央的压力在这两个自主权较高的地区比较明显。如果这种情况存在，以上的估计将放大财政自主权的作用。比较模型 4 和模型 3 中的财政自主性的系数估计结果可以证实上述猜测。在模型 3 中，被解释变量为医生密度，一般认为此变量较少地受到政治因素的干扰，其估计的财政自主权系数是 0.03；而模型 4 的系数却高达 0.75。①

由于基础教育和公共医疗都是公共品的测量指标，所以其数据应该彼此相关。统计上这意味着模型 1 至模型 4 的残差项应该彼此相关。此外，模型 1 和模型 2 以及模型 3 和模型 4 中的解释变量也相同（除了不同年龄段人口比重），这表示加在各个方程上的限制相同。对这些模型进行单独估计会浪费这些限制提供的信息（Green，2003）。本文将采用似不相关回归模型（Seemingly Unrelated Regressions，SUR）进行估计，以此获得更有效率

① 同一个解释变量的系数在不同模型中不同的原因一方面是由于该解释变量和其他解释变量之间有相关关系，另一方面由于被解释变量在模型间的差异。表 2 中解释变量的大小在模型 3 和模型 4 间相差很大。将模型 3 和模型 4 的估计结果标准化后，万人医生的系数依然大过万人学生的系数。

的结果，并验证表 3 和表 4 中的结论。SUR 模型估计结果报告在表 5 的模型 5 和模型 6 中，① 我们可以看到财政自主性和公共品供给的水平依然是正且显著的，较高的财政自主性意味着较高的公共品供给水平。相比较表 4 中模型 3 和模型 4 的估计结果，模型 5 和模型 6 对于分权指标估计具有更小的稳健标准误表明应用 SUR 模型估计的结果更加精确。

最后，除了基础教育和公共医疗之外，地方政府提供的公共品还包括社会保险、基础设施建设、支农补助、社会治安等。因此，以上采用两个测量指标无法描述出公共品供给水平的整个面貌。为了提高研究结果的外部有效性（External Validity）（King et al., 1994），又加入了公路里程和犯罪率来检验财政分权对于这些公共品供给的影响。② 表 5 的模型 7 和模型 8 分别汇报了财政分权对于治安和基础设施的影响。在其他因素不变的情况下，财政分权改善了社会治安环境，同时没有汇报的政府竞争也发挥了更大的显著作用。和基础设施类似，治安环境也是外来资本是否落地的重要考虑因素，因此地方政府具有改善治安环境的激励。模型 8 中分权指标的估计结果为正但不显著，展示了和其他公共品不同的图景。地方政府竞争指标对于基础设施有明显的促进作用，这和张军、高远、傅勇和张弘（2007）的研究发现一致。其系数不显著的原因，也许来自遗漏变量造成的内生性问

表 5　财政自主性和地方公共品供给水平：稳健性检验

	SUR 估计		十万人中被起诉数量：LSDV（7）	人均公路里程（公里）：LSDV（8）
	万人中医生数（5）	万人中中小学生数（6）		
地方财政自主性	0.025 (0.007)***	0.543 (0.152)***	0.009 (0.000)***	0.082 (0.521)
其他控制变量（包括竞争和交叉项）	有	有	有	有
Observations	575	598	543	558
省固定效用	有	有	有	有
年固定效用	有	有	有	有

注：括号中为 Huber White 稳健标准误；残差方差经加权处理，权数是人均 GDP 的对数形式。* 在 10%水平显著；** 在 5%水平显著；*** 在 1%水平显著。由于司法支出和犯罪存在内生性问题（Levitt，1997），采用主管省政法工作的政法委书记党龄作为司法投入的工具变量，更详细的讨论见陈硕（2009）；2006 年调整了公路里程统计口径，故 2006 年公路里程数和以往年度不可比，因此模型 8 中样本覆盖的年度为 1984 年到 2005 年。模型 8 中被解释变量人均公路里程采用对数形式。

数据来源：十万人中被起诉数量来自陈硕（2009，http://ihome.ust.hk/~chenshou/）、人均公路里程来自《中国交通年鉴》、人均基础设施支出来自 China Data Online、人均公检法支出来自《中国财政年鉴》。

① 由于篇幅所限，本文仅报告对表 4 的两个模型的 SUR 估计结果，由于 SUR 模型需要解释变量相同，因此模型 5 和模型 6 均没有包括不同年龄人口的比重。

② 由于本研究工作感兴趣的是公共品供给的最终结果，而支农补助和社会保险虽然也是政府提供的公共品，但是其最终体现出来的结果不像其他公共品那样易于观察和测量，因此，在稳健性检验中没有包含这些公共品支出。此外，基础设施建设也不光包含交通，还包括供水、水处理、灌溉、垃圾处理、供热、电信服务和能源（Prud'homme，2004）。对此张军、高远、傅勇和张弘（2007）有详尽的讨论。本部分的作用仅仅是为了验证或者证伪正文的主要结论，因此用公路里程数作为基础设施建设的代表。增加其他公共品来验证本研究结论稳健性的建议来自匿名审稿人。

题。由于本研究考虑的是预算内财政，而地方政府进行基础设施建设的经费相当一部分来自银行贷款，该支出项没有被模型捕获而进入残差。又由于财政分权也显著影响地方政府财政境况（周飞舟，2006），因此造成分权作用被低估。[①]

六、结论

本研究采用来自中国的数据实证地验证了财政分权和地方公共服务水平之间的因果关系。自 1978 年以来，中国逐步摆脱计划经济，同时地方政府也享受到了前所未有的财政自主权。但是中央政府在 1994 年推行了旨在加强自身财政权力的分税制改革却极大地改变了这种趋势。这次集权化的财政努力为我们考察财政分（集）权对其他领域内的变化的影响提供了难得的机会。本次研究的样本同时覆盖了 1994 年改革前后，相对于其他仅仅考察分税制改革前或者改革后的研究，其结论具有普遍性并更令人信服。研究发现相对于分税制改革前，公共服务在地方的供给水平在改革实施之后有显著的下降。同时，较高水平的公共品供给一般和较高的财政自主性联系在一起。此外，该关系并没有地区性的差别，因此其背后的解释机制应是一种全国性因素。本文用来自中国的数据得到的结论支持了那些认为财政分权而不是集权将改善公共品水平的观点。

此领域中大部分的研究都是描述性而不是分析性的工作，得出的结论也多为变量间的相关关系而非因果关系（Bardhan，2002）。以上的研究却清楚地揭示了中国语境下分权对公共品供给的影响机制：首先，改革开放以后，地方政府提供公共品换取中央政府政治支持一直是解释中国地方政府公共支出的逻辑，同时，经济绩效对于地方政府官员的政治前途也发挥着重要的作用。[②] 以上逻辑和标准（制度设置）适用于整个中国的中央地方关系，并在 1994 年以后保持不变。其次，1994 年的分税制改革使得地方政府失去了很多财政收入来源。[③] 这些措施不可避免地造成地方政府的财政压力，但是改革更多地涉及中央地方对整个财政收入的再分配，并没有导致中央地方支出责任的再划分。最后，20 世纪 90 年代中期以后，外来资本逐渐成为地方政府新的经济增长点。地方政府围绕吸引外资展开的竞争日益加剧。考虑到上述政治逻辑，面临财政压力和同级政府竞争的地方政府自然会改变其支出结构：在保证自身运转的前提下，将有限的资源优先投入到基础设施建设，以此来吸引外来投资，推动任内经济增长。而其他外溢性比较高或者不作为晋升决定因素的领

---

① 银行贷款数额应该和基础设施建设的关系为正，而财政集权加剧了地方政府对于银行贷款的依赖，这意味着财政分权和银行贷款的关系为负。如果分权和基础设计之间的关系和其他公共品一样为正的话，上述内生关系会造成分权系数的被低估。

② 此处主要指省级以下官员。经济绩效对各级官员晋升影响的讨论，请参阅张军（2007）以及刘克崮和贾康（2008）。

③ 比如分税制改革将地方所有的国有企业利润及 13 项政府资金都从地方政府预算外收入中去除，划归预算内管理。

域则被忽略。本文并没有检验 Tiebout 和 Oates 等学者关于财政分权促进公共服务的模型在中国的适应情况。中国经验明显呈现出另外一种图景：1994 年后地方公共服务水平恶化的原因是地方政府支出结构变化导致公共服务财政支出不足。

本文考察了中国财政分权过程中中央地方财政关系的变化对地方政府财政境况和支出结构的影响。本文的意义在于对中国经济增长环境下财政分权和地方公共服务之间关系的考察，其所揭示的基本结论使我们注意到经济高速增长所带来的代价。对这些问题的关注必将改善中国经济发展的质量。

附录 现在关于财政分权和中国地方政府行为的实证研究

作者	年份	因果关系	数据	样本年份	方法	地方财政自主权的度量	结论
1. 陈抗、Arye L. Hillman 和顾清扬	2002	财政集权与地方政府行为	省级面板数据	1985~1998	GLS	预算内收入在地方政府收入中的比重来衡量“援助之手”	财政集权促使地方政府伸出“攫取之手”
2. 乔宝云、范剑勇和冯兴元	2005	财政分权与小学义务教育	省级面板数据	1979~2001	2SLS	“一个省的人均财政支出占人均总财政支出的份额”	“财政分权对教育的影响是负面的”
3. 平新乔、白洁	2006	财政分权与地方公共品供给	省级面板数据	1999~2002	FE/RE Models	无测量指标。样本时间段为分税制改革后，即“在财政分权背景下”考察该因果关系	“财政分权背景下的财政激励不仅显著地改变了公共品供给的结构，而且改变了政府预算内支出模式和预算外支出模式”
4. 傅勇、张晏	2007	财政分权与政府支出结构	省级面板数据	1994~2004	FE Model	“各省预算内人均本级财政支出/中央预算内人均本级财政支出”	“中国的财政分权以及基于政绩考核下的政府竞争，在支出结构上造就了地方政府‘重基本建设、轻人力资本投资和公共服务’的严重扭曲”
5. 张军、高远、傅勇和张弘	2007	财政分权与基础设施投资	省级面板数据	1988~2001	GMM	以各省实际吸收的 FDI 测量地方政府竞争程度	分权促使地方政府竞争进而改善了基础设施建设
6. 陈诗一、张军	2008	财政分权与政府支出效率	省级面板数据	1978~2004	Tobit RE Modle	1994 年分税制改革时期哑变量	1994 年分税制改革以后，政府平均支出效率得到改善
7. 本文	2010	财政分权与公共品供给	省级面板数据	1984~2006	FE/SURE Models	一个省财政净收入在该省财政总支出中的比重	财政分权促进地方公共品供给

注：引号内的文字为原文。

参考文献

[1] Akin, J., P. Hutchinson, and K. Strumpf. Decentralization and Government Provision of Public Goods: The Public Health Sector in Uganda [J]. Journal of Development Studies, 2005, 41 (8): 1417-1443.

[2] Azfar, O., S. Kähkönen, and P. Meagher. Conditions for Effective Decentralized Governance: A Synthesis of Research Findings [M]. University of Maryland, Center for Institutional Reform and the Informal Sector, College Park, M d, 2001.

[3] Barankay, I., and B. Lockwood. Decentralization and the Productive Efficiency of Government: Evidence from Swiss Cantons [J]. Journal of Public Economics, 2007, 91 (5-6): 1197-1218.

[4] Bardhan, P.. Decentralization of Governance and Development [J]. Journal of Economic Perspectives, 2002, 16 (4): 185-205.

[5] Besley, T., and S. Coate. Centralized versus Decentralized Provision of Local Public Goods: A Political Economy Approach [J]. Journal of Public Economics, 2003, 87 (12): 2611-2637.

[6] Blanchard, O., and A. Shleifer. Federalism with and without Political Centralization: China versus Russia [J]. IMF Staff Papers, 2001, 48 (4): 8.

[7] Cai, H., and D. Treisman. Did Government Decentralization Cause China's Economic Miracle [J]. World Politics, 2006, 58 (4): 505-535.

[8] 陈抗，Arye L. Hillman，顾清扬. 财政集权与地方政府行为变化——从援助之手到攫取之手 [J]. 经济学（季刊），2002，2 (1)：111-120.

[9] Chen, P. China's Challenge to Economic Orthodoxy: Asian Reform as an Evolutionary, Self Organizing Process [J]. China Economic Review, 1993, 4 (2): 137-142.

[10] 陈硕. 转型期中国的司法投入与犯罪治理—— 一个工具变量方法 [J]. 香港科技大学社会科学部工作论文，2009.

[11] 陈诗一，张军. 财政分权改善了中国地方政府的支出效率吗？——来自 1978~2004 年的省级证据 [C]//张军，周黎安主编. 为增长而竞争：中国增长的政治经济学（论文集）[C]. 上海：上海人民出版社，2008.

[12] Chen, Y., H. Li, and L. Zhou. Relative Performance Evaluation and the Turnover of Provincial Leaders in China [J]. Economics Letters, 2005, 88 (3): 421-425.

[13] Cremer, J., A. Estache, and P. Seabright. Decentralizing Public Services: What Can We Learn from the Theory of the Firm [J]. Revued Economie Politique, 1996, 106 (1): 37-60.

[14] Crook, R., and A. Sverrisson. To What Extent Can Decentralized Forms of Government Enhance the Development of Pro-Poor Policies and Improve Poverty-Alleviation Outcomes [M]. Manuscript, 1999.

[15] Edlund, L., H. Li, J. Yi, and J. Zhang. Sex Ratio and Crime: Evidence from China's One-Child Policy [R]. IZA Working Paper No. 3214, 2007.

[16] Faguet, J. Does Decentralization Increase Government Responsiveness to Local Needs? Evidence from Bolivia [J]. Journal of Public Economics, 2004, 88 (3-4): 867-893.

[17] 傅勇，张晏. 中国式分权与财政支出结构偏向：为增长而竞争的代价 [J]. 管理世界，2007，3：4-12.

[18] Galiani, S., and E. Schargrodsky. School Decentralization and Education Quality: The Role of Fiscal Deficits [M]. Washington, DC: World Bank, 2002.

[19] Griliches, Z. Wages of Very Young Men [J]. Journal of Political Economy, 1976, 84 (4): 69-85.

[20] Hall, A., and J. Midgley. Social Polity for Development [M]. London: Sage Publications, 2004.

[21] Hayashi, F. Econometrics [M]. Princeton, NJ: Princeton University Press, 2000.

[22] Janeba, E., and J. Wilson. Optimal Fiscal Federalism in the Presence of Tax Competition [C]. Un-

published Paper, 2003.

[23] King, G., R. Keohane, and S. Verba. Designing Social Inquiry: Scientific Inference in Qualitative Research [M]. Princeton, NJ: Princet on University Press, 1994.

[24] Landry, P. Performance, Markets and the Political Fate of the Chinese Mayors [C]. Paper Presented at the Annual Meetings of the American Political Science Association, Aug. 30th, Boston, MA, 2002.

[25] Levitt, S. Using Electoral Cycles in Police Hiring to Estimate the Effect of Police on Crime [J]. American Economic Review, 1997, 87 (3): 270-290.

[26] Li, H., and L. Zhou. Political Turnover and Economic Performance: the Incentive Role of Personnel Control in China [J]. Journal of Public Economics, 2005, 89 (9-10): 1743-1762.

[27] Li, L. The Incentive Role of Creating "Cities" in China [R]. Working Paper, 2007.

[28] Lin, J., and Z. Liu. Fiscal Decentralization and Economic Growth in China [J]. Economic Development and Cultural Change, 2000, 49 (1): 1-21.

[29] Litvack, J., J. Ahmad, and R. Bird. Rethinking Decentralization in Developing Countries [M]. Washington, DC: World Bank, 1998.

[30] 刘克崮，贾康. 中国财税改革三十年：亲历与回顾 [M]. 北京：经济科学出版社，2008.

[31] Lockwood, B. Inter Regional Insurance [J]. Journal of Public Economics, 1999, 72 (1): 1-37.

[32] Lockwood, B. Distributive Politics and the Costs of Centralization [J]. Review of Economic Studies, 2002, 69 (2): 313-337.

[33] 陆铭，陈钊. 城市化、城市倾向的经济政策与城乡收入差距 [J]. 经济研究，2004，6：50-58.

[34] 马拴友，于红霞. 转移支付与地区经济收敛 [J]. 经济研究，2003，3：26-33.

[35] Keen, M., and M. Marchand. Fiscal Competition and the Pattern of Public Spending [J]. Journal of Public Economics, 1997, 66 (1): 33-53.

[36] Montinola, G., Y. Qian, and B. Weingast. Federalism, Chinese Style [J]. World Politics, 1995, 48 (1): 50-81.

[37] Oates, W. Fiscal Federalism [M]. New York: Harcourt Brace Jovanovich, 1972.

[38] Oates, W. Searching for Leviathan: An Empirical Study [J]. American Economic Review, 1985, 75 (4): 748-757.

[39] Oates, W. On the Theory and Practice of Fiscal Decentralization [J]. Working Papers 2006-05, University of Kentucky, Institute for Federalism and Intergovernmental Relations, 2006.

[40] Oksenberg, M., and J. Tong. The Evolution of Central Provincial Fiscal Relations in China, 1971-1984: The Formal System [J]. The China Quarterly, 1991, 125: 1-32.

[41] Opper, S., and S. Brehm. Networks versus Performance: Political Leadership Promotion in China [R]. Working Paper, Lund University, 2007.

[42] 平新乔，白洁. 中国财政分权与地方公共品的供给 [J]. 财贸经济，2006，2：49-56.

[43] Prud's home, R. Infrastructure and Development [C]. Paper Prepared for the ABCDE (Annual Bank Conference on Development Economics), May 3-5, 2004.

[44] Qian, Y. How Reform Worked in China [M] //Rodrik, D. (ed.). In Search of Prosperity: Analytic Narratives on Economic Growth [M]. Princeton, NJ: Princet on University Press, 2003.

[45] Qian, Y., and B. Weingast. China's Transition to Markets: Market Preserving Federalism, Chinese Style [J]. Journal of Policy Reform, 1996, 1 (2): 149-186.

[46] Qian, Y., and G. Roland. Federalism and the Soft Budget Constraint [J]. American Economic Review, 1998, 88 (5): 1143-1162.

[47] 乔宝云，范剑勇，冯兴元. 中国的财政分权与小学义务教育 [J]. 中国社会科学，2005，6：37-47.

[48] Shah, A. Balance, Accountability and Responsiveness: Lessons about Decentralization [R]. World Bank Policy Research Working Paper 2021, Washington DC, 1998.

[49] Sheng, Y. Central Provincial Relations at the CCP Central Committees: Institutions, Measurement and Empirical Trends, 1978-2002 [J]. The China Quarterly, 2005, 182 (1): 338-355.

[50] Smith, B. Decentralization: The Territorial Dimension of the State [M]. London: George Allen & Unwin, 1985.

[51] Tiebout, C. A Pure Theory of Local Expenditure [J]. Journal of Political Economy, 1956, 64: 416-424.

[52] United Nations Development Program (UNDP). Informe Sobre Desarrollo Humano 1993 [R]. CIDE-AL, Madrid.

[53] United Nations Development Program (UNDP). China Human Development Report 1999: Transition and the State [R]. New York: Oxford University Press, 2000.

[54] Wallis, J., and W. Oates. Decentralization in the Public Sector: an Empirical Study of State and Local Government [M]//Rosen, H. (ed.). Fiscal Federalism: Quantitative Studies [M]. Chicago: University of Chicago Press, 1988.

[55] Wang, S., and A. Hu. A Report on the Capacity of Chinese State [M]. Hong Kong: Oxford University Press, 1994.

[56] 王绍光. 分权的底线 [M]. 北京：中国计划出版社，1997.

[57] 王世磊，张军. 中国地方官员为什么要改善基础设施？—— 一个关于官员激励机制的模型 [J]. 经济学（季刊），2008，7 (2)：383-398.

[58] West, L., and C. Wong. Fiscal Decentralization and Growing Regional Disparities in Rural China: Some Evidence in the Provision of Social Services [J]. Oxford Review of Economic Policy, 1995, 11 (4): 70 84.

[59] William H . Green. Econometric Analysis [M]. Prentice Hall, 2003.

[60] Woodridge, J. Econometric Analysis of Cross Section and Panel Data [M]. Cambridge, MA: The MIT Press, 2003.

[61] World Bank. World Development Report: Infrastructure for Development [M]. New York: Oxford University Press, 1994.

[62] Xu, C., and J. Zhuang. Why China Grew: The Role of Decentralization, in Boone, P., S. Gomulka, and R. Layard (eds.), Emerging from Communism: Lessons from Russia, China, and Eastern Europe. Cambridge, MA: The MIT Press, 1998.

[63] 阎坤，张立承. 中国县乡财政困境分析与对策研究 [J]. 经济研究参考，2003 (90)：2-18.

[64] Zhang, X., S. Fan, L. Zhang, and J. Huang. Local Governance and Public Goods Provision in Rural China [J]. Journal of Public Economics, 2004, 88: 2857-2871.

[65] Zhang, L. Chinese Central Provincial Fiscal Relationships, Budgetary Decline and the Impact of the 1994 Fiscal Reform: An Evaluation [J]. The China Quarterly, 1999, 157: 115-141.

[66] 张晏，龚六堂. 分税制改革、财政分权与中国经济增长 [J]. 经济学（季刊），2005，5 (1)：75-109.

[67] 张晏，夏纪军. 税收竞争理论评介——兼对我国地方政府减免税竞争行为的分析 [D]. 工作论文，2006.

[68] 张军. 分权与增长：中国的故事 [J]. 经济学（季刊），2007，7 (1)：21-52.

[69] 张军，高远，傅勇，张弘. 中国为什么拥有了良好的基础设施？分权竞争、政府治理与基础设施的投资决定 [J]. 经济研究，2007 (3)：4-19.

[70] 张军，周黎安. 为增长而竞争——中国增长的政治经济学 [M]. 上海：格致出版社，上海人民出版社，2007.

[71] 周飞舟. 分税制十年：制度及其影响 [J]. 中国社会科学，2006 (6)：100-115.

[72] 周飞舟. 锦标赛体制 [J]. 社会学研究，2009 (3)：54-77.

[73] 周黎安. 中国地方官员的晋升锦标赛模式研究 [J]. 经济研究，2007 (7)：36-50.

Tax-share Reform, Local Fiscal Autonomy, and Public Goods Provision

Chen Shuo

(Hong Kong University of Science and Technology)

Abstract: The 1994 fiscal reform, considered as an attempt by the central government to recentralize the fiscal authority, provides a good opportunity to examine the causal link between fiscal decentralization and the local provision of public goods. Using provincial panel data, this paper finds that public services will become better only when local governments enjoy a certain amount of autonomy. The institutional and political constrains in the transition can count for such relationship. The results are robust to the inclusion of various controls and to a range of specification checks. My conclusion lends an empirical support to the literature arguing that decentralization, rather than centralization, encourages the delivery of public services at the local level.

Key Words: Tax-share Reform, Fiscal Decentralization, Local Fiscal Autonomy, Public Goods, China

JEL Classification: H61, H71, H72

财政分权、转移支付与国内市场整合*

范子英　张　军[①]

【内容提要】财政分权体制下产生的市场分割和地方保护主义不利于经济的发展，但却是地方政府的一个理性选择。本文认为给予落后地区更多的财政转移支付，使其可以分享发达地区经济增长的好处，并且当转移支付的量能够使得落后地区参与分工的效用超过分割时的效用时，则即使是在分权的体系下，落后地区也会主动放弃市场分割，而采取策略性分工的政策，进而提高了市场的规模效应。利用1995~2005年的中国省级面板数据，本文验证了转移支付能够显著带来国内市场整合；并且三大转移支付中的专项转移支付的作用最显著也最大，而财力性转移支付和税收返还的作用并不明显。本文的结论表明中央政府确实在利用专项转移支付协调地方政府的行为，但该政策的负面作用不容忽视。

【关键词】转移支付　市场整合　分工

【经济文献分类号】E62，F15，H77

一、引言

中国式的分权制度成为中国和俄罗斯经济表现差异的主要因素，向下级政府的分权给予地方政府发展经济的激励，地方政府在转轨和发展的过程中扮演了“援助之手”，为增长而相互竞争（Shleifer和Vishny，1998；张军、周黎安，2008）。然而，财政分权在带来经济增长的同时，也产生了一些负面作用，并且随着时间的推移逐渐开始对经济增长和社

* 本文选自《经济研究》2010年第3期。

① 范子英、张军，复旦大学中国社会主义市场经济研究中心，邮政编码：200433，电子信箱：ivannj@163.com，junzh-2000@fudan.edu.cn。本文得到上海市重点学科建设项目、复旦大学“985”国家哲学社会科学创新基地项目、教育部长江学者特聘教授计划、复旦大学研究生创新基金和上海市科技发展基金软科学研究博士生学位论文项目的资助。作者特别感谢陈钊、代谦、范剑勇、刘小勇、陆铭、杨其静、马光荣等在写作过程中提供的建议和帮助，本文曾在内蒙古大学的“青年经济学家联谊会”、浙江大学的“产业集聚理论与政策国际研讨会”、厦门大学博士生论坛和武汉大学第一届YES高校学生联谊会上报告过，感谢与会者的宝贵建议。感谢两位匿名审稿人的建设性意见，文责自负。

会稳定产生影响，近年来的研究也开始关注在经济增长过程中分权所带来的结构性变化，特别是两种维度上的分割：城乡分割和地区分割（王永钦等，2007；范子英、张军，2009）。

在这些负面作用中，区域的市场分割最近倍受关注。这起源于 Young 在 2000 年的一项关于中国国内市场整合的研究，他采用生产法得出中国国内市场是“零碎分割的区域市场”，后来出现了一系列与此相关的研究，分别采用“贸易法”、“专业化指数法”、“经济周期法”、“价格法”、“数据包络法”，等等（Naughton，1999；Young，2000；Parsley 和 Wei，2001；Xu，2002；Poncet，2003b；郑毓胜、李崇高，2003；白重恩等，2004；陈敏等，2007；刘小勇、李真，2008）。由于所使用的方法和数据不尽相同，这些研究得出的结论也不尽相同，但基本上都认为中国国内的市场分割非常严重，省份之间的“边界效应”甚至大于欧盟内部国界的作用，然而在趋势的演变上并没有定论，一些研究认为中国的市场分割日趋严重，另一些则持相反的观点。

市场分割导致重复建设和“诸侯经济”，市场范围缩小，分工相对滞后，因而整体的经济缺乏应有的效率（Young，1928）。然而地方政府之所以采取分割的政策，很大程度上是出于财政收入的考虑，限制本地资源流出和外地产品流入都是为了要扶持本地经济，进而在当期或未来获得更多的税收。从这个角度来看，地方政府进行市场分割是一个理性的选择，部分落后地区甚至还可能因此而逆转比较优势，在未来获得更快的经济增长（Redding，1999；陆铭等，2004）。并且随着全球化的深化，地方政府确实更加倾向于利用国际贸易替代国内贸易，而放弃在国内市场上的规模效应（黄玖立、李坤望，2006；陆铭、陈钊，2009）。

所以，当存在一个相对强大的中央政府时，通过财政的转移支付从理论上来说是可以降低落后地区进行分割的激励，使得它们较快融入整个分工体系，这于先进地区和落后地区都是一个“双赢”的过程，先进地区可以获得市场范围扩大带来的规模效应，促进经济更快地增长，而落后地区亦能分享这一增长的好处。中国 1994 年的分税制使得中央政府有充足的财政实力来促进区域市场整合，政策层面上也逐渐偏向于平衡的发展战略，特别是 1999 年之后，中央加大了对中西部地区的转移支付力度，西部省份的转移支付占全国转移支付的比重①，从 1995 年的 32.9%上升到 2001 年的 39.8%。而国内市场分割也恰好于 20 世纪 90 年代中期之后开始趋于缓和（陈敏等，2007），政府间的转移支付与国内市场整合在时间上存在一致性。

目前关于转移支付与市场分割的研究还仅限于理论探讨，并没有实证文献检验两者之间是否存在显著的关系。理论表明，在一个分权相对行之有效的经济体内，市场分割是地方政府的一个理性选择，而转移支付能够割断市场分割和财政收入之间的联系，降低地方政府的割据行为（陆铭等，2004，2007）。实证方面的文献还仅限于从内陆地区的视角来考察转移支付的作用，比如给予内陆地区更多转移支付的必要性（曾军平，2000），以及转移支付是否能够促进内陆地区的经济增长和区域经济的收敛（马栓友、于红霞，2003；

---

① 西部省份指《国务院关于实施西部大开发若干政策措施通知》中包含的重庆、四川、贵州、云南、西藏、陕西、甘肃、宁夏、青海、新疆、内蒙古、广西 12 个省、市、自治区。转移支付指中央对各地的补助。

刘生龙等，2009；张军、范子英，2009），也有研究指出中央政府有意利用转移支付（特别是专项转移支付）来协调地方政府的一致行为（袁飞等，2008），因而无法兼顾地区平衡发展的目标。这些实证研究都只是从经济增长或公共服务均等化的角度来考虑转移支付的作用，而没有考虑转移支付在促进市场整合方面的作用。本文的贡献在于：首先，首次检验了转移支付是否带来了国内市场的整合，从全国的经济效率层面来评价转移支付的作用，避免了仅从发达地区或者落后地区自身的角度考虑问题的局限；其次，丰富了对地区性发展战略的评价，即使地区性的转移支付没有带来长期的经济增长和区域经济的收敛，由于间接促进了国内统一市场的建立，该转移支付依然是有效的；最后，本文是已有理论文献的一个拓展，首次从实证角度验证了已有理论的正确性，并对自 20 世纪 90 年代中期以来的市场整合趋势给出了一个新的解释。

文章将首先构建一个简单的理论模型，指出财政分权导致了地区之间的市场分割，不过当中央政府给予落后地区一定量的转移支付，使得落后地区所获得的转移支付能够补偿其融入分工的损失时，落后地区将放弃进行市场分割的努力，融入到全国的分工体系。进而将利用中国 1995~2005 年的省级面板数据，检验这种区域性的政策是否真的促进了市场的整合。因而本文不仅仅是一项关于中国国内市场整合的研究，更是对区域性政策的经济效果的一项评估。本文第二部分是理论模型，阐述转移支付如何促进了分工；第三部分是市场分割与转移支付的演变；第四部分是模型与计算的结果；最后是本文的结论和政策建议。

二、财政分权、转移支付与分工

参考陆铭等（2004，2007）的做法，考虑一个两期两部门模型，其中一个部门的技术水平要求较高，我们记为 h，另一个较低为 l，高技能部门存在“干中学”效应，而低技能部门则不存在技术进步。假设有两个省份，其效用函数相同，为 $U = C^h \cdot C^l$，其中一个省份在产品 l 上有比较优势，而另一个在 h 产品上有比较优势。财政分权意味着两个省份都可以独立选择其在两种产品上的投资，暂且假定生产中只有一种要素投入即劳动力资源，并且标准化为 1，为了简化，这里仅考虑产品市场的整合，而要素市场假定是完全分割的，劳动力在不同地区不可以流动，所以各地的劳动力禀赋即最终投入到生产中的量。发达省份在 h 产品上的相对初始技术和技术进步速度为 A 和 ϕ，两者在 l 产品上不存在技术进步，并且初始技术为 1。

我们首先考虑不进行分工的收益，假定不存在时间偏好，两个省份同时要最大化两期的效用和：

$$\max_{t_1,t_2} U = C_1^h \cdot C_1^l + C_2^h \cdot C_2^l \tag{1}$$

其中，t_1 和 t_2 是两期中分配到 h 部门的劳动力。为了简化，我们假定 l 产品的生产不存在规模报酬，产出是时间的线性函数，同时消费量等于产出量，为了区别于发达地区，我们用小写字母表示落后地区的效用和产出等，落后地区在 h 产品上的初始技术和技术进步率都为 1，则其在两阶段中的产出为：

$$y^l = y_1^l + y_2^l = (1 - t_1) + (1 - t_2) = (2 - t_1 - t_2)$$

$$y^h = y_1^h + y_2^h = t_1 + t_1 \cdot t_2 \tag{2}$$

通过简单的线性规划，我们得知落后地区在不分工时的资源分配和效用为：

$$t_1 = \frac{5}{8} \quad t_2 = \frac{1}{2} \quad u = \frac{25}{64} \tag{3}$$

同理，发达地区在两部门中的产出分别为：

$$Y^l = Y_1^l + Y_2^l = (1 - t_1) + (1 - t_2) = (2 - t_1 - t_2)$$

$$Y^h = Y_1^h + Y_2^h = A \cdot t_1 + \phi \cdot Y_1^h \cdot t_2 = A \cdot t_1 + \phi A \cdot t_1 \cdot t_2 \tag{4}$$

则其两期中的资源分配和效用为：

$$T_1 = \frac{1}{2} + \frac{1}{8}\phi \quad T_2 = \frac{1}{2} \quad U = A \cdot (\frac{1}{2} + \frac{1}{8}\phi)^2 \tag{5}$$

我们这里用不分工的状态来代表极端的市场分割，此时两地的生产量为消费量，商品市场是完全分割的。如果这是落后地区的理性选择，当中央政府从发达地区转移一定量的资源 U_0，该转移支付能使得落后地区参与分工，则意味着此时的效用要大于上述不分工时的效用。为了简化，我们假定市场整合是完全的分工，而完全分工也意味着落后地区将资源全部分配于 l 产品的生产，每期所生产的低技术产品的量都为 1，而发达地区负责 h 产品的生产，第一期产量为 A，第二期产量为 ϕA。产品市场的整合也意味着产品 l 和产品 h 在市场上可以自由交换，假定 l 产品的价格为 1，h 产品的价格为 $p(p > 1)$，地区间的运输成本采用冰山成本的形式，即 1 单位产品从一个地区运输到另一个地区，仅有 1/D 单位产品可抵达目的地，其中 D 表示两地之间的运输条件。此时落后地区的效用为：

$$\max_{c_1^h, c_2^h} u = c_1^h \cdot c_1^l + c_2^h \cdot c_2^l$$

$$\text{s.t.} \quad c_1^l + Dpc_1^h = 1$$

$$c_2^l + Dpc_2^h = 1 \tag{6}$$

落后地区的效用为：

$$u = c_1^h = c_2^h = \frac{1}{2Dp} \tag{7}$$

同理，发达地区的消费和效用为：

$$C_1^h = \frac{A}{2} \quad C_2^h = \frac{\phi A}{2} \quad U = \frac{A^2 p}{4}(1 + \phi^2) \tag{8}$$

静态分工的条件下，落后地区的效用会受损，则以下条件要得到满足：

$$1/2Dp \leqslant 25/64 \tag{9}$$

可见两地距离越远、高技术产品相对价格越高，则落后地区越可能分割。此时为了弥补落后地区可能遭受的损失，中央政府采用如下的条件转移支付形式：

$$U^* = \frac{1}{2Dp} + U = \frac{1}{2Dp} + \delta U_0 \tag{10}$$

其中，U^* 表示落后地区获得转移支付后的效用，当其采取策略性合作政策时 $\delta = 1$，如果是分割政策则 $\delta = 0$。比较（3）式、（5）式、（7）式和（8）式得知，在分工和完全自由交易的情况下，落后地区的效用实际上是下降的，所以实行分割的政策是落后地区的理性选择，而发达地区则获得了分工产生的“干中学”效应所带来的全部收益，并且如果 h 产品的相对价格越高、初始技术水平越高、技术进步越快的话，发达地区在分工中所获得的收益也越多，这也说明分工有利于发达地区生产新兴的高技术产品。而转移支付要使得两个地区都愿意融入到分工体系，则两者分工后的效用至少要大于各自的威胁点，即下式要满足：

$$\frac{25}{64} - \frac{1}{2Dp} \leqslant U_0 \leqslant \frac{A^2p}{4}(1+\phi^2) - A\left(\frac{1}{2} + \frac{1}{8}\phi\right)^2 \tag{11}$$

这说明在分权和自由市场同时存在的情况下，落后地区会理性地选择不分工，采取市场分割的战略以获取更多的收益。但是如果中央政府采用转移支付的政策，将一部分收益从发达地区转移到落后地区，则可以弥补落后地区在分工中的损失，使其融入到全国的分工体系中。并且由于相对价格、初始技术水平、技术进步率都大于 1，式（11）也意味着地区之间的技术差距越大，发达地区的技术进步越快，产品相对价格越高，要使得落后地区融入分工体系，进行转移支付的空间也会越来越大。这说明随着经济的发展，区域间平衡发展的目标将越来越容易达到，平衡的发展模式也必然会实现。不过式（11）右边意味着，转移支付的量不能超过发达地区的承受能力，否则这些地区也会退回到没有分工的状态。

三、市场分割与转移支付的演变

虽然关于中国国内市场整合的研究很多，不同研究得出的结论相去甚远，并且就方法本身也各有缺陷，生产法得出的结论很可能就是经济转轨的成功之处，而贸易法由于无法控制某些因素导致计算产生偏误，并且大部分的研究旨在讨论分割的严重性及趋势，并没有计算出一个一致性的指标（Naughton，1999；Xu，2002；桂琦寒，2006）。我们基于以下理由采用“价格法”来度量市场分割程度：首先，该方法根据“冰山成本”理论计算出相对价格的波动，波动的变化则反映了市场分割的变化，该方法在一定程度上克服了其他方法的弱点；其次，价格法能够给出一个一致的估计，同时反映了商品市场和要素市场的整合程度；最后，该方法计算的指数是目前唯一可获得的面板数据。“价格法”测量两地之间相对价格随时间的波动趋势，如果价格随时间趋于收敛，则表明地区间的交易成本在下降，而交易成本一部分来源于贸易壁垒，另一部分来源于交通设施的落后（Shiue，2002），不过在短期内前者的作用更加明显，因而相对价格的方差的大小直接反映市场的

整合程度。

不过为了稳健性考虑，在随后的计算中，我们将同时采用桂琦寒等（2006）和刘小勇等（2008）基于价格法所得出的指数值。这两个指数虽然采用同样的方法，同时考虑九大类商品的价格变化，[①] 但数据跨度和计算覆盖的范围有差异，前者仅考虑了相邻省份的作用，即所谓的"以邻为壑"，而后者则考虑到整个国内市场，既符合"政治锦标赛"的假设，[②] 也与 Poncet（2003b）的结论相对一致，因而我们以后者为主。从图 1 可以看出，两者显示了同样的趋势，20 世纪 90 年代中期之前，市场分割并无明显的缩小或者扩大迹象，不同年份之间波动巨大，然而自 1994 年以来，国内市场呈现明显的整合趋势，除了 1997 年可能由于外部金融危机导致分割行为的短暂加剧外，市场分割在其他年份都保持在一个较低的水平，特别是在 1999 年降到了历史的最低点。这说明 20 世纪 90 年代中期的某些政策使得地方政府放弃了各自为政的动机，更快地融入了全球和国内的市场分工。

不同的经济发展水平的地区的分割程度也不一样，那些禀赋、地理条件类似的地区更加可能采取分割的策略，以期在"政治锦标赛"过程中获得更多的经济增长。我们在图 2 中将全国分为沿海和内陆[③] 省份分开考虑，以两地 1985 年的水平为基准进行标准化，这样做的目的是剔除各自初始条件的影响。我们发现两者整体的趋势基本相同，都同时受外部经济环境的影响，然而自 1995 年开始，内陆的市场整合程度相对更高，仅为 1985 年的1/4，1999 年更是降低到历史的最低水平，2003 年沿海的市场分割程度相对 2002 年有较大幅度的上升，这可能与所得税的改革相关。2002 年的所得税分享改革对沿海地区的冲击更大，降低了地方政府从经济发展中可获得的好处。[④]

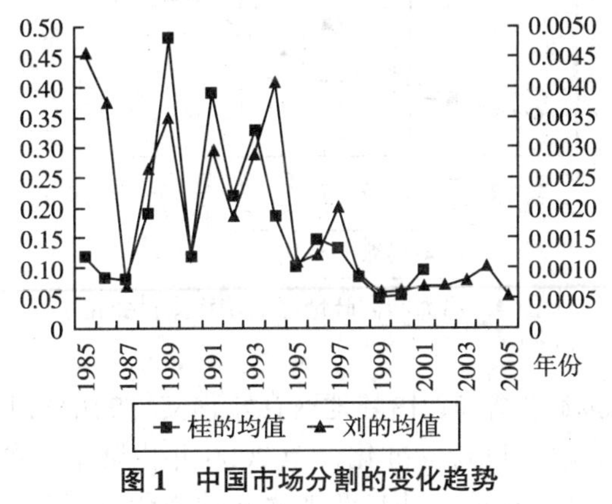

图 1　中国市场分割的变化趋势

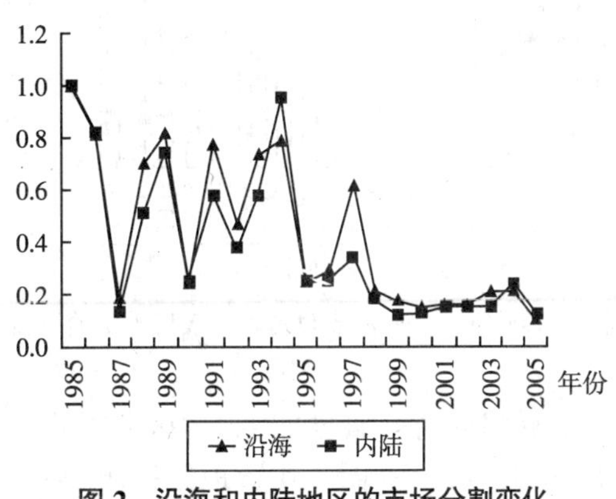

图 2　沿海和内陆地区的市场分割变化

① 这九类商品分别是：粮食、鲜菜、饮料烟酒、服装、鞋帽、中西药品、书报杂志、文化体育用品、日用品以及燃料。

② "政治锦标赛"意味着地方政府之间在获得晋升可能性时，上级政府考核的是相对指标，因而政府官员不仅仅是与相邻地区竞争，而是与全国同级政府竞争（周黎安，2004）。

③ 沿海地区为除广西外的其他沿海省份，内陆则是剩下的省份。

④ 在所得税的改革方案中，曾明确提出中央增加的收入将主要用于中西部地区的转移支付，因而对中西部地区的影响相对较小。见《国务院关于印发所得税收入分享改革方案的通知》。

调整中央与地方政府关系的一个主要手段是财政体制改革，财政体制改革直接改变地方政府的行为，使其采取策略性分工或者相反的政策。而始于 1994 年的分税制改革使得“两个比重”，即财政收入占 GDP 和中央财政收入占总财政收入的比重得到提高，分别从 1993 年的 11.2% 和 22% 上升到 2006 年的 18.5%和 52.8% 。中央政府有足够的能力来进行转移支付，从图 3 可以看出，以中央补助占地方支出比重度量的转移支付在 1994 年之前非常少，1994 年出现一个大的跳跃点，这是由于分税制改革中的税收返还所造成的，此时采用的是过渡时期转移支付办法，以保证地方既得利益为重点，因而一直到 1998 年转移支付的总量都增长缓慢。我们也观察到虽然转移支付的总量在增长，不过其占地方政府财政支出的比重一直在下降，中央政府对地方政府的影响也随之下降。1999 年出现第二个跳跃点，此后一直保持高速的增长（王绍光，2004），同时转移支付占地方政府支出的比重也随之上升，特别是 2002 年开始实施的所得税改革方案中，明确规定中央收入增长部分全部进入一般性转移支付，用以平衡地区间财力差距，转移支付的比重也相应得到提高，说明中央政府开始通过转移支付来影响各地的经济发展。[①] 大量的财政转移支付也是后来的一系列改革能够有效推行的前提条件（王绍光，2004），如金融体系和国有企业的改革等都是在 20 世纪 90 年代中后期得以完成。

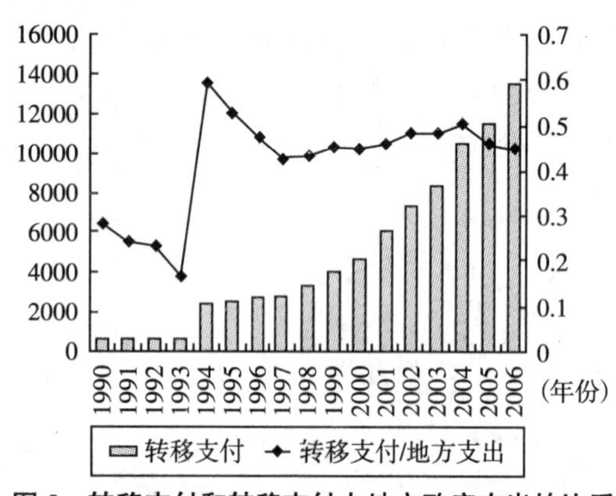

图 3　转移支付和转移支付占地方政府支出的比重

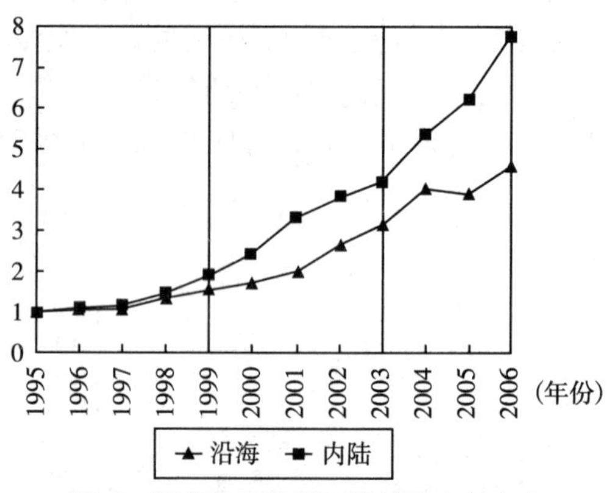

图 4　沿海和内陆地区的转移支付变化

在转移支付增加的同时，地区之间的差异也随之增加，内陆地区在转移支付的增长上更加明显。我们在图 4 中分地区按照 1995 年的水平进行标准化，至 2006 年内陆地区的转移支付增长了 68 倍，而同期沿海地区仅增长了 3.6 倍。并且两者之间的变化呈现阶段性特征，1999 年之前两者几乎保持了同样的增速，说明当时的政策并没有区域性差异。而另一个转折点是 2003 年，2003 年之后内陆地区所获得的转移支付以更快的速度增长，两者相对于基年的差距从 2003 年的 1 倍增长到 2006 年的 3 倍。这些变化与中央的区域

① 方案明确提出所得税改革的目的是“防止重复建设，减缓地区间财力差距的扩大，支持西部大开发”。见《国务院关于印发所得税收入分享改革方案的通知》。

性政策是相关的，1999 年的“西部大开发”、2003 年的“振兴东北老工业基地”和 2004 年的“中部崛起”，都伴随着对内陆省份的财政转移的力度加大。

转移支付的构成（财力性转移支付、专项转移支付和税收返还）自 1994 年以来变化巨大，从中也反映出中央政府的政策调整方向，税收返还占全部转移支付的比重从 1995 年的 73.7% 下降到 2004 年的 30.5%，成为三者中最低的部分，这也说明早期的转移支付更多的是一种妥协的策略，以争取地方政府对财政改革的支持。财力性的转移支付在 1999 年之前并没有大的变化，之后则保持了上升的趋势，主要作用在于基本公共服务的均等化，解决地方政府财政收支的缺口，并且财力性的转移支付有一套相对严格的计算制度，因而不会出现大的波动。专项转移支付的变化更加明显，自 1995 年以来一直在增长，目前已成为三者中最重要的部分，并且这部分转移支付更具政策导向性，因而可以对地方政府的行为产生更直接的影响。结合图 4 则说明，中央对不同地区的转移支付的增减是通过不同的转移支付来实现的，通过减少税收返还降低对沿海地区的转移支付，而增加财力性转移支付和专项转移支付，对内陆地区进行财政上的扶持。

转移支付在时间和空间上的变化，与市场分割的变化较一致，然而到目前为止，我们并不知道转移支付是否真正导致了市场分割程度的下降，以及通过何种机制使得地方政府采取策略性分工的战略。

四、模型与结果

基于前文的分析，我们采用如下的模型，其中 i 和 t 分别代表省份和年份：

$$Seg_{it} = \alpha_0 + \alpha_i + \sum \beta_k X_{it}^k + \gamma Tran_{it} + \varepsilon_{it}$$

其中，Seg 是市场分割指数，数值越大表明分割越严重，这里采用的是价格法计算的指数值。Tran 是中央对地方的转移支付，考虑到各地方政府规模的大小，我们将采用各地方的财政规模进行标准化。α_0 是常数项，α_i 是地区固定效应，用以控制诸如地理、初始条件等不随时间变化的因素。

X 是控制变量，主要包括：Techgap：技术差距，由于我们采用的两种指数的覆盖面有差异，因而本文分别采用两种方法来度量技术差距，一种是本省的人均 GDP 与全国人均 GDP 的比重，另一种是本省人均 GDP 与周围各省人均 GDP 的均值的比重，在使用刘小勇等（2008）的指数时采用前一种方法，而使用桂琦寒等（2006）的指数时采用后一种方法。Open：开放度，本文采用外贸依存度来度量开放程度。Govsp：政府财政支出扣除转移支付后占 GDP 的比重。Soe：国有化比重，我们采用国有企业职工数占总职工数的比重。Distance：地理距离，我们采用骆许蓓（2004）计算的调整距离[①]来反映两地之间的交通成本。Pgdp：人均 GDP。[②] Fd：财政分权，我们这里按照常规的做法，利用地方政府预算内人均财政支出占全国预算内人均财政总支出的比重来表示分权的程度。

本文所使用的市场分割指数分别来自桂琦寒等（2006）和刘小勇等（2008），税收返还、财力性转移支付和专项转移支付的数据来自财政部预算司《地方财政分析资料（2004）》，其他数据分别来自各年度的《中国统计年鉴》和《中国财政年鉴》。由于分省的财政转移支付的数据在 1995 年后才可获得，同时市场分割指数到 2005 年截止，因而大部分的数据年限都是 1995~2005 年，但是细分的转移支付数据仅到 2004 年。样本中共有 28 个省、自治区和直辖市，其中重庆、海南和西藏三个地区由于数据不全而没有包含在内。我们在随后的估计中采用面板数据的方法，通过 Hausman 检验对固定效应和随机效应进行选取，仅报告选取之后的结果。

为了系数不至于太小，我们将所有的市场分割指数都乘以 100。同时出于稳健性的考虑，采用多维度度量转移支付，Tran1-4 分别为中央补助/地方财政支出、（中央补助-税收返还）/地方财政支出、中央补助/地方财政收入、（地方财政支出-地方财政收入）/地方财政支出。不同的度量方法得出了较一致的结果，在其他条件相同的情况下，转移支付力度的增大会带来市场分割程度的降低，这也说明中央对地方的转移支付间接促进了国内的市场整合。第四个回归采用传统的转移支付的度量方法（乔宝云等，2006），转移支付的系数也在 5%的显著性水平下通过了检验。第五个回归中，我们采用桂琦寒等（2006）的指数，虽然转移支付没有通过显著性检验，但其 p 值也接近 10%，并且符号依然为负，由于该指数只计算到 2001 年，自由度大大降低可能直接导致了变量不显著。

五个回归中其他变量的估计也基本一致。对外开放没有带来市场的整合，可能是因为一方面开放约束了政府行为，进而降低市场分割；另一方面对外开放又挤出了国内贸易（Poncet，2003a；黄玖立、李坤望，2006；陆铭、陈钊，2009），加剧了地区间的分割。政府支出占 GDP 的比重与市场分割指数显著负相关，可能是因为市场分割使得当期的经济增长受损（Poncet，2003b），进而减少了地方政府当期的收入，这与第二部分的结论一致，说明地方政府的市场分割行为更可能是为了未来的财政收入。技术差距与市场分割负相关，说明相对技术水平越低的省份越有激励实行分割的政策，以期在未来获得更多的财政收入。国有企业比重越高的省份，其市场分割也越严重，政府出于就业的考虑需要给当地没有竞争力的企业予以保护，加剧了市场分割。财政分权程度与市场分割显著正相关，符合已有关于分权的研究，财政分权给予地方政府经济激励来实行分割的政策。

---

① 调整距离分四步计算，首先计算地区 i 在年份 t 的公路网密度和铁路网密度，分别记为 DR_{it} 和 DF_{it}，定义该省份在年份 t 的交通网络密度 $D_{it} = a_{1t}DR_{it} + a_{2t}DF_{it}$；接着假设将产品从省份 i 运送到省份 j 需要途经 n 省份，定义省份 i 和省份 j 之间运输便利程度 $D_{ij,t} = \sum D_{it}/n$；接下来定义地区 i 和 j 之间运输距离 $Dist_{ij,t}$ 为其公路距离和铁路距离的加权平均值 $Dist_{ij,t} = a_{1t}DistR_{ij,t} + a_{2t}DistF_{ij,t}$；最后定义地区 i 和 j 之间调整距离 $Distance_{ij,t} = Dist_{ij,t}/D_{ij,t}$。

② 虽然这一变量与技术差距存在多重共线性，不过这里的目的是为了控制经济发展水平的差异，同时我们也曾剔除后再计算，发现结果没有变化。

表 1 模型的基本计算结果

变量	因变量：刘的指数 1995~2005				桂的指数 1995~2001
	(1) FE	(2) FE	(3) RE	(4) RE	FE
Tran1	−0.187*** (0.068)				−16.300 (10.742)
Tran2		−0.142*** (0.048)			
Tran3			−0.035*** (0.010)		
Tran4				−0.139** (0.056)	
Open	0.022 (0.045)	0.003 (0.050)	0.049*** (0.018)	0.042** (0.020)	−5.259 (8.489)
Govsp	−1.600*** (0.481)	−0.978** (0.450)	−1.021*** (0.336)	−0.573* (0.306)	−247.081** (−107.073)
Techgap	−0.162** (0.065)	−0.380*** (0.106)	−0.066** (0.030)	−0.039 (0.030)	−57.168*** (17.107)
Soe	0.326** (0.153)	0.537*** (0.177)	0.120* (0.073)	0.154** (0.073)	69.811** (31.262)
Fd	0.082* (0.043)	0.093** (0.046)	0.111*** (0.028)	0.077*** (0.025)	17.515** (7.035)
Pgdp	2.47E−06 (2.66E−06)	1.09E−05*** (3.61E−06)	−1.26E−06 (1.57E−06)	−1.86E−06 (1.60E−06)	0.002*** (0.0008)
Distance	−4.31E−07 (3.31E−07)	−4.42E−07 (3.47E−07)	−1.08E−07 (1.33E−07)	−1.07E−07 (1.36E−07)	6.80E−05 (6.07E−05)
Hausman P	0.054	0.037	0.318	0.166	0.0002
组内 R^2	0.176	0.174	0.157	0.139	0.208
obs	308	280	308	308	196

注：括号中为标准误，*、** 和 *** 分别表示 10%、5%和 1%的显著性水平。

由于转移支付呈现阶段性和区域性特征，东部地区的转移支付越来越少，而内陆则逐渐增加，同时其他变量在不同地区的表现也不同，这种区域性特征可能使得上述的简单估计掩盖了其他信息，因而我们在表 2 中进行分地区的计算。我们发现转移支付在东部并没有带来市场整合，并且开放度越高的地区越是实行市场分割，这一结论与陆铭和陈钊（2009）的结论一致，说明沿海地区确实在利用开放带来的国际贸易替代国内贸易，并且牺牲当期的政府支出，以换取未来更多的财政收入。而内陆地区的转移支付与市场整合的关系符合前面的假说，给予落后地区更多的转移支付可以有效地使得这些地区融入分工体系，这意味着增加内陆地区转移支付 1 个百分点，可以使得其市场分割程度从目前的水平下降 4.3%。① 直辖市与其他地区往往在政策上有很大的差异，因而我们在第三个回归中剔

① 每增加一个百分点的转移支付，则市场分割指数下降 0.00367，占内陆地区平均水平 0.086 的 4.3%。

除直辖市的样本，我们发现其结果与第二个回归基本类似，不过转移支付的系数变小了，而技术差距的效应则更强。另外 1999 年开始实行的地区性发展战略，此后大量的转移支付开始倾斜于内陆地区，因而转移支付 1999 年前后的作用也会发生变化。我们在第四个回归中加入了 1999 年虚拟变量与转移支付的交互项，发现转移支付本身并不显著，而交互项此时却非常显著。这也说明转移支付对市场整合的作用与地区性的战略密切相关，仅仅是 1999 年之后倾斜性的转移支付才有效地缓解了地区间的分割行为。

表 2　分地区的计算结果

变量	(1) 沿海 RE	(2) 内陆 FE	(3) 非直辖市 FE	(4) 全国 RE
Tran1	−0.177 (0.168)	−0.367*** (0.066)	−0.251*** (0.047)	−0.017 (0.070)
D99*Tran1				−0.063*** (0.024)
Open	0.064* (0.033)	0.196 (0.159)	0.008 (0.049)	0.046** (0.020)
Govsp	−1.914* (1.3122)	−1.596*** (0.393)	−1.804*** (0.332)	−0.590 (0.395)
Techgap	−0.060 (0.058)	−0.337*** (0.110)	−0.250*** (0.076)	−0.027 (0.028)
Soe	0.227 (0.164)	0.108 (0.126)	0.105 (0.101)	0.126 (0.077)
Fd	0.110** (0.055)	0.090* (0.054)	0.122*** (0.042)	0.064** (0.029)
Pgdp	1.17E−07 (3.01E−06)	7.26E−06** (3.67E−06)	3.02E−06 (2.29E−06)	−1.11E−06 (1.57E−06)
Distance	4.49E−07 (1.19E−06)	−1.05E−07 (2.01E−07)	−2.42E−07 (1.83E−07)	−2.12E−07 (1.40E−07)
Hausman P	0.790	0.008	0.000	0.284
组内 R^2	0.169	0.267	0.246	0.170
obs	110	198	275	308

注：括号中为标准误，*、** 和 *** 分别表示 10%、5%和 1%的显著性水平。

转移支付与市场整合的关系在分税制前后呈现阶段性特征，这可能与转移支付细分项目的不同时间趋势有关。在分税制实施初期，为了改革能够顺利推行，中央政府给予各地大量的税收返还，以保证这些地方的财政收入不低于改革前的水平，不过税收返还在转移支付中的比重逐年下降。而另外两项转移支付（财力性转移支付和专项转移支付）的拨付机制也不相同，前者有一套相对严格的制度，因而地方政府可以预期，并且不指定用途和事后评估，地方政府的操作空间较大，后者则随意性相对较大，具有临时性和政策导向性。由于各项转移支付的制度相差较大，其对市场整合的作用也会有差异，税收返还和财力性转移支付属于无条件的转移支付，相当于直接增加地方政府的财力，而专项转移支付

则要求地方采取一些行动以配合中央的政策。1999 年前沿海地区相对于内陆有更多的税收返还，不过两者的差距在 1999 年后开始缩小，而内陆地区所获得的另外两种转移支付却越来越多。接下来我们分别对不同的转移支付项目的作用进行计算。

从表 3 可以看出，大部分回归都支持固定效应模型，财力性的转移支付对市场分割的作用不明显，这可能是因为地方政府将这部分转移支付视同本级财政收入，并且可以完美预期，所以其行为并没有因此而改变。专项转移支付能够显著降低市场分割程度，这在是否控制其他转移支付的情况下都成立，[①] 表明专项转移支付能够带来市场整合，并且专项转移支付的作用最显著也最大，当控制财力性和专项转移支付时，更多的税收返还显著降低了市场分割程度。我们在第二个和第三个回归中分别仅对内陆省份和非直辖市的地区进行回归。发现专项转移支付在内陆省份的作用最大，每增加一个百分点的专项转移支付，

表 3　转移支付细分项目的计算结果

变量	(1) FE	(2) 内陆省	(3) 非直辖市
Trangene（财力性）	–0.076 (0.112)	–0.142* (0.077)	–0.035 (0.067)
Transpeci（专项）	–0.466*** (0.121)	–0.363*** (0.074)	–0.335*** (0.079)
Tranrew（税收返还）	–0.298* (0.165)	–0.083 (0.098)	–0.010 (0.121)
Open	0.004 (0.049)	0.074 (0.109)	–0.012 (0.058)
Govsp	–1.655*** (0.592)	–0.951*** (0.282)	–1.129*** (0.430)
Techgap	–0.362*** (0.105)	–0.147*** (0.048)	–0.361*** (0.096)
Soe	0.626*** (0.177)	0.069 (0.075)	0.253** (0.114)
Fd	0.103** (0.046)	0.104*** (0.028)	0.154*** (0.045)
Pgdp	8.39E–06** (3.83E–06)	9.11E–06** (3177E206)	9115E206*** (3137E206)
Distance	–6179E207* (3153E207)	–3171E208 (1121E207)	–2192E207 (2107E207)
Hausman P	0.019	0.152	0.099
组内 R^2	0.202	0.261	0.279
obs	280	180	250

注：括号中为标准误，*、** 和 *** 分别表示 10%、5%和 1%的显著性水平。

① 我们也曾单独估计每项转移支付的作用，不过变化不大，出于篇幅的考虑这里没有列出，需要的读者可向作者索要。

可以使得市场分割下降 4.2%，同时我们还发现财力性转移支付在内陆地区能显著降低市场分割，不过税收返还的作用不明显。剔除直辖市的回归则仅发现专项转移支付具有显著作用，与第一个回归相比，说明转移支付对直辖市的作用主要通过税收返还。表 3 的其他变量的估计结果与表 1 基本一致，这也间接表明我们的估计是较稳健的。

对比上述的回归，我们发现中央对地方的转移支付随着时间而变化，通过逐渐增加自主性的财力性转移支付和专项转移支付，同时减少税收返还，以加大对内陆地区的财力支持，这些政策使得落后地区采取合作的策略，显著降低了各自的市场分割，20 世纪 90 年代中后期以来内陆地区的市场整合也主要缘于专项转移支付的增加。而在所有的回归中，财政分权都显著加剧了市场分割，说明过度的分权并不利于区域的市场整合。

五、结论及政策建议

斯密定理说明随着市场的扩大，分工会得到发展，进而促进经济的发展，李嘉图的比较优势理论在此基础上进一步发展，遵循比较优势是各国和地区最优的选择，然而现实中不参与分工的例子比比皆是。从动态的角度来看，不参与分工的动机可能是为了在未来逆转不利的比较优势，获得“动态比较优势”，即使最终失败了，也能获得更大的谈判能力，分享到更大的好处。因而如果存在一个强大的中央政府，通过财政体系将一部分好处从发达地区转移给落后地区，则会降低落后地区进行市场分割的动力，使之融入整体的分工体系，从长期来看更是一个“双赢”的过程。

始于 20 世纪 80 年代初期的财政分权对中国的经济增长有不可磨灭的贡献，中央政府将事权和财权下放到地方政府，地方政府有足够的经济激励来发展本地经济，然而同时也不可避免地采取了地方保护主义政策，重复建设和市场分割严重，同时区域和城乡差距也随之扩大。1994 年的分税制开始将财权集中，两个比重也随之提高，中央政府有足够的能力来进行宏观调控和推行市场化建设，出于平衡区域经济的考虑，1999 年开始实行“西部大开发”战略，其中一个具体的措施是通过财政转移支付来实行区域的平衡发展，这一措施虽然并没有带来地区经济的收敛，也没有显著促进中西部地区经济的快速增长(马栓友、于红霞，2003；张军、范子英，2009)，但间接使得这些地区放弃地方保护主义策略，分工得以在全国水平上演进，提高了经济整体的效率。

虽然转移支付间接促进了国内市场整合，但这一作用机制是在既定的分权框架体系之下发生的，转移支付会造成效率损失和扭曲效应（Weingast，2000；Besley 和 Coate，2003)，增加政府间的交易成本和不透明性，并且其作用随着时间的推移变得非常微弱。[①]未来的改革应该要改变这个分权的框架，在此框架下的财政转移支付政策对于缩小区域差

① 出于篇幅的考虑，时间趋势没有单独列出，需要的读者可向作者索要。我们感谢评审人指出这点。

距的作用非常小，财政体制要向公共财政转型，转移支付应该立足于公共服务的均等化，在教育、社会保障等方面给予欠发达地区更多的支持。首先要深化要素市场的改革，促进要素的自由流动来达到人均意义上的平衡，而不是以财政转移支付的形式达到总量上的平衡；其次要降低地方官员干预经济的政治动机，改革目前以 GDP 来考核官员绩效的指标体系，增加民生和公共服务等方面的考核（周黎安，2004）；最后要进行市场化建设，消除国内地方保护主义，以形成全国统一的市场，要让市场这“无形之手”来配置资源，而不是通过给予地方政府经济激励的方式来发展经济。

参考文献

[1] 白重恩，杜颖娟，陶志刚，仝月婷. 地方保护主义及产业地区集中度的决定因素和变动趋势 [J]. 经济研究，2004 (4).

[2] 陈敏，桂琦寒，陆铭，陈钊. 中国的经济增长如何持续发挥规模效应？经济开放与国内商品市场分割的实证研究 [J]. 经济学（季刊），2007，7 (1).

[3] 范子英，张军. 财政分权与中国经济增长的效率 [J]. 管理世界，2009 (7).

[4] 桂琦寒，陈敏，陆铭，陈钊. 中国国内商品市场趋于分割还是整合？基于相对价格法的分析 [J]. 世界经济，2006 (2).

[5] 黄玖立，李坤望. 出口开放、地区市场规模和经济增长 [J]. 经济研究，2006 (6).

[6] 刘生龙，王亚华，胡鞍钢. 西部大开发成效与中国区域经济收敛 [J]. 经济研究，2009 (9).

[7] 刘小勇，李真. 财政分权与地区市场分割实证研究 [J]. 财经研究，2008 (2).

[8] 陆铭，陈钊. 分割市场的经济增长，为什么经济开放可能加剧地方保护？[J]. 经济研究，2009 (3).

[9] 陆铭，陈钊，严冀. 收益递增、发展战略与区域经济的分割 [J]. 经济研究，2004 (1).

[10] 陆铭，陈钊，杨真真. 平等与增长携手并进 [J]. 经济学（季刊），2007，6 (2).

[11] 骆许蓓. 基础设施投资分布与西部地区经济发展——论交通运输枢纽的作用 [J]. 世界经济文汇，2004 (2).

[12] 马栓友，于红霞. 转移支付与地区经济收敛 [J]. 经济研究，2003 (3).

[13] 乔宝云，范剑勇，彭骥鸣. 政府间转移支付与地方财政努力 [J]. 管理世界，2006 (3).

[14] 王绍光. 顺应民心的变化：从财政资金流向看中国政府政策调整 [J]. 战略与管理，2004 (2).

[15] 王永钦，张晏，章元，陈钊，陆铭. 中国的大国发展道路——论分权式改革的得失 [J]. 经济研究，2007 (1).

[16] 袁飞，陶然，徐志刚，刘明兴. 财政集权过程中的财政转移支付和财政供养人口规模膨胀 [J]. 经济研究，2008 (5).

[17] 曾军平. 政府间转移支付制度的财政平衡效应研究 [J]. 经济研究，2000 (6).

[18] 张军，周黎安. 为增长而竞争：中国增长的政治经济学 [M]. 上海：上海人民出版社，2008.

[19] 张军，范子英. 中国如何在平衡中牺牲了效率：转移支付的视角 [M]. 上海：复旦大学中国社会主义市场经济研究中心工作论文，2009.

[20] 郑毓胜，李崇高. 中国地方分割的效率损失 [J]. 中国社会科学，2003 (1).

[21] 周黎安. 晋升博弈中政府官员的激励与合作，兼论我国地方保护主义和重复建设问题长期存在的原因 [J]. 经济研究，2004 (6).

[22] Besley，T. and S. Coate. Centralized versus Decentralized Provision of Local Public Goods：A Politi-

cal Economy Analysis [J]. Journal of Public Economics, 2003, 87 (12): 2611-2637.

[23] Bordignon M., P. Manasse and G. Tabellini. Optimal Regional Redistribution under Asymmetric Information [J]. American Economic Review, 2001, 91 (3): 709-723.

[24] Johansson, E.. Intergovernmental Grants as a Tactical Instrument: Empirical Evidence from Swedish Municipalities [J]. Journal of Public Economics, 2003, 87: 883-915.

[25] Knight, B.. Endogenous Federal Grants and Crowdout of State Government Spending: Theory and Evidence from the Federal Highway Aid Program [J]. American Economic Review, 2002, 92 (1): 71-92.

[26] Naughton, Barry: How Much Can Regional Integration Do to Unify China's Markets [R]. Paper Presented for the Conference for Research on Economic Development and Policy Research, Stanford University, 1999.

[27] Parsley, David C. and Shang Jin Wei. Limiting Currency Volatility to Stimulate Goods Market Integration: A Price based Approach [R]. NBER Working Paper, 2001, 8468.

[28] Poncet, Sandra. Measuring Chinese Domestic and International Integration [J]. China Economic Review, 2003a, 14 (1): 1-21.

[29] Poncet, Sandra. Domestic Market Fragmentation and Economic Growth in China [J]. Mimeo, 2003b.

[30] Redding, S.. Dynamic Comparative Advantage and the Welfare Effects of Trade [J]. Oxford Economic Papers, 1999, 51: 15-39.

[31] Shiue, Carol H.. Transport Costs and the Geography of Arbitrage in Eighteenth Century China [J]. American Economic Review, 2001, 92 (5): 1406-1419.

[32] Shleifer, Andrei and Robert W. Vishny. The Grabbing Hand: Government Pathologies and Their Cures [M]. Harvard University Press, Cambridge, MA, 1998.

[33] Weingast, Barry. The Theory of Comparative Federalism and the Emergence of Economic Liberalization in Mexico, China, and India [J]. Memo, 2000.

[34] Xu, Xinpeng. Have the Chinese Provinces Become Integrated under Reform? [J]. China Economic Review, 2002, 13: 116-133.

[35] Young, Allyn A.. Increasing Returns and Economic Progress [J]. Economic Journal, 1928, 38: 527-542.

[36] Young, Alwyn. The Razor's Edge: Distortions and Incremental Reform in the People's Republic of China [J]. Quarterly Journal of Economics, 2000, 115 (4): 1091-1135.

Fiscal Decentralization, Intergovernmental Transfer and Market Integration

Fan Ziying and Zhang Jun
(China Center for Economic Studies, Fudan University)

Abstract: We analyse the market segmentation, which is a rational choice of the local governments, stems from the fiscal decentralization system. We believe the fiscal transfer from the central government to the less developed provinces can reduce their incentives of market segmentation, and meanwhile share the benefit of economy growth of the coastal provinces. When the amount of transfer can set off the loss of corporation, the inland provinces will abandon the market segmentation strategies, and then improve the whole scale economy. Using a panel data from 1995 to 2005, we find the fiscal transfer will bring the domestic market integration, among the three composition of the transfer, the earmark transfer is the most important, and the rest are not very significant.

Key Words: Intergovernmental Transfer, Market Integration, Division of Labor
JEL Classification: E62, F15, H77

烟草需求、烟草税及其在中国的影响：基于烟草成瘾模型的经验研究 *

高 松 刘 宏 孟祥轶[①]

【内容提要】本文采用中国健康与营养调查（China Health and Nutrition Survey，CHNS）的面板数据，运用传统需求模型（Conventional Demand Function）、短视成瘾模型（Myopic Addiction Model）以及理性成瘾模型（Rational Addiction Model），对中国居民的烟草需求进行估计。本文的估计结果支持吸烟是理性成瘾的假设，具有不同社会经济地位的子群体吸烟成瘾程度不同，烟草需求价格弹性也不同。本文用估计出的价格弹性，测量了2009年烟草税调整的政策影响，发现此次烟草消费税上调，在不影响香烟零售价格的基础上，可以增加国家税收收入达589.87亿元人民币；如果烟草税的调整在未来传递到零售价格上，预计可以降低卷烟消费1.75亿包/年，并增加财政收入630.36亿元/年。

【关键词】烟草需求　成瘾　价格弹性　烟草税

一、引言

中国是烟草生产和消费的超级大国，烟草种植、烟草制品生产、烟草消费和吸烟人数均居世界第一。同时，中国政府从烟草行业所获得的财政收入也以世界第一的水平增长。据中国卫生部报告（2007）当年中国吸烟者达到了3.5亿人，占世界吸烟总人数的1/3。2005年，中国死于吸烟相关疾病的人数为140万人，造成直接经济损失为1665.6亿元，非直接经济损失861.11亿~1205.01亿元，各种损失加起来远超过烟草行业所创造的政府税收收入（李玲等，2008）。

* 本文选自《世界经济》2010年第10期。

① 高松，中央财经大学，中国公共财政与政策研究院，北京市海淀区学院南路39号，邮编：100081，电子信箱：songgao@gmai.lcom；刘宏，中央财经大学，中国经济与发展研究院，电子信箱：irisliu2000@gmai.lcom；孟祥轶，中央财经大学，中国公共财政与政策研究院，电子信箱：danielxymeng@gmai.lcom。

为了控制吸烟所带来的种种问题，2003 年中国加入了世界卫生组织烟草控制框架公约（FCTC），采取了一系列非价格手段的烟草控制措施，虽然取得了一些成绩，但效果并不十分显著，控烟形势依然非常严峻。2009 年 5 月，财政部和国家税务总局发布公告上调烟草消费税率，虽然这只是针对烟草企业的“利改税”措施，尚未涉及烟草批发和零售价格的调整，但这标志着政府开始尝试用税收措施来控制吸烟，拉开了中国以税控烟的序幕。

在国际上，提高烟制品的税率和价格被普遍认为是最有效的控烟手段之一。那么，中国是否能够复制他国的成功经验呢？我们认为，关键的环节就在于微观个体对于烟草的需求价格弹性到底有多大。近年来很多文献也都认识到这一问题的重要性，运用不同数据来计算烟草价格弹性，以供决策部门的政策参考。但是，这些文献都存在一个共同的不足，即忽略了烟草消费行为的特殊性——成瘾性（行伟波，2009）。

消费成瘾是一种特殊的经济行为，由 Marshall（1920）首先提出，一直以来都是经济学研究的重要对象。美国卫生与人类服务部（U.S. Department of Health and Human Services，1988）官方确认，吸烟是一种成瘾行为，吸烟者对烟草存在依赖性。Becker 和 Murphy（1988）在前人研究的基础上，发展了理性成瘾理论，并广泛应用于烟草消费研究领域。研究者发现，由于烟草具有成瘾性，其消费量不仅取决于当期的烟草价格，而且与前期烟草消费、预期未来烟草消费均有密切关联。如果忽略了烟草消费的这一成瘾性，会导致烟草需求价格弹性的有偏估计，影响税收政策的可行性和有效性。

鉴于此，本文从烟草成瘾理论出发，构建微观主体的烟草消费行为模型，利用中国居民健康与营养调查数据，从经验研究角度出发，①计算中国居民长期烟草需求价格弹性；②分析中国吸烟者是否存在成瘾性？程度有多大？烟草成瘾行为是否存在性别差异、城乡差异、年龄差异和受教育程度的差异；③在经验分析的基础上，通过政策模拟，预测并评估中国烟草税调整政策能否有效地发挥控烟作用？对政府财政收入的影响有多大？

本文其他部分结构如下：第二部分为文献回顾，介绍烟草成瘾理论和相关经验研究；第三部分根据烟草消费的不同理论，构建相应的需求计量模型，运用中国健康与营养调查的面板数据，进行经验分析，讨论不同模型的回归结果；第四部分为政策模拟，预测烟草税调整的政策效应；第五部分为结论和政策建议。

二、文献回顾：烟草成瘾理论及相关经验研究

（一）烟草成瘾理论

烟草成瘾的理论模型主要有三大类：不完全理性成瘾模型（Imperfectly Rational Addiction Model）、短视成瘾模型和理性成瘾模型。

不完全理性成瘾模型，是最早期的成瘾理论。该模型的核心假设为，个人的短期偏好

与长期偏好具有稳定性，但并非一直不变。由于该模型在经验分析方面很难量化验证，因此绝大部分分析并不采用此模型，我们不再赘述。

短视成瘾模型，由 Houthakker 和 Taylor（1966，1970）提出。该模型的核心假设是，成瘾物品的当期消费依赖于其前期消费，当期需求是前期累积需求的函数。但是，这一理论没有考虑预期未来消费与本期需求的关系，因此随后发展起来的理性成瘾模型逐渐成为烟草成瘾理论的主流。

理性成瘾模型，由 Becker 和 Murphy（1988）提出。他们认为，吸烟成瘾是吸烟者个人的理性行为。所谓理性，是指个体在其生命周期内始终追求效用的最大化，并且个人偏好在不同时期具有一定的稳定性。在理性行为的假设条件下，该模型认为，个体在前期、当期及后期的吸烟行为以及烟草的需求量是相互依赖的；对未来预期折现程度（discount）越高的个体越容易吸烟成瘾。

Becker 和 Murphy（1988）还探讨了价格对成瘾物品消费的影响。他们研究发现，相对于一般物品，成瘾性物品具有较高的长期需求价格弹性，而价格的短期波动对其需求并无显著影响。其根本原因在于，成瘾性物品的需求在不同时点具有一定的互补性，其互补的程度取决于成瘾程度的轻重。当成瘾行为达到强化程度（reinforcement）（Chaloupka 和 Warner，2000）时，个体对成瘾物品在当期、前期、后期的消费是互补的，这种关系可以通过各期价格机制的传导来实现。具体来说，当期烟草消费量不仅与当期价格呈负相关关系，而且与前期和后期的价格也负相关，这就表明，永久性价格变动对烟草消费的长期效应要远大于其短期效应。这一理论发现，为各国政策制定者利用税收和价格杠杆来控制烟草消费提供了重要的政策参考依据。

（二）关于烟草税和烟草成瘾消费的经验研究

Becker 和 Murphy（1988）理论的提出，将国际上关于烟草税和烟草消费的经济学经验研究划分成两个阶段：在此理论之前，研究者普遍认为吸烟者行为不受理性控制，在烟草需求的模型中并没有考虑烟草的成瘾性特征；在此理论之后，研究者纷纷将烟草成瘾引入需求行为模型，依据 Becker-Murphy 理论来进行烟草税的经验分析。

Chaloupka（1991）利用美国健康与营养调查的微观数据，检验了 Becker-Murphy 的理性成瘾模型。他们研究发现，烟草消费具有成瘾性，长期需求价格弹性为-0.48~-0.27；重度成瘾者相对于轻度成瘾者具有更高的长期需求价格弹性；教育程度较低、年龄较小、男性吸烟者的香烟需求价格弹性相对较大。Becker 等（BGM）（1994）利用 1955~1985 年美国各州人均香烟销售额的宏观数据，再次验证了 Becker-Murphy 理性成瘾理论。他们也发现，前期与后期的香烟价格会影响当期香烟消费，即香烟的长期价格弹性高于短期价格弹性，当香烟价格永久性增加 10%，会导致当期消费量在短期内减少 4%，而在长期则会减少 75%。其他有关美国香烟需求的研究也发现了类似的结论，如 Baltagi 和 Griffin（2001）、Gruber 和 Koszegi（2001）等。

其他国家与地区的研究者也主要依据 Becker-Murphy 理性成瘾模型，来分析该国或地

区的烟草及其他成瘾性物品的消费行为（Tiezzi，2005；Kan，2007）。大部分研究都发现吸烟具有成瘾性，但也有少数研究并未发现成瘾行为受理性控制（Chaloupka 和 Warner，2000）。

目前有关中国烟草消费的经验分析，主要关注烟草需求价格弹性的估计，但是采用的多是静态需求行为模型，并没有应用长期数据考察吸烟者在一段时间内吸烟量的变化，因此也就没有检测吸烟成瘾性以及烟草税政策的长短期影响。研究者使用不同的数据，包括宏观时间序列数据以及地区微观调查数据，发现香烟的价格弹性位于-0.84~-0.507（毛正中、蒋家林，1997a、b；毛正中等，2003；Hu 和 Mao，2002；Bai 和 Zhang，2005）。Lance 等（2004）使用中国健康与营养调查 1993~1997 年的微观数据，用社区固定效应模型，估计出的香烟价格弹性为-0.082~-0.007，远低于其他研究估计得到的价格弹性，说明不同的数据和估计方法会带来很大的需求弹性估计差异。

本文将使用长期面板数据，对烟草消费的成瘾行为进行分析，并估计相应的长期价格弹性，克服以往研究的不足，并在此基础上提供烟草税政策效果的分析框架，为未来烟草税的合理调整提供政策建议。

三、经验分析

（一）数据描述和变量定义

本文使用来自中国健康与营养调查（CHNS）的微观面板数据。这种类型的数据可以克服宏观数据研究中人均值过于笼统的局限性，而直接控制微观个体的社会经济特征，并且分别考察具有不同人口特征的子群体的价格弹性。

CHNS 是一项长期调查项目，分别在 1989 年、1991 年、1993 年、1997 年、2000 年、2004 年和 2006 年组织问卷入户调查，目的在于追踪过去 20 年中国居民的健康、营养、人口及经济状况的变化。这项调查采用多阶段、随机归类过程采集样本，样本来自广西、贵州、黑龙江、河南、湖北、湖南、江苏、辽宁和山东 9 个省的选定区域，这些区域“在地理、经济发展、公共资源和健康指标方面存在实质性差异”（CHNS 网站）。另外，为了从不同角度考察宏观政策对居民的影响，CHNS 分别组织了家庭调查、个人调查和社区调查。CHNS 问卷内容丰富，家庭调查问卷涵盖时间分配、收入及其分配、居住环境、耐用品拥有情况、医疗保健等方面的信息。个人调查问卷询问了有关个人活动以及生命周期、健康状况、保险状况、婚育史等方面的信息。社区调查收集了关于社区基础设施、服务及人口状况等方面的数据。

CHNS 从 1991 年起开始询问与烟草消费有关的问题，从 1993 年起开始提供香烟价格数据。因此，剔除 1989 年和 1991 年的数据，我们建立了一个 5 期（1993~2006 年）的微观面板数据。该数据库不仅反映了这十几年间中国居民烟草消费的变化趋势，而且有助于我们从动态的角度考察成瘾理论的假说在中国是否成立。

本文的被解释变量是居民每日吸烟数量（支）。CHNS 询问了所有成年受访者以下有关烟草（包括手工卷烟、机器卷烟及烟斗）消费的问题：①你吸过烟吗？②你多大年龄时开始吸烟？③你现在还在吸烟吗？④每天吸多少支？⑤如果已戒烟，戒烟多长时间了？根据被调查者的回答，我们可以获得个人每日吸烟数量。不足的是，我们并不知道他们所吸香烟的品牌、香烟价格、吸的是手工卷烟还是机器卷烟。由于只掌握了机器卷烟的价格，我们把自报吸烟数量均视为机器卷烟，并以当地大众消费品牌香烟的价格来衡量。另外一个被解释变量是，居民是否吸烟，上面列示的问题③即反映了这个变量，如果吸烟该变量则定义为 1，如果不吸则为 0。

关键解释变量是社区香烟价格（元/包）。CHNS 社区调查询问了社区（居委会、村）大型零售商店香烟价格（元/包）和自由市场香烟价格（元/包），包括国内高端品牌红塔山、进口品牌万宝路以及当地大众消费品牌。我们使用当地大众消费品牌的自由市场价格作为烟草价格数据，它具有以下几点优势：①当地大众消费品牌更具有普遍代表性；②中国香烟价格具有较大的地域差异，便于我们利用社区价格计算香烟的价格弹性；③以往的研究由于数据限制，多使用吸烟者自报的香烟价格或估算的香烟价格，这样的价格变量会与个人的吸烟偏好相关，从而产生价格的内生性问题，而本文采用的社区层面香烟价格，对于个人吸烟行为而言属于外生变量；④这个变量在 CHNS 1993~2006 年的所有调查中都被问到，而且几乎所有社区都作了回答，数据质量较高。由于中国采用全国统一的烟草消费税率，我们在这部分的经验分析中暂时没有考虑烟草消费税。

另外一个重要的解释变量是每户人均净（可支配）收入，等于每户全年毛收入（收入来源包括工资、务农、种植、养殖、渔业、经商及其他）减去该户所报支出（包括经商、务农、渔业、种植、养殖成本等支出），再除以该户人口数。我们通过收入的百分位定义四个收入指标：收入在 25%以下、25%~50%之间、50%~75% 之间以及 75%以上。这个变量用来反映在香烟消费中收入的作用。

其他解释变量还分别包括性别（男=1）、年龄（18~24、25~44、45~59、60+）、婚姻状况（已婚=1）、居住地（农村=1）、民族（汉族=1）、家庭人口数、受教育水平（高中毕业及以上=1）、是否正在上学（当前在校=1）、工作状况（在岗=1）、受访者自评健康状况（非常好、较好、一般、较差）以及时间虚拟变量。

表 1(a) 和表 1(b) 列示了 1993~2006 年所有变量的描述性统计信息，分析样本为 18 岁以上的成年人。据表 1 所示，1993~2006 年，居民总体吸烟率为 30%，人均日吸烟量为 16 支左右。

同时，我们在表 1 中，把样本分别按照性别、居住地、受教育程度、家庭人均收入水平以及年龄段进行分类，比较具有不同人口学特征子样本的异同，通过比较发现，①吸烟者多数为男性，且年龄在 25~ 59 岁之间的人居多，多数在岗并且健康状况较好，但是吸烟者的家庭人均净收入低于非吸烟者；②男性吸烟率为 57%，女性吸烟率仅为 4%；③农

村地区大众消费香烟的每包价格，比城市地区低约 1.1 元人民币；④具有高中以上和以下学历的居民吸烟率不存在显著差异；⑤平均收入以下的居民吸烟率比较高收入居民高 3%，同时他们所消费的烟草价格要比高收入人群低 1 元钱；⑥吸烟率在 25~59 岁年龄段中最高，达到 32%；⑦较富有、中年、受教育水平高、城市居民与其各自的对照组相比，会消费较贵的香烟。这些发现说明，吸烟流行率和香烟消费趋势在具有不同人口特征的子样本中有着显著差异，因此分样本的回归分析非常必要。

表 1(a) 样本的描述性统计（1993~2006 年）

	总体	吸烟者	非吸烟者	男性	女性	城市	农村
样本量	47888	14252	33636	23091	24797	16108	31780
被解释变量							
正在吸烟	0.3	1	0	0.57	0.04	0.29	0.3
每日吸烟量（支）	15.93	15.93	0	16.29	11.28	15.07	16.35
解释变量							
每包香烟价格（元）	3.88	3.77	3.93	3.89	3.88	4.6	3.52
家庭人均净收入（元/年）	5063	4855	5151	5136	4995	6875	4143
男性	0.48	0.93	0.29	1	0	0.48	0.48
年龄（岁）（参照组：18~24 岁）	45.4	45.37	45.42	45	45.77	46.57	44.81
25~44 岁	0.41	0.43	0.4	0.41	0.41	0.39	0.42
45~59 岁	0.28	0.32	0.27	0.29	0.28	0.28	0.28
60+岁	0.2	0.17	0.21	0.19	0.2	0.22	0.18
已婚	0.8	0.83	0.78	0.8	0.79	0.79	0.8
农村	0.66	0.67	0.66	0.67	0.66	0	1
汉族	0.87	0.86	0.88	0.87	0.87	0.92	0.85
家庭人口数	3.96	4.01	3.94	3.96	3.97	3.68	4.11
高中毕业或以上	0.22	0.22	0.22	0.26	0.18	0.34	0.16
求学中	0.02	0.01	0.03	0.02	0.02	0.03	0.02
有工作	0.69	0.78	0.65	0.75	0.63	0.58	0.74
健康状况（参照组：非常好）							
较差	0.06	0.04	0.06	0.05	0.07	0.06	0.06
一般	0.28	0.25	0.29	0.25	0.31	0.31	0.26
较好	0.53	0.55	0.52	0.54	0.51	0.51	0.54

说明：收入及香烟价格依据通货膨胀情况调整为 2006 年水平。

表 1(b) 样本的描述性统计（1993~2006 年）

	高中以上	高中以下	平均收入以上	平均收入以下	18~24 岁	25~44 岁	45~59 岁	60+岁
样本量	10444	37444	17043	30845	5150	19674	13617	9447
被解释变量								
正在吸烟	0.3	0.3	0.28	0.31	0.22	0.31	0.33	0.26

续表

	高中以上	高中以下	平均收入以上	平均收入以下	18~24岁	25~44岁	45~59岁	60+岁
每日吸烟量（支）	15.29	16.12	15.87	15.97	13.08	16.56	17.03	13.61
解释变量								
每包香烟价格（元）	4.24	3.79	4.53	3.55	3.57	3.76	3.99	4.15
家庭人均净收入（元/年）	7635	4339	10241	2357	4330	4826	5747	4953
男性	0.58	0.46	0.49	0.48	0.52	0.48	0.49	0.47
年龄（岁）(参照组：18~24岁）	40.08	46.89	46.04	45.05	21.54	35.62	51.99	69.3
25~44岁	0.52	0.38	0.39	0.42	0	1	0	0
45~59岁	0.23	0.3	0.32	0.26	0	0	1	0
60+岁	0.09	0.23	0.19	0.2	0	0	0	1
已婚	0.78	0.8	0.81	0.79	0.21	0.91	0.92	0.7
农村	0.48	0.71	0.52	0.74	0.69	0.68	0.66	0.62
汉族	0.92	0.86	0.92	0.85	0.85	0.88	0.86	0.89
家庭人口数	3.75	4.02	3.52	4.2	4.53	4.16	3.88	3.38
高中毕业或以上	1	0	0.34	0.15	0.31	0.28	0.18	0.1
求学中	0.05	0.01	0.02	0.02	0.11	0.01	0.01	0.01
有工作	0.73	0.67	0.67	0.7	0.74	0.86	0.7	0.27
健康状况（参照组：非常好）								
较差	0.03	0.07	0.05	0.06	0.01	0.03	0.07	0.14
一般	0.23	0.29	0.28	0.28	0.13	0.21	0.33	0.44
较好	0.56	0.52	0.51	0.54	0.63	0.59	0.5	0.37

说明：收入及香烟价格依据通货膨胀情况调整为2006年水平。

（二）模型检验和参数估计讨论

国际上关于烟草消费行为的经验研究有两种：传统静态需求模型（Conventional Demand Model）和动态成瘾模型（Addiction Model）。[①] 前者使用横截面数据，后者使用面板数据。传统模型的使用更为广泛，原因在于数据获取更为便捷，成本较低，成瘾模型要求多期数据，数据获得耗时及成本较高，但结果更为准确。

传统静态需求模型主要利用截面数据，分别计算微观主体的吸烟决策弹性（是否吸烟）和吸烟强度弹性（吸多少烟），以及二者相加的总弹性，但没有考虑烟草消费行为的成瘾性。

动态成瘾模型包括短视成瘾模型和理性成瘾模型。短视成瘾模型是建立在吸烟成瘾理论基础上的初步经验检验方法，需要至少两期的面板数据，对数据质量的要求比传统模型

① 具体内容请见 World Bank 所编的 Economics of Tobacco Toolkit（Yurekli，A.和 Beyer，J.）中的 Tool 3 Economic Analysis of Tobacco Demand（Wilkins，N.；Yurekli，A.和 Hu，TW.），可通过 http：//www1.worldbankorg/tobacco/pdf/Demand.pdf 查询。

高，由于考虑了烟草当期对前期消费存在依赖这一部分成瘾行为的影响，其研究结果比传统模型结果更为可靠。

理性成瘾模型全面考虑了烟草在前期、当期以及后期消费相互依赖的成瘾特质，是当前国际上研究烟草成瘾性的主流计量模型，可以用于估计烟草消费的长、短期价格弹性，为各国制定控烟政策提供依据，但是其对数据质量的要求最高，需要至少三期的面板数据。

本文将系统地从经济学角度分析烟草需求，对传统模型、短视成瘾模型和理性成瘾模型进行估计分析，以全面介绍并比较烟草需求领域的主要经验分析方法。其中，传统模型是分析的基础，成瘾模型是分析的重点，着重强调成瘾性在中国烟草消费行为研究中的重要性。在此经验分析的基础上，本文将主要依据成瘾模型的估计结果进行政策模拟。值得说明的是，理性成瘾理论的研究方法还可以应用到其他成瘾物品的消费行为研究上，比如药物成瘾、上网成瘾等。目前世界上许多国家已经在这些领域应用这一研究方法来分析成瘾行为并进行有效的政策干预。

1. 传统需求模型

传统的需求模型考察了烟草价格对吸烟者香烟消费量的影响，见式（1）：

$$C_t = \alpha + \theta P_t + \beta X_t + \eta_t \tag{1}$$

其中，C 代表了香烟消费量，P 代表了香烟价格，X 包括了吸烟者的收入水平和其他相关变量。在这一基础模型上，研究者使用两部模型来估计烟草需求弹性，即第一部分估计烟草价格对个体吸烟决策的影响（吸烟决策方程，式（2）），模型第二部分考察烟草价格对吸烟者消费量的影响（吸烟强度方程，式（3））。由于没有考虑烟草消费的成瘾性，所有变量都是当期的，即静态的，本文分析使用的具体两部模型如下（Hu，2007）：

$$\mathrm{Prob}(CS_{i,t}=1)=\frac{1}{1+e_1^{-(\alpha_1+\theta_1 \mathrm{Ln}P_{i,t}+\beta_1 X_{i,t}+\eta_{1i,t})}} \tag{2}$$

$$\mathrm{Ln}(C_{i,t}|CS_{i,t}=1)=\alpha_2+\theta_2 \mathrm{Ln}P_{i,t}+\beta_2 X_{i,t}+\eta_{2i,t} \tag{3}$$

其中，$CS_{i,t}$ 是一个二值变量（1 或 0），表示个人 i 在时间 t 是否有吸烟行为；Prob（$CS_{i,t}=1$）表示个人 i 在时间 t 吸烟的概率；$C_{i,t}$ 指的是个人 i 如果存在吸烟行为的话，在时间 t 的烟草消费量（日吸烟量）；$P_{i,t}$ 是个人 i 在时间 t 所面对的烟草价格（元/包）；$X_{i,t}$ 是一组可观测的个体特征向量，包括人口特征、收入、受教育程度等社会经济变量（见表 1）；$\eta_{i,t}$ 是随机误差项；t 所反映的时间分别为 1993 年、1997 年、2000 年、2004 年和 2006 年。模型中的烟草消费量与价格均采用对数形式，是为了方便计算需求价格弹性（Hu，2007）。

个人 i 对烟草的总需求可表示为吸烟概率和条件烟草需求的乘积，总需求如下：

$$E(C_{i,t})=\mathrm{Prob}(CS_{i,t}=1)\times E(C_{i,t}|CS_{i,t}=1)$$

计算后的总价格弹性为：

$$PE=PE_1+PE_2=(1-\overline{CS})\theta_1+\theta_2$$

其中，PE 指的是总价格弹性，由 PE_1（吸烟决策价格弹性）和 PE_2（吸烟强度价格弹性）相加得出，$\overline{CS}$ 代表样本平均吸烟率，θ_1 和 θ_2 分别是方程（2）和方程（3）里价格变量的系数。

本文在分析中利用混合截面数据，对吸烟决策方程（2）和吸烟强度方程（3）分别进行了 Logit 估计和 OLS 估计，并根据估计参数计算需求价格弹性。表 2 主要列示了不同样本情况下的价格估计系数和相应计算的价格弹性。因篇幅原因，其他解释变量回归结果没有给出。

如表 2 所示，总样本的吸烟决策价格弹性为–0.059，吸烟强度价格弹性为–0.022，两者在统计上均显著为负，与模型假设相符，总价格弹性为–0.081，也显著为负，表明香烟价格提高 10% 将导致人均香烟消费下降 0.81%。香烟消费的下降，其中 72.8%(=0.059/0.081）是由于人们选择不吸烟而导致的，27.2%是由于当前吸烟者吸烟量下降。

总的来说，价格弹性在不同子样本中的差异巨大，位于–0.312~–0.027 间。按性别划分，女性的价格弹性最大（–0.312），男性的价格弹性最小（–0.037），而且前者弹性显著为负，后者的弹性并不显著。按地域划分，农村的价格弹性大于城市的价格弹性，但差异并不明显。按年龄划分，价格弹性在年轻人（18~24 岁）中最大，中老年人（45+）中次之，在中青年（25~44 岁）中最小。与以往的发现不太一致的是，按收入和教育程度分类的子样本中，较低收入或较低教育程度子样本的吸烟决策弹性较大，吸烟强度弹性却较小，导致总体价格弹性小于其对照组。

从表 2 可以看出，对于处于较低社会经济地位的人群，包括农村居民、低收入群体、低教育群体及女性群体，价格是影响其吸烟决策的关键因素。而价格对于社会经济地位较高人群的吸烟强度有较大影响，包括青中年群体、高收入群体、城市居民和男性群体。

表 2　静态两部模型的参数估计及价格弹性

	吸烟决策方程			吸烟强度方程			弹性总和
	价格系数	Pseudo R^2	价格弹性	价格系数	R^2	价格弹性	
总体	–0.081*** (0.027)	0.3427	–0.059	–0.022* (0.012)	0.0649	–0.022	–0.081 (0.041)
男性	–0.028 (0.029)	0.0611	–0.012	–0.025** (0.012)	0.0405	–0.025	–0.037 (0.027)
女性	–0.362*** (0.069)	0.0846	–0.347	0.035 (0.050)	0.0867	0.035	–0.312 (0.108)
城市	–0.031 (0.046)	0.3231	–0.022	–0.049** (0.020)	0.7094	–0.049	–0.071 (0.046)
农村	–0.113*** (0.033)	0.3545	–0.079	–0.006 (0.015)	0.0512	–0.006	–0.085 (0.060)
高中以上	–0.065 (0.056)	0.3388	–0.046	–0.039 (0.028)	0.0724	–0.039	–0.085 (0.062)
高中以下	–0.089*** (0.031)	0.3463	–0.063	–0.016 (0.013)	0.0664	–0.016	–0.079 (0.049)
平均收入以上	–0.072 (0.045)	0.3216	–0.050	–0.049** (0.021)	0.0716	–0.049	–0.099 (0.054)
平均收入以下	–0.086*** (0.032)	0.3545	–0.062	–0.009 (0.014)	0.0658	–0.009	–0.071 (0.047)

续表

	吸烟决策方程			吸烟强度方程			弹性总和
	价格系数	Pseudo R^2	价格弹性	价格系数	R^2	价格弹性	
18~24 岁	–0.088 (0.083)	0.3630	–0.069	–0.076* (0.046)	0.0848	–0.076	–0.145 (0.094)
25~44 岁	–0.052 (0.044)	0.4311	–0.036	0.009 (0.017)	0.0403	0.009	–0.027 (0.047)
45~59 岁	–0.120** (0.049)	0.3451	–0.080	–0.037* (0.021)	0.0368	–0.037	–0.117 (0.072)
60+岁	–0.106* (0.057)	0.1908	–0.082	–0.049 (0.031)	0.0753	–0.049	–0.131 (0.074)

说明：***、**、* 分别表示在 1%、5%、10%的水平上显著；括号内数值显示的是稳健标准误；各模型都控制了人口特征（性别、年龄、婚姻状况、居住地、民族、家庭人口数、工作状况）、经济学特征（家庭人均收入、受教育程度）和健康状况（结果未列示，备索）；每个分组模型相应的分组特征变量则在其分组回归中省略，下同。

2. 短视成瘾需求模型

短视成瘾模型的核心假设是，产品的当期消费（$C_{i,t}$）依赖于其前期消费（$C_{i,t-1}$），当期需求是前期累积需求的函数，即在这一模型中，前期消费（$C_{i,t-1}$）对当期消费（$C_{i,t}$）的作用为正，而当期价格 $P_{i,t}$ 对当期消费 $C_{i,t}$ 的影响为负，该模型还推断香烟的长期价格弹性大于短期价格弹性。根据 Tiezzi（2005）的研究给出模型：

$$C_{i,t} = \alpha + \gamma C_{i,t-1} + \theta P_{i,t} + \beta X_{i,t} + \eta_{i,t} \tag{4}$$

与静态需求模型不同，短视成瘾模型加入了前期烟草消费 $C_{i,t-1}$，γ 表示前期烟草消费变量的系数，模型中其他符号的含义与静态模型相同，经过计算整理，短期与长期价格弹性分别为：

$$PE_S = \theta \frac{\bar{P}_t}{C_t} \text{和} PE_L = \frac{\theta}{(1-\gamma)} \frac{\bar{P}}{\bar{C}}$$

PE_S 是短期价格弹性，PE_L 是长期价格弹性，$\bar{P}_t$ 则是样本平均香烟价格，$\bar{C}_t$ 是样本平均香烟消费量。由于 $0 \leqslant \gamma < 1$，所以 $PE_L > PE_S$。

在该模型中，个人不可观测的风险偏好会同时影响当期和前期的香烟消费量（C_t，C_{t-1}），导致解释变量 C_{t-1} 与误差项 η_t 存在关联，从而产生内生性问题（Chaloupka，1991；Becker 等，1994；Tiezze，2005）。因此，除了 OLS 回归，我们也做了两阶段最小二乘（2SLS）回归，用来减少估计偏差。根据相关文献（Chaloupka，1991；Becker 等，1994；Tiezze，2005）的常规做法，我们采用滞后一期的每包香烟社区报告价格作为 C_{t-1} 的工具变量。①

表 3 列出了短视成瘾模型（式（4））的参数估计结果以及价格弹性。OLS 和 2SLS 的结果均表明，当期香烟消费与当期香烟价格呈不同程度负相关。同时，前一期（t – 1）香烟

① 有些文献只选择滞后一期的价格作为工具变量，而有些文献选择滞后多期的价格（最多为滞后四期）作为工具变量，工具变量法已经被烟草成瘾研究广泛采用。

消费量对当期（t）香烟消费量有显著的正效应，并且在不同子样本中其影响大小略有差异。这一结果与短视成瘾模型的假设相符。同时，根据估计结果，我们分别计算了总样本的短期和长期价格弹性，由于大家更为关注长期价格弹性，所以短期价格弹性在此未报告，总样本的平均长期价格弹性为-0.045，短期价格弹性为-0.020，子样本的分析结果也是长期弹性大于短期弹性。此外，价格弹性在不同子样本之间有所变动，综合起来，长期价格弹性在-0.020 和-1.216 之间变动，农村居民与处于较低社会阶层人群的长期价格弹性较其他群体高，这与现有研究结果相符。一个特殊的现象是，平均收入以下人群表现出了正价格弹性，这与其他研究发现均有所矛盾，但与该组静态模型的吸烟强度弹性分析的结果类似，我们认为这主要是由于分析强调吸烟强度弹性而造成的。

表 3　短视成瘾模型估计结果

	样本量	OLS			2SLS			长期弹性
		t 期的价格	t-1 的香烟消费	R^2	t 期的价格	t-1 的香烟消费	R^2	
总体	5707	-0.030** (0.012)	0.383*** (0.015)	0.2149	-0.086 (0.054)	0.545** (0.250)	0.1969	-0.045
男性	5402	-0.035 (0.024)	0.377*** (0.016)	0.197	-0.099* (0.060)	0.495** (0.237)	0.1818	-0.046
女性	305	-0.066 (0.088)	0.526*** (0.062)	0.3464	-0.049 (0.102)	0.799 (2.881)	0.2657	-0.075
城市	1810	-0.070* (0.039)	0.456*** (0.025)	0.2632				
农村	3897	-0.027 (0.026)	0.367*** (0.018)	0.1922	-0.029 (0.069)	0.995*** (0.297)	0.0237	-1.216
高中以上	1258	-0.079 (0.059)	0.455*** (0.033)	0.2312	-0.065 (0.079)	0.125 (0.464)	0.1437	-0.020
高中以下	4449	-0.035 (0.025)	0.347*** (0.017)	0.2141	-0.069 (0.061)	0.757** (0.317)	0.2045	-0.065
平均收入以上	1122	-0.066 (0.046)	0.502*** (0.025)	0.2848	-0.099 (0.071)	-0.011 (0.611)	0.0645	-0.027
平均收入以下	3057	-0.011 (0.052)	0.398*** (0.021)	0.1945	0.250 (0.192)	0.326 (0.289)	0.1991	0.080
18~24 岁	157	-0.139 (0.291)	0.375*** (0.097)	0.2138				
25~59 岁	4478	-0.052** (0.027)	0.381*** (0.017)	0.2013	-0.110* (0.061)	0.422* (0.229)	0.1526	-0.043
60+岁	1072	-0.090 (0.065)	0.372*** (0.039)	0.2024	-0.096 (0.202)	0.108 (0.839)	0.1534	-0.032

在 2SLS 估计中，我们遇到的最大的问题是工具变量的缺失，由于使用滞后期的香烟价格的社区报告值作为工具变量，每一后续 CHNS 调查中观测值的缺失都会造成纵向数据

样本容量变小，由于所用工具变量数据质量的限制，对一部分子样本（女性、高中以上、老年人），尽管我们报告了结果，但结果并不稳健，而城市和年轻人样本，则无法得出有效估计结果，所以我们不再做子样本间的详细比较分析。另外，我们也进行了工具变量的弱识别检验，检验结果也证明滞后期的香烟价格并不是非常好的工具变量，这一发现与现有国外的研究存在一定差异，主要原因还是所用面板数据的质量问题，因此我们不再对这部分分析结果进行赘述。由于使用社区层面的价格变量来做个体吸烟数量的工具变量，表 3 所有的回归结果均已进行了聚类（cluster）校正。

3. 理性成瘾需求模型

Becker 和 Murphy（1988）提出的理性成瘾理论认为，吸烟成瘾是吸烟者个人的理性行为，在理性行为的假设条件下，个人在前期、当期及后期的吸烟行为以及烟草的需求量相互依赖和影响，对未来预期折现程度（discount）越高的个体越容易吸烟成瘾。根据这一理论推导出的理性成瘾需求模型（Becker et al.，1994；Tiezzi，2005）可以表述为：

$$C_{i,t} = \alpha + \gamma C_{i,t-1} + \theta P_{i,t} + \gamma\delta C_{i,t-1} + \beta X_{i,t} + \eta_{i,t} \tag{5}$$

其中，C_{t-1} 代表后一期烟草消费量，δ 表示折现因子。经过计算整理，短期和长期弹性分别为：

$$PE_S = \frac{dC_t}{dP_t}\frac{\bar{P}}{\bar{C}} = \frac{2\theta}{[1 - 2\gamma\delta + (1 - 4\gamma^2\delta)^{1/2}]}\frac{\bar{P}}{\bar{C}} \text{和} PE_L = \frac{dC_\infty}{dP}\frac{\bar{P}}{\bar{C}} = \frac{\theta}{1 - \gamma(1 + \delta)}\frac{\bar{P}}{\bar{C}}$$

上述模型假设，前期消费 $C_{i,t-1}$ 和后期消费 $C_{i,t+1}$ 对当期消费 $C_{i,t}$ 的影响均为正，价格 $P_{i,t}$ 的影响为负。短期价格弹性 PE_S 是在假设前期消费量不变的前提下，计算第 t 期及所有未来各期香烟消费的变化率，长期价格弹性 PE_L 则表示在价格永久性变动之后，所有时期香烟消费量的变化率（Becker et al.，1994）。根据 Becker 和 Murphy（1988），长期价格弹性大于短期价格弹性，这也是成瘾模型对研究消费成瘾行为和相关政策评估所做的巨大贡献。

表 4 列出了理性成瘾模型（式（5））的 OLS 估计结果和价格弹性。我们发现，当期价格对当期消费量具有显著的负影响，这种影响在不同子样本中有显著差异，而前期与后期消费量的系数均显著为正，即当期吸烟量既受前期吸烟量也受后期吸烟量的影响，模型估计结果与理性成瘾理论一致，即吸烟者是理性决定自己吸烟行为的。

结果还显示，农村居民、年轻人（18~24 岁）及低收入居民更加短视，他们的前期香烟消费会显著正向影响当期消费，而后期消费虽然正向影响当期消费，但是显著程度却大大降低。前期消费的显著影响说明了吸烟的成瘾性，而前期消费与后期消费估计系数的比值则表示他们的时间偏好率较高，即前期消费比后期消费对当期的影响更大，从而说明他们与其对照组相比具有短视行为，在烟草消费方面比较容易上瘾。

理论上，短视的人群会更容易受价格的影响，即价格弹性较大，因为他们对未来成瘾物品的折现也大。但我们发现，中国的实际情况要比发达国家复杂。农村人群和低收入人群的价格弹性要比城市人群和高收入人群小，而年轻人（18~24 岁）和高中以下教育程度人群的价格弹性又比其参照组大。这里面的主要原因是，我们在理性成瘾分析模型中只考虑了当前的吸烟者（$CS_{i,t} = 1$），而未考虑未吸烟者。传统两部模型结果已经说明，短视的人群具有较高的吸烟决策价格弹性和相对较低的吸烟强度价格弹性，但总价格弹性还是比其对照组高。

另外一个特别的发现是，女性受前期或后期消费影响的程度更大，其价格弹性为正，也就是说价格并不是影响其吸烟强度的主要因素，这也与静态需求模型的发现一致。因为中国女性吸烟人口非常少，所以我们不再做具体分析。

以上结果带来的启示是，在国家制定烟草调控政策时，可以适时考虑政策对不同人群的具体影响，以便更高效地达到政策干预目标。

在理性成瘾模型的解释变量中，前期香烟消费 C_{t-1} 和后期消费 C_{t+1} 与误差项中 η_t 中个人不可观测的风险偏好均存在关联性，即存在内生性。相关文献的解决方法是使用滞后期和未来期的香烟价格分别作为 C_{t-1} 和 C_{t+1} 的工具变量（Chaloupka，1991；Becker et al.，1994）。但是由于 CHNS 的数据限制，表 4 没有报告理性成瘾模型的 2SLS 估计结果。理性成瘾模型本身需要连续三期的面板数据，而我们只获取了连续五期的社区层面报告的烟草价格数据，所以能作为工具变量的前、后期烟草价格数据极为有限，大大降低了估计样本量，使得 2SLS 估计结果不可靠。尽管 OLS 的估计结果可能具有偏差，但它还是初步给出了各变量在理性成瘾分析中的影响方向。我们还是用 OLS 结果估算出总样本和所有子样本的长期和短期价格弹性，短期价格弹性在此未报告，总样本的长期价格弹性为-0.061，短期弹性为-0.041。

4. 回归结果总结

上述模型的估计结果，充分地说明了中国吸烟者的吸烟行为具有成瘾性，而且这种成瘾行为是理性的，即吸烟者在不同时期的吸烟量会相互影响。首先，短视成瘾模型和理性成瘾模型的估计结果都说明了烟草需求的长期价格弹性比短期价格弹性大。也就是说，在考虑到前后期香烟消费量的作用（烟草的成瘾性）以及价格的长期影响后，实际的香烟价格弹性要比一直以来文献所估计的价格弹性高，即永久性价格变动对烟草消费影响的长期效应要远大于已经估计出的短期效应。因此，政策对烟草制品调控的影响力度也会比以往估计的大。其次，理性成瘾模型的估计弹性比短视成瘾模型大，这一点也可以从大部分的子样本比较中发现。这主要是因为前者考虑了未来烟草消费的影响。最后，成瘾模型的估计结果还表明，烟草成瘾行为在中国存在性别差异、城乡差异、年龄差异和受教育程度差异。

此外，在所有模型估计中，我们发现了一些共同的特点[①]：①价格对香烟消费的影响一直为负，但这种影响在不同子样本中有很大差异，在模型考虑了前、后期香烟消费量之后，价格影响稍有所减弱；②家庭人均收入是影响香烟消费量（C）的另一个重要因素，

① 这些发现不是本文的研究重点，而且与现有文献相符，限于篇幅原因，在表 2~表 4 中没有列示，有兴趣的读者可向作者索取。

高收入可以增加香烟消费；③男性普遍比女性更倾向于吸烟和吸更多的烟；④年龄或者说烟龄会显著增加香烟消费量，这也从另一个角度说明了香烟的致瘾性；⑤较高的受教育水平（或者仍然在校读书）会大幅度减少吸烟量；⑥健康与吸烟量密切相关，健康状况良好的个人吸烟量明显少于健康状况差的人，二者之间是相互影响的关系。

表 4 理性成瘾模型的 OLS 估计结果

	样本量	t 期的价格	t−1 期的香烟消费	t+1 期的香烟消费	R^2	长期弹性
总体	2617	−0.109** (0.047)	0.300*** (0.021)	0.266*** (0.021)	0.2631	−0.061
男性	2489	−0.110** (0.047)	0.299*** (0.021)	0.261*** (0.021)	0.2458	−0.058
女性	128	0.050 (0.260)	0.350*** (0.079)	0.474*** (0.090)	0.4775	0.855
城市	847	−0.151*** (0.058)	0.349*** (0.035)	0.344*** (0.038)	0.3430	−0.144
农村	1770	−0.029 (0.089)	0.279*** (0.026)	0.235*** (0.024)	0.2317	−0.006
高中以上	558	−0.031 (0.094)	0.311*** (0.049)	0.276*** (0.044)	0.2784	−0.02
高中以下	2081	−0.128** (0.055)	0.294*** (0.023)	0.265*** (0.024)	0.2638	−0.068
高于平均收入	323	−0.012 (0.076)	0.327*** (0.066)	0.291*** (0.058)	0.3530	−0.007
低于平均收入	1137	0.006 (0.115)	0.317*** (0.034)	0.226*** (0.031)	0.2564	0.003
18~24 岁	53	−0.559 (0.698)	0.243* (0.145)	0.149 (0.117)	0.3717	−0.239
25~44 岁	1061	−0.146** (0.066)	0.307*** (0.032)	0.262*** (0.027)	0.2447	−0.077
45~59 岁	1095	−0.104 (0.094)	0.297*** (0.025)	0.303*** (0.035)	0.2683	−0.057
60+岁	408	0.003 (0.094)	0.262*** (0.057)	0.185*** (0.061)	0.2523	0.001

四、政策模拟——提高烟草消费税率对香烟消费和财政收入的影响

2009 年 5 月财政部和国家税务总局联合出台了新的烟草税政策《关于调整烟产品消费税政策的通知》（财税［2009］84 号），从以下几个方面对烟草税收结构进行调整：①甲

类卷烟的从价消费税税率由原来的 45% 调整为 56%。②乙类卷烟的从价消费税税率由原来的 30%调整为 36%。③甲乙类卷烟重新分类，甲类卷烟包括每包价格在 7 元以上（含 7 元）的卷烟；乙类卷烟包括每包价格在 7 元以下的卷烟；所有的价格均指卷烟的调拨价。④另外在卷烟批发环节加征一道从价税，税率为 5% 。没有发生变化的是继续征收每包 0.06 元的卷烟从量消费税。

在中国，卷烟的分类有两种，一种是按税收征收目的划分，分为甲类和乙类卷烟；另一种是按定价分类，分为一类至五类卷烟。两种分类均以卷烟的调拨价划分。做了以上调整后，新、旧香烟分类及税率结果如表 5 所示：

表 5 新、旧香烟分类及税率

<table>
<tr><th rowspan="3">每包调拨价（元）</th><th colspan="2" rowspan="2">分类（税）</th><th colspan="2" rowspan="2">分类（价格）</th><th rowspan="2">从量税（元/包）</th><th colspan="3">从价消费税（%）</th></tr>
<tr><th colspan="2">生产环节</th><th>批发环节</th></tr>
<tr><th>2008 年</th><th>2009 年</th><th>2008 年</th><th>2009 年</th><th>2008~2009 年</th><th>2008 年</th><th>2009 年</th><th>2009 年</th></tr>
<tr><td>[10，+∞)</td><td rowspan="3">甲</td><td rowspan="2">甲</td><td>一</td><td>一</td><td>0.06</td><td>45</td><td>56</td><td>5</td></tr>
<tr><td>[7，10)</td><td rowspan="2">二</td><td>二</td><td>0.06</td><td>45</td><td>56</td><td>5</td></tr>
<tr><td>[5，7)</td><td rowspan="4">乙</td><td rowspan="2">三</td><td>0.06</td><td>45</td><td>36</td><td>5</td></tr>
<tr><td>[3，5)</td><td rowspan="3">乙</td><td>三</td><td>0.06</td><td>30</td><td>36</td><td>5</td></tr>
<tr><td>[1.65，3)</td><td>四</td><td>四</td><td>0.06</td><td>30</td><td>36</td><td>5</td></tr>
<tr><td>(0，1.65)</td><td>五</td><td>五</td><td>0.06</td><td>30</td><td>36</td><td>5</td></tr>
</table>

说明：调拨价格以区间形式表示，[10，+∞）表示每包 10 元及以上，[7，10）表示每包 7 元及 7 元到 10 元，但不包括 10 元，其他分类也如此解释。

表 5 中 2009 年乙类香烟又分为两种 B1 和 B2，是因为调拨价格在 5~7 元的卷烟，调整前的消费税率为 45%，这次重新划归为乙类卷烟，征收 36% 的消费税。实际上，这次税率调整并不上调零售价格，即不影响消费者的香烟购买量，而实质上它是针对烟草公司的“利改税”，即一部分利润将以税收的形式上缴国家。一方面，增加的税收可以弥补政府 2009 年因全球性的金融危机影响而减少的财政收入；另一方面，增税也表明了政府对控烟的积极态度，是对未来香烟零售价格调整的一个过渡。虽然我们没有观测到香烟市场价格的明显变化，但我们希望知道，一旦这种上调的税率被最终传递到真实的市场价格上，会对整个卷烟市场产生何种影响。

我们在此进行了政策模拟测算：第一，2009 年中国政府因增税而实际增加的烟草税收，并与 2009 年实际的征收数额相印证；第二，假设税负调整完全传递到零售价格上时，根据前文计算的各种价格弹性，香烟消费量将会如何变化，政府的烟草税收将会如何变化。在政策模拟中用到的假设变量包括：

（1）A 是香烟每包调拨价格（包含消费税但不包含增值税和其他附加税）；

（2）a 是调批差率（调拨价与批发价之间的利润加成比例）；

（3）b 是批零差率（批发价与零售价之间的利润加成比例）；

（4）Pr 是香烟每包零售价；

（5）Rt 是香烟生产环节从价消费税率；

（6）Rtwh 是香烟批发环节从价消费税率；

（7）specifictax 是香烟每包从量税；

（8）Rtvat 是增值税率；

（9）Rtc&e 是城市维护建设费及教育费附加税率；

（10）根据财政部提供的信息，税率调整后，生产阶段的香烟消费税的税基比税率调整前增加了 26%。

卷烟生产环节消费税（Tax_pe）、批发环节消费税（Tax_we）、增值税（Tax_vat）、城市维护建设费和教育费附加（Tax_c&e）的计算见下：

$$Tax\_pe_i = (A_i \times Rt_i + specific\ tax) \tag{6a}$$

$$Tax\_we_i = A_i \times (1 + a_i) \times Rtwh \tag{6b}$$

$$Tax\_vat_i = Pr_i \times Rtvat \tag{6c}$$

$$Tax\_c\&e_i = (Tax\_pe_i + Tax\_we_i + Tax\_vat_i) \times Rtc\&e \tag{6d}$$

$$Tax_i = Tax\_pe_i + Tax\_we_i + Tax\_vat_i + Tax\_c\&e_i \tag{6e}$$

$$Tax\_inci_i = \frac{Tax_i}{Pr_i} \tag{6f}$$

方程（6a）计算的是卷烟生产环节消费税，由调拨价乘以生产环节从价消费税率，再加上每包从量消费税构成；方程（6b）计算的是卷烟批发环节消费税，由批发价乘以批发环节消费税率构成；方程（6c）计算的是卷烟从生产到零售整个环节的增值税，由于增值税征收的特殊性，一次性计算不影响其征收额；方程（6d）计算的是卷烟各个环节的城市维护建设费与教育费附加；方程（6e）计算的是卷烟各个环节的总体流转税额；方程（6f）计算的是卷烟每包税负。方程中的 i 则代表的是卷烟分类，我们分别计算每类卷烟每包的流转税及其税负，然后根据其市场份额加权计算所有卷烟的总体流转税。

根据计算（具体卷烟调拨价和零售价在此未列示，可以参考烟草专卖局网站；具体计算过程备索）2008 年和 2009 年每包卷烟的平均税负分别是 38.95% 和 47.65%。2008 年的卷烟流转税征收总额为 2640.86 亿元，即 2008 年的卷烟销售额约为 6780.13 亿元，由于 2009 年卷烟零售价格未变，我们假设 2009 年的卷烟销售额同样为 6780.13 亿元，那么 2009 年的卷烟流转税可达 3230.73 亿元，即比 2008 年多征收 589.87 亿元人民币。根据中国 2010 年 1 月 15 日公布的最新数据，与 2008 年相比，中国于 2009 年多征收了 631.69 亿元的烟草利税。我们的测算与实际数字非常接近，但还存在以下两个问题：一是只计算了流转税，没有考虑到企业由于利润的下降而少缴纳的所得税，因此这部分的计算高估了税额；二是假设 2009 年的卷烟销量不变，实际上，卷烟的销量每年都在以一定的幅度上升，因此这部分的计算低估了税额。二者相加，则不容易区分政策测算的最终影响方向，但我们的方法可以用以未来进行税收调整时的效果测定。

以上计算是建立在零售价不变的基础上，如果增加的税收传递到零售价格上，中国的卷烟消费和税收将会如何变化呢？前文提到消费税率于 2009 年增加，由于消费税是价内税，税率的增加势必要引起税基的增加，即调拨价的增加，而这个增加的比例是2.6%。烟草专卖局采用了一些干预措施，使2009年卷烟零售价格未上升，但如果烟草专卖局不进行干预，那么这2.6%的增长就将从调拨阶段传递到批发阶段，最后传递到零售阶段。也就是说，香烟的零售价格将会比2008年增加2.6%。考虑到价格弹性，卷烟销售也会受到影响，最终影响国家的烟草税收。以上所有计算均未考虑通货膨胀。

表6给出了这种假设下的模拟结果。我们根据成瘾模型所计算出的香烟价格弹性，结合2008年全国香烟销售量和销售额，计算出每一类卷烟消费量变化及税收收入变化。这些计算基于一个假设，即不同等级的香烟具有相同的价格弹性。中国2008年全国卷烟总销量是1102.95亿包，在平均弹性为–0.045的情况下，价格增长2.6%会增加卷烟流转税收629亿元；在平均弹性为–0.061的情况下，价格增加2.6%会增加卷烟流转税收630.36亿元，随着弹性的增大，卷烟的销量也随之降低，但是同时由于卷烟平均价格上涨，最终导致卷烟销售额的增加和卷烟流转税的增加。除模拟了两个平均价格弹性下的情况之外，我们还模拟了短视成瘾模型和理性成瘾模型的最小、最大弹性下的情况，还有两个模型下出现正弹性的极端例子。

表6　成瘾模型下的卷烟税收模拟结果

单位：亿元

长期价格弹性			销量变化（包）	销量变化比率	销售额（元）	销售额变化	销售额变化比率	流转税总额（元）	流转税变化（元）
弹性为0		0	0.00	0.00	6956.41	176.28	0.03	3266.04	625.18
短视成瘾模型	平均弹性	–0.045	–1.29	0.00	6964.55	184.42	0.03	3269.86	629.00
	最小负弹性	–0.020	–0.57	0.00	6960.03	179.90	0.03	3267.73	626.87
	最大负弹性	–1.216	–34.87	–0.03	7176.35	396.22	0.06	3369.29	728.43
	正弹性	0.080	2.29	0.00	6941.94	161.81	0.02	3259.24	618.38
理性成瘾模型	平均弹性	–0.061	–1.75	0.00	6967.44	187.32	0.03	3271.22	630.36
	最小负弹性	–0.007	–0.20	0.00	6957.68	177.55	0.03	3266.63	625.77
	最大负弹性	–0.239	–6.85	–0.01	6999.64	219.51	0.03	3286.33	645.47
	正弹性	0.855	24.52	0.02	6801.77	21.64	0.00	3193.43	552.57
弹性为–1		–1	–28.68	–0.03	7137.28	357.15	0.05	3350.95	710.09

说明：税收模拟建立在调税后的价格比调税前价格提高2.6%的假设基础上。

以上分析均证明，适当提高卷烟价格不但可以降低卷烟的使用，同时还能增加政府财政收入。当然，卷烟销量的降低有可能会影响卷烟厂家和工人就业。因此，如何发展正常的烟草工业和提高全民健康，中国还面临着很长的一条路，怎么样一步步采取正确有效的政策，还需要更深一步的研究。

五、结论与政策建议

本文用中国健康与营养调查的面板数据，估计了烟草需求方程，重点考虑了吸烟的成瘾性特征并估计了不同子样本的烟草需求价格弹性。烟草的总需求价格弹性在具有不同社会经济地位的子群体中存在显著差异，社会经济地位较低群体对价格变动的反应集中在吸烟决策上，然而社会经济地位较高群体对价格变动的反应更多体现在烟草消费量上。在中国，提高卷烟价格，能够更多地影响低社会经济地位群体的吸烟决策，从根本上减少其吸烟的可能性，也同时能够减少高社会经济地位群体的吸烟量，从而达到控烟目的。总的来说，我们的估计结果支持吸烟是理性成瘾这一假设。考虑吸烟的理性成瘾特性，可以更好地理解个人的香烟消费行为。对于年轻人或低教育人群来说，前期消费显著影响当期消费而后期消费影响则减弱的结论，支持了这些人群的短视行为，他们更易上瘾并且总价格弹性较高，即提高烟价更易在这群人中产生控烟效果；同样对年长者或高教育人群来说，前后期消费的显著关联说明他们更有远见，相对来说不易上瘾，而且总价格弹性较低，即在这群人中用价格举措进行控烟效果并不显著。因此，中国应该区分重点人群制定有效的控烟政策。

本文还估计了2009年烟草税政策调整的影响，此次烟草消费上调，会在2009年大幅增加国家税收收入达589.87亿元人民币。如果我们假设此次税改最终传递到卷烟零售价格上，卷烟的销量和烟草税收收入都会产生变化。在成瘾模型下，全国卷烟销量将会降低1.29亿~1.75亿包，但国家税收却会增加629亿~630.36亿元。这是相对保守的估计，因为该模型只估计了吸烟强度弹性，如果加上吸烟决策弹性，随着总体弹性的增加，卷烟销量和税收收入的变化将更为明显。值得说明的是，中国政府于2010年1月15日公布，2009年的烟草税调整政策增加了国家税利总和达631.69亿元人民币，与我们的计算结果相当接近，我们假设了2009年烟草销售量没有任何变化，而实际上中国烟草销售量每年都在稳步增加，这就使得我们的模拟结果偏小，未来计算我们会考虑这个因素。

本文的结果表明，提高烟草税和香烟零售价格，能够有效地降低香烟消费，还能够提高国家的烟草财政收入，达到很好的控烟效果和经济效果。但在当前中国以及世界经济出现转折的时期，中国一方面需要维护烟草行业的稳定及就业，保证国家财政收入；另一方面要逐步减少烟草消费，提高全民健康水平，达到中国2020年“健康中国”提出的目标，如何制定出行之有效的渐进的烟草税政策是未来面临的挑战。本文在一定层面上提供了有效的研究框架，但还需要更深层次的研究探讨。

我们的研究还存在一定的局限性，因为缺乏有效的前、后期价格工具变量，我们没有对理性成瘾模型进行2SLS估计，所以结果具有偏差。因此，如果要开展进一步研究，我们需要覆盖时间更长的、间隔时间一致的以及样本量足够的数据。

参考文献

[1] 李玲，陈秋霖，贾瑞雪，崔玄. 中国的吸烟模式和烟草使用的疾病负担研究 [J]. 中国卫生经济，2008 (27).

[2] 毛正中，蒋家林. 卷烟需求与价格政策 [J]. 中国卫生经济，1997a (6).

[3] 毛正中，蒋家林. 卷烟需求及其影响因素：一个断面资料模型 [J]. 中国卫生事业管理，1997b (5).

[4] 毛正中，杨功焕，马继民等. 中国成人的卷烟需求及其影响因素研究 [J]. 卫生软科学，2003 (2).

[5] 行伟波. 烟草税的实证分析与制度设计研究 [J]. 财贸经济，2009 (3).

[6] 中国卫生部. 2007 年中国控制吸烟报告 [R]. 卫生部履行《烟草控制框架公约》领导小组办公室，2007.

[7] Bai, Y. and Zhang, Z. Aggregate Cigarette Demand and Regional Differences in China [J]. Applied Economics, 2005, 37: 2523-2528.

[8] Baltagi, B. H. and Griffin, J. M.. The Econometrics of Rational Addiction: the Case of Cigarettes [J]. Journal of Business & Economic Statistics, 2001, 19 (4): 449-454.

[9] Becker, G.S. and Murphy, K. M.. A Theory of Rational Addiction [J]. The Journal of Political Economy, 1988, 96 (4): 675-700.

[10] Becker, G. S., Grossman, M. and Murphy, K. M.. An Empirical Analysis of Cigarette Addiction [J]. American Economic Review, 1994, 84 (3): 396-418.

[11] Chaloupka, F.. Rational Addictive Behavior and Cigarette Smoking [J]. The Journal of Political Economy, 1991, 99 (4): 722-742.

[12] Chaloupka, F. and Warner, K.. The Economics of Smoking [J]. in J. New house; A. Culyer, eds., The Handbook of Health Economics, 2000, Chapter 29: 1539-1627.

[13] Gruber, J. and Koszegi, B.. Is Addition Rational? Theory and Evidence [J]. The Quarterly Journal of Economics, 2001, 116 (4): 1261-1303.

[14] Houthakker, H. S. and Taylor, L. D.. Consumer Demand in the United States, 1929-1970: Analyses and Projections [M]. Cambridge (MA): Harvard University Press, 1966.

[15] Houthakker, H. S. and Taylor, L. D.. Consumer Demand in the United States, 1929-1970: Analyses and Projections 2nd ed [M]. Cambridge (MA): Harvard University Press, 1970.

[16] Hu, T. W. and Mao, Z.. Effects of Cigarette Tax on Cigarette Consumption and the Chinese Economy [J]. Tobacco Control, 2002, 11 (2): 105-108.

[17] Hu, T. Tobacco Control Policy Analysis in China: Economics and Health [M]. Singapore: World Scientific Printers, 2007.

[18] Kan, K.. Cigarette Smoking and Self-Control [J]. Journal of Health Economics, 2007, 26: 61-81.

[19] Lance, P. M., Akin, J. S., Dow, W. H. and Loh, C.. Is Cigarette Smoking in Poorer Nations Highly Sensitive to Price? Evidence from Russia and China [J]. Journal of Health Economics, 2004, 23 (1): 173-189.

[20] Marshall A.. Principles of Economics, 8th ed [M]. London: Macmillan and Co, 1920.

[21] Tiezzi, S.. An Empirical Analysis of Tobacco Addiction in Italy [J]. European Journal of Health Economics, 2005, 6 (3): 232-243.

[22] U.S. Department of Health and Human Services The Health Consequences of Smoking: Nicotine Addiction [R]. A Report of the Surgeon General, 1988.

财政分权、政府组织结构与地方政府支出规模*

郭庆旺　贾俊雪①

【内容提要】本文构建一个最优地方政府支出规模的理论模型，探寻财政分权和政府组织结构对地方政府支出规模的影响机理，并据此构建计量模型，利用 1997~2005 年我国县级面板数据进行实证分析。研究表明，纵向政府级次减少和辖区政府数量增加对县级地方政府支出规模均具有显著的负效应，撤乡并镇改革对县级地方政府支出规模具有显著的滞后负效应。财政支出分权对县级地方政府支出规模具有显著的正效应，财政收入分权则具有显著的负效应。财政收支分权对县级地方政府支出规模的非对称性影响自 2002 年所得税分享改革以来以及在东部地区均相对较弱。进一步的研究还表明，财政分权特别是财政收入分权对县级地方政府支出规模的影响在一定程度上取决于政府组织结构特点。

【关键词】财政分权　政府组织结构　地方政府支出规模

【经济文献分类号】H70，H72

一、引言

财政分权对政府支出规模的影响一直是公共经济学的一个重要研究主题。一方面，一般认为，地方政府具有信息优势，更了解本地区居民偏好和公共服务提供成本，且赋予地方政府更大的财政自主权也有助于强化地区间竞争和公众政治参与从而有助于约束地方政

* 本文选自《经济研究》2010 年第 11 期。

① 郭庆旺、贾俊雪，中国人民大学中国财政金融政策研究中心、财政金融学院，邮政编码：100872，电子信箱：guoqw@ruc.edu.cn，jiajunx@ruc.edu.cn。本文是国家自然基金项目（70750002）、教育部哲学社会科学研究重大课题攻关项目（08JZD0012）、国家社会科学基金重点项目（10AJY012）、高等学校全国优秀博士学位论文作者专项资金资助项目（200904）和中国人民大学科学研究基金项目（10XNI001）的阶段性成果。非常感谢匿名评审专家提出的宝贵意见。

府行为，因此财政分权可以促使地方政府提高效率，有效遏制支出规模膨胀（Tiebout，1956；Oates，1972；Brennan 和 Buchanan，1980）。另一方面，政府效率提高会导致公共服务需求增加，且公共服务若具有较大的规模经济效应，或地方政府更加依赖于公共池资源（Commonpool Resource），如政府间转移支付，那么财政分权也会导致政府支出规模增加（Oates，1985；Stein，1999；Rodden，2003）。就实证层面而言，自 Oates（1985）以来，学术界对这一问题进行了大量研究，但尚未给出一致结论。在最近的研究中，Stein（1999）发现对于 20 个拉美国家而言，财政分权对政府支出规模具有显著的扩张效应。Jin 和 Zou（2002）以及 Fiva（2006）发现财政支出分权对政府支出规模具有显著的正效应，财政收入分权则具有显著的负效应。Rodden（2003）则指出财政分权对政府支出规模的影响在很大程度上取决于财政分权的特点，若地方政府更加依赖于公共池资源，财政分权将导致政府支出规模增加，相反，财政分权将会遏制政府支出规模膨胀。①

不过，上述研究普遍暗含着政府组织结构（包括辖区数量和政府级次）是一成不变的假设，从而忽略了行政性分权的影响。事实上，过去的数十年间，在俄罗斯和中国这样的经济转型国家，政府组织结构作为一项重要的制度改革均发生了显著变化。一个突出的做法是遵循财政联邦主义的基本主张，强调地方政府的多样性（Oates，1972）。但正如 Hochman 等（1995）指出的，不同类型的地方公共物品覆盖的区域往往存在着很大的重叠性，因此地理空间构成了地方政府一个独特的制度环境，减少辖区政府数量有助于更好地实现地方公共服务优化。此外，大量关于政府支出的政治经济学文献认为，由于存在着公共池问题（即公共物品提供成本可以通过公共池渠道转嫁给其他辖区居民），辖区政府数量增加将导致政府支出规模过度膨胀，因此也主张减少辖区政府数量（Weingast 等，1981）。

本文旨在系统考察财政分权与政府组织结构（包括辖区数量和政府级次）对地方政府支出规模的影响。我们首先构建一个不完全信息条件下的最优地方政府支出规模理论模型，探究财政分权与政府组织结构对地方政府支出规模的影响机理。我们的模型与 Gilbert 和 Pichard（1996）的最优辖区分权模型较为接近。不过，Gilbert 和 Pichard（1996）仅仅考察了辖区数量的影响，并假设地方政府是仁慈的；本文则特别考虑了政府级次和地方政府寻租行为的影响。在一个多级政府框架下，中央政府给予基层政府的转移支付通常要经过更高级次地方政府的再分配，而这些更高级次地方政府与中央政府往往具有不同的政策目标，从而导致转移支付分配政策偏差，进而通过公共池渠道对地方政府支出行为产生额外的扭曲性影响。② 显然，这种分配政策偏差及其扭曲性影响取决于政府级次的多少和基层地方政府财政分权水平。因此，我们不仅考虑了 Gilbert 和 Pichard（1996）强调的外溢效应和成本信息机制，还引入了公共池机制，从而有助于更好地揭示财政分权和政府组织

① 关于财政分权对政府支出规模影响的理论和实证研究的详细介绍，请参阅 Jin 和 Zou（2002）。

② 例如，在我国现行的政府间转移支付制度下，尽管大部分中央财政转移支付已经测算到县，但首先是拨付给省级政府，然后再由省级政府甚至是地市级政府进行再分配，这使得省和地市级政府有很大空间改变转移支付的规模与用途。关于我国财政转移支付制度的详细介绍，请参阅谢旭人（2008）。

结构对地方政府支出规模的影响机理。与以往文献主要致力于考察地方民主政治体制对公共池问题的影响不同，本文通过强调不同级次政府间分配政策差异的重要性，为深入认识公共池效应提供了一个新的视角。

在构建了地方政府支出规模决定模型的基础上，本文进一步以我国县级面板数据为基础进行实证分析。改革开放以来，伴随着市场化经济改革的逐步深化，我国政府间财政关系发生了巨大变化，中央集权式的财政管理模式被打破。与此同时，政府组织结构也发生了较为明显的变化—— 一些县级行政单位被撤并，同时也涌现出一批新的县级行政单位。这为我们的实证研究提供了良好基础，且大样本县级面板数据的应用也有助于得到更为丰富可靠的结论。① 具体而言，我们不仅估算了一个静态面板数据模型，且考虑到县级地方政府支出规模变化很可能具有很强的持续性，因此还特别估算了一个动态面板数据模型。为了更好地校正内生性问题，我们利用 2SLS 以及异方差和自相关有效的两步广义矩估计（HAC-GMM）估算了静态面板数据模型，利用系统广义矩估计（System GMM）估算了动态面板数据模型。

二、理论模型

本节构建一个不完全信息条件下的最优地方政府支出规模理论模型。考虑一个多级政府架构，即包括一个中央政府和 $n-1$ 级地方政府，每个上级政府均管辖着 m 个辖区地方政府，因此整个国家共包含 m^{n-1} 个基层地方政府（第 n 级地方政府）。

（一）基本框架

假设基层地方政府辖区内居民的效用函数为 $U_n^c(Q_n, \alpha_n)$，其中 Q_n 为地方公共物品数量，$\alpha_n > 0$ 为偏好参数。为了简化起见，我们采取二次多项式效用函数：$U_n^c(Q_n, \alpha_n) = -\frac{1}{2}Q_n^2 + \alpha_n Q_n$。辖区居民缴纳的税收 τ_n 包括地方税 τ_n^l 和中央税 τ_n^c，即有 $\tau_n = \tau_n^l + \tau_n^c$。假设税收是扭曲性的，导致的无谓损失为 $\lambda\tau_n$，$\lambda > 0$ 刻画了税收的扭曲性。这样，扭曲性税收给辖区居民带来的总成本为 $(1+\lambda)\tau_n$。因此，消费者剩余为：$S_n = U_n^c(Q_n, \alpha_n) - (1+\lambda)\tau_n$。地方政府将公共物品委托给地方企业进行生产，企业的边际生产成本为 θ_n。此外，企业为了获取生产合同，还需要向地方政府提供租金，η_n 为边际租金成本。因此，企业的总成本为：$C_n = (\theta_n + \eta_n)Q_n$。企业将生产的公共物品出售给地方政府，收入等于地方政府支出 G_n。因此，企业利润为：$\Pi_n = G_n - (\theta_n + \eta_n)Q_n$。

① 基于相似的县级面板数据，Tsui（2005）考察了地区间财政差异，Zhang（2006）探究了财政分权的经济影响。

地方政府利用自有税收收入 τ_n^l 和中央转移支付 ξ_n 为支出 G_n 筹措资金，其中中央转移支付 ξ_n 的资金来源于中央税收入。令 $\xi_n = \xi_n - \tau_n^c$ 为中央净转移支付，取决于地方公共物品数量，并为线性函数即 $\xi_n = \gamma_n Q_n$。在多级政府架构下，中央转移支付通常并非直接拨付给基层地方政府，而要经过具有不同政策目标的更高级次地方政府的再分配，这使得更高级次地方政府有很大空间改变中央转移支付的用途。假设地方政府实际获得的中央转移支付为 $[1-\phi(n)]\xi_n$，$\phi(n)$ 为损失函数，是政府级次 n 的增函数，即满足 $\phi'(n)>0$。显然，$\phi(n)$ 度量了不同级次政府分配政策的差异程度。地方政府预算约束方程为：

$$G_n = \tau_n^l + [1-\phi(n)]\xi_n = [1-(1-\mu_n)\phi(n)]\tau_n + [1-\phi(n)]\gamma_n Q_n \tag{1}$$

其中，$\mu_n = \tau_n^l/\tau_n$ 度量了地方政府的税收分权水平。

传统公共经济学认为政府是仁慈的，追求的是公共利益最大化。公共选择学派则认为政府是利己的，追求的是自身利益最大化（Buchanan 和 Musgrave，1999）。现实经济生活中，政府的目标往往较为复杂，需要在公共利益和自身利益之间做出权衡，因此我们假设地方政府的目标函数为：

$$U_n^l = (1-\omega_n)\eta_n Q_n + \omega_n W_n \tag{2}$$

其中，$\eta_n Q_n$ 为总租金，$W_n = S_n + \prod_n$ 为辖区福利函数。$\omega_n \in [0, 1]$ 为权重参数，刻画了地方政府的类型：$\omega_n = 0$ 意味着地方政府只关注自身利益最大化，$\omega_n = 1$ 表明地方政府只追求公共利益最大化。①

假设中央政府追求的是社会福利 $\hat{W}$ 最大化。社会福利 $\hat{W}$ 与辖区福利 W_n 并不相同，造成这种差异的原因主要有两个：一是地方公共物品存在辖区外溢效应，导致辖区居民对公共物品效用评价出现偏差，即辖区居民偏好参数 α_n 与社会偏好参数 α 不同，而 $\alpha - \alpha_n$ 度量了地方公共物品的外溢效应；二是地方公共物品融资带来的外部成本，即地方政府获取的中央净转移支付资金来源于中央政府在其他辖区征收的中央税，因而会给其他辖区居民带来社会成本 $(1+\lambda)\xi_n$。因此，社会福利 $\hat{W}$ 为：

$$\hat{W} = W_n + (\alpha - \alpha_n)Q_n - (1+\lambda)\xi_n \tag{3}$$

最后，我们考虑两类不完全信息，即关于公共物品生产成本和居民偏好的信息不对称问题。假设企业完全了解边际生产成本 θ_n，但中央政府和地方政府都无法真实掌握这一信息。比较而言，地方政府具有一定的信息优势。因此，不妨假设中央政府只知道 θ_n 的概率分布，地方政府则可以得到 θ_n 的一个信号 σ_n。假定 $\theta_n \in [\frac{k}{h}, \frac{k+1}{h})$，则不妨令 $\sigma_n = \frac{k}{h}$，

① 这一点可以这样加以理解：地方政府是由不同类型的官员组成，既包括追求自身利益最大化的官员，也包括那些追求公共利益最大化的官员，因此 ω_n 可视为地方政府中追求公共利益最大化官员的份额。在缺乏中央政府有效监管的情况下，地方政府首脑为了获得不同类型官员代表的政治力量的最大支持，需要选择不同官员的比重即 ω_n 以平衡各种政治势力。

$k\in\{0, 1, \cdots, h-1\}$。因此，h 度量了信号 σ_n 的精准性：h 越大，信号 σ_n 越接近于真实信息 θ_n。显然，辖区面积以及地方政府数量 m^{n-1} 是影响信号 σ_n 精准性的一个重要因素：m^{n-1} 越大，地方政府越有可能准确地了解到企业真实生产成本。因此，首先，我们假设 $h=\varphi(m^{n-1})$ 且满足 $\varphi'(m^{n-1})>0$。其次，我们假设偏好参数 α_n 为随机变量且概率分布属于共同知识。地方政府可以通过考察辖区居民对公共物品的使用和评价情况，了解到居民真实偏好，即地方政府可以观测到随机变量 α_n 的一个实现。但中央政府却无法掌握 α_n 的真实信息，因而也无法准确得知外溢效应（$\alpha-\alpha_n$）的大小。此外，考虑到辖区面积越大越有可能产生规模经济，因此，我们假设预期外溢效应 $E(\alpha-\alpha_n)$ 是 m^{n-1} 的非递减函数，即随着地方政府数量增加，外溢效应倾向于增加。

（二）最优地方政府支出规模

在公共物品生产方面，地方政府和企业之间形成了一种契约关系。因此，在不完全信息条件下，地方政府面临的是一个机制设计问题，即如何设计一个最优激励机制以诱使企业显示其真实成本信息，从而确定最优公共物品提供数量和政府支出规模。定义一个机制为 $\{Q_n(\theta_n), G(\theta_n)\}$，则它必须满足激励相容和个体理性约束。令 $\pi(\theta_n, \tilde{\theta}_n)=G(\tilde{\theta}_n)-(\theta_n+\eta_n)Q_n(\tilde{\theta}_n)$ 是企业将 θ_n 谎报为 $\tilde{\theta}_n$ 获取的利润，$\Pi_n(\theta_n)=\pi(\theta_n, \theta_n)$ 是企业显示真实成本信息获取的利润。企业选择 $\tilde{\theta}_n$ 以实现利润 $\pi(\theta_n, \tilde{\theta}_n)$ 最大化，则有一阶最优条件：$G'(\tilde{\theta}_n^*)-(\theta_n+\eta_n)Q'_n(\tilde{\theta}_n^*)=0$。激励兼容约束要求，$\pi(\theta_n, \theta_n)\geqslant\pi(\theta_n, \tilde{\theta}_n)$，$\forall\theta_n, \tilde{\theta}_n\in[\sigma_n, \sigma_n+1/(\varphi(m^{n-1}))]$。这意味着，企业的最优决策是真实显示其边际成本信息（即 $\tilde{\theta}_n^*=\theta_n$），故有 $G'(\theta_n)-(\theta_n+\eta_n)Q'_n(\theta_n)=0$。进而考虑（1）式，则可得满足激励相容约束的预期辖区福利函数为：

$$E_{\theta_n}(W_n|\sigma_n, \alpha_n)=\varphi(m^{n-1})\int_{\sigma_n}^{\sigma_n+1/\varphi(m^{n-1})}\left[-\frac{1}{2}Q_n(\theta_n)^2+\Phi_n(\theta_n)Q_n(\theta_n)\right]d\theta_n-(\beta_n-1)\Pi_n^* \tag{4}$$

其中，$\Phi_n(\theta_n)=\alpha_n-\beta_n[\theta_n+\eta_n-(1-\phi(n))\gamma_n]-(\beta_n-1)(\theta_n-\sigma_n)$，$\beta_n=(1+\lambda)/[1-(1-\mu_n)\phi(n)]$ 度量了不同级次政府分配政策差异带来的扭曲性影响，$\Pi_n^*=\Pi_n(\sigma_n+1/\varphi(m^{n-1}))$ 为边界条件。

地方政府在个体理性约束（$\Pi_n=G_n-(\theta_n+\eta_n)Q_n(\theta_n)\geqslant 0$）下追求（2）式的最大化，求解上述优化问题，可得如下一阶最优条件：

$$Q_n^*(\theta_n|\sigma_n, \alpha_n)=\alpha_n-\beta_n[\theta_n-(1-\phi(n))\gamma_n]-(\beta_n-1)(\theta_n-\sigma_n) \tag{5}$$

$$\omega_n^*=1/(1+\beta_n) \tag{6}$$

$$\eta_n^*(\theta_n|\sigma_n, \alpha_n)=[\alpha_n-\beta_n[\theta_n-(1-\varphi(n))\gamma_n]-(\beta_n-1)(\theta_n-\sigma_n)]/2(1+\beta_n) \tag{7}$$

（5）式表明，由于生产成本可以通过公共池渠道转嫁给其他辖区居民，因而地方政府会额外增加数量为 $\beta_n(1-\phi(n))\gamma_n$ 的公共物品。一方面，分配政策差异带来了额外的扭曲性影响从而使地方政府更加关注自身利益，因此尽管地方政府实际获取的公共池资源即中央净转移支付有所减少，但仍会强化公共池效应；另一方面，不完全信息将导致地方公共物品数量较少，减少幅度为 $(\beta_n - 1)(\theta_n - \sigma_n)$。究其原因，在于为了使企业能够真实显示其成本信息，地方政府需要提供额外的信息租金，这需要借助扭曲性税收加以融资从而带来额外的效率损失，而不同级次政府分配政策差异也会强化这种扭曲。进一步，由（5）式和(6) 式可知，税收分权有助于减少分配政策差异的扭曲性影响，从而有助于增强地方政府的责任性（$\partial\omega^*/\partial\mu_n > 0$），进而有助于减少与生产成本、信息租金和公共池资源有关的扭曲。前两种影响更为突出，因此税收分权对地方公共物品提供数量具有直接的正效应。不过，由于税收分权将导致中央转移支付减少进而对地方公共物品提供数量具有间接的负效应，因而最终的影响并不清晰。相反，政府级次 n 增加会强化分配政策差异及其扭曲性影响，从而削弱地方政府的责任性（$\partial\omega^*/\partial n < 0$），进而导致与生产成本、信息租金和公共池资源相关的扭曲增加，因此对地方公共物品提供数量具有直接的负效应。但由于政府级次 n 增加对中央转移支付政策的影响并不确定，因此其对地方公共物品提供数量的总效应是不确定的。

在不完全信息条件下，中央政府选择转移支付力度以实现预期社会福利的最大化。由（3）式两边取 $E_{\theta_n}(\cdot|\sigma_n,\ \alpha_n,\ \alpha)$，并将（4）式、（6）式和（7）式代入，且考虑到 $\Pi_n^* = 0$，以及 $E\hat{W} = E_{\alpha,\alpha_n}\left\{\frac{1}{h}\sum_{k=0}^{h-1} E_{\theta_n}(W|\frac{k}{h},\ \alpha_n,\ \alpha)\right\}$（$\sigma_n$ 是 $\{0,\ 1/h,\ \cdots,\ (h-1)/h\}$ 上的一致分布且与 α 不相关)，可得预期社会福利函数为：

$$E\hat{W} = E_{\alpha,\alpha_n}\left\{\tilde{\alpha}_n\alpha - \frac{(2\beta_n+1)}{2(1+\beta_n)}\tilde{\alpha}_n^2 - \beta_n\mu_n\phi(n)\gamma_n\tilde{\alpha}_n\right\} + \frac{[\beta_n\varphi(m^{n-1})+\beta_n-1]}{2\varphi(m^{n-1})}E_{\alpha,\alpha_n}\left[\frac{\beta_n\tilde{\alpha}_n}{(1+\beta_n)} - \alpha + \beta_n\mu_n\phi(n)\gamma_n\right] + \frac{\beta_n^2}{6(1+\beta_n)} + \frac{\beta_n(\beta_n-1)}{4(1+\beta_n)\varphi(m^{n-1})} + \frac{(3\beta_n^2-5\beta_n+2)}{12(1+\beta_n)\varphi(m^{n-1})^2} \tag{8}$$

其中，$\upsilon = (2\beta_n - 1)\theta_n - (\beta_n - 1)\sigma_n$、$\tilde{\alpha}_n = \alpha_n + \beta_n[1 - \phi(n)]\gamma_n$ 和 $\psi_n = (2\beta_n - 1)/\varphi(m^{n-1})$。由 $\partial E\hat{W}/\partial\gamma_n = 0$ 可得最优中央财政转移支付为：

$$\gamma_n^* = \frac{(1+\beta_n)}{\beta_n\Theta_n}\left[E(\alpha-\alpha_n) - \left(\frac{\beta_n}{1+\beta_n} + \frac{\mu_n\phi(n)}{1-\phi(n)}\right)E(\alpha_n)\right] + \frac{[\beta_n\varphi(m^{n-1})+\beta_n-1][\beta_n(1-\phi(n))+(1+\beta_n)\mu_n\phi(n)]}{2\beta_n\varphi(m^{n-1})[1-\phi(n)]\Theta_n} \tag{9}$$

其中，$\Theta_n = (2\beta_n + 1)(1 - \phi(n)) + 2(1 + \beta_n)\mu_n\phi(n)$。由最优时企业利润为零，可得最优地方政府支出规模为：

$$G_n^* = (\theta_n + \eta_n^*)Q_n^*(\theta_n|\sigma_n,\ \alpha_n) = \theta_n Q_n^*(\theta_n|\sigma_n,\ \alpha_n) + \frac{Q_n^*(\theta_n|\sigma_n,\ \alpha_n)^2}{2(1+\beta_n)} \tag{10}$$

将（7）式和（9）式代入（10）式，且考虑到预期外溢效应 $E(\alpha - \alpha_n)$ 为 m^{n-1} 的函数，可得：

$$G_n^* = G_n\{\lambda, \theta_n, \mu_n, n, Q_n^*[\lambda, \alpha_n, \theta_n, \mu_n, n, \gamma_n^*(\lambda, \alpha_n, \mu_n, n, m)]\} \tag{11}$$

由（9）式和（11）式可知，辖区数量 m 主要通过两种机制即外溢效应和成本信息机制对地方政府支出产生影响。一方面，由于辖区数量 m 增加将会导致外溢效应增加从而需要更多的中央转移支付加以矫正，因而会对地方政府支出产生正效应。另一方面，辖区数量 m 增加将会提高成本信息的精准性，有助于减少信息租金，致使中央转移支付和地方政府支出减少（见（9）式）。但信息租金减少也会导致地方公共物品提供数量以及地方政府支出增加（见（5）式），因此成本信息效应并不确定。如果地方政府在获取成本信息方面的表现较差，辖区数量的成本信息效应进而对地方政府支出的总影响将倾向为正。① 与辖区数量 m 的影响相似，地方政府在获取成本信息方面表现较差时，政府级次 n 通过外溢效应和成本信息机制对地方政府支出将产生正效应。但正如前文所述，分配政策偏差通过公共池渠道产生了额外的扭曲性影响，这增加了政府级次 n 对地方政府支出影响的复杂性。事实上，我们无法从理论上给出政府级次 n 对地方政府支出影响的确切判定。② 而且，由（9）式可知，税收分权对中央转移支付以及对地方政府支出具有负效应。但税收分权也有助于减少分配政策偏差的扭曲性影响，增强地方政府的责任性从而对地方公共物品提供数量和地方政府支出产生正效应。因此，税收分权对地方政府支出的总影响也不明晰。③ 因此，本文以中国现实数据为基础对财政分权和政府组织结构对地方政府支出规模的影响作进一步实证分析。

三、计量模型

依据本文理论分析给出的地方政府支出规模决定模型，我们以 1997~2005 年我国县级面板数据为基础，就财政分权和政府组织结构对地方政府支出规模的影响作实证分析。本节首先依据前文的理论分析以及中国现实情况选择变量并给出计量模型设定。

（一）政府组织结构变量

本文在理论分析中关注的政府组织结构包括政府级次和辖区政府数量。对于政府级次

---

① 令 $\theta_n - \sigma_n = dz/\varphi(m^{n-1})$，由（11）式可得：$\partial G_n^*/\partial m = [\theta_n + Q_n^*/1 + \beta_n][\beta_n(1 - \phi(n))\partial\gamma_n^*/\partial m + (dz(\beta_n - 1)(n - 1)m^{n-2}\varphi'(m^{n-1}))/\varphi(m^{n-1})^2] = X_1\partial E(\alpha - \alpha_n)/\partial n + X_2\varphi'(m^{n-1})$，其中 $X_1 > 0$，dz 度量了地方政府获取成本信息方面的表现。若 dz 较大即地方政府在获取成本信息方面表现较差，可得 $X_2 > 0$。

② 由（11）式可得：$\partial G_n^*/\partial n = (\theta_n + Q_n^*/(1 + \beta_n))[\beta_n(1 - \phi(n))\partial\gamma_n^*/\partial n + (\beta_n - 1)m^{n-1}\ln(m)dz/\varphi(m^{n-1})^2] - \Omega_n\phi'(n) = \Delta_1\partial E(\alpha - \alpha_n)/\partial n + \Delta_2\varphi'(m^{n-1}) + \Delta_3\phi'(n)$，其中 $\Omega_n = \beta_n^2/(1 + \lambda)\{[\theta_n + Q_n^*/(1 + \beta_n)][(1 - \mu_n)(2\theta_n - \sigma_n) + \mu_n\gamma_n] + (1 - \mu_n)Q_n^2/2(1 + \beta_n)^2\} > 0$，$\Delta_1 > 0$。同样地，当 dz 较大即地方政府在获取成本信息方面表现较差时，可得 $\Delta_2 > 0$。$\Delta_3 = \Delta_{31}E(\alpha - \alpha_n) + \Delta_{32}E(\alpha_n) + \Delta_{33}/\varphi(m^{n-1}) - \Omega_n$，$\Delta_{31} < 0$、$\Delta_{32} < 0$ 和 $\Delta_{33} > 0$。

③ 由（11）式可得：$\partial G_n/\partial\mu_n = -\{[\theta_n + Q_n^*/(1 + \beta_n)][2\theta_n - \sigma_n - (1 - \phi(n))\gamma_n] + (Q_n^8)^2/2(1 + \beta_n)^2\}\partial\beta_n/\partial\mu_n + \beta_n(\theta_n + Q_n^*/(1 + \beta_n))[1 - \phi(n)]\partial\gamma_n/\partial\mu_n$，其中 $\partial\beta_n/\partial\mu_n < 0$，$\partial\gamma_n/\partial\mu_n < 0$。

而言，目前，我国主要采取的是 5 级政府架构，县级地方政府一般而言处于第 5 级。不过，北京等 4 个直辖市的所有县级地方政府、海南省三亚市和海口市所辖县级行政单位以外的所有县和县级市以及河南省济源市、湖北省仙桃市等和新疆维吾尔自治区石河子市一直采取的是省直辖行政管理体制，即对这些县级地方政府而言，政府总级次为 4 级。因此，我们引入省直辖行政管理体制哑变量（即采取省直辖行政管理体制的县级地方政府取值为 1，其余取值为 0），以捕捉政府级次对地方政府支出规模的影响。对于辖区地方政府数量，我们用隶属于同一上级政府的辖区县级地方政府数量加以度量。此外，由于本文考察的县级地方政府支出包含了乡镇政府支出在内，因此我们引入万人拥有的乡镇数量以捕捉 1997 年以来"撤乡并镇"改革的影响。

（二）财政分权变量

本文在理论分析中只关注了财政收入分权的影响，但大量研究表明，区分财政支出分权和财政收入分权对于更好地揭示财政分权对政府支出规模的影响机理是非常重要的（Stein，1999；Jin & Zou，2002；Fiva，2006），因此，我们在实证研究中同时引入财政收入分权和财政支出分权。[①] 此外，正如本文理论分析所指出的，公共池效应是财政分权影响地方政府支出规模的一个重要机制。因此，结合我国财政分权的具体实践，我们构造变量以检验公共池效应。2002 年，我国实施了所得税分享改革，所得税收入由中央与地方按统一比例分享，同时建立了所得税基数返还制度，将中央财政因所得税分享改革增加的收入用于增加一般性转移支付。省以下各级政府也采取类似的做法。这使得县级地方政府自 2002 年以来对转移支付的依赖程度大幅增加：转移支付占县级地方政府支出的比重在 1997~2001 年平均为 48.4%，2002~2005 年大幅提高到 68.7%。而且，相对于其他地区，东部地区的县级地方政府的自有财力较强，对转移支付的依赖程度较低：转移支付占东部地区县级地方政府支出的比重平均为 51.2%，其他地区为 60.4%。[②] 因此，我们引入财政收支分权 2002 年哑变量（2002 年以前为财政收支分权乘以 0，2002 年及其后乘以 1），以及财政收支分权东部地区哑变量（东部地区财政收支分权乘以 1，其他地区乘以 0）来检验公共池效应。

1994 年分税制改革从制度上规范了中央与地方财政关系，但并没有明确规定省以下财政管理体制。县级地方政府主要采取的是地市管县体制，即财政收支责任划分、省以下财政转移支付和预算资金调度首先由省级政府直接对地市级政府，县级财政由地市级财政直接管理。2002 年，我国在全国逐步推行了"省直管县"财政管理体制改革，将县级地

① 对于财政收支分权，借鉴已有文献的普遍做法（贾俊雪、郭庆旺，2008），并考虑到县级财政管理体制上的差异，我们分别利用人均县级财政收入（支出）和人均县级财政收入（支出）+ 人均中央财政收入（支出）+ 人均省份本级财政收入（支出）+ 人均地市本级财政收入（支出）和人均县级财政收入（支出）和人均县级财政收入（支出）+ 人均中央财政收入（支出）+ 人均省份本级财政收入（支出）来测度地市管县和省管县财政管理体制下各个县级地方政府的财政收支分权水平。

② 下文将详细介绍本文所使用的数据。东部省份包括北京、天津、辽宁、河北、山东、江苏、浙江、福建、广东和河南。

方政府的财政收支责任划分、转移支付分配和预算资金调度，完全交由省级财政直接负责。截止到2005年，浙江、安徽和湖北等9个省区的全部县级地方政府以及河北、山西、江西和河南等4个省份的部分县级地方政府都已实行了“省直管县”财政管理体制。为了捕捉这一影响，我们引入省直管财政管理体制哑变量（即采取省直管县财政管理体制的取值为1，其余取值为0）。[①]

（三）控制变量

由本文理论分析可知，影响地方政府支出规模的重要因素还包括居民偏好 A_n、公共物品生产成本 H_n 和税收扭曲程度 K（见（11）式）。因此，我们在实证分析中需要控制这些变量的影响，以确保主要结论的稳健性。但这些变量均为非观测变量，无法直接给出度量。为此，我们借助其他观测变量来间接捕捉它们的影响。假设 α_n、θ_n 和 λ 可表示为：$\alpha_{nit} = a_1y_{it} + \rho_{1i} + \nu_{1t} + \varepsilon_{1it}$、$\theta_{nit} = a_2z_{it} + \rho_{2i} + \nu_{2t} + \varepsilon_{2it}$ 和 $\lambda_{it} = a_3d_{it} + \rho_{3i} + \nu_{3t} + \varepsilon_{3it}$。其中，$y_{it}$、$z_{it}$ 和 d_{it} 分别为影响 α_n、θ_n 和 λ 的可观测变量，$a_k(k = 1, 2, 3)$ 为系数。$\rho_{ki}(k = 1, 2, 3)$ 为个体效应，用以捕捉地理环境、资源禀赋和风俗习惯等地区异质性因素对 α_n、θ_n 和 λ 的影响。$\nu_{kt}(k = 1, 2, 3)$ 为时间效应，用以捕捉共同冲击对 α_n、θ_n 和 λ 的影响。$\varepsilon_{ki}(k = 1, 2, 3)$ 为误差项。

对于 y_{it}，我们主要考虑人均实际GDP（以县级人口和省份商品价格指数将县级名义GDP折算为以1978年为基期的人均实际值）及其平方项和城镇化水平（用城镇人口占总人口的比重度量），以反映经济发展水平和城镇化进程对居民偏好的影响。对于 z_{it}，我们主要考虑人口规模和密度，以捕捉规模经济效应对公共物品生产成本的影响；同时因财政供养人口也是影响公共服务提供成本的一个重要因素，故也考虑了财政供养人口规模（用财政供养人口占总人口的比重度量）。对于 d_{it}，因税收扭曲程度在很大程度上与税负水平有关，故在 d_{it} 中包含了财政收入比率即财政收入占GDP的比值；又因2000年以来，我国逐步实施了农村税费改革，[②] 通过规范农业税费以及农业税减免，有助于降低税收扭曲程度 λ，故在 d_{it} 中还包含了农村税费改革哑变量（即进行税费改革的当年和此后取值为1，其余的取值为0）。当然，财政收入比率和农村税费改革哑变量也捕捉了财政收入变化对县级地方政府支出规模的影响。显然，上述变量无法囊括 α_n、θ_n 和 λ 的所有影响因素，因此模型可能存在着遗漏变量引发的内生性问题。在下面的计量分析中，我们将对这一问题进行仔细校正。

（四）计量模型设定

这样，基于本文理论分析给出的地方政府支出规模决定方程（11），并结合我国具体实践，我们构建如下形式的固定效应面板数据模型：

$$Cov_{it} = \beta Ds_{it} + \gamma Gns_{it} + \eta X_{it} + \rho_i + \nu_t + \varepsilon_{it} \tag{12}$$

---

① 那些采取省直辖行政管理体制的县级地方政府在财政管理体制上也属于省直管，但我们已经引入省直辖行政管理体制哑变量，因此这里没有包括这些县级地方政府。关于“省直管县”财政管理体制改革的详细介绍，请参阅谢旭人（2008）。

② 关于农村税费改革的详细介绍，参见谢旭人（2008）。

其中，Gov_{it} 为县级地方政府支出规模，用县级地方政府财政支出比率即占财政支出 GDP 的比值度量。Gns_{it} 和 Ds_{it} 为本文的核心解释变量，Gns_{it} 为政府组织结构变量包括省直辖行政管理体制哑变量、辖区县级地方政府数量和万人拥有的乡镇数量，Ds_{it} 为财政分权变量包括财政收支分权、财政收支分权东部地区哑变量和 2002 时间哑变量以及省直管财政管理体制哑变量。X_{it} 为控制变量，包括人均实际 GDP 及其平方项、城镇化水平、人口规模、人口密度、财政供养人口规模、财政收入比率和农村税费改革哑变量。$\rho_i=\sum_{k=1}^{3}\rho_{ki}$ 和 $\nu_t=\sum_{k=1}^{3}\nu_{kt}$ 分别为个体效应和时间效应，$\varepsilon_{it}=\sum_{k=1}^{3}\varepsilon_{kit}$ 为误差项。

(12) 式给出的固定效应面板数据模型是一个静态模型（记作模型 1），但县级地方政府支出变化很可能具有很强的持续性。在理论分析中，我们假设地方政府可以在当期观测到居民偏好，但在现实生活中，地方政府对居民偏好的了解往往需要一个过程。另外，一些政府支出如行政管理费也具有很强的刚性，而且我国县级地方政府支出预算采用的是基数法编制（即以上年度支出数额为基数来确定本年度支出数额）。这些都意味着，在计量分析中考虑县级地方政府支出规模的动态变化是十分必要的。因此，我们还考虑如下形式的动态面板数据模型（记作模型 2）：

$$Gov_{it}=\sum_{j=1}^{m}\alpha_j Gov_{it-j}+\beta Ds_{it}+\gamma Gns_{it}+\eta X_{it}+\rho_i+\nu_t+\varepsilon_{it} \qquad (13)$$

其中，Gov_{it-j} 为县级地方政府支出规模的滞后项，M 为最大滞后阶数。

四、数据

本文使用的是全国县级面板数据，数据主要来源于《全国地市县财政统计资料》。该数据集涵盖了全国 31 个省、自治区和直辖市，2800 多个县、县级市和市辖区 1993~2005 年的经济和财政统计数据。但该数据集缺少 1997 年以前的 GDP 数据，因此我们选取的样本期为 1997~2005 年。由于数据问题，我们没有考虑西藏自治区的情况。鉴于市辖区与县和县级市的可比性较差，因此没有考虑市辖区（Shih 和 Zhang，2004；Zhang，2006）。此外，在样本期内，我国县级地方政府的行政区划发生了较大变化。为此，我们以 2005 年行政区划为标准剔除那些业已变更为市辖区的县和县级市，并依据各地区行政区划沿革资料，对各个县和县级市的行政隶属关系进行调整。同时，我们还依据《中国区域经济统计年鉴》和各省统计年鉴补充了辖区面积、人口和乡镇数量等数据。最终，我们使用的是全国 30 个省、自治区和直辖市 1938 个县和县级市 1997~2005 年的非平衡面板数据。[①]

① 限于篇幅，省略了主要经济变量的统计描述表，感兴趣者可向作者索取。

就地方政府支出规模而言，第一，1997~2005 年我国县级地方政府财政支出比率均值为 12.81%，标准差为 11.21，表明县级地方政府支出规模存在着较为显著的差异性。第二，1997 年以来，我国县级地方政府支出规模及其差异性均呈现出持续增加的态势，其中以 1997~2001 年表现得尤为突出（如图 1 所示）。①

就政府的组织结构而言，样本期内，我国政府组织结构也呈现出较为明显的变化，且存在着较大差异性。第一，1997~2005 年，辖区县级地方政府数量均值为 10.79，标准差为 5.89，万人拥有的乡镇数量均值为 0.61，标准差为 0.67。第二，辖区县级地方政府数量从 1997 年的 10.14 增加到 2005 年的 11.05，万人拥有的乡镇数量从 0.67 减少到 0.54。不过，省直辖县级地方政府数量始终为 53 个。

就财政分权状况而言，第一，样本期内，我国县级地方政府拥有的财权和事权呈现出明显的不匹配状态。县级地方政府平均承担了 35.1% 的公共支出事务，但拥有财政收入份额仅仅为 18.2%，财政收支分权二者的相关系数仅为 0.55。第二，从县级地方政府财政收支分权的核密度图（见图 2 和图 3）看出，1997~2001 年县级地方政府的财政支出分权水平出现较为明显的下降，2002 年以来则呈现出明显增加的态势，2005 年的财政支出分权基本上达到了 1997 年的水平。与此形成鲜明对照的是，1997~2005 年，县级地方政府的财政收入分权水平则一直呈现出持续下降的态势，其中 1997~2001 年表现得尤为突出。

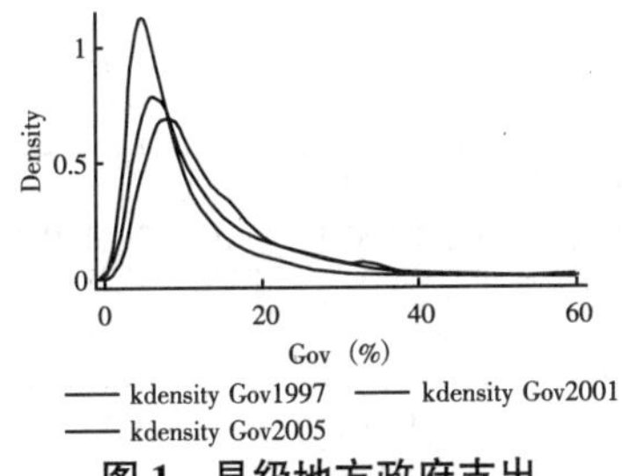

图 1 县级地方政府支出规模的核密度图

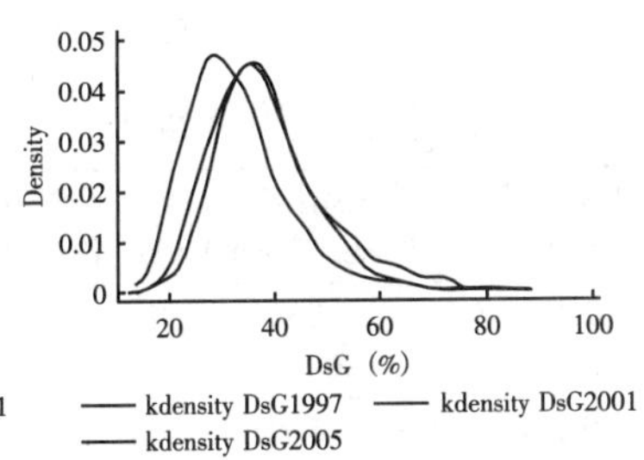

图 2 县级地方政府财政支出分权的核密度图

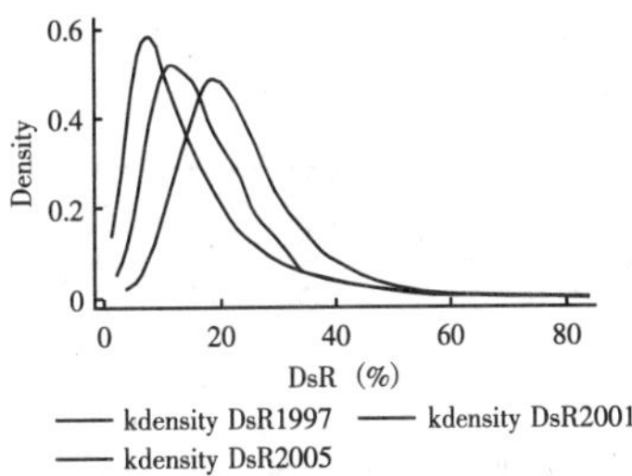

图 3 县级地方政府财政收入分权的核密度图

我们首先给出静态模型的估算结果，然后给出动态面板数据模型的估算结果，并依据这些结果考察财政分权和政府组织结构对我国县级地方政府支出规模的影响。

（一）静态模型估算结果

表 1 给出了静态模型的估算结果，其中模型 1a 和模型 1b 分别给出了 OLS 和固定效应面板数据模型的估算结果。正如前文所指出的，居民偏好、公共物品生产成本以及地方政府支出规模会受到地理环境等地区异质性因素和一些共同冲击的影响，这将导致 OLS

① 为了使核密度图更清晰地捕捉到县级地方政府支出规模演变特点，我们将财政支出比率限定在区间［0，016］内。

估算是有偏和非一致的。事实上，对比模型 1a 和模型 1b 可以看出，当我们控制了个体和时间固定效应后，估算结果出现了较大变化。不过，个体和时间固定效应的引入并不能完全解决内生性问题。原因在于，样本期内一些地区异质性因素也会发生明显改变，因此固定效应模型的估算结果会因遗漏变量问题而存在着明显偏差。为此，我们采用工具变量法进一步校正内生性问题。模型 1c 和模型 1d 分别给出了 2SLS 和 HAC2GMM 估算结果。在这两个模型中，我们将财政收支分权、人均 GDP 及其平方项、城镇化水平、人口规模、人口密度和财政供养人口设为内生变量，并以这些变量的滞后 1~2 期作为工具变量。这两个模型也包含了个体和时间固定效应，而且考虑到隶属于同一上级政府的各个县级地方政府之间可能存在着显著的相互影响从而导致估算偏差，我们也进行了 Cluster 校正。①

由 Hansen 过度识别检验可知，模型 1c 构造的工具变量总体上是有效的。辖区县级地方政府数量的回归系数为正，且具有很好的统计显著性。既然地方政府在短期内不可能很好地获取成本信息，因此这一结果总体上符合我们的理论预期。省直辖行政管理体制哑变量具有显著的负系数，表明相对于地市级政府管辖的县级地方政府而言，省直辖的县级地方政府总体上具有较小的支出规模。换言之，政府级次对县级地方政府支出规模具有显著的扩张效应。依据我们的理论分析，这一结果表明政府级次增加通过加剧分配政策偏差及其扭曲性影响，以及通过外溢效应和成本信息机制对地方政府支出规模产生的正效应表现更为突出。万人拥有的乡镇数量对县级地方政府支出规模具有显著的负效应，表明 1997 年以来的“撤乡并镇”改革在控制政府支出规模方面并未充分发挥作用。

表 1　静态模型估算结果

解释变量	模型 1a (OLS)	模型 1b (Fixed Effects)	模型 1c (2SLS)	模型 1d (HAC2GMM)	模型 1e (HAC2GMM)
常数项	−2.426 (0.29) ***	0.862 (0.85)			
辖区县级地方政府数量	−0.095 (0.01) ***	0.120 (0.03) ***	0.071 (0.04) *	0.078 (0.04) **	0.078 (0.04) **
省直辖行政管理体制哑变量	0.804 (0.30) ***	−2.116 (3.37)	−1.367 (0.28) ***	−1.272 (0.28) ***	−1.277 (0.28) ***
乡镇数量	3.360 (0.09) ***	−2.628 (0.25) ***	−2.490 (0.57) ***	−2.530 (0.56) ***	−2.577 (0.58) ***
财政支出分权	0.616 (0.01) ***	0.503 (0.01) ***	0.400 (0.06) ***	0.397 (0.06) ***	0.404 (0.06) ***
财政收入分权	−0.905 (0.01) ***	−0.625 (0.01) ***	−0.467 (0.03) ***	−0.456 (0.03) ***	−0.458 (0.03) ***

① 我们也尝试利用对数线性模型来捕捉政府组织结构和财政分权的非线性影响，得到的基本结论是一致的。此外，我们在财政分权度量时考虑了省直管县财政管理体制对财政分权水平的影响，但考虑到这可能无法完全捕捉到省直管县财政管理体制的全部影响，我们也尝试在回归方程中引入省直管县财政管理体制变量与财政分权变量的乘积项，得到的基本结论是一致的。

续表

解释变量	模型 1a (OLS)	模型 1b (Fixed Effects)	模型 1c (2SLS)	模型 1d (HAC2GMM)	模型 1e (HAC2GMM)
财政支出分权 2002 年时间哑变量	0.168 (0.01) ***	0.170 (0.00) ***	0.119 (0.02) ***	0.122 (0.02) ***	0.121 (0.02) ***
财政收入分权 2002 年时间哑变量	−0.263 (0.01) ***	−0.231 (0.01) ***	−0.150 (0.02) ***	−0.154 (0.02) ***	−0.152 (0.02) ***
财政支出分权东部地区哑变量	−0.342 (0.01) ***	−0.237 (0.01) ***	−0.078 (0.02) ***	−0.081 (0.02) ***	−0.087 (0.02) ***
财政收入分权东部地区哑变量	0.576 (0.01) ***	0.357 (0.01) ***	0.236 (0.01) ***	0.231 (0.01) ***	0.233 (0.01) ***
省直管县财政管理体制哑变量	−4.548 (0.23) ***	−3.606 (0.16) ***	−2.419 (0.35) ***	−2.396 (0.32) ***	−2.441 (0.32) ***
人均 GDP	−0.001 (0.00) ***	−0.001 (0.00) ***	−0.002 (0.00) ***	−0.002 (0.00) ***	−0.002 (0.00) ***
人均 GDP 平方项	0.730 (0.05) ***	0.635 (0.04) ***	0.621 (0.14) ***	0.685 (0.13) ***	0.688 (0.13) ***
城镇化进程	0.023 (0.00) ***	−0.034 (0.01) ***	−0.074 (0.03) ***	−0.061 (0.02) **	−0.060 (0.02) **
人口规模	−0.008 (0.00) ***	0.090 (0.02) ***	0.044 (0.03)	0.042 (0.03)	0.042 (0.03)
人口密度	−0.000 (0.00) **	−0.013 (0.00) ***	−0.013 (0.01) **	−0.013 (0.01) **	−0.012 (0.01) **
财政供养人口规模	0.297 (0.04) ***	0.084 (0.05) *	−0.316 (0.41)	−0.135 (0.40)	−0.119 (0.40)
财政收入比率	2.134 (0.03) ***	1.746 (0.03) ***	1.330 (0.10) ***	1.340 (0.09) ***	1.354 (0.10) ***
农村税费改革哑变量	−2.077 (0.17) ***	−1.345 (0.11) ***	−0.803 (0.12) ***	−0.776 (0.11) ***	−0.779 (0.11) ***
Hansen 过度识别检验			13.63	13.63	13.32
样本数	16915	16915	12905	12905	12689
R^2	0.769	0.506	0.520	0.523	0.524

注：*、** 和 *** 分别表示在 10%、5%和 1%的置信度上显著，小括号中的数值为标准差，模型 1c~1e 中的标准差为 cluster 校正后的 Robust 标准差。实际人均 GDP 平方项的回归系数和标准差均为 10^{-7}。限于篇幅，略去了一步回归结果。

财政支出分权对县级地方政府支出规模具有显著的正效应，财政收入分权则具有显著的负效应，这与已有研究结论保持了较好的一致性。已有研究通常将财政收支分权对地方政府支出规模的非对称性影响归因于财政纵向失衡带来的公共池问题（Fiva，2006；Jin 和 Zou，2002；Rodden，2003；Stein，1999）。这一论断可以从财政收支分权 2002 年时间哑变量和财政收支分权东部地区哑变量的估算结果得到进一步证实。财政支出分权 2002 年时间哑变量具有显著的正系数，财政收入分权 2002 年时间哑变量则具有显著的负系数，表明 2002 年以来财政分权的非对称性影响变得更为突出。另外，由财政收支分权东部地区哑变量的回归系数可知，财政分权的非对称性影响在东部地区明显较弱。既然 2002 年以来我国县级地方政府对转移支付的依赖程度明显增强（即财政纵向失衡明显加剧），而东部地区县级地方政府对转移支付的依赖程度较其他地区而言明显较弱，因此这些结论很好地验证了公共池假设。

省直管县财政管理体制哑变量的回归系数为负且具有很好的统计显著性，表明 2002 年以来实施的省直管县财政管理体制改革有助于遏制县级地方政府支出规模的过度膨胀。显然，削减财政级次也有助于减少不同级次政府分配政策偏差及其带来的扭曲性影响，这与减少政府级次的作用是一致的。因此，省直管县财政管理体制哑变量与省直辖行政管理体制哑变量的回归结果相符也从一个侧面表明，不同级次政府分配政策偏差及其扭曲性影响是政府级次影响地方政府支出规模的一个重要机制。

对于控制变量，模型 1c 的估算结果表明，人均 GDP 和城镇化进程对县级地方政府支出规模具有显著的负效应，这一结论与 Wagner 法则并不相符。人口密度的回归系数为负且具有很好的统计显著性，表明县级地方政府支出呈现出较为明显的规模经济效应。与我们的预期相符，财政收入比率对县级地方政府支出规模具有显著的正效应，农村税费改革则具有显著的负效应。对于模型 1d，由 Hansen 过度识别检验可知，工具变量总体上是有效的。对比模型 1c 和模型 1d 可以看出，估算结果并不存在明显差异。最后，考虑到直辖市的县级地方政府具有一定特殊性，我们也尝试剔除北京等 4 个直辖市的所有县级地方政府数据，并在模型 1e 给出相应的 HAC-GMM 估算结果。可以看出，估算结果对于这样的处理总体上是稳健的。

（二）动态模型估算结果

表 2 给出了动态面板数据模型的估算结果。由于引入因变量时间滞后项，模型（13）式产生新的内生性问题。为此，我们采用 Arellano 和 Bover（1995）以及 Blundell 和 Bond（1998）提出的系统 GMM 进行估算。模型包含了滞后 1 期因变量、当期和滞后 1 期的解释变量以及个体和时间固定效应。我们同样将财政收支分权、人均 GDP 及其平方项、城镇化水平、人口规模、人口密度和财政供养人口设为内生变量，并进行了 Cluster 校正。表 2 中的模型 2d 给出这种情况的具体估算结果。为了便于对比，我们也给出了其他设定情况下的估算结果。模型 2a、模型 2b 和模型 2c 分别将所有解释变量设定为外生、前定和内生变量。由 Arellano Bond 1 阶和 2 阶自相关检验可知，各模型残差项均存在显著的 1 阶自相关，但不存在显著的 2 阶自相关。进一步地，由 Hansen 过度识别检验可以看出，模型 2a、模型 2b 和模型 2c 存在着较为明显的设定偏误，意味着我们并不能将所有解释变量均视为外生、前定和内生变量。相反，Arellano Bond 1 阶和 2 阶自相关检验以及 Hansen 过度识别检验表明，模型 2d 的设定总体较好。

模型 2d 的估算结果显示，滞后 1 期因变量的回归系数具有很好的统计显著性，表明我国县级地方政府支出规模存在明显的路径依赖。0.905 的回归系数也较为合理，处于组

表 2　动态模型的估算结果（System GMM）

解释变量	模型 2a	模型 2b	模型 2c	模型 2d	模型 2e
常数项	–0.459 (0.41)	–0.261 (0.30)	1.082 (0.58)*	0.218 (0.73)	0.163 (0.75)
L1，因变量	0.865 (0.05)***	0.903 (0.02)***	0.893 (0.04)***	0.905 (0.03)***	0.906 (0.03)***
辖区县级地方政府数量	–0.045 (0.03)	–0.018 (0.03)	0.068 (0.07)	–0.078 (0.04)**	–0.084 (0.04)**
L1，辖区县级地方政府数量	0.033 (0.03)	0.011 (0.03)	–0.123 (0.08)	0.046 (0.04)	0.058 (0.04)
省直辖行政管理体制哑变量	–0.457 (0.17)***	–0.659 (0.11)***	104.0 (104.0)	–0.633 (0.24)***	–0.594 (0.27)**
L1，省直辖行政管理体制哑变量	0.534 (0.26)**	0.726 (0.24)***	–103.0 (104.0)	1.121 (0.46)**	1.252 (0.46)***
乡镇数量	–0.227 (0.57)	0.487 (0.50)	0.473 (1.3)	–0.636 (0.68)	–0.630 (0.69)
L1，乡镇数量	1.303 (0.62)**	0.529 (0.44)	1.405 (1.14)	1.916 (0.72)***	1.907 (0.74)**
财政支出分权	0.720 (0.07)***	0.683 (0.06)***	0.636 (0.09)***	0.713 (0.09)***	0.725 (0.09)***
L1，财政支出分权	–0.543 (0.04)***	–0.537 (0.05)***	–0.491 (0.06)***	–0.529 (0.05)***	–0.541 (0.05)***
财政收入分权	–0.532 (0.07)***	–0.538 (0.06)***	–0.321 (0.11)***	–0.279 (0.12)**	–0.285 (0.12)**
L1，财政收入分权	0.319 (0.05)***	0.353 (0.04)***	0.155 (0.08)*	0.108 (0.09)	0.113 (0.09)
财政支出分权 2002 年时间哑变量	–0.053 (0.02)***	–0.049 (0.02)***	–0.057 (0.02)**	–0.064 (0.03)**	–0.066 (0.03)***
L1，财政支出公权 2002 年时间哑变量	–0.003 (0.03)	–0.009 (0.02)	–0.006 (0.02)	–0.009 (0.02)	–0.007 (0.02)
财政收入分权 2002 年时间哑变量	0.078 (0.03)***	0.050 (0.03)*	0.063 (0.04)*	0.071 (0.04)*	0.074 (0.04)*
L1，财政收入分权 2002 年时间哑变量	–0.017 (0.04)	0.004 (0.04)	–0.007 (0.03)	–0.004 (0.03)	–0.006 (0.03)
财政支出分权东部地区哑变量	–0.325 (0.05)***	–0.254 (0.04)***	–0.173 (0.04)***	–0.321 (0.06)***	–0.333 (0.06)***
L1，财政支出分权东部地区哑变量	0.274 (0.04)***	0.212 (0.04)***	0.58 (0.04)***	0.291 (0.05)***	0.302 (0.05)***
财政收入分权东部地区哑变量	0.235 (0.05)***	0.230 (0.104)***	0.142 (0.05)***	0.132 (0.06)***	0.139 (0.06)**
L1，财政收入分权东部地区哑变量	–0.150 (0.04)***	–0.159 (0.03)***	–0.139 (0.04)***	–0.119 (0.05)***	–0.126 (0.05)**
省直管县财政管理体制哑变量	–2.548 (0.40)***	–2.441 (0.33)***	–2.707 (0.48)***	–2.860 (0.43)***	–2.900 (0.44)***

续表

解释变量	模型 2a	模型 2b	模型 2c	模型 2d	模型 2e
L1，省直管县财政管理体制哑变量	1.801 (0.26)***	2.028 (0.24)***	2.180 (0.41)***	1.1939 (0.36)***	1.1963 (0.35)***
人均 GDP	−0.005 (0.00)***	−0.004 (0.00)***	−0.004 (0.00)***	−0.005 (0.00)***	−0.005 (0.00)***
L1，人均 GDP	0.005 (0.00)***	0.004 (0.00)***	0.005 (0.00)***	0.006 (0.00)***	0.006 (0.00)***
人均 GDP 的平方项	2.820 (0.50)***	2.160 (0.43)***	1.930 (0.46)***	2.090 (0.55)***	2.090 (0.54)***
L1，人均 GDP 的平方项	−3.790 (0.60)***	−2.870 (0.52)***	−2.650 (0.64)***	−2.920 (0.75)***	−2.900 (0.73)***
城镇化进程	0.011 (0.01)	0.011 (0.01)	−0.038 (0.02)*	−0.050 (0.02)**	−0.049 (0.02)**
L1，城镇化进程	−0.013 (0.01)	−0.011 (0.01)	0.003 (0.02)	0.010 (0.02)	0.010 (0.02)
人口规模	0.017 (0.02)	0.044 (0.02)**	−0.144 (0.11)	−0.207 (0.14)	−0.211 (0.14)
L1，人口规模	−0.019 (0.02)	−0.045 (0.02)**	0.136 (0.11)	0.205 (0.14)	0.208 (0.14)
人口密度	−0.004 (0.00)*	−0.005 (0.00)***	0.003 (0.01)	0.004 (0.01)	0.004 (0.01)
L1，人口密度	0.004 (0.00)*	0.005 (0.00)**	−0.003 (0.01)	−0.004 (0.01)	−0.004 (0.01)
财政供养人口规模	−0.239 (0.15)	−0.206 (0.17)	−0.473 (0.22)**	−0.717 (0.25)***	−0.727 (0.26)***
L1，财政供养人口规模	0.081 (0.15)	0.049 (0.17)	0.081 (0.21)	0.264 (0.19)	0.272 (0.19)
财政收入比率	1.307 (0.16)***	1.338 (0.14)***	0.457 (0.20)**	0.303 (0.23)	0.311 (0.22)
L1，财政收入比率	−1.008 (0.16)***	−1.080 (0.13)***	−0.219 (0.22)	−0.098 (0.23)	−0.097 (0.23)
农村税费改革哑变量	−0.458 (0.22)**	−0.555 (0.20)***	−0.520 (0.29)*	−0.465 (0.20)**	−0.484 (0.20)**
L1，农村税费改革哑变量	−0.336 (0.16)**	−0.203 (0.13)	−0.267 (0.15)*	−0.412 (0.20)***	−0.419 (0.1)***
Arellano Bond AR（1）检验	−6.53***	−7.21***	−7.22***	−7.12***	−7.07***
Arellano Bond AR（2）检验	0.06	0.17	0.40	0.32	0.34
Hansen 过度识别检验	104.0***	520000***	47723.7***	303.9	301.3
样本数	14905	14905	14905	14905	14658

注：*、** 和 *** 分别表示在 10%、5%和 1%的置信度上显著，小括号中的数值为经过 cluster 校正后的 robust 标准差，实际人均 GDP 平方项的回归系数和标准差均为 10^{-7}。L11 为 1 阶滞后算子。

内回归和 OLS 回归结果之间。① 省直辖行政管理体制哑变量的回归系数为负，且具有很好的统计显著性，这与静态模型的估算结果保持了较好的一致性。与静态模型不同，辖区县级地方政府数量对县级地方政府支出规模具有显著的负效应。从动态视角来看，地方政府获取成本信息的表现显然会有所改善，因此这一结果表明，相对于外溢效应机制，成本信息机制对于认识辖区数量对地方政府支出规模的影响更为重要。② 万人拥有的乡镇数量的回归系数并不显著，但滞后 1 期的回归系数为正且具有很好的统计显著性，表明“撤乡并镇”改革对县级地方政府支出规模具有显著的滞后负效应。

省直管县财政管理体制哑变量具有显著的负系数，财政收支分权对县级地方政府支出规模具有显著的非对称性影响，且这种非对称性影响在东部地区表现得较弱，这些结论与静态模型的估算结果保持了较好的一致性。值得注意的是，当我们控制了县级地方政府支出规模的路径依赖后，财政分权的非对称性影响在 2002 年以来出现了一定程度上的弱化。鉴于 2002 年所得税分享改革以来，我国县级地方政府对转移支付的依赖性明显增强，这一结果多少有些奇怪。不过，正如本文理论分析中所指出的，财政分权有助于减少分配政策差异的扭曲性影响，增强地方政府的责任性，从而通过公共池渠道对地方政府支出规模具有正向影响。因此，这一结果表明，在考虑了县级地方政府支出规模动态调整后，财政分权通过公共池渠道产生的正效应明显有所增强。

人均 GDP 及其平方项、城镇化水平和农村税费改革的估算结果与静态模型相似，但影响力度明显有所减弱。财政供养人口规模对县级地方政府支出规模负效应的显著性明显有所增强，表明我国县级地方政府的财政供养人口总体上呈现出显著的规模经济效应。③ 与静态模型相比，另一个较为明显的不同表现在财政收入比率对县级地方政府支出规模的影响并不显著。究其原因，很可能在于样本期内我国县级地方政府支出主要依赖于转移支付，自有财政收入占总支出的比重仅仅是 44.7%。最后，我们同样尝试剔除北京等直辖市的县级地方政府数据，并在模型 2e 给出相应估算结果。不过，估算结果并没有什么明显变化。

本文的理论分析指出，财政分权对地方政府支出规模的影响在一定程度上与不同级次政府分配政策偏差及其扭曲性影响以及与政府级次有关。为此，我们通过在基准模型的基础上引入财政收支分权与省直辖行政管理体制哑变量的交互项，以及财政收支分权与辖区县级地方政府数量的交互项，来简要考察政府组织结构对财政分权的地方政府支出规模效

---

① Bond（2002）指出由于存在着内生性，因变量滞后 1 期影响系数的真实值应介于组内估算和 OLS 估算之间。对于模型（13）式，因变量滞后 1 期系数的 OLS 估算和组内估算分别为 0.930 和 0.649。

② 依据财政竞争文献的观点，辖区数量增加将有助于强化辖区间竞争，从而对地方政府支出规模产生向下压力。不过，由于我国县级地方政府拥有的财政自主权较为有限，因此财政竞争机制较弱。而且，我们也利用 Cluster 技术控制了那些隶属于同一上级政府的县级地方政府之间的相互影响，从而在很大程度上控制了财政竞争的影响。

③ 这一估算结果与我们的直观预期（财政供养人口增加会加重县级地方政府财政负担从而导致支出规模膨胀）并不相符。原因很可能在于我国县级财政供养人口是由上级政府甚至是中央政府严格控制，而且近年来我国进行了力度较大的行政和事业单位改革，使得样本期内县级财政供养人口规模并未出现明显增长，但承担的支出事务大幅增加，从而使县级财政供养人口呈现出明显的规模经济效应。

应的影响。除了前文所考虑的内生变量外，我们将财政收支分权与辖区县级地方政府数量的交互项也设为内生变量。[①] 估算结果表明，财政收支分权与省直辖行政管理体制哑变量的回归系数均为负值，意味着政府级次减少有助于强化财政分权对地方政府支出规模膨胀的遏制作用，不过，这些影响并不具有统计显著性。当我们剔除了北京等直辖市的数据后，政府级次减少对财政收入分权的负效应具有显著强化作用。这与本文的理论分析相符，表明财政分权化改革应与政府的扁平化改革协调推进，这有利于更好地发挥财政分权特别是财政收入分权对地方政府支出行为的约束作用。另外，财政收入分权与辖区县级地方政府数量的交互项具有显著的正系数，表明辖区政府数量增加有助于强化财政收入分权对地方政府支出规模的正影响。换言之，当辖区政府数量较多时，财政收入分权对地方政府支出行为的约束作用较弱。这并不符合财政竞争文献的观点（辖区政府数量增加有助于增强辖区间竞争从而强化财政分权对地方政府行为的约束作用）。但正如前文指出的，我国县级地方政府拥有的财政自主权较为有限，因此辖区间财政竞争机制较弱。而且，我们也利用 Cluster 技术控制了那些隶属于同一上级政府的县级地方政府之间的相互影响，从而在很大程度上控制了财政竞争的影响。不过，当我们将北京等直辖市县级地方政府数据剔除后，这一影响变得不再显著。

五、结论及政策建议

研究表明，纵向政府级次减少和辖区政府数量增加对县级地方政府支出规模均具有显著的负效应，“撤乡并镇”改革对县级地方政府支出规模具有显著的滞后负效应。财政支出分权对县级地方政府支出规模具有显著的正效应，财政收入分权则具有显著的负效应。财政收支分权对县级地方政府支出规模的非对称性影响在 2002 年所得税分享改革以来以及在东部地区均相对较弱。进一步的研究还表明，财政分权特别是财政收入分权对县级地方政府支出规模的影响在一定程度上与政府组织结构有关。

本文侧重于探讨不同级次政府分配政策偏差及其扭曲性影响的重要性，从而对已有文献进行了有益补充。同时，由于近年来我国县乡基层政府普遍存在着较为严重的财政困难，学术界主张通过完善我国省以下财政管理体制、合理划分政府间财政收支责任以及减少政府级次和辖区政府数量来有效化解县乡财政困难（贾康、白景明，2002；王小龙，2006），本文的研究有助于从支出层面评判这些措施的有效性。本文的研究结果表明，为了有效地约束地方政府支出行为和控制地方政府支出规模，更好地化解县乡财政困难，中央政府应着力做好如下三方面的工作：第一，继续有序推进我国政府组织结构改革，适当增加县级行政单位数量，大力推行以减少分配政策偏差及其扭曲性影响为核心内容的省直

① 限于篇幅，我们省略了具体估算结果，感兴趣者可向作者索取。

辖行政管理体制和省直管县财政管理体制改革。第二，进一步理顺省以下各级政府间财政关系，在财力分配上更多地向县乡基层政府倾斜，特别应采取有效措施增强县乡基层政府的财政自给能力，同时也应努力改变目前公共支出事务过多依赖于县乡基层政府的局面。第三，政府组织结构改革应与财政分权化改革统筹规划、协调推进，促使地方政府提高支出效率，避免支出规模的过度膨胀。

参考文献

[1] 贾俊雪，郭庆旺. 政府间收支责任安排的地区经济增长效应：实证研究 [J]. 经济研究，2008 (6).

[2] 贾康，白景明. 县乡财政解困与财政体制创新 [J]. 经济研究，2002 (2).

[3] 王小龙. 县乡财政解困与政府改革：目标兼容与路径设计 [J]. 财贸经济，2006 (7).

[4] 谢旭人. 中国财政改革三十年 [M]. 北京：中国财政经济出版社，2008.

[5] Arellano, M., and O. Bover, Another Look at the Instrumental Variable Estimation of Error Components Models [J]. Journal of Econometrics, 1995, 68: 29-51.

[6] Blundell, R., and S. Bond, Initial Conditions and Moment Restrictions in Dynamic Panel Data Models [J]. Journal of Econometrics, 1998, 87: 115-143.

[7] Bond, S., Dynamic Panel Data Models: A Guide to Micro Data Methods and Practice [C]. Working Paper, Institute for Fiscal Studies, London, 2002.

[8] Brennan, G., and J. Buchanan, The Power to Tax: Analytical Foundations of a Fiscal Constriction [M]. Cambridge: Cambridge University Press, 1980.

[9] Buchanan, J., and R. Musgrave, Public Finance and Public Choice: Two Contrasting Visions of the State [M]. Cambridge: MIT Press, 1999.

[10] Fiva, J. H., New Evidence on the Impact of Fiscal Decentralization on the Size and Composition of Government Spending [J]. Public Finance Analysis, 2006, 62: 250-280.

[11] Gilbert, G., and P. Picard, Incentives and Optimal Size of Local Jurisdictions [J]. European Economic Review, 1996, 40: 19-41.

[12] Hocman, O., D. Pines and J. F. Thisse, On the Optimal Structure of Local Governments [J]. American Economic Review, 1995: 85.

[13] Jin, J., and Zou, Hengfu, How Does Fiscal Decentralization Affect Aggregate, National, and Subnational Government Size? [J]. Journal of Urban Economics, 2002, 52: 270-293.

[14] Oates, W. E., Fiscal Federalism [M]. Harcourt, New York, 1972.

[15] Oates, W. E., Searching for Leviathan: An Empirical Study [J]. American Economic Review, 1985, 75: 748-757.

[16] Rodden, J., Reviving Leviathan: Fiscal Federalism and the Growth of Government [J]. International Organization, 2003, 57: 695-729.

[17] Stein, E., Fiscal Decentralization and Government Size in Latin America [J]. Journal of Applied Economics, 1999, 2: 357-391.

[18] Tiebout, C., A Pure Theory of Local Expenditures [J]. Journal of Political Economy, 1956, 64: 416-424.

[19] Tsui, Kaiyuen, Local Tax System, Intergovernmental Transfers and China's Local Fiscal Disparities

[J]. Journal of Comparative Economics, 2005, 33: 173-196.

[20] Weingast, B., S. Kenneth, and J. Christopher, The Political Economy of Benefits and Costs: A Neoclassical Approach to Distributive Politics [J]. Journal of Political Economy, 1981, 89: 642-664.

[21] Zhang, Xiaobo, Fiscal Decentralization and Political Centralization in China: Implications for Growth and Inequality [J]. Journal of Comparative Economics, 2006, 34: 713-726.

Fiscal Decentralization, Government Structure and Local Governmentps Expenditure Size

Guo Qingwang and Jia Junxue

(China Financial Policy Research Center, School of Finance, Renmin University of China)

Abstract: Base on a theoretical model of optimal local government expenditure size, this paper studies the effects of the government structure and fiscal decentralization on local government expenditure size by utilizing Chinese county level panel data for the period 1997~2005. We estimate both a static fixed effects panel model and a dynamic panel model with accounting for possible endogeneity of the explanatory variables. The dynamic panel model shows that the hierarchical levels of governments have an expanding effect on local government expenditure size, while the number of jurisdictions has a constraining effect on it. We also find that expenditure decentralization leads to a larger local government, and revenue decentralization is associated with a smaller local government. It is further found that the effects of the two types of decentralization on local government expenditure size are to a certain extent conditioned by the features of fiscal decentralization and the government structure.

Key Words: Fiscal Decentralization, Government Structure, Local Government Expenditure Size

JEL Classification: H70, H72

中央财政转移支付、激励效应与地区间财政支出竞争*

贾俊雪　郭庆旺　高　立[①]

【内容提要】本文分别利用空间面板数据模型和两情势空间德宾面板数据模型全面考察了我国中央财政转移支付及其构成对地方政府财政支出特别是不同类型支出的竞争行为的影响。研究表明，1995~2008 年间，中央财政转移支付对我国省级地方政府竞争性支出行为总体上具有较为显著的影响，其中税收返还与财力性和专项转移支付的激励效应存在着明显差异。

【关键词】中央财政转移支付　财政支出竞争　激励效应

【中图分类号】F8121 2　文献标识码：A　文章编号：1002-8102（2010）11-0052-06

一、引言

地区间财政竞争对地方政府行为效率的影响一直是公共经济学的一个重要研究主题。尽管还存在着一些争议，但此类文献的一个基本观点认为，由于存在着财政外部性，地区间财政竞争将导致无效率的低水平地方政府收支规模以及扭曲的支出结构，从而导致地方政府行为的无效率，[②] 主张通过建立科学合理的政府间财政转移支付制度来矫正地方政府的扭曲性竞争行为，激励地方政府增加财政收支规模，促进社会福利水平的提高（Wilson，1999）。受上述理论研究的推动，越来越多的学者开始从实证层面考察政府间财政转

* 本文选自《财贸经济》2010 年第 11 期，是国家自然基金项目（70750002）、国家社会科学基金重点项目（10AJY02）、高等学校全国优秀博士学位论文作者专项资金资助项目（200904）和中国人民大学明德青年学者培育计划（10XNJ001）的阶段性研究成果。

① 作者简介：贾俊雪，中国人民大学财政金融学院副教授，100872；郭庆旺，中国人民大学财政金融学院院长，100872；高立，国家信息中心经济预测部研究人员、博士，100045。

② 公共选择学派认为地方政府是利维坦式的，因而财政竞争有助于约束地方政府行为，促进地区经济增长。关于财政竞争影响的详细论述，请参阅 Wilson（1999）。

移支付对地方政府的激励效应及其对地区间财政竞争的影响，但目前的研究重点主要集中于政府间财政转移支付对税收竞争的影响，得到的结论是政府间财政转移支付对地方政府税收竞争行为具有重要影响，是否有助于遏制地区间过度竞争在很大程度上取决于转移支付的资金分配模式（Buettner，2004）。

随着市场化经济改革的逐步深化，我国政府间财政关系也发生了巨大变化，一方面，中央集权式的财政管理模式被打破，地方政府在政府纵向结构中的地位和作用日益增强，成为地区经济乃至全国经济发展的一个重要推动力量（Qian 和 Weingast，1997）。但另一方面，由地方政府主导的地区间竞争愈演愈烈，导致地方保护主义盛行、违规税收优惠和土地占用事件频发，严重干扰了我国正常的经济和社会秩序，对经济长期可持续发展造成巨大冲击（周黎安，2007；王永钦等，2007；郭庆旺、贾俊雪，2006，2009）。因此，如何有效完善地方政府的激励约束机制、规范地方政府竞争性行为，从而更好地促进经济社会的健康发展就成为中央政府迫切需要解决的一个重大问题。

中央财政转移支付作为中央政府的一个重要政策工具，不仅可以在促进地区间基本公共服务均等化方面发挥重要作用，也理应成为一种有效的地方政府治理工具，从而在校正地方政府扭曲性行为、促进地方政府职能优化方面发挥重要作用，特别是目前我国中央财政转移支付已颇具规模，地方政府对中央财政转移支付的依赖程度很高（2009年，中央财政转移支付达到 28621.3 亿元，是 1994 年建立之初的 2672.4 亿元的 10.7倍，占地方财政支出的比重达到 46.9%）。但长期以来，无论是学术界还是我国政府都普遍强调中央财政转移支付的均等化作用，而忽略了中央财政转移支付对地方政府行为特别是竞争性行为的深刻影响，[①] 使得中央政府在财政转移支付制度设计和政策安排方面尚缺乏对这一问题明确、具体的考虑，从而限制了中央财政转移支付对地方政府行为的激励和约束作用。

本文旨在深入剖析我国中央财政转移支付对地方政府竞争性行为的影响，以从激励视角出发深刻揭示我国中央财政转移支付制度存在的问题及未来面临的挑战。为此，我们以1995~2008 年我国省份数据为基础，运用空间面板数据模型就中央财政转移支付对地区间财政支出竞争的影响进行实证研究。与已有研究成果相比，本文的特色主要体现在如下几个方面：①考虑到现实经济中我国地方政府缺乏税收立法权，难以利用税收政策展开有效竞争，而且随着我国财政管理体制的逐步完善，财政支出在地区竞争中的作用变得越来越突出。因此，本文主要致力于探究中央财政转移支付对地方政府在财政总支出特别是各类支出（包括经济性、社会性和维持性支出）方面竞争性行为的影响。②我国现行的中央财政转移支付制度比较复杂，与传统财政体制改进交织在一起，既包括旨在增强地方财力均等化以及矫正外部性的财力性和专项转移支付，也包括意在照顾传统财政体制下地方政府既得利益的税收返还。为此，本文不仅考察中央财政转移支付总额还特别考察税收返还以

① 乔宝云、范剑勇、彭骥鸣（2006）考察了中央财政转移支付对地方税收积极性的影响。

及财力性和专项转移支付对地方政府竞争性支出行为的影响。[①] ③本文首先利用空间面板数据模型校正内生性问题，并通过考察地理相邻空间权重矩阵和地理相邻转移支付空间权重矩阵的估算结果，识别中央财政转移支付对地方政府竞争性支出行为的影响；然后利用两情势空间德宾面板数据模型（Two-Regimes Spatial Durbin Panel Data Models）校正经典空间计量模型忽略可能存在的外生相互影响和采用单情势空间权重矩阵导致的估算偏差问题。[②]

二、空间面板数据模型分析

本节以我国 30 个省份 1995~2008 年的现实数据为基础，利用空间面板数据模型考察中央财政转移支付对地区间财政支出竞争的影响。[③]

（一）模型设定

遵循已有研究的普遍做法，我们构建如下形式的空间面板数据模型：

$$Y = \rho WY + \beta X + \varepsilon \tag{1}$$

其中，Y 为省份财政支出向量。我们不仅考虑财政总支出，还特别考虑各类支出项目包括经济性支出、社会性支出和维持性支出，并分别用基本建设、文教科卫和行政管理支出近似加以度量（贾俊雪和郭庆旺，2008）。所有支出变量均表示为财政支出与 GDP 的比值。W 为空间权重矩阵，WY 为省份财政支出向量的空间滞后项，ρ 为影响系数，显著不为 0 意味着省级政府间存在着显著的支出竞争行为：$\rho > 0$ 为互补性策略，$\rho < 0$ 为替代性策略，X 为控制变量向量，ε 为误差项。

对于 W，本文采取先验设定的方法（Case 等，1993）：首先以地理相邻空间权重矩阵 W^D 作为基准设定，然后在此基础上考虑中央财政转移支付因素构造一个复合空间权重矩阵即地理相邻转移支付空间权重矩阵 W^{DT}，通过对比这两类空间权重矩阵设定情况下影响系数 ρ 的差异，来识别中央财政转移支付对地区间财政支出竞争的影响。对于 W^D，我们依据两个省份是否拥有共同边界加以设定，若两个省份拥有共同边界，则取值为 1，否则取值为 0。对于 W^{DT}，我们由 $w_{ij}^{dt} = w_{ij}^{d} w_{ij}^{t}$ 给出各元素值，其中 $w_{ij}^{t} = 1/|tr_i - tr_j|$（$tr_i$ 和 tr_j 分别

① 由于缺乏数据，本文只考虑了这两种转移支付的总额（即中央财政转移支付总额剔除税收返还）的影响，我国实务部门目前主要使用这一口径来度量中央财政转移支付规模。

② 因篇幅有限，以下两部分关于中央财政转移支付对省份间财政总支出和各类支出竞争影响的空间面板数据模型估算结果和两情势空间德宾面板数据模型估算结果的数值表省略，感兴趣的读者可向作者索取。

③ 本文将重庆市并入四川省统一考虑，此外，由于我国在 2007 年进行了财政收支分类改革，为了确保数据的可比性，对于经济性支出、社会性支出和维持性支出，我们采取的样本期为 1995~2006 年。数据主要源自历年的《中国统计年鉴》、《中国财政年鉴》和《地方财政统计资料》。

为第 i 个省份和第 j 个省份获取的人均中央财政转移支付的样本均值）度量了不同省份获取的中央财政转移支付的相近程度。为了揭示中央财政转移支付及其构成的影响，我们分别以中央财政转移支付总额、税收返还以及财力和专项财政转移支付为基础构建地理相邻转移支付总额、地理相邻税收返还以及地理相邻财力和专项转移支付空间权重矩阵。[①] 对于控制变量 X，我们引入人均实际产出（以 1978 年为基期，并取自然对数）、人口密度（取自然对数）、14 岁及以下人口比重、65 岁及以上人口比重和省份进出口总额与产出比值来捕捉经济和社会发展以及经济开放程度对我国省级政府支出规模的影响。在我国，地方政府支出规模的发展变化除了与上述一般因素有关以外，更为重要的是财政管理体制变革带来的地方政府职能、激励约束机制以及行为模式转变的影响。因此，我们进一步引入财政分权和财政分权 2002 年所得税分享改革时间哑变量以捕捉财政管理体制演进对我国省份财政支出规模的影响。鉴于我国存在较为突出的财政纵向失衡即各级政府事权与财权不匹配问题，我们将财政分权区分为财政支出分权和财政收入分权并同时纳入回归方程。[②]

（二）估算结果及其分析

在具体估算中，为了校正空间滞后项 WY 的内生性问题，我们采用空间广义矩估计（Spatial GMM），并依据空间 Hausman 检验选择固定效应还是随机效应模型。同时，为了消除可能存在的解释变量内生性问题，我们对控制变量均采用滞后 1 期值。

财政总支出空间滞后项在地理相邻空间权重矩阵模型中的影响系数为 0.576，且具有很好的统计显著性，表明 1995~2008 年我国省级政府在财政总支出的使用上存在着显著的竞争性行为，且采取的是互补性策略，这与已有的研究结论保持了很好的一致性（郭庆旺、贾俊雪，2009）。当我们在空间权重矩阵设定中考虑了中央财政转移支付因素后，财政总支出空间滞后项的影响系数明显同样为正且具有很好的统计显著性，表明中央财政转移支付并没有从根本上改变我国省份财政总支出竞争模式。

具体到各类支出项目，情况有所不同：中央财政转移支付总体上有助于强化省份间经济性支出竞争性，但这主要归因于税收返还的强化作用，财力性和专项转移支付则在很大程度上弱化了省份间经济性支出竞争，体现在较单纯的地理相邻空间权重矩阵模型而言，地理相邻转移支付总额和地理相邻税收返还空间权重矩阵模型中的省份经济性支出相互影响力度更大，而地理相邻财力和专项转移支付空间权重矩阵模型中的相互影响力度则明显较小。中央财政转移支付总体上弱化了省级政府在社会性和维持性支出方面的竞争性行

---

① 各省的税收返还只有 1999~2006 年间的数据，因此我们在构建地理相邻税收返还以及地理相邻财力和专项转移支付空间权重矩阵时，采用的是 1999~2006 年间人均税收返还以及财力性和专项转移支付的值。

② 本文用省份人均财政支出/（省份人均财政支出 + 人均中央财政支出）来度量财政支出分权水平，用省份人均财政收入/（省份人均财政收入 + 人均中央财政收入）来度量财政收入分权水平（张晏、龚六堂，2005；贾俊雪、郭庆旺，2008）。财政支出和财政收入分权 2002 年所得税分享改革时间哑变量的构造是 2002 年以前为财政支出和财政收入分权变量乘以 0，2002 年及其后为财政支出和财政收入分权变量乘以 1。

为，其中税收返还的影响较为突出，体现在引入中央财政转移支付特别是税收返还因素后的空间权重矩阵模型中省份经济性和维持性支出的相互影响力度明显减弱。

三、两情势空间德宾面板数据模型分析

为了更为清晰地揭示中央转移支付及其具体构成对地方政府财政支出竞争行为的影响，并更好地校正估算结果的有偏和非一致性，本节进一步利用 Elhorst 和 Freret（2009）提出的两情势空间德宾面板数据模型进行实证分析。

（一）模型设定

Elhorst 和 Freret（2009）提出一个两情势空间德宾面板数据模型，通过引入两个不同的空间情势以及解释变量的空间滞后项，可以更好地校正估算结果有偏和非一致性问题，也可以更为清晰地揭示出各因素对空间外溢性的影响。遵循 Elhorst 和 Freret（2009）的做法，我们构建如下形式的两情势空间德宾面板数据模型：

$$Y = \rho_1 DWY + \rho_2 (I - D) WY + \beta_1 X + \beta_2 WX + \varepsilon \tag{2}$$

其中，WX 为控制变量 X 的空间滞后项，I 为单位矩阵。D 为哑变量矩阵，主对角线元素为 d_i。在识别中央财政转移支付对地区间财政支出竞争的影响时，我们采取的策略是依据不同省份获取的中央财政转移支付将所有省份划分为两组即低转移支付组和高转移支付组。对于低转移支付组，我们将 d_i 设为 1，对于高转移支付组，我们将 d_i 设为 0，从而得到权重矩阵 D 和 I - D。此时，财政支出变量空间滞后项 DWY 和（I - D)WY 的影响系数 ρ_1 和 ρ_2 分别表示属于低转移支付组和高转移支付组的省份在财政支出方面的相互影响力度。因此，我们可以通过对比 ρ_1 和 ρ_2 的大小识别出中央财政转移支付对地区间财政支出竞争的具体影响。若 ρ_1 和 ρ_2 存在显著差异，意味着中央财政转移支付对省份财政支出竞争具有显著影响：$\rho_1 > \rho_2$ 表明具有弱化作用，反之则具有强化作用。

（二）估算结果及其分析

在具体估算中，我们分别考虑转移支付总额模型、税收返还模型以及财力性和专项转移支付模型，并分别以样本期内各个省份获取的平均人均中央财政转移支付总额、人均税收返还以及人均财力性和专项转移支付的中位数作为标准将所有省份划分为两组：低于中位数的为低转移支付组，高于中位数的为高转移支付组。对于 W，我们采用地理相邻空间权重矩阵设定，并对控制变量同样采用滞后 1 期值。

当我们控制了可能存在的外生相互影响与其他因素对省级地方政府竞争性支出行为的影响后，两情势空间德宾面板数据模型识别的中央财政转移支付对省级地方政府竞争性支出行为的影响与上文得到的结论存在着一些较为明显的差异，但总体结论保持了较好的一

致性。财政总支出空间滞后项的影响系数 ρ_1 和 ρ_2 在中央财政转移支付总额模型中均为正值（0.684 和 0.303）且具有很好的统计显著性，但二者之间存在着显著差异（Wald 检验表明，在 5%的置信水平上，我们无法接受原假设 $\rho_1 = \rho_2$），意味着对较低转移支付组而言，处在高转移支付组的省份间财政总支出竞争明显较弱。换言之，中央财政转移支付对我国省份财政总支出竞争具有显著的弱化作用。中央财政转移支付的这种弱化作用同样体现在省份经济性和维持性支出竞争方面，其中对经济性支出竞争的弱化作用更为突出，但对社会性支出竞争的影响并不显著。财力性和专项转移支付对我国省级政府竞争性支出行为的影响与中央财政转移支付的总体影响保持了很好的一致性：对省份财政总支出、维持性支出特别是经济性支出竞争具有显著的弱化作用，对社会性支出竞争同样不具有显著影响。税收返还的影响则明显不同：对省份财政总支出和各类支出竞争均具有显著的强化作用，其中对经济性支出竞争的影响表现得尤为突出。

上述分析表明，我国税收返还与财力性和专项转移支付对省级地方政府支出行为的激励效应存在着明显差异。究其原因，主要在于税收返还旨在照顾传统财政体制下地方政府的既得利益，资金分配是与地方政府财力正相关的，从而进一步强化了地方政府追求经济增长的动机，促使地方政府借助财政支出特别是经济性支出展开竞争以争夺有利于本地区经济增长的稀缺资源。而我国财力性转移支付的主要目的在于增强地方财力均等化，资金分配总体上是与地方政府财力负相关的，因而在一定程度上削弱了地方政府追求经济增长的动机，从而对地方政府财政支出特别是经济性支出竞争行为起到了明显的弱化作用。而且，我国专项转移支付用于经济性支出项目的比重较高，但由于规定了具体用途，极大地限制了地方政府的支出自主权，因而也在一定程度上导致了地区间经济性支出竞争的弱化。正是这些因素的共同作用，我国财力性和专项转移支付总体上表现出对省份支出特别是经济性支出竞争显著的弱化作用。此外，由于我国财力性和专项转移支付对地方文教科卫等社会性支出需求给予的关注较低，因而对地方政府在社会性支出方面的竞争性行为的影响较弱。① 而且，由于税收返还在整个中央财政转移支付中的比重较小，因而中央财政转移支付的总体影响主要取决于财力性和专项转移支付。这也很好地解释了 1994 年分税制改革以来我国省份支出特别是经济性支出竞争呈现出明显弱化的典型事实（郭庆旺、贾俊雪，2009）。

四、稳健性分析

为了确保本文分析结论的可靠性，我们进行三个方面的稳健性检验：①在财政总支出中将预算外支出包含在内。②依据省份人均产出水平的相近程度设定空间权重矩阵，具体

① 关于我国财力性和专项转移支付的具体构成以及资金分配方法的详细介绍，参见李萍（2006）。

构造是，空间权重 $w_{ij}=1/|Ry_i-Ry_j|$，Ry_i 和 Ry_j 为样本期内第 i 个省份和第 j 个省份人均产出均值。③以第三分位数作为标准进行分组：低于第三分位数的为低转移支付组，高于第三分位数的为高转移支付组。表 1 给出了具体的稳健性检验结果。由表 1 可以看出，尽管估算结果存在着一些差异，但本文的基本结论总体上具有较好的稳健性。

表 1　稳健性检验结果

		地理相邻空间相邻矩阵		
		转移支付总额模型	税收返还模型	财力性和专项转移支付模型
财政总支出（含预算外支出）	空间滞后项（ρ_1）	0.675（12.71）***	0.371（5.19）***	0.695（13.36）***
	空间滞后项（ρ_2）	0.278（3.32）***	0.611（11.17）***	0.223（2.60）***
	H0：$\rho_1=\rho_2$	0.397***	-0.240***	0.472**

		人均产出空间相邻矩阵			第三分位数作为分组标准		
		转移支付总额模型	税收返还模型	财力性和专项转移支付模型	转移支付总额模型	税收返还模型	财力性和专项转移支付模型
财政总支出	空间滞后项（ρ_1）	-0.271 (-2.25)**	0.035 (0.281)	-0.233 (-1.91)**	0.659 (10.95)***	0.509 (6.90)***	0.683 (11.90)***
	空间滞后项（ρ_2）	0.144 (1.22)	-0.323 (-2.75)***	0.071 (0.56)	0.526 (9.31)***	0.627 (12.63)***	0.504 (8.40)***
	H0：$\rho_1=\rho_2$	-0.416***	0.358***	-0.304***	0.133***	-0.11***	0.179***
经济性支出	空间滞后项（ρ_1）	0.498 (5.21)***	-0.120 (-0.97)	0.476 (4.91)***	0.809 (15.66)***	0.102 (0.83)	0.665 (10.04)***
	空间滞后项（ρ_2）	0.064 (0.47)	0.696 (8.32)***	0.116 (0.84)	0.096 (1.14)	0.574 (9.09)***	0.201 (2.36)**
	H0：$\rho_1=\rho_2$	0.434***	-0.816***	0.360***	0.713***	-0.472***	0.465***
社会性支出	空间滞后项（ρ_1）	-0.057 (-0.45)	-0.125 (-0.99)	-0.096 (-0.73)	0.694 (11.14)***	0.202 (1.82)*	0.612 (8.96)***
	空间滞后项（ρ_2）	0.185 (1.42)	0.221 (1.71)*	0.233 (1.79)*	0.371 (5.27)***	0.620 (10.77)***	0.426 (6.09)***
	H0：$\rho_1=\rho_2$	-0.242	-0.346	-0.329	0.323***	-0.418***	0.186***
维持性支出	空间滞后项（ρ_1）	0.141 (1.20)	-0.054 (-0.47)	0.114 (0.94)	0.825 (18.00)***	0.249 (2.49)**	0.721 (13.03)***
	空间滞后项（ρ_2）	0.040 (0.30)	0.301 (2.59)***	0.075 (0.55)	0.371 (5.49)***	0.682 (13.52)***	0.427 (6.28)***
	H0：$\rho_1=\rho_2$	0.101	-0.356	0.039	0.454***	-0.433***	0.294***

注：***、**、* 分别表示在 1%、5%、10%的水平上显著。限于篇幅，作者略去了控制变量的回归结果。

五、主要结论及政策建议

本文研究表明，1995~2008 年，税收返还与财力性和专项转移支付对我国省级地方政府竞争性支出行为的激励效应存在着明显差异：税收返还对省份间财政总支出和各类支出竞争均具有显著的强化作用，其中对经济性支出竞争的强化作用表现得尤为突出；财力性和专项转移支付对省份间财政总支出、经济性和维持性支出竞争则具有显著的弱化作用，其中对经济性支出竞争的弱化作用表现得更为突出，对社会性支出竞争则不具有显著影响。由于税收返还占整个中央财政转移支付的比重较低，因而中央财政转移支付的总体影响与财力性和专项转移支付的影响保持了较好的一致性。总体而言，这些结论具有较好的稳健性。

上述结论对于深化我国财税体制改革、完善中央财政转移支付制度、更好地规范地方政府行为具有重要意义。经过近 16 年的历程，特别是“十一五”期间，在科学发展观的指导下我国中央财政转移支付制度得到了长足发展和显著完善，在促进我国经济社会协调发展中发挥了重要作用。但同时也存在着一些较为突出的问题，表现为资金配置效率低下、结构不够合理，特别是未能充分有效地发挥导向作用，因而不能更好地促进地方政府职能优化、更多地关注社会民生问题、积极推动本地区社会经济的全面发展。因此，为了更好地发挥中央财政转移支付在促进社会经济长期可持续发展中的积极作用，在未来的“十二五”期间，中央政府应首先综合考虑、通盘规划，进一步明确中央财政转移支付的政策定位，一方面应继续强化中央财政转移支付的均等化作用，另一方面也要特别强调中央财政转移支付对地方政府的激励和约束作用，以更好地矫正地方政府的扭曲性竞争行为，促进地区间财政竞争更加规范、更加有序，这也有助于更好地发挥中央转移支付的均等化作用。同时，中央政府还应充分认识到中央财政转移支付对地方政府各类支出竞争性行为影响的差异性，结合我国地方政府支出结构的具体特点，以及不同类型转移支付在激励和约束作用上的差异，通过优化转移支付结构和资金分配方法进一步完善地方政府的激励和约束机制，促进地方政府职能转变，使地方政府的竞争性行为更加符合地方的长远发展利益。具体而言，鉴于税收返还不仅导致地区均衡能力很弱，而且还具有较强的扭曲性财政激励效应，因此应尽快予以取消。同时，应采取有效措施进一步规范专项转移支付，增强资金分配的科学性和透明性，继续加大一般性转移支付力度，并且在资金分配公式的设计上要适当引入合理的激励机制。

参考文献

[1] 郭庆旺，贾俊雪. 地方政府行为、投资冲动与宏观经济稳定 [J]. 管理世界，2006 (5).
[2] 郭庆旺，贾俊雪. 地方政府间策略互动行为、财政支出竞争与地区经济增长 [J]. 管理世界，2009

(10).

[3] 贾俊雪，郭庆旺. 政府间收支责任安排的地区经济增长效应：实证研究 [J]. 经济研究，2008 (6).

[4] 李萍. 中国政府间财政关系图解 [M]. 北京：中国财政经济出版社，2006.

[5] 乔宝云，范剑勇，彭骥鸣. 政府间转移支付与地方财政努力 [J]. 管理世界，2006 (3).

[6] 王永钦，张晏，章元，陈钊，陆铭. 中国的大国发展道路——论分权式改革的得失 [J]. 经济研究，2007 (1).

[7] 张晏，龚六堂. 分税制改革、财政分权与中国经济增长 [J]. 经济学 (季刊)，2005 (1).

[8] 周黎安. 中国地方官员的晋升锦标赛模式研究 [J]. 经济研究，2007 (7).

[9] Buettner, T., The Incentive Effect of Fiscal Equalization Transfers on Tax Policy [R]. Working Paper, 2004.

[10] Case, A. C., H. S. Rosen and J. C. Hines, Budget Spillovers and Fiscal Policy Interdependence: Evidence from the States [J]. Journal of Public Economics, 1993, 52 (3): 285-307.

[11] Elhorst, J. P., and S. Freret, Evidence of Political Yardstick Competition in France Using A Two-Regime Spatial Durbin Model with Fixed Effects [J]. Journal of Regional Science, 2009, 20 (5): 931-951.

[12] Qian, Yingyi and B. R. Weingast, Federalism as a Commitmentto Preserving Market Incentives. [J]. Journal of Economics Perspectives, 1997, 11 (4): 83-92.

[13] Wilson, J. D., Theories of Competition [J]. National Tax Journal, 1999, 52: 269-304.

经济增长中的最优税收与公共支出结构*

金　戈①

【内容提要】本文将Barro模型关于内生公共支出的基本特征引入Chamley模型，考察了经济增长中的最优税收与公共支出结构问题。利用两阶段逆向归纳法，分别探讨了社会第一优和次优的税收与公共支出结构的一般条件，并通过一个具体例子给出了最优公共支出与税收的显示路径。最后通过数值模拟，对中国的最优宏观税负水平进行了估计。

【关键词】最优税收　最优公共支出结构　经济增长　宏观税负

【经济文献分类号】H21，H50，O41

一、引言

1994年，中国进行了一次大规模的税制改革，确立了以流转税（商品税）为主体的新税制。在这次税制改革基础上，中国财政收入出现了持续高速增长，财政收入占GDP的比例从1995年的10.3%逐步提高到2009年的20.1%（其中，税收收入占GDP的比例从9.9%上升到17.5%）。相应地，财政支出占GDP的比例也从11.2%提高到22.4%。②

财政收入的高速增长引起了学术界的高度关注（高培勇，2006；郭庆旺和吕冰洋，2004），人们开始讨论中国的宏观税负水平是否已经太高，是否对于经济增长产生了不利影响。多数学者提出要调整税收结构、减轻税收负担（安体富等，2002，2004；高培勇，2009）。但也有一些学者认为分析最优税负问题，不应只考虑税收而忽略公共支出对经济增长的促进作用，他们通过经验研究表明，中国的最优宏观税负为20%左右，因此不赞

* 本文选自《经济研究》2010年第11期。

① 金戈，浙江财经大学财政与公共管理学院，邮政编码：310018，电子信箱：freebluesky2002@126.com。本研究受到国家社会科学基金青年项目（10CJL013）、教育部人文社科基金青年项目（09YJC880089）和浙江省高校人文社科重点研究基地（财政学）的资助。衷心感谢两位匿名审稿人以及浙江财经大学李永友教授、浙江大学潘士远教授、对外贸易大学毛捷博士和厦门大学林细细博士对本文的宝贵建议，当然文责自负。

② 根据《中国统计年鉴》（2010）有关数据计算得到。

成大幅度减税，认为税收结构的调整应该有增有减，使宏观税负保持在20%左右（马栓友，2001；李永友，2004）。然而上述研究结论，一般都是通过比较研究或计量经济分析得到，缺乏一个全面客观的理论分析基础，即一个同时包含经济增长中的最优税收与公共支出的一般分析框架。

一个国家究竟应该选择何种税收结构与公共支出结构，最有利于促进经济增长和提高社会福利水平，这一直都是公共经济学与经济增长理论所关心的重要政策问题。现有文献对此展开了广泛研究，并形成了两个基本分析框架。第一个框架是由Chamley（1986）开创的关于最优税收与经济增长的标准模型，在公共支出外生的前提下探讨了长期最优税收问题。[①]第二个框架是由Barro（1990）确立的关于最优（内生）公共支出与经济增长的基本模型，给出了内生增长中的最优公共支出条件。这两个基本框架各有所长，也各有所短：Chamley模型长于分析最优税收，而短于分析内生支出；Barro模型则长于分析最优支出，却短于分析筹资问题。换言之，这是两个相互分离的理论模型。

然而，现实世界中的税收与公共支出从来都不是两个孤立的问题。从社会契约论的视角来看，公众之所以需要政府，愿意向政府纳税，是因为政府通过公共支出向他们提供了人身财产保护和社会秩序等公共服务。在Wicksell（1896）和Lindahl（1919）看来，税收与公共支出实际上是同一枚硬币的两面，公众通过纳税向政府购买公共产品（即公共支出），这是一个自愿交换的过程。一般而言，税收对于社会经济具有两个不同方向的效应：一方面，税收减少了公众的可支配收入，扭曲了相对价格和经济运行效率；另一方面，税收为公共支出筹资，用于提供各种生产性或消费性公共产品，促进了社会生产率与效用水平。

因此，单纯研究最优税收问题或最优公共支出问题均不足以对一国的税收与公共支出政策制定做出客观而全面的评价。为此，本文试图将Chamley模型与Barro模型融合在一起，形成一个统一的分析框架。与现有研究相比，本文的贡献主要体现在以下三个方面：

（1）修正和扩展了Chamley模型，并将Barro模型的基本特征引入其中，使之成为能够同时研究经济增长中的最优税收与公共支出结构的一般分析框架。

（2）利用这一框架，我们不仅可以探讨社会第一优（First Best）的税收结构，还能分析政府以扭曲税筹资时的次优（Second Best）税收问题，并推导出最优（包括第一优和次优）生产性与消费性公共支出的一般条件。特别是，在一个具有柯布—道格拉斯生产技术和对数效用的具体例子里，我们考察了最优税收与公共支出的显示路径。

（3）利用上述模型的结果，本文还进行了数值模拟，对中国的最优宏观税负进行了重新估计。本文余下的内容安排如下：第二部分是对相关理论文献的简要回顾；第三部分给出本文的模型设定，并将Barro模型关于内生公共支出的基本特征引入Chamley模型；第

① 事实上，Chamley（1986）给出了两个模型，一个是离散时间模型，该模型虽然允许消费性公共支出进入效用函数，但处理难度大，很难真正用于分析内生公共支出问题；另一个是连续时间模型，该模型在公共支出外生的前提下考察最优税收与经济增长问题，其研究结论更加丰富，也更容易处理和推广，本文的研究将建立在Chamley（1986）的连续时间模型之上。

四部分是本文的核心内容，分别探讨社会第一优和次优的税收与公共支出一般条件；第五部分通过一个具体的数学例子，给出最优公共支出与税收的时间路径，并通过数值模拟估计中国的最优宏观税负；最后是对全文的简短总结。

二、文献回顾

经济增长中的最优税收与最优公共支出问题一直是理论经济学所关心的主要议题。在Arrow和Kruz（1970）的开创性研究基础上，大量文献沿着两个基本方向，对上述问题进行了深入研究。

第一个研究方向关注的是最优税收与经济增长问题，其中Chamley（1986）和Judd（1985）分别在不同的前提下独立推导出了长期最优资本税率为0的重要结论。在研究动态最优税收时，这一系列文献往往采用所谓的Ramsey方法，即通过政府在激励相容约束下最大化社会福利求解最优税收。比如，Chamley（1986）通过构造政府与代表性消费者之间的Stackelberg两阶段博弈，将个体对政策变量的反应函数引入政府的最优化问题，从而刻画了最优税收的动态路径，即最优资本税率在长期趋于0。Lucas（1990）、Jones等（1997）、Atkeson等（1999）等在不同的环境中验证了Chamely的结论，即长期最优资本税率为0。此外，Golosov等（2003）、Kocherlakota（2005）、Albanesi和Sleet（2006）等基于Mirrlees（1971）的开创性研究，在纳税人具有私人信息与异质性的前提下考察了动态最优税收问题，得到了更为丰富的研究结论。

上述文献的一个共同特征是在公共支出外生（它们或者用于提供公共产品，或者直接用于收入再分配，但都不会影响到私人部门的效用与生产率）的前提下研究最优税收问题，尽管Jones等（1993）、Judd（1999）等少数文献注意到了公共支出内生的问题，但是对公共支出如何内生于经济，或者说如何影响经济增长和社会福利水平的机制未展开深入分析。对于内生公共支出与经济增长的研究由另一系列文献完成，也就是第二个研究方向。

Barro（1990）给出了一个关于最优公共支出与经济增长的基本分析框架，通过将内生的生产性公共支出作为一种生产外部性引入生产函数，Barro发现最优生产性公共支出占总产出的比例等于公共支出的产出弹性。Barro和SalaiMartin（1992）、Futagami等（1993）、Turnovsky（1995，1996，2000）、Devarajan等（1996）、Fisher和Turnovsky（1998）、Chen（2006）、Agenor（2008）等发展了Barro模型，引入了消费性公共支出和非生产性支出，探讨了最优的公共支出结构，分析了劳动弹性供给对于财政政策的影响，考察了公共投资以存量形式影响生产的情形以及公共产品的拥挤性问题。

为了分析公共支出的最优筹资模式，上述文献主要采取了两种研究方法：

（1）通过比较分散决策经济的税后均衡增长路径与命令经济的最优增长路径，分析最

优资本税、消费税和工薪税的设置（如 Turnovsky，1996，2000）。由于这种方法实际上是通过比较分散均衡和命令经济的欧拉方程来确定最优税率，在理论上必然能够得到一套社会第一优的税收方案。比如，Turnovsky（2000）的研究发现，资本税会对降低分散经济的增长率，因此最优资本税率为 0，而最优工薪税率则应刚好等于负的消费税率，以保证税收不会扭曲闲暇与商品之间的相对价格。这样的税收结构等价于一次总付税（Lump Sumtax），因而税后的均衡配置也一定是社会最优的。

（2）在特殊的函数形式下，通过广义积分推导出代表性消费者跨期效用的显示形式，再通过微分的一阶条件求得最优税率（Barro，1990；Chen，2006）。该方法实际上是在承认税收会扭曲经济降低消费者福利水平的前提下推导最优税收，因而其结果通常是次优的。比如 Barro 模型中，为了不引起税收扭曲，应该征收一次总付税或消费税，但如果政府以收入税（Income Tax）筹资，扭曲将不能避免，Barro 在具有柯布—道格拉斯生产技术的具体函数形式下证明最优收入税率等于公共支出的产出弹性。①

需要指出，上述第一种方法固然简单，却不实用，如 Turnovsky 提出的正消费税和负工薪税的税收结构在实践中是不太可行的。而第二种方法研究次优税收问题虽然较为实用，但过度依赖于函数形式，不能形成一个一般性分析框架。

以上我们对沿着两个方向发展的主要文献分别进行了简要回顾。简言之，第一个方向的文献以研究经济增长中的最优税收为主题，却相对忽视了内生公共支出问题；第二个方向的文献则重点研究最优公共支出与经济增长，却不能很好地处理其筹资来源问题。因此，从文献的发展脉络来看，经济增长中的最优税收问题与最优公共支出问题在一定程度上成了两个相互分离的主题。

这两个主题之所以相互分离而未能统一在同一个理论框架里，其关键障碍还是在于模型处理的难度。比如，Chamley（1986）实际上提供了两个关于最优税收与经济增长的模型，其一为离散时间模型，采用了一个递归效用函数，并引入了消费性公共支出，通过该模型推导出长期最优资本税率为 0 的结论，但难以对内生公共支出的性质进行深入分析。为了考察最优税收的动态路径，Chamley 又给出了一个连续时间模型，明确假定公共支出对于效用和生产均不产生直接影响，并外生于经济。这一连续时间模型在推导最优税收路径方面具有较好的性质，但由于模型的逆向求解分两个阶段，第二阶段的 Hamilton 乘子作为一个状态变量进入第一阶段，使得模型分析过于困难而无法应用于内生公共支出这样的复杂情形。而 Barro（1990）及其后续研究则刚好相反，其研究重点在于最优的公共支出结构，但未能对公共支出的筹资模式进行深入研究。研究者往往通过比较社会最优与分散均衡的欧拉方程得到一个类似于一次总付税的税收方案，却难以应用于政策实践；也有少数文献通过先积分再微分的方法推导次优税收方案，但这种方法过于依赖具体的函数形式，不能形成一般性框架。因此，如果能将 Chamley 模型与 Barro 模型的优点结合起来，形成一个可以同时分析最优税收与最优公共支出问题的统一框架，无论是对理论研究还是

① Barro 模型中全部收入归于资本，因而收入税对经济的效应与资本税是类似的。

政策应用，都将是一个重要的贡献与发展。

本文的研究发现，Chamley（1986）的连续时间模型与 Barro（1990）及其后续文献具有较好的兼容性，通过对该模型进行适当的修正和扩展，能够初步实现上述目标。本文研究分为三个步骤：

（1）将 Barro 模型关于内生公共支出的基本特征引入 Chamley 模型，并对 Chamley 模型的分析方法进行修正。Chamley 模型采用了两阶段逆向归纳法，每一阶段都涉及一个最优控制问题。这里的关键是，我们将第二阶段控制问题中的 Hamilton 乘子表示为其他状态变量和外生变量的函数，使得第一阶段控制问题的状态变量中不再包含中间变量，这样模型的可操作性就大大增强了。

（2）在第一步研究基础上，推导出最优公共支出与最优税收的一般条件。这里，我们不仅要考察社会第一优问题，还要深入分析带有扭曲的次优问题。

（3）在上述一般框架里，给出一个数学特例，在具体的函数形式下，分析最优公共支出与最优税收的显示路径，并进行数值模拟，估计中国的最优宏观税负水平。

三、模型设定

首先，我们参照 Barro（1990）及其后续文献（Turnovsky 和 Fisher，1995；Chen，2006）的标准分析方法，将全部公共支出两分为能够促进企业生产率的生产性支出和能够增进消费者效用水平的消费性支出，其中生产性公共支出作为一种生产外部性进入企业的生产函数，而消费性公共支出则作为一种消费外部性进入消费者的瞬时效用函数。假定政府通过课税和举债两种方式为全部公共支出筹集资金。

假定代表性消费者存活无限期界，具有连续可微的（凹）瞬时效用函数 $u(c,\ l,\ g_C)$，其中 c 为人均私人消费，l 为人均劳动（$l \leq 1$），g_C 为人均消费性公共支出水平。[①] 假定私人消费与公共消费的边际效用为正，而劳动的边际效用为负，即 $u_c > 0$，$u_{g_C} > 0$，$u_l < 0$。消费者的目标是通过选择私人消费和劳动的时间路径，以最大化一生总效用，即：

$$\max_{c,l}\int_0^{\infty} u(c,\ l,\ g_C)e^{-\rho t}dt \tag{1}$$

$$\text{s.t.}\quad \dot{a} = \bar{r}a + \bar{w}l - \bar{p}c \tag{2}$$

$$a(0) = a_0$$

其中，a 为消费者拥有的人均资产，包括人均资本 k 和人均政府债券 b，假定初始人均资产为 a_0。$\bar{r}$，$\bar{w}$，$\bar{p}$分别表示（资本）税后利率，（工资）税后工资率和（消费）税后产

① 这里我们采用公共支出的人均水平而非总量水平，是为了与 Barro 模型保持一致，将人均水平改为总量水平对本文的研究结论不会产生实质影响。

品价格。

该问题的 Hamilton 函数为：

$H = u(c, l, g_C) + q(\bar{r}a + \bar{w}l - \bar{p}c)$

关于控制变量 c，l 的一阶条件分别为：

$$\frac{\partial H}{\partial c} = u_c - q\bar{p} = 0 \Rightarrow u_c = q\bar{p}$$

$$\frac{\partial H}{\partial l} = u_l + q\bar{w} = 0 \Rightarrow u_l = -q\bar{w}$$

上面两个方程暗示着 c，l 的选择取决于$\bar{p}$，$\bar{w}$，g_C 以及 Hamilton 乘子 q，这样就得到了代表性消费者的消费需求函数 $c = c(q, g_C, \bar{p}, \bar{w})$ 和劳动供给函数 $l = l(q, g_C, \bar{p}, \bar{w})$。

q 的运动方程为：

$$\dot{q} = q\rho - \frac{\partial H}{\partial a} = q(\rho - \bar{r}) \tag{3}$$

假定代表性企业具有连续可微的生产函数 $y = f(k, l, g_I)$，其中 k、l、g_I 分别代表人均资本，人均劳动和人均生产性公共支出水平。假定上述变量的边际产出均为正且递减。代表性企业的利润最大化条件为，$r = f_k$，$w = f_l$。其中，r 和 w 分别为税前利率和工资。

与 Chamley（1986）的连续时间模型相比，本文从两个方面进行了修正和扩展：

（1）Chamley 模型没有考虑消费税，即假定$\bar{p} = 1$，而本文的模型已经包含了消费税。

（2）Chamley 假定公共支出水平由政府外生任意确定，本文则将 Barro 模型关于内生公共支出的设定引入了 Chamley 模型。

根据 Chamley（1986）的标准处理方式，为了导出最优税收与最优公共支出条件，需要使用 Stackelberg 逆向归纳法。政府与代表性消费者之间的动态博弈分为两阶段，第一阶段由政府确定税率与公共支出等政策参数的时间路径，第二阶段由消费者根据政策参数选择使效用最大化的跨期私人消费与劳动路径。逆向归纳法要求将第二阶段消费者的消费需求函数与劳动供给函数作为反应函数，代入（直接）效用函数，得到其间接效用函数：

$u(c(q, g_C, \bar{p}, \bar{w}), l(q, g_C, \bar{p}, \bar{w})) = v(q, g_C, \bar{p}, \bar{w})$

进而在约束条件下求解第一阶段政府面临的最优税收与公共支出问题，即：

$$\max_{g_C, g_I, \bar{p}, \bar{w}, \bar{r}} \int_0^{\infty} v(q, g_C, \bar{p}, \bar{w}) e^{-\rho t} dt$$

上述政府最优控制问题包括三个状态变量，分别是人均资本 k、人均公债 b 和消费者效用最大化问题中的 Hamilton 乘子 q。

Hamilton 乘子 q 本质上是消费者最大化问题中的一个中间变量，将其作为政府求解最优税收与公共支出问题的状态变量，不仅掩盖了模型的一些重要性质，还增加了分析难度，使模型难以应用于分析包含内生公共支出这样的复杂问题。

为此，我们必须把 q 从模型中消去。幸运的是，既然 q 是消费者最大化问题的 Hamilton 乘子，那么它一定内生于模型，其时间路径也必然由其他变量和外生参数决定。我们有如下引理：

引理 1 $q=q(k, b, \bar{p}, \bar{w})$

证明：(2) 式两边乘以 $q \Rightarrow \dot{a}q=\bar{r}aq+\bar{w}lq-\bar{p}cq$;

(3) 式两边乘以 $a \Rightarrow a\dot{q}=aq(\rho-\bar{r})$。

两式相加 $\Rightarrow \dot{a}q+a\dot{q}=a\rho q+\bar{w}lq-\bar{p}cq \Rightarrow d(qa)/dt=a\rho q+\bar{w}lq-\bar{p}cq$

由上式可推知，$q=q(a, \rho, \bar{p}, \bar{w})$。由于 ρ 为不变常数可以忽略，而 $a \equiv k+b$，则前式可以写作，$q=q(k, b, \bar{p}, \bar{w})$。证毕。

这里特别需要指出，q 本身也是时间的函数，上面两个关于 q 的表达式的完整形式应为：$q(t)=q(a(t), \bar{p}, \bar{w})=q(k(t), b(t), \bar{p}, \bar{w})$，其中 $q_0=q(a_0, \bar{p}, \bar{w})=q(k_0, b_0, \bar{p}, \bar{w})$。

将 $q=q(k, b, \bar{p}, \bar{w})$ 分别代入 $c=c(q, g_C, \bar{p}, \bar{w})$，$l=l(q, g_C, \bar{p}, \bar{w})$，则有，$c=c(k, b, g_C, \bar{p}, \bar{w})$，$l=l(k, b, g_C, \bar{p}, \bar{w})$，再代入（直接）效用函数，得到间接效用函数：

$$u(c(k, b, g_C, \bar{p}, \bar{w}), l(k, b, g_C, \bar{p}, \bar{w}))=v(k, b, g_C, \bar{p}, \bar{w})$$

上述间接效用函数中已不再包含中间变量 q，这使得我们在第一阶段求解政府最优控制问题中要做的工作大大简化了。

四、最优税收与公共支出条件

（一）第一优税收问题

根据上述间接效用函数，政府面临的最优税收与公共支出问题可以写作：

$$\max_{g_C, g_I, \bar{p}, \bar{w}, \bar{r}} \int_0^{\infty} v(k, b, g_C, \bar{p}, \bar{w})e^{-\rho t}dt \tag{4}$$

这一最优控制问题包括五个控制变量，分别为 g_C，g_I，$\bar{p}$，$\bar{w}$和$\bar{r}$，意味着政府通过设置最优的消费性公共支出 g_C、生产性公共支出 g_I，以及最优消费税率$\bar{p}-1$、工资税率 $w-\bar{w}$ 和资本税率 $r-\bar{r}$，以最大化社会福利水平（即代表性消费者的效用水平）。与 Chamley 模型相比，这里的控制变量增加了，政府不仅要选择三个最优税率，还要决定最优的消费性与生产性公共支出水平，模型的求解难度显然增加了。所幸的是，这里只有两个状态变量，即人均资本 k 和人均公债 b。状态变量中不再包含 Hamilton 乘子 q，这对于模型推导是至关重要的。人均资本和公债的运动方程分别可以写作：

$$\dot{k}=f(k, l, g_I)-c-g_I-gc \tag{5}$$

$$\dot{b}=\bar{r}b+g_C+g_I-[f(k,\ l,\ g_I)-\bar{r}a-\bar{w}l+(\bar{p}-1)c] \tag{6}$$

边界条件为 $k(0)=k_0$，$b(0)=b_0$。

该问题的 Hamilton 函数为：

$$H=v(a,\ \rho,\ g_C,\ \bar{p},\ \bar{w})+\lambda[f(k,\ l,\ g_I)-c-g_C-g_I]+$$
$$\mu[\bar{r}b+g_C+g_I-f(k,\ l,\ g_I)+\bar{r}a+\bar{w}l-(\bar{p}-1)c]$$

一阶条件分别为：

$$\frac{\partial H}{\partial \bar{r}}=\mu(a+b)=0\Rightarrow\mu=0$$

$$\frac{\partial H}{\partial \bar{p}}=0,\ \frac{\partial H}{\partial \bar{w}}=0,\ \frac{\partial H}{\partial g_C}=0,\ \frac{\partial H}{\partial g_I}=0$$

$$\dot{\lambda}=\lambda\rho-\frac{\partial H}{\partial k},\ \dot{\mu}=\mu\rho-\frac{\partial H}{\partial b}$$

求解上述一阶条件，可以依次得到引理 2~引理 6。

引理 2　$q\bar{p}=\lambda$

证明：在求解社会最优问题中，为了不损害市场运行的效率，最优税收不应扭曲消费者面临的相对价格，这意味着，最优税收应保持$\bar{p}/\bar{w}\equiv 1/w=1/f_l$（也就是政府要么对消费征税补贴工资，要么对工资征税补贴消费），这样关于$\bar{p}$和$\bar{w}$的两个一阶条件就可以写作：

$$\frac{\partial H}{\partial \bar{p}}=u_cc_p+u_ll_p+\lambda(f_ll_p-c_p)=q\bar{p}(c_p-l_p\bar{w}/\bar{p})+\lambda[wl_p-c_p]=(q\bar{p}-\lambda)(c_p-wl_p)=0$$

$$\frac{\partial H}{\partial \bar{w}}=u_cc_w+u_ll_w+\lambda(f_ll_w-c_w)=q\bar{p}(c_w-l_w\bar{w}/\bar{p})+\lambda[wl_w-c_w]=(q\bar{p}-\lambda)(c_w-wl_w)=0$$

显然，这里不能保证 $c_p=wl_p$，$c_w=wl_w$。要使以上两式成立，必然要求 $q\bar{p}=\lambda$。证毕。

引理 3　$\frac{\partial H}{\partial k}=\lambda r$，$\frac{\partial H}{\partial b}=\mu\bar{r}$

证明：$\partial H/\partial k=u_cc_k+u_ll_k+\lambda(f_k+f_ll_k-c_k)=\lambda_r+(q\bar{p}-\lambda)(c_k-wl_k)$，根据引理 2，$q\bar{p}=\lambda$，则$\partial H/\partial k=\lambda r$。同理可证，$\partial H/\partial b=\mu\bar{r}$。证毕。

引理 4　$\bar{r}=r$

证明：根据引理 3，关于 Hamilton 乘子 λ 的一阶条件为，$\dot{\lambda}=\lambda\rho-\partial H/\partial k=\lambda(\rho-r)$。由于最优的税后价格$\bar{p}$一旦确定后，不随时间变化，则根据$q\bar{p}=\lambda$，有 $\dot{\lambda}/\lambda=\dot{q}/q$，对比 q 的运动方程（3）式，则一定有，$\bar{r}=r$。证毕。

引理 4 的结论很重要，它要求税后利率等于税前利率，这意味着最优的资本税率始终为 0，而不仅仅是趋于 0。这一结论相比 Chamley（1986）给出的长期最优资本税率趋于 0 的结论更进了一步。其关键原因在于 Chamley 没有考虑消费税，而当政府以消费税和工薪税的组合进行征税时，政府只需要调节税率，保持消费与劳动的相对价格不变，实际上就起到了总付税的效果，因此不再需要征收扭曲经济运行的资本税。①

引理 5　$u_{g_C} = u_c$

证明：利用 $u_c = q\bar{p} = \lambda$，可得：

$\partial H/\partial g_C = u_c c_{g_C} + u_l l_{g_C} + u_{g_C} + \lambda(f_l l_{g_C} - c_{g_C} - 1) = u_{g_C} - u_c = 0$，则 $u_{g_C} = u_c$。证毕。

引理 6　$f_{g_I} = 1$

证明：根据 $\partial H/\partial g_I = \lambda(f_{g_I} - 1) = 0$，可知必然有：$f_{g_I} = 1$。证毕。

引理 5~6 给出了最优公共支出的一般条件，其中最优消费性公共支出的设置应该使得公共消费最后一元钱产生的边际效用刚好等于私人消费最后一元钱所产生的边际效用；而最优生产性公共支出则应该满足最后一单位公共支出的边际产出等于 1。上述最优公共支出条件与 Barro 和 Sala-i-Matin（1992），Turnovsky 和 Fisher（1995）所给出的最优条件是一致的。但本文在一个 Stackelberg 动态博弈的框架里得到了上述条件，这一框架使本文不仅能够导出最优公共支出条件，同时也给出了最优税收的一般条件。

根据引理 2~4，已知最优资本税率为 0，而最优消费税与工薪税的组合应保证相对价格不变，即 $\bar{p}/\bar{w} \equiv 1/w$。为了给最优公共支出筹资，最优消费税与工资税组合还应满足：

$$\dot{b} + (\bar{p} - 1)c = (\bar{w} - w)l + rb + g_C + g_I$$

我们将上述结论总结为命题 1：

命题 1　在消费性公共支出增进效用、生产性公共支出促进生产率的动态经济中，假定政府以资本税、消费税和工薪税筹资，则最优消费性公共支出的条件为 $u_{g_C} = u_c$，最优生产性公共支出的条件为 $f_{g_I} = 1$；而最优资本税率始终为 0，最优消费税和工薪税的组合应始终保持 $\bar{p}/\bar{w} \equiv 1/w$，且满足 $\dot{b} + (\bar{p} - 1)c = (\bar{w} - w)l + rb + g_C + g_I$。

根据命题 1，由于最优资本税率为 0，而最优消费税和工薪税的组合保证相对价格不变，只要最优公共支出满足 $u_{g_C} = uc$，$f_{g_I} = 1$ 的条件，则税后的市场均衡配置必定是社会第一优的。然而问题在于，尽管上述配置是第一优的，但如同一次总付税，一正一负的消费税和工薪税组合在实践中往往是难以实行的。因此，我们还需要进一步考察次优税收问题。

（二）次优税收问题

为了分析经济中的次优税收问题，下面我们考察政府仅以资本税筹资的情形。为方便起见，假定不能发行公债，也就是政府必须保持预算平衡，即 $a = k$。这样，消费者效用最大化问题的 Hamilton 函数可以简化为：

$$H = u(c, l, g_C) + q(\bar{r}k + wl - c)$$

求解一阶条件得到，$u_c = q$，$u_l = -qw$，$\dot{q} = q(\rho - \bar{r})$。由引理 1 和 $w = f_l = w(k, l, g_I)$，可求得消费者的消费需求函数 $c = c(k, g_C, g_I)$ 和劳动供给函数 $l = l(k, g_C, g_I)$，代入（直

① 这一结果实际上也验证了 Turnovsky（2000）通过比较分散均衡路径与社会最优路径得到的结论。

接）效用函数，导出间接效用函数：

$u(c(k, g_C, g_I), l(k, g_C, g_I), g_C) = v(k, g_C, g_I)$

这样，政府面临的最优税收与公共支出问题就转化为：

$$\max_{\tau_C,\tau_I,g_C,g_I} \int_0^{\infty} v(k, \rho, g_C, w)e^{-\rho_t}dt$$

其中 $\tau = \tau_C + \tau_I$ 为资本税率，τ_C 为补偿消费性公共支出的资本税率，τ_I 为补偿生产性公共支出的资本税率。政府通过设置最优的消费性与生产性公共支出，以及相应的资本税率以最大化社会福利。但是由于资本税是扭曲税，这实际上是一个次优税收问题。

上述最优控制问题受约束于资本的运动方程 $\dot{k} = f(k, l, g_I) - c - g_C - g_I$，政府的预算约束 $g_C = \tau_C rk$，$g_I = \tau_I rk$，以及资本的边界值 k_0。将预算约束代入效用函数和运动方程，则 Hamilton 函数为：

$$H = v(k, g_C, g_I) + \lambda[f(k, l, g_I) - c - g_C - g_I] + \mu_C(g_C - \tau_C rk) + \mu_I(g_I - \tau_I rk)$$

五个一阶条件分别为：

$$\frac{\partial H}{\partial g_C} = 0,\ \frac{\partial H}{\partial g_I} = 0,\ \frac{\partial H}{\partial \tau_C} = 0,\ \frac{\partial H}{\partial \tau_I} = 0,\ \dot{\lambda} = \lambda\rho - \frac{\partial H}{\partial k}$$

求解上述条件，可得引理 7~8。

引理 7　$u_{g_C} = (\lambda - u_c)(c_{g_C} - f_l l_{g_C}) + \lambda$

证明：由 $\partial H/\partial \tau_C = 0$ 可知，$\mu_C = 0$，则由，

$\partial H/\partial g_C = u_c c_{g_C} + u_l l_{g_C} + u_{g_C} + \lambda(f_l l_{g_C} - c_{g_C} - 1) = 0$，得到：

$u_{g_C} - \lambda = (\lambda - u_c)(c_{g_C} - f_l l_{g_C})$。证毕。

引理 8　$\lambda f_{g_I} = (\lambda - u_c)(c_{g_I} - f_l l_{g_I}) + \lambda$

证明：由 $\partial H/\partial \tau_I = 0$ 可知，$\mu_I = 0$，则由，

$\partial H/\partial g_I = u_c c_{g_I} + u_l l_{g_I} + \lambda(f_{g_I} + f_l l_{g_C} - c_{g_C} - 1) = 0$，得到：

$\lambda(f_{g_I} - 1) = (\lambda - u_c)(c_{g_I} - f_l l_{g_I})$。证毕。

引理 7~8 给出了次优问题中的最优消费性与生产性公共支出的一般条件，这些条件之所以与引理 5~6 不同，是因为这里考虑了资本税的扭曲效应。而最优资本税的任务则是根据 $g_C = \tau_C rk$ 和 $g_I = \tau_I rk$ 的预算约束为公共支出筹资。我们将上述结论总结为命题 2：

命题 2　在消费性公共支出增进效用、生产性公共支出促进生产率的动态经济中，假定政府以资本税筹资并且始终保持预算平衡，则最优消费性公共支出的条件为 $u_{g_C} = (\lambda - u_c)(c_{g_C} - f_l l_{g_C}) + \lambda$，最优生产性公共支出的条件为 $\lambda f_{g_I} = (\lambda - u_c)(c_{g_I} - f_l l_{g_I}) + \lambda$；而最优资本税率应保持 $g_C = \tau_C rk$ 和 $g_I = \tau_I rk$ 始终成立。

命题 2 意味着，在政府以征收资本税为公共支出筹资的次优配置中，最优生产性公共支出的设置应满足条件 $\lambda f_{g_I} = (\lambda - u_c)(c_{g_I} - f_l l_{g_I}) + \lambda$，而消费性支出的最优水平由条件 $u_{g_C} =$

$(\lambda - u_c)(c_{g_c} - f_I l_{g_c}) + \lambda$ 确定。其中，λ 为资本的边际社会价值，其值由模型决定。[①] 尽管我们已经给出了求解次优税收与公共支出结构的一般框架，并给出了两个一般条件，但由于这两个条件在形式上较为复杂，难以直接分析其经济含义，为此我们还需要借助于具体的函数形式。

五、特例

本文在上文没有具体函数形式的一般框架里探讨了最优税收与公共支出结构问题，并得到了两个重要命题，特别是命题 2 给出了关于次优税收与公共支出的一般条件，但其数学形式较为复杂。为了进一步分析次优公共支出与税收的时间路径及经济含义，我们给出一个具体的数学例子。

（一）数学推导

假定代表性消费者的瞬时效用函数具有对数形式，

$u = (1 - \beta)\ln c + \beta \ln g_C$

其中 $0 < \beta < 1$，为消费性公共支出的系数，表示公共消费对数在效用函数中的权数，反映了消费者对消费性公共服务的偏好。

假定代表性企业具有柯布—道格拉斯生产函数，

$y = Ak^{1-\alpha} g_I^{\alpha}$

其中 $0 < \alpha < 1$，为生产性公共支出的产出弹性，反映了公共产出的生产性程度。为了简化，模型中忽略了劳动（假定劳动无弹性供给）。上述函数设定同 Barro（1990）基本一致。[②]

这样，代表性消费者的跨期效用最大化问题为：

$$\max_c \int_0^{\infty} [(1 - \beta)\ln c + \beta \ln g_C] e^{-\rho t} dt$$

$$\text{s.t.} \quad \dot{k} = \bar{r}k - c$$

其中，$\bar{r}k$ 表示消费者的税后资本收入，由于模型中不含劳动，全部收入可以理解为均归于资本，即 $\bar{r}k = (1 - \tau_C - \tau_I)y$。政府以收入税筹资，税率为 $\tau = \tau_C + \tau_I$。

其 Hamilton 函数为：

---

① 确定 λ 值的方法与引理 1 确定 q 值的方法类似。

② Barro（1990）的第五部分探讨了消费性公共支出，并给出了效用函数，形式为 $u(c, g_C) = \frac{(c^{1-\beta} g_c^{\beta})^{1-\sigma} - 1}{1 - \sigma}$。当 $\sigma = 1$ 时，该效用函数的极限形式即本文的对数效用函数。本文为了分析方便，直接采用了对数效用函数形式，但即使 $\sigma \neq 1$，对本文结论不会产生实质影响。

$$H=(1-\beta)\ln c+\beta\ln g_C+q[\bar{r}k-c]$$

一阶条件为：

$$\frac{\partial H}{\partial c}=(1-\beta)/c-q=0\Rightarrow c=(1-\beta)/q$$

$$\dot{q}=q\rho-\partial H/\partial k=q[\rho-\bar{r}]$$

对 q 的运动方程两边乘以 k，再加上$\dot{k}q$，得到，

$$\dot{q}k+\dot{k}q=qk\rho-1+\beta\Rightarrow q=\frac{(1-\beta)}{\rho k}\Rightarrow c=\rho k$$

则间接效用函数为：

$$v=(1-\beta)\ln\rho k+\beta\ln g_C$$

这样，政府面临的次优税收与公共支出问题就可以写作：

$$\max_{g_C,g_I,\tau_C,\tau_{I_0}}\int_0^{\infty}[(1-\beta)\ln\rho k+\beta\ln g_C]e^{-\rho t}dt$$

$$\text{s.t.}\quad \dot{k}=Ak^{1-\alpha}g_I^{\alpha}-c-g_C-g_I$$

其 Hamilton 函数为：

$$H=(1-\beta)\ln\rho k+\beta\ln g_C+\lambda[Ak^{1-\alpha}g_I^{\alpha}-c-g_C-g_I]+\mu_C(g_C-\tau_C y)+\mu_I(g_I-\tau_I y)$$

求解一阶条件，得到：

$$\frac{\partial H}{\partial\tau_C}=\frac{\partial H}{\partial\tau_I}=0\Rightarrow\mu_C=\mu_I=0$$

$$\frac{\partial H}{\partial g_C}=\beta/g_C-\lambda=0\Rightarrow g_C=\beta/\lambda$$

$$\frac{\partial H}{\partial g_I}=\lambda(\alpha Ak^{1-\alpha}g_I^{\alpha-1}-1)=0\Rightarrow g_I=\alpha y$$

$$\dot{\lambda}=\lambda\rho-\frac{\partial H}{\partial k}=\lambda\rho-(1-\beta)/k-\lambda[(1-\alpha)y/k-\rho]$$

对 λ 的运动方程两边乘以 k，再加上$\dot{k}\lambda$，得到，

$$\dot{\lambda}k+\dot{k}\lambda=\rho\lambda k-1\Rightarrow\lambda=1/\rho k$$

$$g_C=\beta\rho k=\beta_C$$

$$\dot{k}/k=r-\rho-\beta\rho$$

由 $g_I=\alpha y$，可知最优生产性公共支出与国民产出的比例等于公共支出的产出弹性 A，相应的最优收入税率（用于生产性公共支出筹资部分）为 $\tau_I=\alpha$。由 $g_C=\beta\rho k=\beta c$，可知最优消费性公共支出与私人消费支出的比例为公共支出的消费性系数 β，相应的最优收入税率（用于消费性公共支出筹资部分）为 $\tau_C=\beta c/y=\beta\rho A^{1/\alpha-1}\alpha^{\alpha/1-\alpha}$。最优消费性支出与生产性支出的比例为 $g_C/g_I=(\beta/\alpha)(c/y)$，最优（总）收入税率为 $\tau=\alpha+\beta c/y$。

（二）数值模拟

利用 $\tau_I = \alpha$ 和 $\tau_C = \beta c/y$，我们可以对一国的最优收入税率（最优宏观税负）进行数值模拟。首先要给出参数取值范围，这里涉及的参数包括生产性公共支出的产出弹性 α，消费性公共支出的系数 β，以及消费—产出比例 c/y。

根据《中国统计年鉴》(2009)，中国居民消费占 GDP 的比例近年来有所下降，2000年为 46%，2008 年下降为 35%，本文对 c/y 的取值分别为 0.45、0.35。

对于中国公共支出的产出弹性 α，研究者给出了不同的估计。其中马树才、孙长清（2005）的估计是 0.212，马栓友（2000）的估计是 0.267，钞小静、任保平（2007）的估计是 0.312。为了稳健起见，本文对 α 分别取值为 0.2、0.25、0.3、0.35。

很少有文献对公共支出的消费性系数 β 进行估计，但公共产品能够增进消费者的效用，这一点是毋庸置疑的，因此我们有理由认为 $\beta \geqslant 0$。同时，从直觉来看，消费者对公共消费的评价不太可能高于对私人消费的评价，据此推测 $\beta \leqslant 0.5$。基于上述分析，本文在 0~0.5 之间每隔 0.1 个单位对 β 进行取值。模拟结果由表 1 给出。

根据表 1，中国最优收入税率的取值范围在 0.2~0.575 之间，具体的数值取决于各个参数的取值。本文倾向于认为中国的公共支出安排对于生产和效用有一定的促进作用，但其效果不会太强，即取 α = 0.25，β = 0.2，消费—产出比例按最新的数据取值为 0.35，则最优宏观税负水平约为 32%。关于这一结论，有两点需要做出说明。

表 1　中国最优收入税率的数值模拟

c/y = 0.35												
	α = 0.2			α = 0.25			α = 0.3			α = 0.35		
	τ_I	τ_C	τ	τ_I	τ_C	τ	τ_I	τ_C	τ	τ_I	τ_C	τ
β = 0	0.2	0	0.2	0.25	0	0.25	0.3	0	0.3	0.35	0	0.35
β = 0.1	0.2	0.035	0.235	0.25	0.035	0.285	0.3	0.035	0.335	0.35	0.035	0.385
β = 0.2	0.2	0.07	0.27	0.25	0.07	0.32	0.3	0.07	0.37	0.35	0.07	0.42
β = 0.3	0.2	0.105	0.305	0.25	0.105	0.355	0.3	0.105	0.405	0.35	0.105	0.455
β = 0.4	0.2	0.14	0.34	0.25	0.14	0.39	0.3	0.14	0.44	0.35	0.14	0.49
β = 0.5	0.2	0.175	0.375	0.25	0.175	0.425	0.3	0.175	0.475	0.35	0.175	0.525
c/y = 0.45												
	α = 0.2			α = 0.25			α = 0.3			α = 0.35		
	τ_I	τ_C	τ	τ_I	τ_C	τ	τ_I	τ_C	τ	τ_I	τ_C	τ
β = 0	0.2	0	0.2	0.25	0	0.25	0.3	0	0.3	0.35	0	0.35
β = 0.1	0.2	0.045	0.245	0.25	0.045	0.295	0.3	0.045	0.345	0.35	0.045	0.395
β = 0.2	0.2	0.09	0.29	0.25	0.09	0.34	0.3	0.09	0.39	0.35	0.09	0.44
β = 0.3	0.2	0.135	0.335	0.25	0.135	0.385	0.3	0.135	0.435	0.35	0.135	0.485
β = 0.4	0.2	0.18	0.38	0.25	0.18	0.43	0.3	0.18	0.48	0.35	0.18	0.53
β = 0.5	0.2	0.225	0.425	0.25	0.225	0.475	0.3	0.225	0.525	0.35	0.225	0.575

第一，在上述模型中，税收是公共支出的唯一来源，因此这里所谓的宏观税负实际上对应于全部政府收入占 GDP 的比例。中国政府收入不仅包括财政收入（即一般预算收入），还包括政府性基金预算收入，社会保险基金预算收入，债务收入以及预算外资金收入。以 2009 年为例，中国财政收入 68518 亿元；社会保险基金收入 16116 亿元，扣除财政对社保基金补贴约 1326 亿元，净收入 14790 亿元；政府性基金预算收入 18335 亿元；用于弥补财政赤字的债务收入 9500 亿元。上述收入合计 111143 亿元，这还不包括大量预算外资金收入。由于缺乏 2009 年预算外资金收入有关数据，保守估计不低于 2008 年水平的6617 亿元，这样，全部政府收入合计超过 117760 亿元，占当年 GDP 的比例约 35%。① 上述分析表明，中国的实际宏观税负（全部政府收入占 GDP 的比例）已经高于本文估计的最优宏观税负 32%。

第二，本文的宏观税负分析建立在模型设定之上。选择不同的效用函数和生产函数形式往往会得到不同的研究结论。尽管本文使用的函数形式在文献中被广泛运用，但未必一定符合中国经济的实际情况。在下一步的研究中，可以考虑使用更贴近现实的函数形式。另外本文的模型还存在着一个隐含的假设，即政府具有社会理性，它全知全能并且以社会福利最大化为目标。然而现实中的政府还远远没有达到这一假设的要求。在官员追求预算最大化、职位晋升等一系列目标下，如我们所观察到的，政府行为离“社会理性”还有很大的差距。在这种情况下，实际的“最优”税负水平可能要低于理论上的最优税负水平。如果能将官僚的预算最大化动机和晋升机制引入模型中，将能够得到更加丰富和实用的研究结论。

六、总结

本文将 Barro 模型关于内生公共支出的基本特征引入 Chamley 模型，考察了经济增长中的最优税收与公共支出结构问题。研究结论表明，最优资本税为 0，最优消费税和工薪税的组合则应一正一负以确保消费与劳动的相对价格维持不变，而最优生产性公共支出的设置应使得最后一单位公共支出的边际产出等于 1，而最优消费性公共支出应满足公共支出的边际效用等于私人消费的边际效用。这样整个经济能够实现社会第一优的配置结果。

但如果政府以扭曲的资本税或收入税筹资，上述研究结论将发生变化，本文给出了确定次优公共支出与税收的一般条件，还通过一个具体的数学例子给出了上述条件的显示形式。结论表明，在一个具有对数效用和柯布—道格拉斯生产技术的经济里，假定政府以收入税筹资，则最优生产性公共支出与国民产出的比例等于公共支出的产出弹性 α，相应

① 根据《中国统计年鉴》（2010）和《关于 2009 年中央和地方预算执行情况与 2010 年中央和地方预算草案的报告》有关数据计算得到。

地，为生产性支出筹资的最优收入税率也等于 α。这一结果验证了 Barro（1990）的经典结论，但基于一个更加一般的分析方法。研究结论还显示，最优消费性公共支出与私人消费支出的比例等于公共支出的消费性系数 β，相应地，为消费性支出筹资的最优收入税率（用于消费性公共支出筹资部分）为 β 与消费—产出比例的乘积。这一结论丰富了 Barro（1990）及其后续文献关于最优消费性公共支出的研究成果。

需要指出，本文的理论贡献不仅仅是给出了关于最优公共支出与税收的显示路径，更在于构建了一个研究动态最优税收与公共支出的一般分析框架。这一分析框架可以运用于不同的函数设定（比如包含劳动弹性供给的生产函数），具有广泛的应用空间。

此外，利用本文的模型，还能为现实中的政策实践提供理论指导。我们根据中国的统计数据和有关经验研究成果对模型结论进行了数值模拟，并给出了最优宏观税负的估计表。其中，在一个相对保守的参数设定下（取 $\alpha = 0.25$，$\beta = 0.2$，$c/y = 0.35$），我们估计中国的最优宏观税负水平约为 32%。当然，本文对最优宏观税负的估计建立在模型设定和具体的参数赋值基础上，难免存在一定误差。要获得更加准确可靠的估计，需要对模型做出更符合现实的假设，对参数进行更精确的赋值，这依赖于研究者对经济运行做出更加客观而细致的统计与经验研究。

参考文献

[1] 安体富，林鲁宁. 宏观税负实证分析与税收政策取向 [J]. 经济理论与经济管理，2002 (5).

[2] 安体富，王海勇. 结构性减税：宏观经济约束下的税收政策选择 [J]. 涉外税务，2004 (11).

[3] 钞小静，任保平. 中国公共支出结构对经济增长影响的实证分析 [J]. 经济评论，2007 (5).

[4] 高培勇. 中国税收持续高速增长之谜 [J]. 经济研究，2006 (12).

[5] 高培勇. 结构性减税：2009 年税收政策的主基调 [J]. 涉外税务，2009 (1).

[6] 郭庆旺，吕冰洋. 十年来税制运行的基本特征分析 [J]. 税务研究，2004 (11).

[7] 李永友. 我国税收负担对经济增长影响的经验分析 [J]. 财经研究，2004 (12).

[8] 马树才，孙长清. 经济增长与最优财政支出规模研究 [J]. 统计研究，2005 (1).

[9] 马栓友. 政府规模与经济增长：兼论中国财政的最优规模 [J]. 世界经济，2000 (11).

[10] 马栓友. 宏观税负、投资与经济增长：中国最优税率的估计 [J]. 世界经济，2001 (9).

[11] Agenor, P., Fiscal Policy and Endogenous Growth with Public Infrastructure [J]. Oxford Economic Papers, 2008, 60 (1): 57-87.

[12] Albanesi, S., and C. Sleet, Dynamic Optimal Taxation with Private Information [J]. Review of Economic Studies, 2006, 73 (1): 1-30.

[13] Arrow, Kenneth J. and Mordecai Kurz, Public Investment, the Rate of Return, and Optimal Fiscal Policy [M]. Baltimore: Johns Hopkins Press, 1970.

[14] Atkeson, A., V. V. Chari and P. J. Kehoe, 1999, "Taxing Capital Income: A Bad Idea," Federal Reserve Bank of Minneapolis Quarterly Review 23 (3): 3-17.

[15] Barro, Robert J., Government Spending in a Simple Model of Endogenous Growth [J]. Journal of Political Economy, 1990, 98 (5): S103-S126.

[16] Barro, Robert J. and Xavier Sala-i-Mart in, Public Finance in Models of Economic Growth [J].

Review of Economic Studies, 1992, 59 (4): 645-662.

[17] Chamley, C. P., Optimal Taxation of Capital Income in General Equilibrium with Infinite Lives [J]. Econometrica, 1986, 54 (3): 607-622.

[18] Chen, Been-Lon, Economic Growth with Optimal Public Spending Composition [J]. Oxford Economic Papers, 2006, 58 (1): 123-136.

[19] Devarajan, Shantayanan, Vinaya Swaroop and Hengfu Zou, The Composition of Public Expenditure and Economic Growth [J]. Journal of Monetary Economics, 1996, 37 (2-3): 313-344.

[20] Fisher, Walter H. and Stephen J. Turnovsky, Public Investment, Congestion, and Private Capital Accumulation [J]. Economic Journal, 1998, 108 (447): 399-413.

[21] Futagami, Koichi, Yuichi Morita and Akihisa Shibata, Dynamic Analysis of an Endogenous Growth Model with Public Capital [J]. Scandinavian Journal of Economics, 1993, 95 (4): 607-625.

[22] Golosov, M., N. Kocherlakota, and A. Tsyvinski, Optimal Indirect and Capital Taxation [J]. Review of Economic Studies, 2003, 70 (3): 569-587.

[23] Jones, L., R. Manuelli and P. Rossi, Optimal Taxation in Models of Endogenous Growth [J]. Journal of Political Economy, 1993, 101 (3): 485-517.

[24] Jones, L., R. Manuelli and P. Rossi, On the Optimal Taxation of Capital Income [J]. Journal of Economic Theory, 1997, 73 (1): 93-117.

[25] Judd, Kenneth L., Redistributive Taxation in a Simple Perfect Foresight Model [J]. Journal of Public Economics, 1985, 28 (1): 59-83.

[26] Judd, Kenneth L., Optimal Taxation and Spending in General Competitive Growth Models [J]. Journal of Public Economics, 1999, 71 (1): 1-26.

[27] Kocherlakota, N., Zero Expected Wealth Taxes: A Mirrlees Approach to Dynamic Optimal Taxation [J]. Econometrica, 2005, 73 (5): 1587-1621.

[28] Lindahl, Erik R., Die Gerechtigkeitder Besteurung, Lund: Gleerup. Translatedas, Just Taxation: A Positive Solution [M]. in Richard A. Musgrave and Alan T. Peacock (eds.), 1958, Classics in the Theory of Public Finance, London: Macmillan: 1919: 168-176.

[29] Lucas, Robert E., Supply-Side Economics: An Analytical Review [J]. Oxford Economic Papers, 1990, 42 (2): 293-316.

[30] Mirrlees, James A., An Exploration in the Theory of Optimum Income Taxation [J]. Review of Economic Studies, 1971, 38 (2): 175-208.

[31] Rebelo, Sergio, Long-Run Policy Analysis and Long-Run Growth [J]. Journal of Political Economy, 1991, 99 (3): 500-521.

[32] Turnovsky, Stephen J., Optimal Tax, Debt, and Expenditure Policies in A Growing Economy [J]. Journal of Public Economics, 1996, 60 (1): 21-44.

[33] Turnovsky, Stephen J., Fiscal Policy, Elastic Labor Supply, and Endogenous Growth [J]. Journal of Monetary Economics, 2000, 45 (1): 185-210.

[34] Turnovsky, Stephen J. and Walter H. Fisher, The Composition of Government Expenditure and its Consequences for Macroeconomic Performance [J]. Journal of Economic Dynamics and Control, 1995, 19 (4): 747-786.

[35] Wicksell, Knut, Finanztheoretische Untersuchungen, Jena: Gustav Fischer. Partly Translated as, A

New Principle of Just Taxation [M]. in Richard A. Musgrave and Alan T. Peacock (eds.), 1958, Classics in the Theory of Public Finance, London: Macmillan, 1958: 72-118.

Optimal Taxation and Public Spending Composition in a Growing Economy

Jin Ge
(School of Public Finance and Administration,
Zhejiang University of Finance and Economics)

Abstract: The paper studies optimal taxation and public spending composition in the framework of long-run economic growth based on the combination of Chamley model and Barro model. The first best and second best conditions of taxation and public spending are discussed using two-stage backward induction, and the explicit solutions of optimal taxation and public spending are showed in a special example. Finally we estimate the optimal level of macrotax burden in China by numerical simulation.

Key Words: Optimal Taxation, Optimal Public Spending Composition, Economic Growth, Macrotax Burden

JEL Classification: H21, H50, O41

公共财政：公共化改革的一种转轨理论假说*

刘尚希①

【内容提要】人类理性的光芒只能照见有限的范围，而一旦超出这个范围，便是无边无际的不确定性世界。作为我国财政公共化改革的一种理论假说，“公共财政”这个范畴只有放在中国的语境下才有意义。它主要解决公共化改革中的两个问题：一是政府财政活动的范围和职能定位，即财政“干什么”；二是政府财政活动的方式，即财政“怎么干”。其背后对应着观念和认识的前提：市场机制在工具意义上的有效性和公共权力来源的契约性，使政府与市场、政府与民众的逻辑关系呈现一种颠倒性变化，前者从计划经济体制下的资源配置中“政府第一，市场第二（补充）”变为“市场第一，政府第二（补充）”；后者从“政府第一，民众第二”变为“民众第一，政府第二”，也就是从“国家本位”（治民）到“人民本位”（民治）。这种具有颠覆性的变革是以渐进改革的方式来进行的，这个过程至今没有完成。

【关键词】公共财政　政府与市场　政府与民众

【中图分类号】F81　文献标识码：A　文章编号：1002-8102（2010）08-0031-07

“公共财政”目前已经成为我国财政界以至于社会上广为流行的一个概念。自从1998年末全国财政工作会议肯定这个说法以来，“公共财政”从民间的学术讨论走向政府主导下的实践，建立公共财政框架体系已成为我国财政改革的目标。然而，在我国究竟应建成一个什么样的“公共财政”，至今仍是大家猜测的一个东西。对此，从一般意义上讲，只有未来的人能知道，现在的人们是无法预知的。在这个意义上，公共财政只是财政公共化改革的一种理论假说。

* 本文选自《财贸经济》2010年第8期。

① 刘尚希，财政部财政科学研究所副所长、研究员、博士生导师，100142。

一、“公共财政”概念的由来

如果不做过细的考证，我国最早出现有关“公共财政”的提法，大约始自20世纪80年代初期的一部译著。该书译者在翻译出版美国经济学家阿图·埃克斯坦的《Public Finance》一书时，正式使用了《公共财政学》的书名（张愚山，1983），此前人们一直将Public Finance一词翻译为财政学或财政。由财政到“公共财政”，应当说是一个不小的变化。但是，或许是当时的财政实践还没有对财政理论提出创新的要求，或许是人们当时未能意识到“公共财政”这一概念所具有的另外含义，总之，这一提法当时并没有引起学术界太多的关注，仅仅是当成一个不同的表述而已。此后在较长的一段时间之内，人们也未赋予它什么特殊的意义。

随着经济体制转轨，财政也在转轨。但如何转，一直都是“摸着石头过河”，给企业、地方、各个部门让利放权是20世纪80年代的主要做法。以让利放权为主要内容的转轨给财政很大压力，全国财政收入占国民收入的比重不断下降，中央财政收入占全国财政收入的比重也一同下降，财政相当困难，尤其是中央财政曾经一度要向地方财政借债过日子。“两个比重”下降，迫使实际部门开始考虑从财政支出上寻求出路，试图通过调整财政支出结构来压缩支出规模，以减轻财政压力。但面对着在计划经济体制下形成的无所不包的支出格局，支出结构的调整显得十分艰难，而且在理论上也说不清楚应该“保什么”、“压什么”。尽管当时也有了“越位”和“缺位”的说法，但找不到一个衡量的理论尺度。1992年邓小平南方谈话之后，情况开始发生了大的变化。在社会主义制度下也可以搞市场经济被正式肯定之后，西方市场经济国家的体制自然而然地成为我们设计体制模式时的样板。财政转轨自然也不例外，市场经济基础上的西方财政也就成为我们的参照物。

在1992年正式提出建立社会主义市场经济体制之后，学术界在探讨中国财政改革的目标模式时已经明确提出了“公共财政”，并认为是改革的方向和目标。厦门大学的张馨教授是这方面最具有代表性的人物。直到1998年，“公共财政”这个概念正式纳入政府的决策之中，明确提出了建立公共财政体系。从此，“公共财政”便成为政府财政改革的方向和目标。尽管学术界仍有争论，但不妨碍这个说法成为财政改革进入新阶段的一个标志。构建与社会主义市场经济相适应的财政运行机制，成为“公共财政”概念下的改革主题。

二、“公共财政”的中国语境

任何概念只有放到特定的历史背景下和相应的语境中才能够被真正理解。如果抽象掉了具体语境来谈论“公共财政”与“财政”的区别，则是毫无意义的文字游戏。

单从文字来看，英语的“Public Finance”，既可以与中文的“财政”相对应，也可以与“公共财政”相对应，从翻译的角度来说，没有任何问题。而且，反过来看，中文的“财政”和“公共财政”都只能是与英语的“Public Finance”相对应。在这个意义上，中文的“财政”与“公共财政”无任何差别，完全等价，就像说政策或公共政策一样。所以，单从翻译来看，将“Public Finance”译为“公共财政”确实有画蛇添足的味道，用“财政”完全可以指称“Public Finance”概念下的相同事物，况且，长期以来也是如此翻译的。在西方语境下，财政自然是公共的，Public 这个词就很清晰地限定了财政的公共性内涵，而且从一开始就是如此。西方财政学最早可上溯到亚当·斯密《国富论》中有关财政问题的阐述。亚当·斯密生活的时代，是一个自由资本主义盛行，资本主义生产方式在全球逐渐居于统治地位的时代，强调私人产权、维护个人自由是那一时代的典型特征。在这种以“私”为本位的社会语境中，财政一产生就具有了“公”的特点，因为财政就是给“公共产品”提供资金保障，用以满足公共需要。这种“公共产品”，都是市场不愿做、做不好也做不了的公共领域事物。先有市场机制的形成，后有现代财政的出现，这是西方财政成长的历史特点。正是在经济自由主义的历史传统下，西方财政在社会经济生活中的作用一开始就被限定在特定的范围之内，即使是在强调政府干预的凯恩斯主义流行之后，财政也是局限在市场不起作用的领域，如公共领域的资源配置、再分配、宏观经济稳定等方面。在这种历史语境中，对于财政的公共性是无须讨论的。

但在我国则不同，财政的公共性在计划经济条件下是显现不出来的。在长期的计划经济实践中，财政充当了一个无所不包的角色，只有“国家财政”的概念，而无与“个体”相对应的具有公共性的财政。计划经济是以公有制为基础的，建立在计划经济基础上的财政，其在逻辑上自然也就只能延伸为“国家财政”，而不可能产生与“个体”（私人）相伴生的所谓“公共财政”。在“一大二公、越公越好”的年代，所有的生产要素，包括劳动力本身都成为“公”的，在这种社会历史背景下，无所谓“私”的存在，当然也就没有从“公共”的角度理解财政问题的必要。“国家财政”不强调财政的“公共性”，而以“国家性”所替代。在这里，国家的财政，也可以说是公共的财政，只剩下了法律意义上的“公”的内涵，而缺少了与个体自由决策、市场竞争基础上的公共性含义。而且，在公有经济占据绝对地位、只有按劳分配的条件下，除了农民交纳公粮之外，其他社会个体都与纳税无关。交税或交利，都是公有企业的事情。公民在这种国家财政的体制下并不能感受到纳税人权利与纳税义务对等的存在，这个时期的财政主要是“国有企业财政”，国有企业也是主要的纳税人。在国家以履行其职能为依据进行财政活动时，公民没有纳税的切实感受，对税收与公共支出使用的关心与关注度均较低。

这种在“公本位”的社会环境中脱胎而出的“公共财政”与在“私本位”的社会环境中脱胎而出的西方“财政”，从一开始就有了明显的不同，两种理念产生于截然不同而同样深厚的两种社会制度土壤之中，这决定了我国“公共财政”与西方“财政”理论的特点、任务、内涵、路径、方向都会存在差异，这种差异是以内涵更丰富的社会制度差异为依托的。因此，“公共财政”看似源于西方的概念，实际上是典型的“国产货”，只是披上了一个舶来品的外衣。如果我们望文生义地去解读我国“公共财政”的内涵，误入歧途也就在所难免了。

三、公共财政是中国财政转轨的一个理论假说

从表面上看，公共财政似乎是向西方财政靠拢的一种财政模式。西方搞的是市场经济，很自然，这种财政模式也是以市场经济为基础的，并从可观察的西方财政身上提炼出了公共财政模式的若干特征。处于中国语境下的学者把西方公共财政的这些特征直接转化为中国未来财政模式的特征，认为中国的财政改革目标就是要建立一个符合西方公共财政特征的财政模式。这种思维被多数人所接受，按照这种思维逻辑，西方国家现行的财政模式自然地成为中国未来的财政模式，西方财政的今天也就是中国财政的明天。

显然，在这种思维的背后存在两个潜在假设：一是西方的经验及模式是可以跨越时空进行复制的；二是财政改革的路径是确定的，像人造卫星的轨道一样可以事先设计出来。按照追求确定性的现代科学思维理念，这两个假设均可以成立。尽管我们常说，改革是一个复杂的系统工程，但涉及社会各种复杂利益关系的财政改革，无论如何都是难以用确定性的“工程思维”来进行设计的，不可能像盖房子一样设计出一个施工图，可以按部就班地进行改革。我们可以用“公共财政”这样的概念来指称财政改革的某个方向，但财政改革的彼岸实际上是无法预知的，未来的中国财政到底是何种样式，只有到了那一天才真正知晓，现在的理论讨论或设计都只是一种猜测而已。既然改革的彼岸无法预知，那么，改革的路径、方式等也就变得难以确定。

在这个意义上而言，走向“公共财政”的财政改革，不可能有事先设计好的“路线图”或“施工图”，实际的改革进程就像拿着一盏灯的夜行人，在灯光照见的范围内，可以确定如何迈步，而在这个范围之外，却是一片漆黑，你无法知道前面是否有坎、沟、河、山或者悬崖。人类理性的光芒只能照见有限的范围，而一旦超出这个范围，便是无边无际的不确定性世界。公共财政的提出，是在众说纷纭的争议中找到的一种表达，这种表达具有符号的意义，代表了财政改革长期探索过程中的某种确定性。人类的天性是在不确定性世界中追寻某种确定性，哪怕这种确定性是虚幻的。一旦市场化改革被决策者确定下

来，公共化改革也就合乎逻辑地被确定下来，公共财政也就成为国家财政改革在夜行中的“指路明灯”。

经济体制的转轨，主要体现在两个方面：一是资源配置上形成政府与市场的分工、合作，市场发挥基础性作用；二是经济决策的自由化和民主化，生产什么、如何生产以及为谁生产，不再统一规定。中国现代财政应是与社会主义市场经济相适应的财政，但是，社会主义市场经济本身，其理论内涵有确定的权威性表述，而其实践内涵却尚未确定，因为社会主义市场经济实践没有一成不变的路线图，只能在改革探索的过程中逐步塑造成型。不言而喻，依附于市场化改革的公共财政也就难以称之为“财政的目标模式”，不可能是一个定型的理性设计，它会随着社会主义市场经济实践的变化而修正。与其说公共财政是一个目标模式，倒不如说是一个工具或手段，是寂寥黑夜中的一盏灯，可以照亮我们眼前的改革脚步，却无法告诉我们未来的情景。

由于社会主义市场经济体制本身具有内在的不确定性，使得我们还无法预见未来的中国财政样式。因此，目前财政改革还有多长的路要走，我们难以确定；在这样的改革路径上，我们已经走了多远，仍需走多远，实际上也是不确定的。甚至，我们是否还在一条“正确”的改革之路上行进也是模糊的。一些学者在评价中国改革的进步或退步时，都是有意无意地以西方现成的制度来做参照物，他们把西方现行的模式作为我国改革的未来模式，却很少对中国的改革理论是否完备做逻辑考察。实际上，西方的现行模式也充满了不确定性，西方财政也在进行着深刻的变革。从这样的背景下看，我们的“公共财政”理论实际上只是处在一个财政转轨过程中的假说，对中国财政改革实践内涵的认识还是初步的。

四、公共风险是引导财政改革的那只“看不见的手”

如果说，公共财政理论是指导财政改革的那只“看得见的手”，那么，还有一只具有更大力量的手在引导财政改革，那就是公共风险。这是一只“看不见的手”。其实，它通过公共理性（通俗地说，即社会的危机感和忧患意识）不仅成为财政改革的引导者，而且也是社会变革的推动力。当一个社会没有公共风险和危机的时候，任何变革都不会出现，包括财政改革在内。在这个意义上，公共风险是推动财政改革的终极力量。

一个社会总是会面临着各种各样的风险。从性质上来分析，社会风险可以划分为两大类：一是私人风险，二是公共风险。[①] 前者是指产生孤立影响的风险，风险事件的发生是独立的、偶然的，不会产生连带性的影响。这类风险可以将其责任进行明晰界定，由市场机制来承担和化解；后者，即公共风险是指产生社会性影响的风险，具有很强的外部性。

① 如需更进一步的分析，请参阅刘尚希（1999）。

公共风险在发生过程中，对各个社会主体，企业、组织、家庭、个人，都具有“传染性”，是不可逃避的。公共风险很难正面识别，往往累积到了快要爆发的程度才被发现、才得到关注，引起重视。公共风险与市场机制的规则不相吻合，只能按照集体行动的逻辑，依靠集体的力量来防范和化解，也就是主要由政府来承担起相应的财政责任。

观念的东西在公共风险和危机面前都是脆弱的。回想一下改革开放前夕，国民经济濒临崩溃，多数人陷入吃不饱饭的绝对贫困状态，面对这种巨大的公共风险，“越穷越革命”、“社会主义=计划经济”、“市场经济=资本主义”的传统观念也就逐渐地被公共理性所消解了。面对市场化改革，经济领域的自由化和民主化同建立在计划经济基础上的财政理论也就显得格格不入，财政运行陷入到危急状态。从财政规模占国民收入比重不断下降和中央政府靠向地方借钱过日子的情形，就不难感觉到当时另一种公共风险在逼近我们，威胁着改革开放的大业。公共财政理论假说的提出，实际上就是出于化解公共风险的“社会本能”。[①] 新的观念和理论都是产生于新的风险和危机之中。但我们通常看到的只是理论本身，并错误地应用于时空条件都已经变化的新的境况，而忽略了理论背后的那只“无形的手”公共风险这个本源。

若认识到这一点，就不难知道理论也好，改革也罢，都是为了同一个目的：防范与化解公共风险。就此而言，树立风险导向或危机导向的观念，对于财政理论建设和财政改革都是十分重要的。用公共风险为财政改革导航，比用某一种理论来指导，具有更高的可靠性和有效性。因为，相对于公共风险，任何理论都是“事后的”。当新的公共风险来临的时候，在原有的理论视野中可能是看不到的，即使感觉到了，用原有的理论也无法去解释和化解。从历史实践过程来看，理论往往都是事后的总结，而难以成为前行的导航仪。因此，从“目标模式”与“改革导向”上来看“公共财政”，它实际上是虚拟的，是理论幻觉中的“海市蜃楼”，改革的航船若是朝着它前进，其危险性是不言而喻的。只有公共风险，才会消除我们的幻觉，引领改革航船达到我们现在无法预知的彼岸。公共财政也只有在被赋予“危机防范”与“风险化解”的内涵后，才具有现实意义和理论价值。

综观中国现代财政史中的每一项政府财政改革，甚至每一项公共支出，无不都是为了防范公共风险、化解公共危机。1994 年财政体制改革的背景，就是自 20 世纪 80 年代以来政府财政状况的不断恶化；我国政府推进反腐败的进程，又催生了政府预算外资金的改革；1998 年实施的积极财政政策和相关改革，都是因应国际金融危机；财政的透明化、公开化改革，是在经济民主化条件下，社会大众对财政民主化的期待而形成的社会公共压力所致。如此等等，这些都是公共风险这只“无形之手”在支配着政府的财政行为，也在推动着财政的公共化改革。财政本身实际上是“公共理性”在社会分配领域的具体体现。人类作为地球上的一个物种，在进化过程中会面临各式各样的风险和危机，这迫使社会成员产生共患难的集体行为，并进而形成“公共理性”，团结起来以化解自身进化中面临的各种公共风险，以避免形成现实的危机和灾难。财政正是应这样一种需求而产生的，其

---

① 也可以说是“群体本能”或“集体本能”，这是相对于个体本能而言的。

“公共性”的含义也标明了它是出于一种化解公共风险与公共危机的需要。究其本质而言，财政自身就是一个风险与危机的产物，只是我们“看”不到而已。

五、公共财政的内在逻辑

放在市场化改革的现实背景下来看，凸显公共化的财政改革只不过是被浓缩为“公共财政”来表达和指称。在传统的财政称谓之前加上“公共”二字，无非是为了强调两个层次的公共性：一是相对于市场而言的公共性，二是相对于民众而言的公共性。在计划经济基础上形成的“国家财政”理论中，这两个层次的公共性是不清晰的，也是没有必要的。只有在市场经济条件下，这种必要性才体现出来。

相对于市场而言，财政是在公共领域配置资源。按照现有流行理论的逻辑，公共领域被认为是市场失灵的领域，由于没有价格信号，市场在公共领域无法配置资源。而公共领域的资源配置又是必不可少的，而且极其重要，关系到社会发展、人类发展的状况。在别无选择的条件下，政府财政就承担起了在公共领域配置资源的历史使命。如此一来，就形成了市场与政府分工、合作的格局，二者共同配置全社会的所有资源。市场经济是在私有制基础上发展起来的，市场机制的作用范围也就习惯地称之为私人领域和私人部门，除此之外的社会领域，也就对应地称之为公共领域，[①] 并成为财政机制的作用范围。正是在这个意义上，财政是公共的，具有不同于市场的公共性特征。

而我们当前经历的是从否定市场机制作用的计划经济走向强调市场机制在资源配置中发挥基础性作用的市场经济，我国的经济体制由此发生了深刻的变化。在体制转轨的过程中，财政自然也要从为计划经济服务转变到为市场机制发挥作用创造条件，为市场让出空间，为市场运行提供良好的体制和政策环境。这也是财政转轨的过程，即从无所不包的财政转向只在公共领域发挥作用的财政。相对于这种变化，财政从传统状态转向凸显公共性的状态，亦即现在为人们所熟知的“公共财政”。与市场化改革相伴随，财政改革走向公共化。这是相辅相成的两个方面，并内含于社会主义市场经济体制形成过程之中。

相对于第一层含义的公共性，对第二层含义的公共性认识并不是同时跟进的。1998年正式确认“公共财政”，也就是从学术讨论用语变为政府文件用语时，主要是基于相对市场而言的公共性，其目的主要是解决市场化过程中财政“缺位”、“越位”的问题。第二层含义的公共性，即相对于民众而言的公共性，是指公共资源的形成、支配和使用旨在为民众防范和化解公共风险，而非国家机器自身。一方面，政府利用财政手段为民众提供公共服务，另一方面，运用政治、法律程序从民众手中获取相应的社会资源，可谓用之于

---

① 严格意义上，私有与公有是对应的，个体对应的是群体，公共领域实质上是群体意义上的，而不是公有意义上的。只要有社会存在，公共领域就总是存在。

民，故而取之于民。通俗地说，政府的钱都是老百姓的，因而是公共的；用这些钱干的事情也是老百姓所必需的，故而也是公共的。

因此，从民众（或大众、人民）的角度来看，政府财政实质上是老百姓的财政，自然具有公共性。不仅如此，而且是全体国民的财政，不是一部分社会成员的财政，政府提供的公共服务是供全体国民消费的。既然政府财政的钱来自于老百姓，干的事情也是为了全体老百姓，那么，财政的钱如何收缴，收缴的钱如何使用，一收一支，自然也就需要体现民意，并向老百姓有一个清晰的交代。税收法定主义、预算法定主义、财政法定主义、公开透明等这些原则就由此而存在，并引导政府财政运行过程。

从工具意义上看，"公共财政"这个理论假说可以为财政的公共化改革解决两个问题：一是解决财政干什么，即政府财政活动的领域和范围，为判断财政"缺位"、"越位"和"补位"，实现政府与市场的分工提供一个标杆，有利于建立适应市场经济规则的财政运行机制。这是第一层含义的公共性所解决的问题。二是解决财政怎么干，即政府财政的运行方式，诸如是隐秘还是公开透明、是各自为政还是依法理财、是长官意志还是财政民主、是国家本位还是民众本位，如此等等。这是第二层含义公共性所解决的问题。

进一步分析，上述两层含义的公共性对应两个前提性的认识和观念：

第一，市场是人类有史以来生产财富最富有效率的机制。马克思在《共产党宣言》中指出：资本主义在它不到一百年时间所创造的生产力，比过去一切时代创造的全部生产力还要多，还要大。如果撇开社会形态这层含义，马克思的这个评价也可以说是对市场经济效率的评价。从简单商品生产，发展到今天的全球化市场经济，市场经济的高效率似乎从历史实践的逻辑中已经得到了证明。至少到目前为止，似乎还没有发现比市场机制更有效率的机制。我国走出计划经济，进行市场化改革，正是基于这样一个认识性前提。这个前提好比数学中的公理，是很难通过逻辑来证明的。不过放眼全球来看，资本主义国家或者说市场经济国家有很多，但真正由此而变得发达富裕的国家却并不多。这说明，市场机制这个人类的伟大发明，只是提供了一种高效率生产财富的可能性，最终还要看如何运用这个机制。

当定位市场在资源配置中发挥基础性作用时，政府与市场的逻辑关系也就发生颠倒性的变化。在计划经济体制下，政府在资源配置中是第一位的，市场是第二位的，即凡是政府能做的，政府尽量去做，实在做不了的才交给市场。在市场经济体制下，市场在资源配置中是第一位的，政府是第二位的，即凡是市场能做的都交给市场，市场做不了的、做不好的则交给政府去做。要发挥市场机制的作用，显然需要从"市场第一，政府第二"这个逻辑来构建新的经济体制。不言而喻，这个逻辑同时也决定了财政公共化改革的第一层含义：重新校正财政的定位，应该干什么，不应该干什么。

第二，公权民授。从"君权神授"到"公权民授"是人类探寻和解释自身存在方式的一种结果。现代社会的人们更相信后者才是正确的，甚至已经成为无须证明的公理性前提。其背后的逻辑是，国家是社会成员达成契约的一种结果，是一种从文化认同基础上发展起来的政治认同。这种认识和观念的形成，是与人类物质文明程度处于更高的阶段相联系的。显然，这代表了一种人类认识的进步。从我国的情况来看，这种转变已经变形为从“国家本位”向“民本位”、“以人为本”转变，即由“国家决定”（治民）变为“委托—代理”（民治）的关系，公众是委托人，政府是代理人。

顺着这个观念背后的逻辑，财政公共化改革的第二层含义才有了依托：

财政“怎么干”就有了坚实的逻辑前提，财政民主化、透明化的要求也就找到了源头。以计划经济为基础的“国家本位”强调的是“国家决定”，财政的一收一支都是国家的秘密，财政收支的来龙去脉自然是不需透明，国家理财是少数人的事情，与老百姓是无关的，财政自然是“国家财政”。以市场经济为基础的“民本位”强调的是“委托—代理”，是老百姓同意把钱集中起来交给政府来替老百姓办事。财政是“老百姓的财政”，也就是公共财政。很自然地，财政运行过程应当公开、透明，老百姓参与理财。这样，民主财政也就顺理成章了。显然，在这里，构建财政运行机制的逻辑与传统体制下的财政运行逻辑是完全颠倒的，政府与民众的关系从“政府第一，民众第二”转变为“民众第一，政府第二”，老百姓成为政府财政“怎么筹钱，怎么花钱”的出发点和落脚点。

由此可见，中国现阶段的财政公共化改革包含了两重关系：一是政府与市场的关系，二是政府与民众的关系。改革的取向是把计划经济体制下的那种逻辑关系颠倒过来，让市场在资源配置中发挥基础性作用，为市场让出空间；让民众在财政决策中发挥终极决定作用，真正实现民治、民享、民富。

放在全球范围来看，我国属于发展中国家，处于不发达状态。而这种不发达状态本身就是整个国家、整个中华民族面临的公共风险。包含两重关系的财政公共化改革，其最高目的就是化解这种公共风险，促进经济、社会尽快地摆脱不发达状态，实现中华民族的真正崛起。任何改革都是工具意义上的，财政改革也不例外，最终要服从于化解公共风险的目的。

参考文献

[1] 张馨. 公共财政论纲 [M]. 北京：经济科学出版社，1999.

[2] 高培勇. 构建中的中国公共财政框架 [J]. 国际经济评论，2001（1-2）.

[3] 贾康. 关于建立公共财政框架的探讨 [M]//中国财经前沿问题讲稿. 北京：经济科学出版社，2006.

[4] 刘尚希. 全面理解公共财政 [N]. 中国财经报，1999-2-5.

[5] 刘尚希. 论公共风险 [J]. 财政研究，1999（9）.

[6] 刘尚希. 公共财政：我的一点看法 [M]//经济活页文选. 北京：中国财政经济出版社，2000.

个人所得税费用扣除调整的劳动供给效应*

刘　怡　聂海峰　邢春冰①

【内容提要】利用2005年个人所得税费用扣除标准改革提供的自然实验机会，我们使用微观样本数据估计了税制改革对劳动供给的影响。我们发现税制改革对不同性别群体的劳动供给存在不同影响。税改使得就业女性的工作时间显著增加，平均每周增加了3.72小时，对男性的工作时间没有显著影响。在影响个人劳动时间的社会特征中，家庭其他收入、家庭人口对工作时间影响不显著，在企事业单位工作，具有党员身份、较高教育和工龄使个人工作时间更长，具有城镇户口相对工作时间较少。婚姻和学龄前子女对男性和女性工作时间具有不同的影响。

【关键词】个人所得税改革　自然实验　倍差法

【中图分类号】F818.42　文献标识码：A　文章编号：1002-8102（2010）06-0052-8

一、引言

财税政策在调节收入分配方面发挥着重要的作用。个人所得税是政府调控个人收入差距的重要工具。所得税的调整涉及公平和效率两个方面。一方面，通过调整税率或费用扣除标准，使得不同收入群体的税收负担变化，达到调节收入公平的目的；另一方面，税收制度的变化会引起微观个体的劳动供给行为发生变化。从经济学理论分析来看，个人所得税变化影响劳动价格的变化，会对劳动供给产生两种效应——收入效应和替代效应。以个人所得税费用扣除为例，提高所得税费用扣除标准，降低了工资薪金所得的边际税率，个

* 本文选自《财贸经济》2010年第6期。本文得到国家自然科学基金（7087304）、2009年度中山大学人文社会科学青年教师桐山基金和教育部“新世纪优秀人才支持计划”的资助。论文使用数据来自中国国家社会科学基金资助的中国综合社会调查（CGSS）项目。该调查由中国人民大学社会学系与香港科技大学社会科学部执行，项目主持人为李路路教授，边燕杰教授。作者感谢上述机构及其人员提供数据协助，论文内容由作者自行负责。

① 刘怡，北京大学经济学院教授、博士，100871；聂海峰，中山大学岭南学院讲师、博士，510275；邢春冰，北京师范大学经济与工商管理学院副教授、博士，100875。

人税后工资增加，替代效应使得劳动供给增加，但是收入效应却使得劳动供给减少，这两种效应的作用方向相反。如果税制改革使得收入效应大于替代效应，劳动供给将减少；反之，劳动供给增加。一般来说，从理论上并不能明确判断税制改革这两种效应的大小，需要通过微观经验研究来分析税制改革的劳动供给效应。

对劳动供给效应的分析，影响着对税收公平的评估。一方面，提高工资薪金扣除标准，虽然普遍降低了纳税人适用的税率，但由于所得税税率是累进的，因而对不同收入的个体有不同的影响。如果劳动供给不发生变化，那么从税后收入绝对量来看，高收入者可能因适用税率降低，而使税后收入的增加额高于低收入者。高收入者由于税率较高，其税后收入的增加额将高于低收入者的税后收入增加额。但是，从相对量来看，由于低收入者收入较低，税后收入增加额占收入的比例可能会高于高收入者的增加额。另一方面，如果所得税变化影响个体的劳动供给，使得低收入者的劳动供给增加超过高收入者的劳动供给，那么自然会增加低收入者的收入，使得高收入者和低收入者因税收改革带来好处之间的差距缩小，促进税收公平的实现。因而，估计所得税改革对劳动供给的影响，是评价所得税改革促进收入分配公平和效率权衡的重要内容。

2005 年我国个人所得税制度改革中规定，自 2006 年 1 月 1 日起，工资和薪金所得扣除标准将从每月 800 元提高至每月 1600 元。这一政策变化为我们分析税制改革对劳动供给的影响提供了一个自然实验机会。使用全国微观调查数据，我们分析了个人所得税改革对劳动供给效应的影响。

本文安排如下：第二节是文献综述，第三节介绍自然实验评价的倍差法和估计模型，第四节是数据介绍，第五节是估计结果和分析，最后是文章的总结。

二、文献综述

利用微观数据分析税收对劳动供给的影响是经济学经验研究的重要话题。据 Blundell 和 MaCurdy（1999）的综述，微观研究文献经历了从描述分析到自然实验估计的过程。早期的经验研究使用线性预算约束假设，利用微观横截面数据，使用普通最小二乘法或者两阶段最小二乘法进行估计。Heckman（1993）总结了这一时期的研究，发现男性和女性劳动供给行为不同。成年男性劳动供给行为受税收政策影响的税后工资率变化影响很小，而女性劳动供给对税后工资率的变化比较敏感。

使用横截面数据进行回归分析有一个重要的基础假设，就是影响微观个体劳动供给行为的主要变量都可以根据可观测的变量来确定。由于个人对劳动和休闲的偏好等因素是不可观测的，这势必导致估计结果存在偏差。为了克服截面数据回归方法的不足，结合时间序列数据的模型被广泛应用来分析劳动供给的弹性。所得税税制改革提供了许多估计税收对劳动供给行为的自然实验机会。Blundell 等（1998）使用英国 1978~1992 年的微观调查数据，利用出生年份和教育程度作为工具变量分组，利用英国 20 世纪 80 年代的所得税税制改革估计了已婚妇女的劳动供给弹性。Eissa（1995）利用美国 1986 年税改法案对不同收入已婚妇女影响不同的自然实验，应用自然实验文献中的倍差法（Difference in Differences）估算了已婚高收入女性群体的劳动供给反应。

任何一项经验研究的估计结果都面临着外部有效性和内部有效性的问题。外部有效性是指研究的样本有代表性，所得结果有推广的价值和意义。内部有效性是估计方法合理，避免忽略其他变量，控制其他干扰研究对象间合理比较的因素等问题。内部有效性是外部有效性的基础，只有解决内部有效性的研究才具有基本的外部有效性。解决内部有效性的一个重要手段是完全随机实验，随机性保证了内部有效性的各项要求得到满足。由于随机实验在社会科学研究中的各种限制，政策变化在许多情况下提供了近似随机的自然实验。

Meyer（1995）指出，自然实验方法可以将其他干扰因素在分析中分离出来，使得估计结果尽可能近似随机实验的结果。因而，利用税收制度改革对个体收入产生的外生变化来分析劳工供给的反应是解决其他方法的内部有效性的重要途径。Eissa 和 Liebman（1996）应用自然实验方法研究了美国勤劳所得税收减免法（EITC）对单身母亲劳动供给行为的影响，发现单身母亲劳动参与率增加了 2.8 个百分点，但对工作时间影响不显著。Meyer 和 Rosenbaum（2001）在之后的研究中进一步证实了 Eissa 和 Liebman（1996）的主要结论。

利用税收制度变化分析劳动供给效应的研究在国外已经相当普遍，但国内相关研究起步较晚。一方面是因为全国范围内的微观数据搜集和发布在近年才开始，另一方面是由于我国税收制度相对稳定。在国内文献中，于洪（2004）和余显才（2006）使用横截面数据，应用二元选择模型研究了企业类型、年龄、性别和工资率等因素对劳动参与行为的影响，认为税率变动不会对劳动参与产生影响。张世伟等（2008）最早利用吉林省的微观数据，分析了 2005 年所得税税制变革对劳动供给的影响，发现对男性劳动供给影响不大，但是却影响女性的劳动参与行为。

三、估计方法

评价一项政策的效果，一个直观的想法是比较政策执行前后相关指标的变化情况。以本文研究的工作时间来说，就是比较工资薪金费用扣除调整前后工作时间的变化。但是这种前后比较的方式，可能忽略了由于宏观环境等其他随时间变化因素造成的影响。解决这个问题的一个途径，就是比较受政策变化影响群体的指标和不受政策影响群体的指标，避免时间因素的干扰。但是这种比较可能会受到这两个群体之间差异的影响。当政策只是影响一部分群体的时候，我们可以使用受政策影响较小的群体作为参照，来控制因时间变化和群体差异可能对政策评价产生的偏差。

由于工资薪金扣除标准的提高只是降低了收入高于 800 元群体的税率，借用医学实验中的分类方法，受到税制改革影响大的群体就位于处理组，而受税制改革影响小的群体就位于对照组。因此我们使用低收入群体作为参照对象，可以分离出税制改革对于劳动供给的影响。

引入符号可以更加清楚地说明我们的分析。我们用 L_{tb} 和 L_{ta} 分别表示处理组在税改前和税改后的工作时间，因而 $L_{ta}-L_{tb}$ 就是处理组在税制改革前后工作时间的变化。由于这个变量不仅受到税制改革的影响，也可能会受到其他随时间变化因素的影响。我们用 L_{cb} 和 L_{ca} 表示对照组在税改前和税改后的工作时间，因而 $L_{ca}-L_{cb}$ 就是对照组在税制改革前后工作时间的变化。由于对照组受税制改革的影响较小，因而这个变化可以看作是其他随时间变化因素的作用。因此，如果处理组和对照组在没有税制改革的时候有相同的时间趋势，那么税制改革对于工作时间影响的真正效应就是 $(L_{ta}-L_{tb})-(L_{ca}-L_{cb})$。由于在估计中需要两次做差，因此这个估计方法被称作倍差法。

为了保证非税制改革因素对处理组和对照组工作时间变化有相同的影响，我们必须控制影响目标群体和对照群体劳动时间供给的其他因素，如年龄、教育水平、工作性质等。因此，我们建立如下的估计方程：

$$l_{it}=\alpha+\beta_1 treat_{it}+\beta_2 after_{it}+\beta_3 treat_{it}\times after_{it}+\gamma X_{it}+e_{it} \tag{1}$$

在这个方程中，$treat_{it}$ 是虚拟变量，表示个体是否属于受到个人所得税改革影响较大的群体，取值 1 表示属于处理组，取值 0 表示属于对照组。这个变量的系数反映了处理组和对照组在工作时间偏好之间的差异。$after_{it}$ 是虚拟变量，税改后取值为 1，税改前取值为 0。这个变量的系数反映了税改前后其他非税改因素变化对工作时间的影响。交叉项 $treat_{it}$ 和 $after_{it}$ 的乘积，对于税改后的处理组等于 1，其他等于 0。这个变量的系数，就是我们主要关心的变量，反映了税制改革对劳动供给的影响。检验个人所得税改革是否增加劳动供给的效应，就是检验 $\beta_3>0$。e_{it} 是影响劳动供给时间的随机因素。

当然，影响个体劳动供给还有许多其他个体偏好和制度因素。为了充分控制个体的属性和制度因素对劳动时间的影响，X_{it} 作为其他控制变量向量，包括了影响劳动时间的其他因素。在这里，根据经济学理论和文献中的通常做法，我们控制了年龄、教育年限、技术职称、户口类型、是否党员、家庭规模。为了控制制度方面的影响，我们也控制单位类型和所在地区的虚拟变量。不同年龄的人由于教育水平、工作经验和劳动生产率不同，在工作时间上存在显著差异。因此，根据人力资本理论和生命周期理论，教育年限和技术职称反映了人力资本积累的情况，年龄反映了个体的生命周期和经验情况。户口类型和是否党员反映了就业机会和社会资本的个体差异。由于地区发展差异，不同地区的劳动需求可能存在差异，不同单位类型对劳动时间的制度安排也会不同。

由于只有就业的人我们才可以观测到他们的工作时间，在估计方程（1）的时候必须考虑影响个体就业的因素。根据 Heckman 的二元样本选择模型，假设微观个体的就业是由如下条件决定的：

$$h_{it}^*=\delta Z_{it}+\eta_{it},\ h_{it}=1\ \text{if}\ h_{it}^*>0,\ h_{it}=0\ \text{if}\ h_{it}^*\leqslant 0 \tag{2}$$

这里 h^*_{it} 表示个体 i 在时刻 t 决定他是否就业的不可观测的变量，而 h_{it} 表示我们可以看到的个体 i 在时刻 t 就业情况（1 表示就业，0 表示没有就业），Z_{it} 表示决定个体是否就业的有关变量的向量组，δ 是相应的系数向量，η_{it} 表示随机扰动项。当方程（1）中的 e_{it} 和方程（2）中的 η_{it} 相关的时候，意味着个体是否就业的因素也影响微观个体的劳动时间。根据样本选择模型，假设 $(\eta_{it}, e_{it}) \sim N(0, 0, 1, \sigma, \rho)$，表示这两个随机变量服从均值为 0，方差分别为 1 和 σ，相关系数为 ρ 的二元正态分布。因此，考虑到样本选择问题，估计方程（1）就变为如下的方程：

$$l_{it} = \alpha + \beta_1 treat_{it} + \beta_2 after_{it} + \beta_3 treat_{it} \times after_{it} + \gamma X_{it} + \rho\sigma\lambda_{it} + u_{it} \tag{3}$$

这里 $\lambda_{it} = \frac{\varphi(\delta Z_{it})}{\Phi(\delta Z_{it})}$，就是逆米尔斯比，其中分子的 φ(·) 表示标准正态分布的密度函数，而分母的 Φ（·）表示标准正态分布的分布函数。这一项就反映了就业人员的工作时间，而这个样本可能是微观个体自我选择的结果，通过引入这个项目控制了估计过程中的样本选择问题。在方程（3）中，u_{it} 是均值为 0 的误差项。根据方程（2）和分布假设同时可以得到就业方程 $Prob(h_{it} = 1) = \Phi(\delta Z_{it})$，通过估计就业方程可以得到每个个体的逆米尔斯比的数值。在影响微观个体就业的变量 Z_{it} 中，除了包括影响个体工作时间的因素 X_{it} 之外，加入是否有学龄前儿童的变量。照顾儿童是影响劳动参与的一个重要变量，但是这个变量对劳动参与的影响是不确定的。一方面照顾儿童需要更多时间使其可能不参与就业，另一方面抚养儿童需要更多的收入，需要参加就业。

四、数据

本文的数据来自中国人民大学和香港科技大学联合进行的中国综合社会调查（CGSS）项目 2005 年和 2006 年的全国抽样调查数据。该调查使用分层抽样方法从全国城乡分范围内抽样，具有全国人口的代表性。调查分城市和乡村样本两种类型，研究中使用城市样本数据。因此，数据是重复截面型的数据结构，包括了详细的人口特征和有关就业经济活动的数据，包括性别、年龄、教育程度、户口类型、家庭人口和未成年子女数、地区、就业状况、单位类型、每月工资收入和周工作时间等变量。我们使用年龄在 18 ~65 岁之间的成年人作为样本。2005 年个人所得税改革的主要内容是工资薪金所得的费用扣除从每月 800 元提高到每月 1600 元，因此，利用微观个体的纳税地位将税改前后月工资收入大于 800 元的微观个体作为可能受到税改影响较大的处理组群体，而将税改前后月工资收入小于 800 元的微观个体作为可能受到税改影响较小的对照组群体。

这种利用税收地位划分的办法，是文献中经常使用的办法（Eissa，1995）。根据文献中的一般做法，我们把男性和女性分开，分别估计税制改革对男性和女性的影响。一方面，社会传统和道德对男性和女性就业劳动有不同的看法，在制度和社会规范方面存在着男性和女性的差异；另一方面，因为生育和照顾子女等中断工作的因素对女性的影响通常比男性大。表 1 给出了就业女性在税改前后劳动时间的变动情况。我们可以看到，税改后就业女性对照组的每周工作时间下降了 2.89 小时，而处理组的就业女性在税改后工作时间增加了 2.49 小时。通过倍差法计算可知，和对照组相比，处理组的每周工作时间增加了 5.38 小时。这意味着如果对照组和处理组之间没有显著的时间趋势差异，那么由于税改降低了所得税的税率，因而会使就业女性的劳动时间增加。当然，这个估计只是简单估计，没有控制对照组和处理组之间个体的其他差异。

表 1　处理组群体和对照组群体税改前后就业劳动时间变动情况

单位：小时

		女性每周工作时间			男性每周工作时间		
		均值	标准差	样本数	均值	标准差	样本数
对照组	税改前	50.38	13.03	1714	50.46	13.68	1110
	税改后	47.49	12.91	1438	48.32	12.84	848
	变化量	−2.89	0.46		−2.14	0.60	
处理组	税改前	46.99	11.28	761	48.80	12.73	1157
	税改后	49.48	15.42	1194	50.27	14.83	1438
	变化量	2.49	0.61		1.47	0.54	
	倍差法估计	5.38	0.76		3.63	0.81	

表 1 右半部分给出了就业男性在税改前后工作时间的变化情况，我们可以看到对照组就业男性每周工作时间下降了 2.14 小时，而处理组就业男性工作时间每周增加了 1.47 小时，根据倍差法的估计计算，税改使得处理组的男性每周工作时间增加了 3.63 小时。如果对照组和处理组之间不存在显著差异，那么所得税改革也会使就业男性的工作时间增加。

表 2　处理组群体和对照组群体解释变量对比情况

单位：小时

变量	女性				男性			
	对照组		处理组		对照组		处理组	
	税改前	税改后	税改前	税改后	税改前	税改后	税改前	税改后
就业	0.35	0.31	0.91	0.57	0.44	0.41	0.97	0.81
户口	0.89	0.85	0.91	0.77	0.91	0.90	0.91	0.80
民族	0.95	0.95	0.95	0.94	0.94	0.94	0.96	0.96
党员	0.05	0.06	0.09	0.04	0.15	0.17	0.21	0.13
职称	0.34	0.22	0.37	0.21	0.32	0.30	0.41	0.32
教育年限	8.97	9.83	11.05	10.80	9.57	9.84	11.11	11.75
年龄	42.55	44.43	35.46	36.68	42.62	46.34	37.78	36.39

续表

变量	女性				男性			
	对照组		处理组		对照组		处理组	
	税改前	税改后	税改前	税改后	税改前	税改后	税改前	税改后
已婚	0.85	0.85	0.79	0.72	0.77	0.83	0.80	0.70
企事业	0.77	0.95	0.92	0.65	0.84	0.95	0.92	0.81
家庭其他收入	13.79	15.87	23.29	22.06	12.05	11.90	16.58	21.47
学龄前子女	0.15	0.14	0.22	0.16	0.14	0.10	0.19	0.17
家庭人口	3.49	2.35	3.32	2.30	3.56	2.44	3.37	2.29
东部地区	0.41	0.41	0.58	0.50	0.39	0.33	0.51	0.52
中部地区	0.39	0.39	0.29	0.33	0.39	0.42	0.32	0.33
西部地区	0.20	0.20	0.13	0.17	0.21	0.25	0.17	0.16
观测数	2056	1438	791	1681	1239	848	1167	1647

只有当处理组和对照组的个体特征近似时，对照组作为处理组的合理比较对象，估计的结果才是恰当的。因此，估计中需要控制影响就业和劳动时间的其他因素。表 2 给出了处理组群体和对照组群体影响工作时间和就业的变量对比情况。我们根据问卷中对目前就业状况的回答确定个体的就业状态，全职和半职就业作为就业人群，而回答无业的个体属于没有参与工作的人群。我们可以看到对女性来说，对照组税改前后就业比例下降不大，但是处理组税改前后就业的变化比较大，因此在估计税改对工作时间和工资的影响时控制是否就业的样本选择问题是一个重要的因素。就个体特征而言，对照组女性和处理组女性税改前后在户口（是否城镇户口）、民族（是否汉族）、职称（是否具有技术职称）比例方面的差距不大。但是处理组女性比对照组女性有较高的教育水平，较低的年龄，追求政治上的进步（是否共产党员）和较低的已婚比例，在企事业单位工作的比例较高。在家庭特征方面，处理组女性比对照组女性有较高的家庭其他收入，但是二者在学龄前子女和家庭人口数方面差距不大。从区域分布来看，处理组女性来自东部地区的比例较高，而对照组女性来自中部和西部地区的比例较高，这也反映了地区间收入的经济发展情况。

从表 2 中也可以看到男性对照组和处理组的个体特征情况。对照组男性有较高的就业率，但是税改前后对照组和处理组的劳动参与情况变化不大。处理组男性在税改前有较高的党员和具有职称的比例，受教育水平和在企事业单位工作的比例也较高。和女性类似，处理组的年龄略低于对照组的平均年龄。由于我们使用的是城镇劳动者的数据，这个现象可能和国有企业转制有关。在家庭特征方面，处理组男性家庭其他收入高于对照组男性，在学龄前子女和家庭人口方面二者很近似。在区域分布方面，处理组男性在东部地区比例较高，而对照组男性在中部和西部地区的比例较高。

五、主要结果和分析

评估个人所得税改革的影响，需要控制其他因素，来分离出税制改革的真实效应。由于这些个体差异既影响个体的工作时间，也可能影响个体的就业参与程度，我们使用 Heckman 两阶段方法的样本选择模型估计税制改革的影响（Heckman，1979）。在估计中，控制变量包括户口类型、是否党员、民族、技术职称、年龄（及其平方）、教育年限（及其平方）等个人特征和家庭其他收入、家庭人口等家庭特征。我们把学龄前子女数作为是否影响就业的选择变量。从制度特征方面，我们也控制是否在企事业单位工作的虚拟变量和地区特征（以西部地区为参照组）。

表 3 给出了就业女性的工作时间和就业参与的估计方程。可以看到，对女性就业估计的逆米尔斯比的系数在 1%的水平上显著，因此控制样本选择的问题是合理的。从表 3 的第 2 列可以看到，税制改革使得就业女性每周工作时间增加了 3.721 小时，这意味着替代效应大于收入效应，女性的劳动供给增加了。相比表 1 中的简单估计，税改影响降低，这也意味着控制其他变量是合理的。变量 Treat 的系数为负，表明处理组平均每周工作时间小于对照组，而 after 系数为负说明在样本中其他因素影响工作时间减少。在影响女性就业工作时间的其他因素中，家庭其他收入会减少工作时间，但是在统计上不显著。其他条件相同，非农业户口女性的工作时间少于农业户口的女性。党员和汉族的女性工作时间相对较长。拥有技术职称的女性工作时间相对较少，这也反映了管理和执行工作的不同。我们在前面看到，平均周工作时间都超过了每周 40 小时的法定正常工作时间，这个系数可能反映了不同职称个体的加班可能性。工作时间和教育年限和年龄的关系都呈现出先增加后减少，但是教育年限的影响不太显著。教育年限和工作时间的这种关系，可能与教育和职业的关系有关。不同的教育水平使得女性进入不同的行业，行业工作强度的差异产生了这种现象。家庭人口越多，位于中部地区的女性工作时间越多，东部发达地区的女性工作时间相对较少，但是在统计上不太显著。相对于在党政机关和社会团体等单位工作的女性，在企事业单位工作的女性工作时间较长。在影响女性就业的变量中，汉族、是党员、有技术职称、较高年龄都会促进参与就业，而家庭其他收入、家庭人口数虽然也会使得就业概率增加，但是不太显著。教育程度对就业参与的影响先下降后上升。西部地区和非农业户口女性相对而言就业的概率降低。并且，结婚和照顾小孩显著降低了女性参加工作的概率，这表明抚养子女仍然是妇女的主要责任之一。

从表 3 的第二部分我们可以看到，和女性不同，在控制了个人特征之后，就业男性的工作时间并没有显著增加。个人特征对就业男性工作时间的影响和对就业女性的影响类似，党员和没有技术职称的男性工作时间更多，东部地区、中部地区和西部地区男性每周工作时间差异不大。但是和女性相比，年龄和教育时间显著影响男性的工作时间。年龄反映了就业的时代特征、工作经验和在工作中积累的人力资本，这些因素对男性的工作时间都有显著影响。家庭人口和其他收入对工作时间有正的影响，但是不显著。婚姻对男性工作时间正的影响也反映了一般社会态度，男性应当是家庭主要收入来源。影响男性就业的因素和影响女性就业的因素大部分都相同，但是家庭人口和地区哑变量都不显著，这意味着地区差异和家庭人口不是男性就业的重要变量。婚姻和学龄前子女对男性劳动参与的影响为正，和对女性的影响正好相反。子女对于家庭来说，一方面，需要更多时间照顾，会减少劳动参与；另一方面，为了子女的成长需要获得更多的劳动收入。估计结果表明，对于在家庭内部劳动照顾子女和在社会劳动获得工资的选择方面，男性和女性的家庭分工有不同的表现。女性更多的是脱产在家庭照顾子女，而男性则是参与社会劳动。

表 3　税制改革对工作时间影响的估计结果

解释变量	女性工作时间		女性就业方程		男性工作时间		男性就业方程	
	标准差	系数	标准差	系数	标准差	系数	标准差	系数
Treat* after	3.721***	1.053			1.192	1.087		
Treat	−1.408*	0.751			−0.143	0.739		
after	−2.844***	0.851			−0.515	0.964		
家庭其他收入	−0.003	0.002	0.000	0.000	0.001	0.002	0.000	0.000
户口类型	−9.960***	1.561	−0.432***	0.050	−7.847***	1.293	−0.717***	0.073
是否汉族	2.880*	1.568	0.230***	0.079	−1.961*	1.183	0.008	0.098
是否党员	2.710*	1.597	0.297***	0.085	0.080	0.790	0.170***	0.064
技术职称	−1.299*	0.720	0.044	0.041	−1.205**	0.604	0.157***	0.047
教育年限	0.162	0.437	−0.119***	0.015	1.069***	0.256	−0.063***	0.020
教育年限平方	−0.015	0.030	0.009***	0.001	−0.073***	0.015	0.005***	0.001
年龄	1.608*	0.852	0.219***	0.013	1.549***	0.580	0.264***	0.013
年龄平方	−0.025**	0.012	−0.003***	0.000	−0.023***	0.008	−0.004***	0.000
是否结婚	0.636	1.062	−0.105*	0.060	1.901*	1.096	0.485***	0.071
家庭人口	0.111	0.268	0.017	0.014	0.301	0.216	−0.024	0.016
东部地区	−0.363	0.859	0.021	0.051	0.005	0.705	0.027	0.060
中部地区	0.645	0.884	−0.059	0.051	0.488	0.724	−0.092	0.061
是否企事业	2.851***	1.042			2.657***	0.947		
学龄前子女			−0.113**	0.050			0.004	0.068
逆米尔斯比	15.319***	5.372			9.688**	3.964		
常数项	18.229	16.762	−3.028***	0.245	24.736**	11.078	−3.268***	0.280
ρ	0.866				0.647			
σ	17.693				14.980			
样本量			5966				4901	

注：上标 ***、**、* 分别表示在显著性水平 0.01、0.05、0.1 时显著。

总结表 3 的估计结果，在控制了影响工作时间的微观个体特征和样本选择问题之后，个人所得税改革促进了就业女性的工作时间，对男性的工作时间影响不显著。这也意味着，女性对税收的反应高于男性的反应。这个结果和 Heckman（1993）总结的文献的结果很相近，女性的劳动供给弹性较大，而男性的劳动供给弹性接近于零。从税收政策公平和效率权衡角度来看，对男性而言，税收激励造成的效率损失可能不大，而对女性来说，通过降低税率增加劳动供给，使得税后收入增加，在调节收入公平的时候对女性劳动工作的影响较大。

不同群体的劳动供给行为不同，意味着政策变化的影响不同。从税收收入角度来看，对男性来说，由于工作时间变化不显著，减低税率的同时也降低了来自这个群体的税收收入。对女性而言，一方面，由于工作时间增加，减低税率而减少税收收入将被工作时间增加而部分抵消；另一方面，由于女性就业人口工作时间增加，给定其他条件不变，企业对新员工的需要减少，使得女性就业需求相对较少，在一定程度上可能会增加女性新增劳动力的就业难度。

六、总结

个人所得税是政府调节收入分配的重要工具，效率和公平是政府使用税收手段调节经济时必须面临的权衡和选择。理解所得税制变化对个人劳动供给行为的影响，对于进行个人所得税改革和设计，理解政策作用效果，促进收入分配公平和经济效率有重要的指导意义。

利用 2005 年个人所得税税制改革提供的自然实验机会，我们使用全国样本的微观数据估计了工资薪金所得费用扣除标准的提高对劳动供给行为的影响。应用自然实验文献中的倍差法估计模型，在克服了样本选择的问题之后，发现税改使得就业女性的工作时间显著增加，平均每周增加了 3.72 小时；而就业男性的工作时间变化不显著。

政策调整对不同群体会产生不同的影响。因此，要通过提高全国统一执行费用扣除标准来实现对不同群体的收入水平的调整，还需要配合其他政府政策。在个人所得税综合和分类相结合的改革设计中，可以考虑根据不同群体的特征制定相应政策，比如美国就曾在 20 世纪 90 年代对低收入妇女的勤劳所得实行税收抵免（EITC）计划。为实现调节收入分配的目标，还可以采取政府支出政策和税收政策的配合，增加针对特定群体的转移支付政策等措施。

参考文献

[1] 于洪. 我国个人所得税税负归宿与劳动力供给的研究 [J]. 财经研究，2004（4）.

[2] 余显才. 所得税劳动供给效应的实证研究 [J]. 管理世界，2006（11）.

[3] 张世伟，周闯，万相昱. 个人所得税制度改革的劳动供给效应 [J]. 吉林大学社会科学学报，2008（7）.

[4] R. Blundell, A. Duncan and C. Meghir, Estimating Labor Supply Responses Using Tax Reforms [J]. Econometrica, 1998, 66: 827-862.

[5] R. Blundell and T. MaCurdy, Labor Supply: A Review of Alternative Approaches [M]. In O. A shen-felter and D. Card (eds.), Handbook of Labor Economics, Vol.3 A. Elsevier: Amsterdam, 1999.

[6] Eissa, N., Taxation and Labor Supply of Married Women: The Tax Reform Act of 1986 as A Natural Experiment [R]. NBER Working Paper, No.5023, 1995.

[7] Eissa, N. and J. Liebman, Labor Supply Response to the Earned Income Tax Credit [J]. Quarterly Journal of Economics, 1996, 61: 605-637.

[8] Heckman J., Sample Selection Bias as A Specification Error [J]. Econometrica, 1979, 47 (1): 153-161.

[9] Heckman, J., What Has Been Learned about Labor Supply in the Past Twenty Years? [J]. American Economic Review Papersand Proceedings, 1993, 83 (2): 116-121.

[10] Meyer B., Natural and Quasi Experiments in Economics [J]. Journal of Business and Economic Statistics, 1995, 13 (2): 151-161.

[11] Meyer, B. and D. Rosenbaum, Welfare, the Earned Income Tax Credit, and the Labor Supply of Single Mothers [J]. Quarterly Journal of Economics, 2001, 66 (3): 1063-1114.

城镇居民间接税负担的演变*

聂海峰　刘　怡①

【内容提要】 本文研究了21世纪以来，税收收入高速增长对于城镇不同收入家庭间接税负担的影响。收入越高的家庭负担的间接税越多，但是税收占收入的比例却是低收入家庭的比例大于高收入家庭的比例，间接税是累退的。从2000年到2005年，所有家庭的税收负担比例都增加了，税收累退的程度没有变化。通过把税收负担变化分为税收征管和经济结构引起的实际税率变化和家庭消费结构变化两部分，本文发现实际税率提高是近年来所有家庭税收负担增加的主要原因。

【关键词】 间接税　税收负担　累退税收

【经济文献分类号】 H22，H23，H31

一、引言

税收负担或者税收公平是税收政策制定和讨论中的重要影响因素，研究税收的最后归宿一直是税收研究和税制改革的核心问题。近年来，我国税收收入增长率持续高于国内生产总值的增长率，已经引起理论和实务界的广泛关注。随之而来的问题是，在税收持续增长的过程中，哪个收入群体受到的影响最大？税收收入在不同收入的消费者群体之间如何分担？影响消费者税收负担变化的因素中，是税收的因素还是收入和消费结构的因素更重要？

关于税收负担的理论和实证研究在国际文献中可谓汗牛充栋，已经发展出了各种方法，得到许多有意义的成果。税收负担分析已经成为税收政策制定和改革过程的标准信

* 本文选自《经济学（季刊）》2010年第9卷第4期。

① 聂海峰，中山大学岭南学院、经济研究所；刘怡，北京大学经济学院。作者通信地址：聂海峰，广东省广州市海珠区新港西路135号中山大学岭南学院，510275；电话：（020）84110652；E-mail：niehf@mail.sysu.edu.cn。作者感谢中山大学申曙光教授、卢锐副教授、龙朝晖副教授、刘虹副教授的评论和建议，感谢两位匿名审稿人和主编的建设性意见。本文的研究受到“2009年度中山大学人文社会科学青年教师桐山基金项目”和“国家自然科学基金项目（批准号7087304）”的资助。当然，作者文责自负。

息，是税收政策改革和辩论的基础（Atrostlc 和 Nunns，1991）。但是在目前国内文献和实务中，关于税收负担的研究正处在起步阶段。这种情况一方面是由于学术研究市场的供给和需求决定的，另一方面也和我国当前的税制有关。随着我国市场经济体制的建立完善和分税制、费改税等财政体制改革，税收在财政收入中逐渐成为主要来源。和发达国家以所得税为主要税种不同，在我国的全部税收收入中，间接税的比重仍然比较大。在直接税中，个人所得税的比重不大，而公司所得税中很大一部分比例是国有企业的所得税。构成税收收入主体的增值税、消费税和营业税的间接税性质，使得如何确定税收最后的归宿是任何税收负担研究都必须解决的问题。

我国间接税收入占全部税收收入的比重超过一半，并且在税收增长中有着重要的贡献(李方旺，2006)，因此间接税的负担对我国整体税收负担有重要影响。本文利用投入产出模型刻画经济中各行业的经济和税收联系，分析了增值税、消费税和营业税三项间接税从 2000 年到 2005 年在城镇家庭之间的负担情况，考察了间接税税收增长对城镇居民负担和收入分配的影响。

我们的研究发现，从行业部门来看，绝大部分部门在 2000~2005 年这段时间内，实际税率提高了。从居民税收负担来看，全国平均而言，城镇居民消费中负担的间接税占人均可支配收入的比例（间接税负担率）从 2000 年的 6.4%增加到了 2005 年的 7.3%。把所有城镇家庭按照人均可支配收入分成不同收入组，间接税负担率呈现出随收入增加而下降的现象，低收入家庭的间接税负担率始终高于高收入家庭的负担率。和人们通常的看法一致，间接税是累退的。所有收入组的间接税负担率在这段时间内都增加了。从整体来看，所有收入组的负担率提高的程度相同，我们计算的 Sults 指数表明，不同收入组负担的税收占全体税收的比例和他们的收入在全部收入的比例之间的关系保持稳定。

通过把税收负担率变化分为税收征管及经济结构引起的实际税率变化及家庭消费结构变化两部分，我们发现，对所有的家庭来说，实际税率的提高是近年税收负担增加的主要原因，居民家庭已经减少高税率商品的消费。在当前经济形势下，从促进居民消费，提高消费在国内生产总值中的比重的角度来看，降低间接税也是对提高居民收入的一个补充选择。

本文组织如下：第二部分是本文考察的间接税的简单介绍和相关文献回顾，第三部分是税收转嫁投入产出模型和数据的说明，第四部分是文章的主要结果，分析了城镇不同收入家庭历年的间接税负担率和影响因素，最后是文章总结。

二、背景和文献

1996 年到 2007 年，我国税收收入持续增长，税收占国内生产总值的比例从 9.9%达到 20%左右。关于近年来税收增长的原因已经有广泛的讨论，对税收高速增长的原因逐渐达成共识。在早期的解释中，安体富（2002）最早提出三国素理论，构成税基的经济结

构变化是解释税收增长的主要因素（贾康等，2002；郭庆旺和吕冰洋，2004）。但是随着近十年的税收持续高速增长，征收管理的作用逐渐被接受（郭庆旺和吕冰洋，2006），征收率上升是税收持续增长的主要原因逐渐成为共识（高培勇，2006）。虽然文献中也进一步解释税收征管的技术进步和中央集中管理是征收率提高的原因（王剑锋，2008），但是对于税收持续增长带来的影响和后果的经验研究却为数不多。

税收作为政府的财政政策工具，除了筹集财政收入之外，一直有着促进效率和调整公平的作用。在税收的公平方面，谁最后承担了政府的税收一直是税收研究的核心问题。分析税收负担的最后归宿，对于政府政策制定有着重要的指导作用。因为经济学的一个基本结论就是向政府缴纳税收的人并不一定就是承担税收的人。经济学文献中的经验看法认为，个人所得税通常由缴纳者承担，但是对于交易环节征收的间接税常常在不同的交易者之间相互转嫁。

在文献中分析税收负担有两种广泛使用的方法：微观模拟法和一般均衡法。微观模拟法通常把家庭按照一定福利标准分组后，根据经验规则和税收转嫁假设分配每一组家庭的税收负担。分配税收负担的方法通常基于平均税率或明确的关于税收转嫁的假设。这种方法侧重税收规划、税收分析和多年税收负担的比较，广泛应用在政府税收立法评价和分析之中，近期的文献有经济合作与发展组织（OECD）（2000）对税收负担的比较分析。而一般均衡法则是通过建立关于经济的一般均衡模型，比较税收变化对均衡价格和均衡数量的影响来衡量税收归宿。利用国民经济账户、消费者家庭支出调查和税务部门的纳税数据，各种各样的可计算一般均衡模型被开发出来研究各种税制变化的影响和效果。Altig 等（2001）关于美国基本税制改革的模拟研究是这方面文献的代表。这两种方法各有优劣，互为补充，详细的评价和应用可以见 Atrostic 和 Nunns（1991）。简单来说，微观模拟法更多应用在实际征收的税收归宿分析，一般均衡法的长处在于税制改革的福利影响。

本文运用微观模拟法研究增值税、消费税和营业税在不同收入家庭的最终归宿影响。增值税是对在中国境内销售货物或提供加工、修理修配劳务以及进口货物征收的税收。税率有 13%和 17%两档，13%的低税率主要适用于粮油、食用植物油等产品，其他商品适用 17%的基准税率。营业税是对在中国境内提供应税劳务、转让无形资产或者销售不动产的征税。其基准税率为 3%和 5%，娱乐业的税率为 5%~20%。消费税是在对所有货物普遍征收增值税的基础上，选择烟、酒及酒精、化妆品、贵重首饰及珠宝玉石等 14 种特定消费品为课税对象，是对特定上瘾物品和奢侈品征收的税收。这三项是主要的间接税，税收收入占全部税收的比例自 1994 年以来一直在 50%以上。

由于间接税是在交易阶段征收的，不仅对最终消费商品征收，也对生产的中间投入物品征收。在文献中，通常假设税收向前转嫁，这就使得税收的转嫁和经济中各部门之间的联系密切相关。投入产出模型刻画了经济中各部门间联系的方式，被广泛应用在间接税负担的研究中。近期文献中，Scutella（1999）利用投入产出表计算了澳大利亚的间接税在不同行业的最后归宿。Rajemison 和 Younger（2000）建立投入产出模型分析了马达加斯加居民的间接税负担，Haughton、Quan 和 Bao（2006）分析了越南不同收入群体的税收负担问题。Hassett、Mathur 和 Metcalf（2007）分析了美国开征碳税对不同收入群体和地区的负担问题。本文的研究考虑了我国消费税在生产环节征收的情况，扩展了 Rajemison 和 Younger（2000）的模型，分析了增值税、消费税和营业税这三项间接税的流转转嫁对城镇不同家庭影响的演变情况。

对间接税税收负担问题的研究逐渐引起国内研究的关注。在理论研究方面，汪浩（2009）从理论上讨论了福利最大化的最优流转税的设计问题，主要出发点是效率损失问题。他的分析建立在代表性消费者的框架内，没有考虑收入分配的公平问题。在经验分析方面，刘怡和聂海峰（2004）使用广东省城市住户微观数据研究了间接税在城市不同收入组的分布情况。蒋洪和于洪（2004）利用消费支出估计了各项支出的需求弹性，在局部均衡框架内讨论了各项支出需求弹性对于不同收入组的税收负担的可能影响。王剑锋（2004）使用 2002 年城镇消费支出数据讨论了不同收入组的消费差异在不同税率假设下对税收负担的影响。张阳（2008）建立了一个简单一般均衡模型，尝试分析了城乡不同收入组 2006 年的税收负担情况。这些文献主要分析某一个时刻或者地区的税收负担情况，缺乏对税收负担连续性变化的考察。

在对于流转税的间接税特征刻画方面，大部分文献没有充分考虑各部门联系之间的影响，只有平新乔等（2009）是个例外，他们考虑了税收转嫁对间接税负担的影响。但他们的主题是比较增值税和营业税，分析这两种税收对企业和家庭的不同影响。在他们的增值税和营业税关系分析中，对中间投入征收营业税的影响进行了简化处理，对税收转嫁使用了和本文不同的税收转嫁假设。他们的分析中使用法定税率，虽然没有办法揭示征管水平对税收负担的影响，但是提供了一个法定税率下税收负担的基准。

本文没有区分增值税和营业税的不同影响，而是综合考虑由于经济结构使得间接税彼此影响的因素，建立了间接税转嫁的综合模型。这样一来，不同部门征收的增值税、营业税和消费税就由投入产出表所刻画的经济结构关系彼此联系在一起，互相影响。由于我们分析比较间接税作为一个整体时其税收负担的多年演变情况，为了综合可能的税收优惠和税收征管能力变化，我们在计算中使用实际征收税收来计算行业部门的实际税率。结合全国城镇居民多年的收入和消费数据，我们考察不同收入群体税收负担演变的情况，揭示了近年来税收收入高增长对居民间接税负担的影响。

三、模型和数据

间接税作为流转税，不仅对最终消费征收，也对中间投入征收，这使得税收在不同部门之间的转嫁受经济结构的影响。类似税收负担分析中的常用假设，我们假设生产部门的税收全部向前转移，经济中各部门的联系影响着不同部门税收转移的程度。我们用投入产出表来刻画各生产部门之间的经济联系。关于投入产出表分析的详细介绍，可以

参见何其祥（1999）。

（一）税收转嫁模型

如果没有税收，各部门之间的价格和投入结构之间的联系如下：

$$p_i = \sum p_j a_{ji} + v_i, \quad i, j = 1, \cdots, n \tag{1}$$

其中，p_i 是第 i 产业部门单位产品的价格，a_{ji} 是消耗系数，表示第 i 产业部门每单位产出消耗第 j 产业部门的投入，v_i 是第 i 产业部门的单位产出中增加值的比例，这使得各行业部门的价格标准化为 1。从上面的价值恒等式，我们得到不含税的价格向量：

$$P = (I - A^T)^{-1}V \tag{2}$$

其中，$P = (p_1, p_2, \cdots, p_n)^T$ 是部门单位产品价格向量，I 是 n 阶单位矩阵，A 是直接消耗系数矩阵，上标 T 表示矩阵转置，上标-1 表示矩阵求逆，$V = (v_1, v_2, \cdots, v_n)^T$ 是部门单位产品增加值比例向量。

类似 Rajemison 和 Younger（2000）的做法，和常用的税收负担分析方法一致，我们假设中间生产阶段的增值税、消费税和营业税都被企业向前转嫁，根据行业联系和完全竞争的零利润假设，可以建立如下的价值平衡方程：

$$p_i = \sum p_j a_{ji} + (1 + \tau_{1i})v_i + \sum \tau_{2j} p_j a_{ji} + \tau_{3i} p_i, \quad i, j = 1, \cdots, n \tag{3}$$

其中，p_i 是第 i 产业部门的含税价格，a_{ji} 是直接消耗系数，v_i 是单位产出中增加值的比例，τ_{1i} 是第 i 产业部门的增值税实际征收税率，τ_{2j} 是消费税实际征收税率，τ_{3i} 是营业税实际征收税率。在这个式子的右边是部门价格的构成，包括中间投入的价格、该部门的增加值和对该部门征收的增值税、消费税和营业税。实际征收税率是根据该部门实际征收的税收计算得到的，如果部门不征收某项税收，相应的实际征收税率就等于 0。

在这个模型中，我们用投入产出表刻画经济的生产结构，并假设经济是完全竞争的，因此方程（3）刻画了该部门产品的最终使用者面对的价格，也是消费者在消费时需要支付的价格。在消费税的刻画方面，Rajemison 和 Younger（2000）按照国外的做法，将消费税和营业税都作为在最终销售阶段征收的税收。而在方程（3）中，我们考虑到消费税在我国大部分地区是在生产阶段征收的税收，因此部门产品单位价格中包含的消费税依赖于部门的投入结构和各投入部门的消费税实际征收税率。营业税在销售阶段征收，因此我们把它模型化为在最终销售阶段征收的税收。在实践中，增值税在中间投入阶段是价外税，利用中间生产阶段的增加值计算企业的应纳税额。如果增值税的链条没有中断，消费者支付的增值税就是对全部生产过程中的增加值支付的税收。类似 Rajemison 和 Younger（2000），利用增值税的这种性质，我们把增值税模型化成对部门增加值征收的税收。

整理这个方程组，我们可以得到含税的价格向量如下：

$$P = (I - A^T - A^T[\tau_2] - [\tau_3])^{-1}(I + [\tau_1])V \tag{4}$$

其中，$P = (p_1, p_2, \cdots, p_n)^T$ 是 n 维含税消费者价格向量，I 是 n 维单位矩阵，A 是消耗系数矩阵，上标 T 表示矩阵转置，上标-1 表示矩阵求逆，$V = (v_1, v_2, \cdots, v_n)^T$ 是增加值比例向量。[τ_1]、[τ_2]、[τ_3] 都是 n 维对角矩阵，对角线的元素表示相应部门的税率，其中 [τ_1] 是增值税实际征收税率矩阵，[τ_2] 是消费税实际征收税率矩阵，[τ_3] 是营业税实际征收税率矩阵。

比较有税和没有税时的价格，我们可以得到税收的存在使得价格变化的比例，该比例就是各部门的实际税率。具体来说，假设不存在税收时的价格 p_0，根据方程（2）确定，利用方程（4）我们可以得到存在间接税时该部门的价格 p_t，因而该部门的实际税率就是$t_e = \frac{p_t - p_0}{p_0}$，表示税收的存在使得该部门的价格增加的比例。由于每个部门各自的税收和投入结构不同，各行业的实际税率各不相同。这个实际税率概括了所有转嫁的税收，既受到经济结构的影响，也受到各部门税收征收情况的影响。

进一步地，结合家庭的消费结构数据，把家庭消费支出的项目和投入产出部门对应起来，就可以计算家庭每一项消费项目中包含的税收，汇总所有消费项目的税收就得到家庭消费中负担的间接税。

（二）数据

从编制准备和要求来看，投入产出表分为基准表和延长表两种。逢 2、逢 7 年份开展全国性的投入产出调查，编制投入产出表（基准表），逢 0、逢 5 年份编制延长表。迄今为止，已经编制了 1987 年、1992 年、1997 年和 2002 年四张投入产出基准表，① 编制了 1990 年、1995 年、2000 年和 2005 年的投入产出延长表。在 2000 年之前，我们在公开发表的年鉴中找不到分行业的税收数据。由于投入产出表核算制度和税收数据的限制，我们使用 2000 年、2002 年和 2005 年共三年的投入产出表。我们在下文计算中使用的投入产出表来自《中国统计年鉴》中发布的 17 部门投入产出表。

部门实际征收税率是实际税收占部门总产出或者增加值的比例，税收数据来自相应年份《中国税务年鉴》的分行业数据。在税务年鉴中，有按照行业划分的增值税、消费税和营业税数据。我们根据《2007 全国投入产出调查培训手册》和《中国 2002 年投入产出表编制办法》中投入产出部门的解释及国民经济行业与投入产出部门对应，把增值税、消费税和营业税的实际税收收入对应到相应的投入产出部门，详细的对应办法我们放在附录中。增值税的实际征收税率等于部门实际征收的增值税占部门增加值的比例，营业税的实际征收税率等于部门实际征收的税收占部门总产出的比例，消费税在生产和进口环节而不是零售环节征收，作为近似，消费税的实际征收税率等于部门实际征收的税收占部门总产出的比例。

家庭消费支出项目和投入产出表部门的对应是根据《中国 2002 年投入产出表编制方法》第 50~60 页介绍的消费支出项目和投入产出表部门对应方法进行的。家庭消费数据来

① 本文写作时，2007 年的投入产出表还没有公布，利用本文的方法分析 2007 年的税收负担将是对本文研究的一个补充。

自历年的《中国价格及城镇居民家庭收支调查统计年鉴》，家庭消费支出项目分为食品、衣着、家庭设备用品及服务、医疗保健、交通和通信、教育文化娱乐服务、居住、杂项商品和服务八大类，每大类商品下再划分为若干中类，每个中类下划分为若干小类。2002年消费支出项目和2005年的消费支出项目分类是一致的，2000年的消费支出项目没有其他年份详细。对于2000年缺失的小类数据，我们用各收入组的平均消费结构计算该收入组在2000年相应消费项目的消费。我们根据小类中包含的商品的性质对应到相应的投入产出部门中。根据《中国2002年投入产出表编制办法》中的介绍，把消费项目和42部门的投入产出表的部门进行对应，然后根据17部门表的部门和42部门表的部门对应得到了各消费支出项目对应的17部门投入产出表的部门名称。

在家庭消费支出的68个小类和中类中，大部分的消费支出项目对应唯一的投入产出部门，但是也有一些消费支出项目对应多个投入产出部门，这时对消费金额在不同部门的划分，我们尽量按照《中国2002年投入产出表编制办法》的指引，当指引不明确的时候，我们根据投入产出部门的性质和消费项目的性质进行了规定。①

《中国统计年鉴》中提供了不同收入组城镇家庭的收入和消费支出数据，包括了不同收入组的人均可支配收入和人均消费支出的详细数据。在《中国统计年鉴》中也报告了各收入组调查家庭的数量和家庭平均人数，在我们计算税收负担的Suits指数时作为相应的权重。

城镇居民可支配收入指居民可用于最终消费支出和其他非义务性支出以及储蓄的总和，即居民家庭可以用来自由支配的收入。它是家庭总收入扣除缴纳的所得税、个人缴纳的社会保障费以及调查户的记账补贴后的收入。在《中国价格及城镇居民家庭收支调查统计年鉴》中，全部家庭按照家庭平均每人可支配收入分为不同的收入组。分组是采用五等分法，先将调查户按平均每人可支配收入由低到高顺序排列，然后按照各占1/5的比例分为低等收入户、中等偏下户、中等收入户、中等偏上户、高等收入户五个组。为了进一步分析低收入户和高收入户的情况，又将低等收入户分为最低收入户和低收入户两组，各占总调查户数的10%；高等收入户分为高收入户和最高收入户两组，也是各占总调查户数的10%。同时，占总调查户数5%的更低收入户作为困难户单列，反映城市贫困户生活情况。因而，所有城镇家庭根据人均可支配收入分为不等的7组，最低收入的5%又特别单列出来。

四、主要结果

本部分报告主要发现，首先是我们计算了投入产出表各部门间接税历年的实际税率，接下来我们讨论了不同收入组的税收负担比例和税收负担变化，最后是影响间接税负担因

① 由于篇幅限制，详细的对应表可以向作者索取。

素的分析和讨论。

（一）不同部门间接税实际税率

各产业部门历年的实际税率概括在表1之中。我们可以看到，从2000年到2005年，总的趋势是实际税率逐渐提高。各部门实际税率的决定因素一方面是本部门的实际征收税率，另一方面是该部门的投入结构和投入部门的税率。部门的实际征收税率由该部门的税收优惠和征管水平决定，税收征收率的提高是税收增长的重要因素之一（高培勇，2006）。而部门投入结构则是由产业政策和经济结构发展确定的。这二者的差异使得不同部门的税率变化不尽相同。2000年实际税率最高的前三个部门是批发零售贸易、住宿和餐饮业，金融保险，电力、热力及水的生产和供应业；2002年前三个部门则是机械设备制造业，电力、热力及水的生产和供应业，批发零售贸易、住宿和餐饮业。2005年的税率前三甲则是批发零售贸易、住宿和餐饮业，机械设备制造业，以及电力、热力及水的生产和供应业。

表1 历年投入产出部门的间接税实际税率

部门代码	部门	实际税率		
		2000年	2002年	2005年
1	农业	0.035	0.036	0.039
2	采掘业	0.095	0.093	0.130
3	食品制造业	0.075	0.095	0.096
4	纺织、缝纫及皮革产品制造业	0.082	0.097	0.103
5	其他制造业	0.069	0.064	0.080
6	电力、热力及水的生产和供应业	0.137	0.146	0.149
7	炼焦、煤气及石油加工业	0.093	0.114	0.135
8	化学工业	0.094	0.098	0.120
9	建筑材料及其他非金属矿物制品业	0.102	0.105	0.113
10	金属产品制造业	0.114	0.105	0.131
11	机械设备制造业	0.128	0.154	0.152
12	建筑业	0.099	0.098	0.111
13	运输邮电业	0.086	0.091	0.090
14	批发零售贸易、住宿和餐饮业	0.151	0.128	0.153
15	房地产业、租赁和商务服务业	0.089	0.083	0.121
16	金融保险业	0.147	0.103	0.104
17	其他服务业	0.108	0.076	0.099

（二）间接税占收入的比例

不同家庭消费不同的商品和劳务，通过把家庭的消费支出项目和投入产出表的部门对应，我们可以得到家庭消费支出中包含的间接税数量。由于税收的存在，家庭预算项目的相对价格发生变化，家庭的支出结构也会发生变化，如果家庭消费是有弹性的，家庭消费支出也可能会发生变化。这里我们按照税收负担分析中常用的假设，考察税收对消费支出的一阶效应，这可以看做税收对家庭福利变动的补偿变换的一阶近似。我们使用实际征收税收计算各消费支出项目的实际税率，得到的结果类似于实际税收在不同家庭的负担分布情况，这也是我们的研究所关心的。

把家庭根据人均可支配收入分成不同的收入组，每一组的消费中包含的间接税占可支配收入的比例综合在表 2 中。我们可以看到，从时间趋势来看，全国平均而言，从 2000 年到 2005 年，人均间接税占可支配收入的比例从 0.064 增加到了 0.073，平均每年增加 0.2 个百分点。在宏观层面上，增值税、消费税和营业税这三项税收全部收入占国内生产总值的比例在 2000 年为 0.073，2002 年为 0.080，2005 年为 0.089。[①] 我们得到的结果和宏观的税负相比偏小。出现这种现象，有我们方法的限制性因素。在我们的计算中，投入产出部门的分类比较粗，有税的行业和没有税的行业被汇总在同一个部门，使得部门的实际征收税率降低，相应的消费者的实际税率降低。如果得到部门分类细致的投入产出表和分部门税收，可以减少这个因素的影响。

表 2　不同收入组间接税负担率

class	收入组	比例（%）	2000 年	2002 年	2005 年
0	困难户	5	0.076	0.085	0.095
1	最低收入户	10	0.073	0.080	0.089
2	低收入户	10	0.070	0.074	0.081
3	中等偏下户	20	0.067	0.072	0.077
4	中等收入户	20	0.065	0.070	0.075
5	中等偏上户	20	0.063	0.068	0.072
6	高收入户	10	0.061	0.067	0.069
7	最高收入户	10	0.057	0.062	0.068
全国平均			0.064	0.068	0.073
Suits 指数			−0.036	−0.036	−0.036

把家庭分成不同的收入组，在这段时间内，所有家庭的间接税负担率都在上升。对于占全部家庭 10%的最低收入户来说，间接税负担率从 2000 年的 0.073 增加到 2002 年的 0.080，到了 2005 年进一步上升到 0.089。而收入最低的 5%的困难户家庭，间接税负担率在 2000 年已经是 0.076，到了 2005 年上升到了 0.095。对于占全部家庭 20%的中等收入户来说，间接税负担率从 2000 年的 0.065，上升到 2002 年的 0.070，在 2005 年又上升到 0.075。高收入家庭的间接税负担率也是上升的。对占全部家庭数 10%的最高收入户来说，间接税负担率在 2000 年只有 0.057，到了 2002 年上升到了 0.062，2005 年这个比例也达到了 0.068。

我们得到的不同收入组 2005 年的负担率小于平新乔等（2009）得到的税收负担率，但是和他们的分析一致， 间接税都出现了随收入增加而下降的累退现象。和他们结果的差异是由以下因素造成的：①平新乔等（2009）的计算中假设了消费者具体的效用函数，

① 国内生产总值、增值税、消费税和营业税数据均来自《中国统计年鉴》（2008）。

我们这里只是使用效用函数的一阶近似，没有假设效用函数的具体形式。②税收转嫁模式不同。我们的分析中使用投入产出模型来分析税收转嫁，在平新乔等（2009）的研究中只有最后阶段才征收营业税，他们的分析中没有考虑行业结构联系的差异。③我们使用实际征收税收计算实际税率，在他们的计算中使用的都是法定税率，而法定税率通常高于实际征收税率。因此他们计算的税收负担率高于本文的结果。我们的分析和平新乔等（2009）的分析互为补充，他们的分析提供了法定税率的影响，我们的分析更多的是从实际负担的角度出发。

对比不同收入家庭的税收占收入的比例来看， 间接税负担率呈现出明显的随着收入增加而下降的现象。在每一年里，低收入和中等偏下家庭间接税负担率都高于平均水平，而中等偏上和高收入家庭收入的间接税负担率都低于全国平均水平。具体来说，在所有年份中，收入最低的困难户家庭的间接税负担率都是最高的。2000 年时最低收入户的间接税负担率为 0.073， 中等收入户家庭的间接税负担率下降到了 0.065， 而最高收入户的间接税负担率是 0.057。在 2005 年的间接税负担率中，最低收入户是 0.089，中等收入户是 0.075，最高收入户是 0.068。

从家庭负担的税收占全部税收的比例和他们的收入占全部收入比例的对比情况，我们也可以看到间接税呈现累退的现象。我们计算了 Suits 指数，它提供了一个从整体上综合税收比例和收入比例来判断税收负担的指标（Suits，1977）。Suits 指数的计算类似于基尼系数，在计算基尼系数的 Lorenz 曲线中，横坐标是按照收入高低排序后各组人口占全部人口的比例，纵坐标是相应的收入占全部收入的比例，如果把横坐标换成按照收入高低排序后收入占全部收入的比例，而纵坐标是负担的税收占全部税收的比例，就得到了反映税收负担的 Suits 指数。Suits 指数的取值范围为［-1，1］，如果 Suits 指数为负数，表示低收入家庭的税收份额超过了他们的收入份额，税收负担是累退的；如果 Suits 指数为正数，税收负担是累进的，低收入家庭的税收份额低于他们的收入占全部收入的份额。如果税收和收入成比例，则 Suits 指数等于零，越接近-1 表示税收负担的累退程度越高，越接近 1 表示税收负担的累进程度越高。从表 2 最后一行可以看到，间接税负担的 Suits 指数都小于 0，间接税是累退的。2000 年间接税负担的 Suits 指数是-0.036，2002 年和 2005 年的 Suits 指数都保持不变。虽然家庭税收负担比例都增加了，但是从不同收入的家庭负担对比来看，税收的累退性变化不大。

（三）税收负担率变化结构分解

为了考察家庭间接税负担率增加的原因，我们可以把它进行分解。我们知道， 由于间接税是在消费阶段发生的，税收是由家庭预算中消费的结构和各消费项目的实际税率共同决定的，因此， 间接税负担率的变化可以分解为实际税率变化和消费结构变化两个部分，用符号来表示，就有 $\eta = \sum t_i S_i$，这里 η 是家庭间接税负担率，t_i 是第 i 项消费支出的实际税率，S_i 是第 i 项消费支出占可支配收入的比例。因此从第 t－1 年到第 t 年家庭间接

税负担率变化可以分解如下：

$$\Delta\eta_t \approx \sum \Delta t_{it}\frac{S_{it}+S_{it-1}}{2}+\sum \frac{t_{it}+t_{it-1}}{2}\Delta S_{it}$$

其中，$\Delta\eta_t=\eta_t-\eta_{t-1}$ 是间接税负担率变化量，$\Delta t_{it}=t_{it}-t_{it-1}$ 是第 i 项消费支出实际税率变化量，$\Delta S_{it}=S_{it}-S_{it-1}$ 是第 i 项消费支出占可支配收入比例的变化量。因而，上式右边的第一项是实际税率变化引起的税收负担比例变化，第二项是消费结构变化引起的税收负担比例的变化。

我们在表 3 中分解了不同收入组 2000~2005 年的间接税负担率变化因素，计算了实际税率变化和消费结构变化的贡献比例。我们可以看到，虽然所有家庭税收负担比例都在增加，但是 2000~2002 年和 2002~2005 年税收负担比例增加的来源略有差异。从表 3 的第 2 列可以看到，所有收入组家庭的间接税负担率从 2000 年到 2002 年都增加了，但是从第 3 列和第 4 列中的实际税率变化和消费结构变化所占的比例可以看到，税收负担增加是实际税率增加和消费支出增加共同作用的结果， 不仅消费项目的实际税率增加了，家庭消费结构中，税率高的项目的支出也增加了。

表 3　税收负担率变化结构分解

收入组	2000~2002 年			2002~2005 年		
	负担变化	税率变化（%）	消费结构（%）	负担变化	税率变化（%）	消费结构（%）
困难户	0.009	33.5	66.5	0.009	95.2	4.8
最低收入户	0.006	45.7	54.3	0.009	93.4	6.6
低收入户	0.003	95.0	5.0	0.006	110.8	-10.8
中等偏下户	0.004	64.2	35.8	0.005	125.9	-25.9
中等收入户	0.005	51.1	48.9	0.005	132.2	-32.2
中等偏上户	0.004	55.3	44.7	0.003	187.9	-87.9
高收入户	0.005	41.2	58.8	0.002	323.2	-223.2
最高收入户	0.004	35.2	64.8	0.006	107.9	-7.9
全国平均	0.003	63.4	36.6	0.005	135.9	-35.9

但是从 2002 年到 2005 年的税收负担比例增加的来源不同。从表 3 的第 6 列到第 7 列可以看到， 家庭消费结构的变化反而减轻了税收负担比例， 除了困难户和最低收入户家庭，其他所有家庭由于实际税率增加引起的负担增加比例都超过百分之百。消费结构变化和文献中发现的储蓄率上升是一致的。Chamon 和 Prasad（2008）利用城镇家庭微观数据发现，从 1995~2005 年人均储蓄率上升了 7%，达到了家庭可支配收入的 1/4。储蓄增加主要是由于家庭住房、医疗、教育和养老等私人支出影响家庭储蓄动机，而且不完全的金融市场也影响消费支出。因此，间接税负担率增加， 主要是实际税率增加的结果，这在高收入户家庭中最明显， 由于实际税率引起的间接税负担率变化达到 323.2%，同时由于消费结构变化引起的间接税负担率变化是-223.2%，实际税率增加已经显著地超过了消费结构变化。

（四）讨论

和平新乔等（2009）的发现一致，间接税是累退的，并且从多年的数据可以看出，税收持续增加的显著后果是居民消费中的间接税负担率平均而言出现增加的势头，从2000年的6.4%，上升到了2005年的7.3%。在这段期间内，所有家庭的间接税负担率都增加了，但是低收入家庭间接税负担率始终是最高的，并且间接税负担率随着家庭收入的增加而下降。从不同收入家庭负担的税收占全部税收的比例来看，间接税负担的整体累退性没有变化，从这个意义上可以说增加的间接税收是按照比例分摊在所有收入群体中的。

近年来的实际税率上升是税收负担增加的主要原因。不同年份的间接税负担率的变化，可以分解为由于实际税率变化和由于消费结构变化两种效应。2000年到2002年税收负担的变化，是由于实际税率增加和消费结构变化都增加的缘故，而2002年到2005年税收负担的增加，主要是实际税率增加的结果，虽然家庭储蓄增加和消费结构的变化有减轻负担率的作用。实际税率是综合了行业税率、经济结构和税收实际征管能力等因素的结果，实际税率的提高可能也影响了家庭消费支出结构，大部分家庭降低了高税率商品的消费比例。

现行税制的格局是以间接税为主体的，这样的税制格局，对于有效地取得财政收入非常有利。但是，对于有效地调节贫富差距，直接税较之间接税，具有更大的调节作用。建立成熟完善的收入保障体系，调整由于垄断和准入限制造成的行业间工资收入差异，完善个人所得税，建立针对特定收入群体的直接收入补贴等措施，对收入分配的调节和影响会更加直接。所以，提高所得税和财产税的比重，调整税率改革，逐步增加直接税并相应减少间接税在整个税收收入中的比重，从而逐步提升中国税收调节贫富差距的功能并使其同取得收入的功能兼容，应当成为我国税制改革的方向。

五、总结

利用投入产出表追踪税收转嫁的途径，我们考察了城镇居民消费中负担的增值税、消费税和营业税这三项间接税的负担变化情况，揭示了近年来税收收入持续增加对居民税收负担的影响。税收增长使得实际税率增加，所有家庭负担的税收占收入的比例都增加了。比较整体税收累退性发现，税收增长对所有家庭的影响是一致的，从2000年到2005年，间接税的累退性基本保持不变。实际税率增长的影响超过了储蓄率上升的影响，家庭的负担率上升主要是实际税率增加的结果。

虽然我们给出了主要间接税在城镇居民负担中的变化情况，我们的分析还存在一些可以改进的方向。由于税收数据限制，在投入产出模型中我们使用的是17部门投入产出表，部门分类比较宽，可以考虑更细的分类；另外我们的分析只是短期的分析，没有考虑资本积累中包含的税收。在收入和消费数据方面，如果可以得到家庭微观数据，能够使研究更加细致；不仅考虑税收在不同收入群体间的纵向公平，也可以分析不同特征收入群体税收负担的横向公平；我们的分析只考虑了城镇居民的税收负担，没有分析农村居民的税收负担，流动人口的存在使得非城镇居民的消费数据比较复杂，这些都是未来进一步完善的研究方向。

附录 投入产出部门实际税收的确定

国民经济分行业税收数据来自《中国税务年鉴》中的《分项目分企业类型收入情况统计》和《税收收入分产业情况统计》。《税收收入分产业情况统计》按照行业门类给出了各项税收的总计数据，而《分项目分企业类型收入情况统计》给出了行业内部更加详细项目的税收。

《2007 全国投入产出调查培训手册》附件三《中国 2007 年投入产出表部门分类与国民经济行业分类对照表》给出了投入产出表的 144 个二级分类部门和国民经济行业中类（工业和建筑业细分到小类） 的对应，利用《中国 2007 年投入产出表部门分类及代码》和《中国 2002 年投入产出表编制办法》中附件五《投入产出表部门分类和解释》确定的投入产出表 144 个二级部门和 42 个一级部门的对应关系，可以确定相应的国民经济行业和投入产出表一级部门的对应。 由于我们使用的是 17 部门的投入产出表，在 42 个一级部门中也进行了类型合并。在 17 部门表中，投入产出表的部门和相应的国民经济行业门类基本对应。根据这个对应关系，我们把国民经济行业税收分配到相应的投入产出部门。对于税收统计的口径解释，我们也通过网络检索了税务部门关于税收统计的文件进行了确认。

在处理税收数据时，增值税和消费税存在海关代征进口商品税收的问题，但在《中国统计年鉴》中只给出了分行业的国内税收和行业大类总计的全部税收数据。我们使用行业的全部税收和国内税收的比值作为调整系数，使用各行业的国内税收作为收入结构调整后得到相应部门的税收。

（一）增值税的对应处理办法

在 2002 年和 2005 年增值税调整中，主要是对制造业的税收进行了调整，制造业包括投入产出表中的多个部门。行业调整系数=行业全部增值税/行业国内增值税。对应部门的国内增值税乘以行业调整系数之后就得到该部门的税收。这样处理是假设行业内部各产业的增值税和国内增值税有相同的比例， 由于产业分类的口径较大，误差应该不大。

2000 年没有分行业门类的税收，相应行业的调整系数我们使用 2002 年和 2005 年的平均值作为调整系数，从国内增值税得到全部的增值税。我们将平衡部分的税收作为其他行业的税收，这对应着投入产出部门的“其他服务业部门”。投入产出表和当年的税收项目具体的对应情况如下：

（1）采掘业部门的税收直接来自采掘业。

（2）食品制造业部门的税收来自制造业的烟草加工业、饮料制造业和食品加工、制造业三个小类。

（3）纺织、缝纫及皮革产品制造业部门的税收来自制造业的纺织业和服装及其他制品业两个小类。

（4）其他制造业部门的税收来自制造业的造纸及纸制品业小类，在 2005 年还包括制造业中的家具制造业小类。

（5）电力、热力及水的生产和供应业部门的税收来自电力、煤气及水的生产和供应业，2005 年的税收是在国内增值税结构调整后得到的，不包括来自煤气小类的税收。

（6）炼焦、煤气及石油加工业部门的税收来自制造业的石油加工及炼焦业和电力、煤气及水的生产和供应业的煤气两个小类。

（7）化学工业部门的税收来自制造业的化学原料及化学制品业、橡胶制品业两个行业小类，在 2005 年还包括医药制造业小类的税收。

（8）建筑材料及其他非金属矿物制品业部门的税收来自制造业的非金属矿物制品业小类。

（9）金属产品制造业部门的税收来自制造业的黑色金属冶炼及压延加工业和有色金属冶炼及压延加工业两个小类。

（10）机械设备制造业部门的税收来自制造业的机械制造业、电气机械及器材制造业、电子通信设备制造业和其他制造业。在 2005 年还包括制造业的专用设备制造业和交通运输设备制造业两个小类。

（11）批发零售贸易、住宿和餐饮业部门的税收来自批发和零售贸易业。

（12）房地产业、租赁和商务服务业部门的税收来自信息传输、计算机服务和软件业。

（13）其他服务业部门的税收在 2005 年来自其他行业，2002 年来自其他行业和社会服务行业两个小类，2000 年来自其他行业。

最后，经过上述调整，17 部门历年的增值税数据对应如附表 1 所示。

附表 1　2000~2005 年投入产出各部门增值税收入

单位：万元

部门代码	部门	2000 年	2002 年	2005 年
1	农业			
2	采掘业	3764467	4524967	11794592
3	食品制造业	4219725	5760556	8939178
4	纺织、缝纫及皮革产品制造业	3138504	4056463	6765171
5	其他制造业	651802	995833	1811411
6	电力、热力及水的生产和供应业	5721592	7433481	11742575
7	炼焦、煤气及石油加工业	1348393	1949633	3976028
8	化学工业	3631955	4806623	10113349
9	建筑材料及其他非金属矿物制品业	1563514	1842170	3517473
10	金属产品制造业	3659169	4898125	12645528

续表

部门代码	部门	2000 年	2002 年	2005 年
11	机械设备制造业	15273342	25247872	39107622
12	建筑业			
13	运输邮电业			
14	批发零售贸易、住宿和餐饮业	13947595	16443229	29221298
15	房地产业、租赁和商务服务业			246
16	金融保险业			
17	其他服务业	4573107	3452837	9036109
	总计	61493165	81411789	148670580

（二）营业税的对应处理办法

营业税主要来自第二产业的建筑和运输邮电业，以及第三产业的相关产业，根据投入产出部门的性质，我们得到投入产出部门的营业税如下：

（1）建筑业部门的税收来自建筑业大类。

（2）运输邮电业部门税收来自交通运输、仓储及邮电通信业，2000 年和 2002 年还包括社会服务业中的公共交通小类。

（3）批发零售贸易、住宿和餐饮业部门的税收来自住宿和餐饮业，2000 年和 2002 年还包括社会服务业大类中的旅店小类的税收。

（4）房地产业、租赁和商务服务业部门的税收主要来自房地产业、租赁和商务服务业两个行业，不包括旅游和其他商务服务的税收。2000 年和 2002 年的税收也包括来自代理业、租赁、广告、转让经济权益等小类的税收。2005 年包括信息传输、计算机服务和软件业非电信的税收。

（5）金融保险业部门的税收来自金融保险业大类。

（6）其他服务业部门的税收来自以上提到的部门之外的全部税收。主要包括文化、体育和娱乐业、其他行业和社会服务业中不属于房地产业和租赁商务服务部门的小类行业的税收。

经过调整后的 17 部门营业税数据对应如附表 2 所示。

附表 2　2000~2005 年投入产出各部门营业税收入

单位：万元

部门代码	部门	2000 年	2002 年	2005 年
1	农业			
2	采掘业			
3	食品制造业			
4	纺织、缝纫及皮革产品制造业			
5	其他制造业			
6	电力、热力及水的生产和供应业			

续表

部门代码	部门	2000 年	2002 年	2005 年
7	炼焦、煤气及石油加工业			
8	化学工业			
9	建筑材料及其他非金属矿物制品业			
10	金属产品制造业			
11	机械设备制造业			
12	建筑业	3562538	5176184	9880649
13	运输邮电业	2882373	3820618	5793252
14	批发零售贸易、住宿和餐饮业	1066814	1418673	2157003
15	房地产业、租赁和商务服务业	3081629	5426660	11608507
16	金融保险业	5345932	4363340	5528456
17	其他服务业	2917708	4470840	7346203
	总计	18856994	24676315	42314070

（三）消费税的对应处理办法

消费税也需要处理海关代征消费税的问题，我们使用国内消费税的结构通过调整系数来得到不同部门的消费税。消费税主要来自第二产业，小部分来自第三产业。我们把第二产业的海关代征的进口商品消费税和滞纳金根据第二产业的国内消费结构进行调整，调整系数等于第二产业消费税合计除以第二产业国内消费税合计。第三产业的消费税来自批发零售业。2000 年第二产业的税收是根据 2002 年和 2005 年第二产业税收占全部税收比例的平均值计算得到的。具体来说：

（1）食品制造业部门的税收来自饮料制造业和烟草加工业两个行业。

（2）炼焦、煤气及石油加工业部门的税收来自石油加工业。

（3）化学工业部门的税收来自化妆品、护肤护发品、汽车轮胎和鞭炮焰火四类商品的税收。

（4）机械设备制造业部门的税收来自交通运输设备制造业。

（5）其他制造业部门的税收来自批发和零售业对贵重首饰的税收。

经过调整后的 17 部门消费税数据对应如附表 3 所示。

附表 3　2000~2005 年投入产出各部门消费税收入

单位：万元

部门代码	部门	2000 年	2002 年	2005 年
1	农业			
2	采掘业			
3	食品制造业	6018177	7608270	11590338
4	纺织、缝纫及皮革产品制造业			
5	其他制造业	41709	39275	86349
6	电力、热力及水的生产和供应业			

续表

部门代码	部门	2000 年	2002 年	2005 年
7	炼焦、煤气及石油加工业	1713759	1967021	2763269
8	化学工业	293786	264364	388646
9	建筑材料及其他非金属矿物制品业			
10	金属产品制造业			
11	机械设备制造业	629469	845818	2032445
12	建筑业			
13	运输邮电业			
14	批发零售贸易、住宿和餐饮业			
15	房地产业、租赁和商务服务业			
16	金融保险业			
17	其他服务业			
	总计	8696900	10724748	16861047

参考文献

[1] Altig, D., A. Auerbach, L. Kotlikoff, K. Smetters, and J. Walliser. Simuhting Fundamental Tax Reform in the United States [J]. American Economic Review, 2001, 91 (3): 574-595.

[2] 安体富. 如何看待近几年我国税收的超常增长和减税的问题 [J]. 税务研究, 2002 (8): 10-17.

[3] Atrostic, B., and J. Nunns. Measuring Tax Burden: A Historical Perspective [M]. in Berndt, E., and J Triplett (eds.), Fifty Years of Economic Measurement: The Jubilee of the Conference on Research in Income and Wealth. Chicago: University of Chicago Press, 1991: 343-420.

[4] Chamon, M., and E. Prasad. Why are Saving Rates of Urban Households in China Rising? [R]. NBER Working Paper No. 14546, 2008.

[5] 高培勇. 中国税收持续高增长之谜 [J]. 经济研究, 2006 (12): 13-23.

[6] 郭庆旺, 吕冰洋. 经济增长与产业结构调整对税收增长的影响 [J]. 涉外税务, 2004 (9): 11-16.

[7] 郭庆旺, 吕冰洋. 分税制改革与税收快速增长: 基于分权契约框架的分析 [J]. 税务研究, 2006 (8): 10-14.

[8] 国家税务总局. 中国税务年鉴 2001 [M]. 北京: 中国税务出版社, 2001.

[9] 国家税务总局. 中国税务年鉴 2003 [M]. 北京: 中国税务出版社, 2003.

[10] 国家税务总局. 中国税务年鉴 2006 [M]. 北京: 中国税务出版社, 2006.

[11] 国家统计局. 中国统计年鉴 2002 [M]. 北京: 中国统计出版社, 2002.

[12] 国家统计局. 中国统计年鉴 2005 [M]. 北京: 中国统计出版社, 2005.

[13] 国家统计局. 中国统计年鉴 2008 [M]. 北京: 中国统计出版社, 2008.

[14] 国家统计局城市社会经济调查司. 中国价格及城镇居民家庭收支调查统计年鉴 2001 [M]. 北京: 中国统计出版社, 2001.

[15] 国家统计局城市社会经济调查司. 中国价格及城镇居民家庭收支调查统计年鉴 2003 [M]. 北京: 中国统计出版社, 2003.

[16] 国家统计局城市社会经济调查司. 中国城市 (镇) 生活与物价年鉴 2006 [M]. 北京: 中国统计出版社, 2006.

[17] 国家统计局国民经济核算司. 中国 2002 年投入产出表编制方法 [M]. 北京：中国统计出版社，2005.

[18] 国家统计局国民经济核算司. 2007 全国投入产出调查培训手册 [M]. 北京：中国统计出版社，2007.

[19] Hassett，K.，A. Mathur，and G. Metcalf. The Incidence of a U.S. Carbon Tax：A Lifetine and Regional Analysis [R]. NBER Working Paper No.13554，2007.

[20] Haughton，J.，N. Quan，and N. Bao. Tax Incidence in Vietnam [J]. Asian Economic Journal，2006，20 (2)：217-239.

[21] 何其祥. 投入产出分析 [M]. 北京：科学出版社，1999.

[22] 蒋洪，于洪. 居民消费结构与商品课税归宿问题分析 [J]. 财贸经济，2004 (6)：43-47.

[23] 贾康，刘尚希，吴晓娟，史兴旺. 怎样看待税收的增长和减税的主张——从另一个角度的理论分析与思考 [J]. 管理世界，2002 (7)：24-30.

[24] 李方旺. 2000~2005 年我国税收收入增长的数量特征与新一轮税制改革 [J]. 税务研究，2006 (8)：3-10.

[25] 刘怡，聂海峰. 间接税负担对收入分配的影响分析 [J]. 经济研究，2004 (5)：22-30.

[26] OECD，Tax Burdens：Alternatives Measures [M]. Paris：Organisation of Economic Co-operation and Development，2000.

[27] 平新乔，梁爽，张海洋，郝朝艳，毛亮. 增值税与营业税的税负与福利效应研究 [J]. 经济研究，2009 (9)：66-80.

[28] Rajemison，H.，and S. Younger. Indirect Tax Incidence in Madagascar：Estimations Using the Input-Output Table [R]. Cornell Food and Nutrition Policy Program Working Paper No. 106，2000，Available at SSRN：http：//ssrn.comabstract-434180.

[29] Scutella，R.. The Final Incidence of Australian Indirect Taxes [J]. Australian Economic Review，1999，32 (4)：349-368.

[30] Suits，D.. Measurement of Tax Progressivity [J]. American Economic Review，1977，67 (4)：747-752.

[31] 汪浩. 最优流转税与超额负担 [J]. 南开经济研究，2009 (2)：29-41.

[32] 王剑锋. 流转税影响个人收入分配调节的分析研究——以我国城镇居民支出结构为考察基础 [J]. 财经研究，2004 (7)：14-25.

[33] 王剑锋. 中央集权型税收高增长路径：理论与实证分析 [J]. 管理世界，2008 (7)：45-52.

[34] 张阳. 中国流转税税负归宿分析 [J]. 财经论丛，2008 (5)：28-33.

The Evolution of Indirect Tax Burdens of Urban Households

Nie HaiFeng and Liu Yi
(Peking University, Sun Yat-sen University)

Abstract: The indirect tax burdens of urban households in recent years are investigated in this paper. High incoine households pay more indirect tax including value-added tax, busihess tax and excise tax than low income households, but the ratios of tax to income have different trends. The indirect tax is not progressive. From 2000 to 2005, the burdens of tax on income have risen for all households. We calculate the changes in tax burdens when the effective tax rate changes and when the expenditure pattern changes, and find that increases in the effective tax rate is the main source of rising tax burdens for households in all incoine groups.

Key Words: Indirect Tax, Tax Burdens, Regressive Tax

JEL Classification H22, H23, H31

增值税“扩围”改革与中央和地方财政体制调整*

施文泼　贾　康[①]

【内容提要】增值税税制的完善事关市场经济的健康发展，以及政府间财政关系的协调。我国现行增值税与营业税分立并行的状况及问题，凸显了增值税“扩围”改革的必要性。在增值税“扩围”后，如何弥补地方政府的收入损失，并为地方政府提供公共服务建立一个长期稳定的财政保障机制，显得尤为重要，这也是增值税“扩围”改革能否得到地方政府支持的一个关键因素。本文从理论上分析了中央与地方财政体制中增值税的税权配置和收入分享问题，借鉴了几个典型国家增值税改革的经验与教训，对我国增值税下一步的改革方向和实施路径提出了建议。

【关键词】增值税　财政体制　税权配置　税收收入分享

【中图分类号】F8121 42　文献标识码：A　文章编号：1002-8102（2010）11-0046-06

一、引言

增值税自问世以来，50 余年间已风靡全球 140 多个国家，成为大多数国家的主体税种。从征税范围来看，增值税拥有充足的税源和广泛的纳税人，它的税基涉及各个行业和各类经济活动，覆盖经济运行的各个环节。从课征模式来看，增值税采取多环节征税、环环抵扣的方式，征收极为便利，使之具有很强的财政收入能力，能够给政府带来大量的收入。从收入规模来看，在实施增值税的国家里，增值税几乎都成为主要的收入来源。

由于增值税涉及面广、在国民经济和财政活动中具有举足轻重的作用，它的每一步变

---

* 本文选自《财贸经济》2010 年第 11 期。

① 施文泼，财政部财政科学研究所助理研究员、博士，100142；贾康，财政部财政科学研究所所长、研究员、博士生导师，100142。

革都可能对经济、财政、政治等各个方面造成深远的影响。反过来说，一国的经济、财政、政治，乃至文化传统等因素也会对该国增值税的模式选择和运行过程起着决定性的作用。在这些因素中，一个需要着重考虑的因素是中央和地方的政府间财政关系。

从各国的政治体制来看，不管是单一制国家还是联邦制国家，绝大多数都实行多层级的政府体制。而增值税能带来充足、稳定的财政收入，它的税权与收入归属自然成为各级政府关注的焦点。在增值税的改革过程中能否妥善处理好中央和地方的关系，对一国增值税能否顺利实施、采取的模式及其运行结果有着至关重要的影响。

我国自 1994 年起在全国范围内推行增值税，但出于多方面的考虑，增值税的征税范围仅包括第二产业（建筑业除外）和第三产业中的商品批发和零售以及加工、修理修配业，对第三产业的大部分行业则课征营业税。为了照顾地方政府利益，将增值税确定为中央和地方共享税，将营业税确定为地方税。这一制度安排较好地满足了当时的经济和政治条件，激发了地方政府的积极性，促进了经济增长和财政收入的提高。但是，随着市场经济的发展和完善，增值税和营业税分立征收的做法，日益显现出其内在的不合理性和缺陷，对经济的运行造成了一系列的扭曲，不利于经济结构的转型。增值税扩大征收范围改革（以下简称“扩围”）由此被提上了日程，而中央和地方的既有利益分配格局就成为改革面临的最大挑战。增值税征收范围的扩大，意味着营业税最终有可能被取消。在增值税取代营业税后，如何保证地方财政收入不受影响，从而获得地方政府的支持，将是增值税“扩围”改革能否成功的关键。

二、增值税税权配置与收入分享体制的理论分析

理论界普遍认为，一个运行良好的增值税应该是由中央政府统一进行课征的增值税。将增值税的税权下放给地方政府并不合适，这有几方面的理由。首先，从征管上来说，由于增值税的税基具有很强的流动性，如果由地方政府征收增值税，将会给征纳双方带来高昂的管理和遵从成本。其次，增值税税收收入占全国税收收入的比重一般很高，将增值税这么重要的一个税种划归地方会显著地削弱中央政府的宏观调控能力。最后，由地方政府征收增值税最大的困难来自对跨境交易的处理。从理论上说，增值税是一种消费型税种，也就是说税负最终由消费者承担，按照税收的受益原则，应该在消费地征收。但是，由于现代增值税采取的是分段计征、税额抵扣的课征办法，除非地方政府在地区之间采取边境控制的办法，否则无法实现在消费地征收增值税。基于这一困难，地方政府要想有效课征增值税，只能采取来源地原则，在销售地征收增值税。然而，由于增值税在征收管理上实行的是抵扣法，这将造成税收在地区间的转移，进而可能导致地方的保护主义倾向，通过人为设置壁垒限制其他地区的商品进入本地区销售，最终造成地区割据，阻碍全国统一大市场的形成。

基于上述理由，一个由中央统一制定、在全国范围内统一执行的增值税是更合理的。它具有明显的可行性，管理和遵从成本较低，有利于增值税经济效率的充分发挥，促进资源在全国范围内的充分流动。

增值税的税权应归属中央，但这并不意味着增值税收入也应由中央政府独享。事实上，为了保障地方政府提供公共服务的能力，增值税收入有必要由中央政府重新分配给地方政府。而构建一个科学、合理的增值税收入分享体制就成了重中之重的问题。简单来说，这样一个体制必须充分考虑两个方面的因素。

第一，地方政府对增值税收入的分享是以征税地点为基础还是以商品和服务的最终消费地为基础。由于增值税采取的是销售地课税原则，增值税的征收地与最终消费地往往并不一致。以征税地为基础在中央与地方间分配税收收入，在操作上简单易行，但却存在一系列问题，分配的效果并不尽如人意。而如前所述，增值税的税负最终是由消费者承担，也就是说最终消费地的居民通过购买商品或服务的形式承担了增值税税负，因此从受益原则来说，其税收收入应归于消费者所在地政府。在中央政府统一征收增值税的情况下，应该由中央政府依据各个地方的居民实际消费额进行分配。这是一种更为合理的税收分配方法。

第二，增值税作为一个收入数额巨大的税种，理所当然地也应该成为中央政府平衡各地财政收入、调节地区间财力差距的主要税种之一。也就是说，在增值税的税收分配上，还可以采取均等化转移支付的方法，根据各地区的人口规模、经济发展状况、财政需求等一系列指标，按照一定的标准化公式进行分配。

三、我国增值税“扩围”改革及在中央和地方财政体制上面临的挑战

（一）我国增值税“扩围”改革的必要性

我国现行税制结构中，增值税和营业税是最为重要的两个流转税税种，二者分立并行、互为补充。其中，增值税的征税范围包括除建筑业之外的第二产业和第三产业中的商品批发和零售以及加工、修理修配业，而对第三产业的大部分行业则课征营业税。这一始于 1994 年的税制安排，适应了当时的经济体制和税收征管能力，为促进经济发展和财政收入增长发挥了重要的作用。然而，随着市场经济的建立和发展，这种划分行业分别适用不同税制的做法，日渐显现出其内在的不合理性和缺陷，对经济的运行造成了一系列扭曲，不利于经济结构的转型。

首先，从税制完善的角度来看，增值税和营业税并行破坏了增值税的抵扣链条，影响了增值税作用的发挥。增值税具有“中性”的优点，但是要充分发挥增值税的中性作用，

前提之一是增值税的税基要尽可能地广，包含所有的商品和服务。现行税制中对第二产业的建筑业和大部分的第三产业课征的是营业税而非增值税，增值税征税范围较狭窄，导致经济运行中增值税的抵扣链条被打断，增值税的中性效应大打折扣。

其次，从产业发展和经济结构调整的角度来看，将大部分第三产业排除在增值税的征税范围之外，对服务业的发展造成了极其不利的影响。这种影响主要来自三个方面。第一，由于营业税是对营业额全额征税，且无法抵扣，不可避免地会产生重复征税，进而扭曲企业的生产和投资决策。第二，由于企业外购服务所含营业税无法得到抵扣，企业更愿意自行提供所需服务而非外购服务，导致服务生产内部化，不利于服务业的专业化分工和服务外包的发展。第三，出口适用零税率是国际通行的做法，但由于我国服务业适用营业税，在出口时无法进行退税，导致服务含税出口。与其他对服务业课征增值税的国家相比，我国的服务出口由此易在国际竞争中处于劣势。

最后，从税收征管的角度看，两套税制并行造成了税收征管实践的一些困境，特别是随着多样化经营和新的经济形式不断出现，税收征管也面临着新的难题。比如，在现代市场经济中，商品和服务捆绑销售的行为越来越多，形式越来越复杂，要准确划分商品和服务各自的比例也越来越难，这给两税的划分标准提出了挑战。再如，随着信息技术的发展，某些传统商品已经服务化，商品和服务的区别越来越模糊，二者难以清晰界定，是适用增值税还是营业税的难题随之而生。

上述问题说明了增值税扩大征税范围的必要性。国际经验也表明，绝大多数实行增值税的国家都是对商品和服务共同征收增值税。将增值税征税范围扩大至全部的商品和服务，以增值税取代营业税，符合国际惯例，是未来我国增值税改革的必然选择。目前各方面在这一点上已经基本达成共识，改革的难点在于如何处理好中央和地方的分配关系，合理照顾各方利益，以排除增值税改革的阻力。

（二）增值税“扩围”在中央和地方财政体制上面临的挑战

在现行分税制财政体制下，增值税是中央和地方共享税，由国家税务机关征收管理，国内增值税收入按 75 : 25 的比例在中央政府和地方政府间分成，进口增值税收入归属中央。营业税是地方税，除铁道部门、各银行总行、各保险公司总公司集中缴纳的营业税收入划归中央外，其他均归属地方财政收入。从收入数额来看，2008 年，国内增值税收入为 17996.94 亿元，其中中央级收入为 13497.76 亿元，地方级收入为 4499.18 亿元；营业税收入为 7626.39 亿元，其中中央级收入为 232.1 亿元，地方级收入为 7394.29 亿元。

目前营业税是地方第一大税种，2008 年地方营业税收入占地方税收收入的比重为 31.8%。增值税全面“扩围”后，营业税将被增值税取代，如何保证地方财政收入不受影响就成为首当其冲必须解决的问题。

而且，从现行增值税的共享制度来看，增值税作为我国最大的税种，它的共享制度在很大程度上保证了地方政府的财政能力，但现行增值税的收入分享体制也存在明显的缺陷，不断遭人诟病。这种缺陷的根源在于增值税收入在中央与地方之间的分配是以税收的上缴地为基础进行的，由此造成了一系列的扭曲，主要表现在下述三方面：

第一，在增值税的收入分享体制下，地方政府扩大财源的一个途径是提高增值税 25%的分享部分，这客观上激发了地方政府加大投资、上大项目，片面追求 GDP 增长以增加税收收入的冲动，导致各地工业重复建设严重，经济增长方式难以转变。

第二，由于增值税采取在销售地缴纳的方式，跨地区商品贸易会引起增值税税负在地区之间的转嫁，但现行增值税收入分享体制按照增值税上缴地点来分配税收收入，并没有考虑到税负在地区之间转嫁的因素，导致了地区间——特别是东部地区与西部地区之间——财力分配不均。

第三，税负转嫁的问题进一步导致了地区间对外地商品设置人为障碍，阻止进入本地区销售，或者强迫当地消费者购买本地产的商品，用垄断本地市场的办法阻止外地商品的输入，形成地区割据和地方保护主义，阻碍全国统一大市场的形成。

在增值税“扩围”后，为了弥补地方财政收入的损失，一个最简单的思路是相应提高增值税的地方分享比例。然而，这显然会进一步加剧现行增值税收入分享体制的弊病。鉴于此，我们希望能够借着增值税“扩围”这一契机，重新构建我国增值税的收入分享体制。这一体制不应仅仅着眼于提高地方的分享比例，而应该能更为科学、更为合理地在中央和地方之间划分增值税收入。但是，建立这样一个新的体制对既有利益分配格局的冲击也是显而易见的，在这一体制中如何兼顾各方面的利益，从而获取地方政府的支持，将是增值税“扩围”改革能否取得成功的关键。

四、增值税与中央和地方财政体制：国际经验与教训

自 20 世纪六七十年代以来，众多国家为了改进原来有缺陷的流转税，纷纷引进增值税。而综观各国实施增值税的情况，可以发现，在增值税改革中对中央和地方关系的处理妥当与否，直接关系到增值税在该国的成败。本文对澳大利亚、德国、印度和美国这四个典型国家实施增值税的情况进行了分析。澳大利亚和德国都实行了较为规范的增值税模式，印度增值税的推进则显得矛盾重重，而美国迄今为止尚未实施增值税。这几个国家的经验与教训对我国现阶段的增值税“扩围”改革有着重要的借鉴意义。

（一）澳大利亚

澳大利亚联邦政府于 2000 年开征增值税（在其税法中称为货物服务税）。货物服务税从研究到正式开征，联邦政府与州政府之间的博弈发挥了很重要的作用。

根据澳大利亚宪法的规定，联邦政府和州政府都有着独立的征税权。联邦政府可以征收所有形式的税，并且，关税和货物销售税只能由联邦政府独家征收。这一规定意味着各州不准对货物征收某种形式的销售税和生产税，因此，货物服务税只能由联邦政府

统一征收。

尽管货物服务税的立法和征收管理权限属于联邦政府，但是联邦政府与各州约定，除非联邦政府和州政府一致同意，否则联邦政府不得更改现有的税基或税率。

联邦政府新开征货物服务税，除了取代之前的联邦批发环节销售税之外，还取消了部分州税。为了确保各州对引进货物服务税的支持，联邦政府除了做出上述约定之外，还对州政府遭受的财政收入损失进行弥补。联邦政府保证在货物服务税开征之后的头三年内，州政府的财政状况不会恶化。联邦政府将对州进行转移支付，并提供短期无息贷款以弥补州政府的财政赤字。

在税收收入分配方面，根据澳大利亚联邦政府和州政府之间的协议，所有的货物服务税收入在扣除大约 11.5%比例的管理费之后，全部转移支付给各个州和地区。税收分配的方法与其长期建立起来的均等化转移支付体系是一样的，根据纵向财政转移支付和横向财政均等化的原则，在考虑各州的人口规模、支出需求、财政需求以及某些特殊需求的基础上，按照标准化公式在各州间进行分配。

（二）德国

德国《基本法》第七十条至第七十四条规定了联邦和各州之间的立法权限划分的指导原则，并具体列举了各自立法权的内容。其中，凡是为了求得一致而需在全联邦范围内用同样的方式处理的事务，都归属于联邦的专有立法权，在这类事务中包括了与货物的自由流通相关的事项，这也就从宪法上确定了增值税这一税种只能由联邦政府开征。

尽管增值税的立法权限归属联邦政府，但其税收收入却不由联邦政府独享。《基本法》第一百零六条明确规定了增值税为联邦、州和地方政府共享税，税收收入由联邦、州和地方三级政府共享，具体分享比例由联邦法律规定。

基于《基本法》的这一条款，德国在专门规制联邦与各州之间财政转移支付的《联邦财政平衡法》中，对增值税在联邦政府、各州政府和地方政府之间的分配做了具体细化规定。按照现行规定，在全部增值税收入中，除 5.63%的部分用于养老保险资金外，其余的 94.47%在三级政府间按比例分享。其中，2.2%的部分分配给地方政府，所余 92.17% 的部分由联邦政府与州政府按 49.6%和 50.4% 的比例分享。州分享的增值税收入又被分成两部分在各州间分配，首先将州分享部分的 75%按照各州的居民人口数分配，剩下的 25%分配给财政能力较弱的州（贫困州），以使得这些贫困州的财政能力达到全国平均水平的 92%。如经过这两次分配后还有余额，则余额部分再按照州的居民人数进行分配。

（三）印度

与澳大利亚和德国相比，印度实行增值税的情况则要复杂许多。目前印度在货物和服务的流通领域主要开征了五道流转税。首先，在服务流通领域和货物加工制造环节，中央政府分别开征了服务税和中央增值税。这两个税种都属于环环抵扣的增值税，由中央政府开征和具体征收管理。其次，在货物流通环节，又分别对货物的州际销售和州内销售开征了不同的税种。对货物的州际销售，由中央政府开征中央销售税，中央销售税在州际货物销售的单环节课征，且不允许任何抵扣，因此从性质上说，它并不属于增值税。对州内销售货物的行为，大多数州开征了增值税。增值税属于地方税种，其抵扣链条仅限于本州内，也就是说，货物销售者在计算向州缴纳的增值税时，仅仅允许抵扣向该州缴纳的增值税进项税额，对于向其他州缴纳的增值税在本州不允许抵扣。尽管增值税的限制条件如此严格，目前在印度的 29 个州中也只有 22 个州开征了增值税，其他 7 个州仍然征收原来的单环节销售税（通常是对货物在该州的第一次销售环节征收）。

印度这种支离破碎的流转税制度，反映了其背后错综复杂的中央与地方关系。与德国一样，印度也是在宪法中用列举项目的方式对中央政府和州政府的征税权进行了明确划分。但在与货物和服务流通相关的流转税上，中央和州的权力划分却显得七零八落。在服务方面，中央政府拥有对全部供应链条的服务征税的权力。而就货物交易而言，在货物的加工制造环节、货物的进出口环节以及货物州际贸易环节的征税权归属中央政府，地方政府则拥有对在州境内发生的货物销售行为征税的权力。这种税权划分存在的一个根本性问题是，无论中央政府还是州政府，都无权对货物和服务的全流通环节和交易行为课征一道单一的流转税。其结果是，中央政府和州政府对货物和服务流通链条进行分段截取，各自课征不同的增值税和销售税。这种做法导致了一系列的问题，如税制设计繁杂，征收管理较弱，各个税种的征税范围过于狭窄（并由此导致了高税率），在货物和服务的征税上缺乏衔接，重复征税现象十分严重，对市场竞争造成了各种各样的扭曲，等等。

由于印度增值税制度存在着种种问题，从 20 世纪 80 年代开始，就不断有提议要求改革，在全国范围内实行统一的增值税制度。印度中央政府原本计划在 2010 年 4 月 1 日推行一个全国统一的增值税，以此取代现行中央和州开征的大部分流转税。然而，由于中央政府与各州之间无法就增值税的税率设计、管理权限划分、各州受损财政收入的补偿等问题达成共识，这一计划最终流产。

（四）美国

美国迄今为止都没有实施一个全国性的增值税。事实上，美国并非对增值税不感兴趣，增值税的设想最早是由美国学者亚当斯在 1817 年提出的，1953 年密歇根州就已进行了增值税的实践。自 20 世纪 70 年代以来，提议在美国实施增值税的呼声络绎不绝，但是这些提议都未能通过。

美国没有引进增值税，有着多方面的原因，这些因素包括美国独特的财政环境、政治环境以及思想文化传统，等等，而其中一个阻力就来自于美国的联邦体制所形成的联邦与州的关系。

美国是一个传统的联邦制国家，联邦与州之间的权限划分得相当明确，联邦和州拥有各自的权力，任何一方都不得干预另一方行使的权力。在征税权上，根据美国宪法的规定，联邦和州都拥有独立的税收立法权。而随着历史的发展，双方逐渐形成了各自的税收体系和收入来源。联邦主要依赖直接税，州主要依赖销售税。目前，美国 50 个州中共有

45 个州开征了零售销售税。

由于增值税本质上是中央税，它客观上要求由中央集中税权、在全国范围内统一征管。在这种情况下，如果联邦要开征增值税，将面临着一个非常敏感的政治问题，即如何协调联邦和州二者之间的关系。

首先，如果联邦开征增值税，而州仍然征收零售销售税，这就造成同一税基要负担两种同一性质的流转税，存在重复征税问题，而且纳税人面临两种在征管上完全不同的税制，需要遵从两套征收管理制度，由此将导致难以忍受的纳税成本。这一做法显然会遭到纳税人的强烈反对。

其次，如果在联邦开征增值税的同时，取消各州的零售销售税，这将意味着联邦对州的传统征税权的侵蚀，使州一级的经济利益遭受巨大损失，由此会招致各州的强烈反对。

最后，如果对这两种方案采取折中的做法，在联邦和州同时开征增值税，而州取消零售销售税，那么上述各种问题虽然得到了部分缓解但仍无法消除。这是因为，虽然增值税是在联邦和州同时开征，然而税权仍掌握在联邦手中，州在增值税上同样没有立法权，因此其税权的丧失仍不可避免。此外，由于目前各州在零售销售税上存在不少差异之处，在统一实行增值税后，联邦与各州之间的利益分配如何确定也将是一个难题。

简而言之，在美国联邦制的政治体制下，联邦开征增值税被视为是对各州既有税权的侵蚀，因此遭到了各州和地方的强烈抵制，这是美国一直无法推行增值税的一个很重要的原因。

（五）借鉴意义

对澳大利亚、德国、印度和美国等四个典型国家实施（或不实施）增值税的经历进行总结，我们可以从中得到两点启示。

第一，尽管增值税在理论上被视为一种良税，但这并不意味着它会在全球得到一致的推行，各国在实施增值税的过程中也没有采用一个统一的模式。一国是否引进增值税、采取什么样的增值税制度设计，要受到政治、经济、文化等多方面因素的影响，中央与地方的关系在这一决策中是一个非常重要的决定因素。

第二，从增值税的实施成效看，多数实行增值税比较成功的国家都采取在不同的层级政府间将增值税的税权配置和收入分享相分离的做法。为了实现增值税的经济效率，一般都将增值税的立法权和征管权限划归中央，由中央政府负责制定税法、统一进行征收管理。对增值税收入在中央和地方政府间的分配，国际经验则表明，以最终消费地为基础，并考虑地区均等化的因素在中央与地方间分配税收收入，要比简单地以销售地为基础分配收入来得公平，也有助于消除对经济的负向激励。

五、我国增值税未来的改革方向

增值税税制“是否合理”事关市场经济能否健康发展以及政府间财政关系的协调。现行增值税与营业税两税分立并行的状况及问题，凸显了增值税“扩围”改革的必要性。在增值税“扩围”后，如何弥补地方政府相应的收入损失并为地方政府提供公共服务建立一个长期稳定的财政保障机制就显得尤为重要，而这也是增值税“扩围”能否得到地方政府支持，从而得以顺利推行的一个关键因素。对此，本文提出以下几点建议：

（1）增值税“扩围”改革的最终目标是建立一个全面覆盖商品和服务的增值税。为了更好地发挥增值税的经济效率，促进各类经济要素在全国范围内的无碍流通和全国统一大市场的完善，这样一个增值税的税权理应归属中央政府，由中央政府统一立法、在全国范围内统一征收管理，并力求从长效机制上寻求对地方政府片面追求 GDP 等行为偏好“釜底抽薪”地消除其动因。

（2）增值税的税权虽然由中央政府统一支配，但其仍可以由中央与地方共享。对于增值税收入如何在中央政府和地方政府之间进行分配，在“扩围”之后，形式上仍可实行中央和地方分成的办法，但分成的依据不再仅是各地征收的增值税数额，而是要在综合考虑各地的人口数量、消费能力、基本公共服务需要以及地方政府的财政收入能力等诸多因素后确定。为了增强地方政府的收入预期，这一分配的方案、比例应该依照一个或一套明确的公式确定，同时在每个财政年度之前应做好增值税收入分享的预算，使得地方政府能够根据这一预算制定地方财政收支预算。换句话说，地方分享的增值税收入将实际上与中央“因素法”转移支付融合，成为地方政府一个稳定的、常态化的财政收入来源。

（3）目前营业税是地方的主体税种，假如营业税被增值税取代，地方税将陷入“群龙无首”的处境，为此需要重构地方税体系，重新确定地方税体系的主体税种。从国际经验来看，可担此重任的当属在不动产保有环节征收的房地产税，也包括在我国西部欠发达而资源富集地区的资源税。而且，从改革的可行性上说，这一改革顺序的合理把握和方案的周密设计、渐进推行，至关重要。做一粗线条的考虑，从目前看到中长期，基本的顺序关系应是：①在通胀预期与压力尚可控的条件下，抓紧时机推进资源税改革，在发挥其促进提高资源回采率、节能降耗等加快发展方式转变正面效应的同时，还将为西部区域打造地方税体系中的支柱财源。②在中期眼界上，极有必要推进房地产税（“物业税”）改革并使其基本框架在一般地区（至少是国内一、二线城市）大体到位，为工商业有一定发展程度的东、中部区域，构建地方税体系中的支柱财源。③在上述两项税制改革有实质进展、形成地方财政收入一定支撑力的同时，审时度势推进增值税的“扩围”改革，很可能需要分成两至三步走，估计是个至少覆盖两个“五年规划期”的长期进程，不应强求“一步到位”的方案。

参考文献

[1] 韩绍初. 中国增值税应进行第三次重大改革 [J]. 税务研究，2008 (10).

[2] 贾康. 分税制改革与中央、地方政府间关系 [J]. 改革，1990 (4).

[3] 贾康. 地方政府作用与地方公共财政创新 [J]. 中国财经信息资料，2010 (13).

[4] 汪德华，杨之刚. 增值税 "扩围" ——覆盖服务业的困难与建议 [J]. 税务研究，2009 (12).

[5] 杨震. 世界大国增值税类型选择的规律——以美国、印度和欧盟为例 [J]. 涉外税务，2007 (3).

[6] Bird, R. M. and P. Gendron, The VAT in Developing and Transitional Countries [M]. Cambridge: Cambridge University Press, 2007.

The VAT Reform for Broadening the Tax Base and Adjustment of Intergovernmental Fiscal Relations in China

Shi Wenpo and Jia Kang

(Research Institute for Fiscal Studies, Ministry of Finance, 100142)

Abstract: A well-functioned VAT system plays an important role in the healthy development of market economy and the coordination of intergovernmental fiscal relations. It is urgent to reform the VAT for broadening the tax base due to the defects inherent in the parallel implement of VAT and BT in China. The support of local governments is one of the key factors to achieve it. Thus, it is important to redesign VAT revenue sharing mechanism and establish a stable long-term finance guarantee for local governments to provide public services. This paper analyzes the issue of allocation of taxing right and revenue sharing of VAT among intergovernmental fiscal relations, discusses the experiences and lessons of the VAT reform in some countries and put forward suggestions for next step direction and timetable of VAT reform in China.

Key Words: Value Added Tax, Intergovernmental Fiscal Relations, Allocation of Taxing Right, Revenue Sharing

中国地方政府财政竞争行为特性识别："兄弟竞争"与"父子争议"是否并存?*

王美今　林建浩　余壮雄①

【内容提要】地方政府竞争在中国经济崛起和转型过程中扮演着重要角色，"兄弟竞争"、"父子争议"即地方政府之间的"横向策略互动"和地方政府对中央政府的"纵向共同反应"两种行为特性。本文设定能刻画空间交互性反应特征的空间面板计量模型，对地方政府财政竞争的这两种行为特性进行识别，以期科学估算、正确区分，为解释当前中国问题提供一个新的视角。研究显示：宏观税负以分税制改革为界，其策略互动特性从相互模仿转变为差异化，而支出相对规模、基本建设支出和科教文卫支出均表现出相互模仿的策略互动；在纵向共同反应特性方面，地方政府在宏观税负、支出相对规模和基本建设支出这三项政策上跟随效仿中央政府，但中央政府的科教文卫支出政策未能对地方政府产生强而有力的影响。

【关键词】地方政府竞争　横向策略互动　纵向共同反应　空间面板模型

一、问题的提出

地方政府竞争作为一种世界性现象，是当前公共经济学的前沿问题，主要包括地方政府竞争的激励机制、经济增长绩效以及行为特性 3 个识别问题。政治集权和经济分权是中国式大国治理结构的基本特征（陆铭等，2008），为地方政府竞争提供了有效的激励机制和政策执行机制。其中，经济增长是首要的竞争目标，税收和支出则是主要的竞争手段。现有国内文献主要集中在财政竞争的激励机制和增长绩效方面，而对于地方政府竞争过程中所呈现出来的各种行为特性则少有涉及。樊纲等（1994）在对我国转型期间地方政府行

* 本文选自《管理世界》2010 年第 3 期。

① 王美今、林建浩，中山大学岭南学院；余壮雄，暨南大学产业经济研究院。

为的研究中已经指出，我国既存在地方政府之间的“兄弟竞争”，也存在中央政府与地方政府在同一领域的“父子争议”。

具体而言，从改革开放初期的经济特区，到改革攻坚阶段的综合配套改革试验区，中国的改革开放都遵循一种空间渐进的思路。在这种“政策试验—扩散”模式下，当某些地区通过采取一定的财政竞争策略而取得优势时，其他地区就会进行经验学习、复制和效仿。但是，中国地区之间禀赋与经济发展水平差异较大，竞争策略不具有必然的普适性，地方政府在进行财政决策时也可能基于不同的省情以及不同的发展思路而呈现差异化。可以说，相互模仿与差异化是中国地方政府横向策略互动（Horizontal strategic interaction）特性的两种可能状态。

除了同级政府间的横向策略互动，在一个多层级的政府结构中，下级政府对上级政府的纵向共同反应（Vertical common reaction）特性更是不可忽视。特别是在我国的政治集权体制下，中央政府的决策往往会对地方政府产生一种潜在的重要影响。以经济建设为例，中央政府通过批准建立一批国家级经济技术开发区、高科技产业开发区、工业园区等以点铺开；出台各项产业发展规划并提供相应产业政策倾斜等以线串联；提出西部大开发战略、振兴东北工业基地战略与中部崛起战略等以面推动。为了呼应国家的发展规划并充分利用政策支持，地方政府会相应地在以上的“点、线、面”增加基本建设投资，从而形成自上而下的增长型政府转变。但在有些领域，例如面对中央提出财政性教育经费占GDP4%的目标以及“十一五”规划纲要提出节能减排目标，地方政府则没有显现出与经济建设同等的热情。可见在对中央政府政策的共同反应方面，地方政府的财政决策存在着选择性。

基于以上典型事实，我们不禁思考：中国地方政府财政竞争的横向策略互动究竟是相互模仿还是差异化，这在税收政策与支出政策之间又有何不同体现？在纵向关系上，地方政府对中央政府政策存在共同反应吗？如果存在，这种共同反应是跟随效仿还是背道而驰？

可惜的是，上述同级和跨级的政府间行为特性并未在国内实证研究中引起足够的重视。事实上，只有对地方政府竞争的行为特性进行全面、科学的识别，并找到这种竞争的内在规律，才能更加客观准确地理解其激励机制并评价其竞争效应。研究这一问题的困难之处在于对空间交互性反应特征的正确描述，不仅待识别的两种行为具有空间交互性反应特征，还有随机扰动引起的截面相关关系。因为，随着中国市场化改革的深入，省份间的经济联系日益紧密，某个地区经济的随机扰动往往会由于各种形式的经济往来、共同的文化习俗以及地理环境等原因而传递给其他地区，从而形成其他地区的经济扰动，最终会使得各个地区的经济活动表现出共同波动的情形。例如，汶川地震发生后，四川省面临着财政收入减少而灾后重建支出压力剧增的局面，中央政府和四川省政府因此必须对财政政策做出相应的调整与倾斜，这也将对其他省级政府的财政决策带来冲击。计量经济学研究中将区域之间的这种相关称为截面弱相关，Brueckner（2003）指出如果忽视随机扰动普遍存在的空间相关关系，很可能导致对横向策略互动特性的“伪识别”。由于数据搜集的限制，更由于计量经济模型理论的发展本身是一个渐进过程，已有国内文献仍未能设定合适的实证模型对上述问题进行全面、客观的刻画。

借鉴空间面板计量模型的最新成果，本文设定空间滞后面板数据模型对“横向策略互动”特性进行识别，以引入可观测共同因子的形式对“纵向共同反应”特性进行识别；同时将扰动项设定为空间自相关形式，既恰当、客观地刻画了截面弱相关的数据特征，又能有效地规避伪识别问题。全文结构安排如下：第二部分回顾地方政府行为特性识别的模型方法沿革，提出能够全面刻画中国现实的模型设定形式；第三部分是估计方法、数据与变量的说明；第四部分分析地方政府竞争行为特性识别的实证结果；最后是结论与政策建议。

二、地方政府行为特性识别的模型方法沿革

对于横向策略互动特性的研究，国外学者从起初利用博弈论进行理论分析为主，发展到近年来利用计量模型进行实证分析为主。在理论分析中，地方政府竞争主要存在 3 种机制：政策外溢效应（Spillover effect）机制、财政竞争（Fiscal competition）机制和标尺竞争（Yardstick competition）机制。[①] 而无论是上述哪种机制，最终都可以得到地方政府决策的“反应函数” $z_i = f(z_{-i}, X_i)$，这对应于理论模型中的纳什均衡解，表示在给定其他地区的政策选择 z_{-i}，地区 i 的最优选择，其中 X_i 是影响 z_i 的地区 i 的经济社会特征。由于政策变量存在策略互动特性，一般的计量经济模型失去适用性，而空间滞后模型被认为是有关空间互动或社会互动过程均衡结果的一种合适的实证模型。其先驱性研究是由 Case 等（1993）进行的，他们通过空间滞后截面数据模型将该反应函数转化为可估计模型（1），空间滞后项（策略互动项）$\sum_{j\neq i}\omega_{ij}z_j$ 的系数 ρ_1 的正负、大小分别代表这种策略互动的方向与强度。

$$z_i = \rho_1\sum_{j\neq i}\omega_{ij}z_j + X_i'\beta + u_i \tag{1}$$

基于上述模型（1），国内学者沈坤荣和付文林（2006）利用 1992 年和 2003 年的截面数据对我国地方政府税收竞争的策略互动进行实证分析，结果显示我国省级政府税收反应函数斜率为负，即省级政府宏观税负存在差异化的策略互动特征。李永友和沈坤荣（2008）分别对 1995 年和 2005 年的经济建设支出、文教卫生支出和社会保障支出的策略互动特性进行识别，结果并未稳健地支持该特性的存在。

Brueckner（2003）认为在截面数据模型（1）中，部分与 X_i 相关的变量由于难以度量而进入扰动项 u_i，很可能导致 X_i 与 u_i 相关。但是在进行模型估计时，研究者往往只关注策略互动项的内生性，而忽视控制变量 X_i 与 u_i 可能存在的相关关系所导致的内生性。此

① 相关综述可以参考 Brueckner（2003）、Revelli（2005）以及郭庆旺、贾俊雪（2009）。

时，为具有内生性的控制变量寻找合适的工具变量是一个自然的解决方法，但合适的工具变量很难寻找。另一种更为可行的方法是使用面板数据，各种不具时变性的特征可由个体效应 μ_i 很好地捕捉，时变性特征可由时间效应 λ_t 刻画，这在很大程度上减弱了这种相关关系。为此，研究者越来越多地使用以下面板数据模型（2）进行策略互动特性的识别。

$$z_{it} = \rho_1 \sum_{j \neq i} \omega_{ij} z_{jt} + X'_{it}\beta + \mu_i + \lambda_t + u_{it} \tag{2}$$

基于上述模型（2），王守坤和任保平（2008）使用 1978~2006 年的面板数据进行分析，发现省级政府宏观税负存在相互模仿的策略互动特征。李涛和周业安（2009）使用 1999~2005 年省级面板数据发现各省份人均实际本级财政支出总量和行政管理费支出表现出显著的策略替代特征，而人均实际基本建设、教育、科学、医疗卫生、预算外等支出都表现出显著的策略互补特征。

纵向共同反应作为另一个重要特性，要在实证研究中对其进行识别，需要解决如何将中央政府政策这一不随个体只随时间变化的变量引入模型的难题。由于截面数据没有时间维度，因此早期基于模型（1）的研究无法对此特性进行识别。而随着面板数据模型的兴起，研究者可以将中央政府政策变量（zc_t）作为可观测共同因子引入模型，这使得对其识别成为可能。除此之外，反映大国治理结构、全国宏观经济形势等不随个体只随时间变化的控制变量也以可观测共同因子（F_t）的形式进入方程，最终设定如模型（3）所示。

$$z_{it} = \rho_1 \sum_{j \neq i} \omega_{ij} z_{jt} + \theta zc_t + X'_{it}\beta + F'_t\delta + \mu_i + u_{it} \tag{3}$$

基于上述模型（3），Esteller-Moré 和 Solé-Ollé（2001）以及 Devereux 等（2007）分别考察美国州政府在收入税竞争以及烟草和燃油特许权税竞争中所体现的行为特性，发现既存在州政府之间的横向策略互动，也存在州政府与联邦政府之间的纵向共同反应。Revelli（2003）在一项有关英格兰地方政府环境支出的研究中发现，如果同时考察上级和下级政府间环境支出的外部性，地区间横向策略互动的程度将会显著降低，因此认为地区支出所体现出来的正的空间相关，在很大程度上是源自于对上一级政府的纵向共同反应，而不完全只是横向策略互动。

此外，研究地方政府财政竞争的行为特性时，自然禀赋、文化传统、经济交流等本身具有空间相关的重要因素难以测度而进入扰动项，从而导致扰动项存在截面弱相关，即使使用面板数据模型控制个体效应和时间效应，仍然不能去除这些因素。这将导致对应同一时期，随机扰动在不同地区之间呈现一种波浪形的传递特征。[①] 如果面板数据类型是时间

① 郭庆旺、贾俊雪（2009）设定了形如 $z_{it} = \rho_1 \sum \omega_{ij} z_{jt} + X'_{it}\beta + u_{it}$，$u_{it} = \rho_2 \sum \omega_{ij} u_{jt} + \varepsilon_{it}$ 的模型，考虑了扰动项的空间相关关系，但仍有几处有待改进。第一，该模型虽然使用的是面板数据，但是没有考虑个体效应与时间效应等异质性问题，本质上是式（1）的 Pooled 模型形式加上 SAR 扰动项。第二，该模型也没有考察地方政府对中央政府的“纵向共同反应”。第三，该文将扰动项的 SAR 形式解释为“地方政府政策受到诸如整个国家政策变化等的共同冲击”，这种理解有待商榷。事实上，在计量经济学中，SAR 扰动描述的是一个地区的经济波动传递给其他地区的情形，属于截面弱相关；要刻画凌驾于各个地区之上的经济或行政等力量所带来的共同冲击，必须使用不可观测的共同因子结构，属于截面强相关。

维度 T 大于截面维度 N，则“似无关”（SUR）模型是刻画截面相关的一种合适方法，但是当 N 大于 T 时，由于 FGLS 估计不可行而必须另觅他法。近期文献中，Pesaran 和 Tosetti（2007）用具有空间自相关[①]（SAR）的随机扰动项来刻画这种截面弱相关。空间自相关描述的是一种全局性的空间相关，能够将所有个体联系起来，还可以避免对横向策略互动特性的伪识别问题。

总结以上对模型方法的讨论，我们认为要对横向策略互动特性进行识别，采用空间滞后的面板数据模型优于截面数据模型，可以增加样本量并规避控制变量的内生性问题；引入可观测共同因子的形式可以考察地方政府对中央政府的纵向共同反应，从而避免对横向策略互动强度的高估；将扰动项设定为空间自相关形式，既刻画了截面弱相关的数据特征，又能规避伪识别问题。因此，本文最终采用以下模型设定：

$$z_{it} = \rho_1 \sum_{j \neq i} \omega_{ij} z_{jt} + \theta zc_t + X_{it}'\beta + F_t'\delta + u_{it}$$

$$u_{it} = \rho_2 \sum_{j \neq i} \omega_{ij} u_{jt} + \varepsilon_{it} \quad \varepsilon_{it} = \mu_i + \upsilon_{it} \tag{4}$$

其中，z_{it} 表示省份 i 在第 t 年的政策变量，z_{jt} 表示竞争省份 j 对应的政策变量；ω_{ij} 表示竞争省份 j 对于省份 i 的相对重要程度，具体取值在下文空间加权矩阵选取部分介绍；$\sum_{j \neq i} \omega_{ij} z_{jt}$ 是省份 i 的各个竞争省份 j 的加权政策变量，即横向策略互动项；zc_t 代表中央政府政策变量，不随个体只随时间变化。ρ_1 和 θ 是我们的关注参数：ρ_1 显著为正说明地方政府竞争存在相互模仿的策略互动或称策略互补，显著为负则说明存在差异化的策略互动或称策略替代；如果 θ 显著为正，则说明地方政府对中央政府政策的纵向共同反应为追随与效仿，显著为负则是背道而驰。X_{it} 是代表各省份经济社会特征的控制变量；F_t 是不随个体只随时间变化的控制变量。$\upsilon_{it} \sim i.i.d(0, \sigma_\upsilon^2)$ 为典型的随机扰动项，且与 zc_t、X_{it} 以及 F_t 不相关。μ_i 是个体效应，可体现为固定效应或者随机效应，当其为随机效应时，$\mu_i \sim i.i.d(0, \sigma_\mu^2)$ 且 $E(\mu_i \upsilon_{it}) = 0$。$u_{it}$ 服从空间自相关形式（SAR），ρ_2 是相应的误差空间相关系数。

三、估计方法与变量说明

（一）估计与检验方法

要估计模型（4），必须解决以下四个难题。

第一，解决空间滞后项所引起的内生性问题。用矩阵描述可将模型（4）变换为：

① 假定真实数据生成过程是 $\rho_1 = 0$，即不存在策略互动，但如果模型设定忽视了扰动项的空间相关，则会得到 ρ_1 显著非 0 的结论，从而提供一种“伪策略互动”的证据。

$$z = [I_T \times (I_N - \rho_1 W)^{-1}](X\beta + \theta zc + F\delta) + [I_T \times (I_N - \rho_1 W)^{-1}]u$$

可知 z_{it} 的随机成分是由矩阵 $I_T \times (I_N - \rho_1 W)^{-1}$ 的第 it 行与列向量 u 的内积构成，即 z 中每一个元素都依赖所有的扰动项样本点，此时 OLS 估计量将是不一致的。现有文献主要采用 MLE 或者 IV 估计解决该问题。其中，MLE 是早期文献所广泛使用的方法，但 Anselin 等（2007）指出在空间固定效应设定下，该方法的计算过程较为复杂，且会引起随机扰动项方差阵奇异。IV 估计则由于计算上的方便而在近年来受到青睐（Kelejian 和 Robinson，1993；Kelejian 和 Prucha，1998）。因此，本文决定采用 IV 方法来得到模型（4）参数和残差的一致估计，工具变量集为经过组内变换的解释变量的一阶和二阶空间滞后。

第二，得到误差空间相关系数 ρ_2 的一致估计。Kapoor 等（2007）提出了 GM 方法，记为：

$$P = (i_T i_T'/T) \times I_N,\ Q = (I_T - i_T i_T'/T) \times I_N$$

$$\sigma_1^2 = \sigma_\upsilon^2 + \tau\sigma_\mu^2,\ \bar{\varepsilon} = (I_T \times W)\varepsilon$$

可得到 6 个恒等式作为总体矩条件：

$$E(\varepsilon' Q\varepsilon/N(T-1)) = \sigma_\upsilon^2$$

$$E(\bar{\varepsilon}' Q\bar{\varepsilon}/N(T-1)) = \sigma_\upsilon^2 tr(W'W)/N$$

$$E(\bar{\varepsilon}' Q\varepsilon/N(T-1)) = 0$$

$$E(\varepsilon' P\varepsilon/N) = \sigma_1^2$$

$$E(\bar{\varepsilon}' P\bar{\varepsilon}/N) = \sigma_1^2 tr(W'W)/N$$

$$E(\bar{\varepsilon}/P\varepsilon/N) = 0$$

基于第一步得到的广义残差，可形成上述矩条件的样本矩，再由 NLS 可以得到 ρ_2 以及 σ_υ^2、σ_μ^2 的一致估计。$\rho_2 \neq 0$ 的假定可通过 Moran I 统计量进行检验（Kelejian 和 Prucha，2001）。

第三，解决非球形扰动带来的问题，得到模型参数的有效估计。类似于扰动项时间自相关情形下的解决方案，本文采用空间 FGLS 方法，具体操作是对所有变量（记为 y）进行 Cochrane-Orcut-type 变换：$y^*(\hat{\rho}_2) = [I_T \times (I_N - \hat{\rho}_2 W)]y$，如果存在随机效应，则再对 y^* 进行如下变换：$y_{it}^{**}(\hat{\rho}_2,\ \hat{\theta}) = y_{it}^* - \hat{\theta}\bar{y}_t^*$，$\hat{\theta} = 1 - \sqrt{\hat{\sigma}_\upsilon^2/(T\hat{\sigma}_\mu^2 + \hat{\sigma}_\upsilon^2)}$，当存在固定效应时，则取 $\theta = 1$。

第四，根据相关检验确定的合理工具变量集合，对变换后的数据再次进行 IV 估计。由于可能存在的弱工具变量问题，本文采用 Anderson（1984）提出的 LM 统计量来检验工具变量与内生变量之间的相关性是否足够强，原假设是工具变量矩阵与内生变量矩阵中最小的典型相关系数为零；为确保使用工具变量的可靠性，本文还采用 Sargan 统计量检验工具变量与扰动项是否不相关，原假设是工具变量与干扰项不相关，即工具变量合理，其统计量是服从自由度为过度约束个数的卡方分布。

（二）变量与数据

本文使用的是 1985~2006 年的分省面板数据，数据主要来自《中经网地区年鉴》、《中国统计年鉴》、《中国财政年鉴》以及《新中国五十年统计资料汇编》，西藏、青海和重庆由于多个变量数据缺失，并未包括在内。1985 年国务院发布了《关于实行“划分税种、核定收支、分级包干”财政管理体制规定的通知》，这成为中国财政体制正规化改革的重要标志；而从 2007 年开始统计年鉴中的财政支出分类出现变更，其后数据不具可比性，故本研究选择 1985~2006 年为样本期。

在模型（4）中，z_{it} 是地方政府政策变量，分别为宏观税负（tax）、政府支出相对规模（exp）、基本建设支出比重（exp1）以及科教文卫支出比重（exp2），zc_t 则是对应的中央政府政策变量。对于税收政策变量的选择，我国与联邦制国家不同，税收立法权高度统一，除了少数不重要的税种之外，地方政府不具有主体税基和税项制定权，因此不能采用各种地方税率来度量地方政府税收政策。我们认为，宏观税负可以综合反映各省份的税收优惠程度、征收范围以及征税努力程度的不同，因此是税收政策的一个合适的代理变量。而对于政策指标的计算，我们认为人均量指标更多体现的是地区经济发展水平差异，比例指标能更好地体现地方政府的政策意图。宏观税负水平等于地方财政收入除以 GDP，政府支出相对规模等于地方财政支出除以 GDP，基本建设支出比重等于地方基本建设支出除以地方财政支出，科教文卫支出比重等于地方科教文卫支出除以地方财政支出总额。

为反映各省份不同的经济社会特征，控制变量集 X_{it} 包括：城镇居民人均可支配收入①（Income）及其平方项（$Income^2$），用于反映各省经济发展水平；人口密度（Popden），等于总人口除以总面积，单位是百万人/万平方公里；在校小学生占总人口比例（Stu），②反映各省份的人口结构特征；第一产业比重（First），③等于第一产业增加值除以 GDP，用于表征各省产业结构特征，也刻画了各省份经济发展程度和税源丰裕程度；城市化水平（Urbanization），等于非农业人口除以总人口，用于体现各省城乡结构特征；国有经济单位职工比重（State-owned），等于国有经济单位职工数除以总职工数，用于捕捉所有制结构变革的信息；开放度（Openness），等于进出口总额（以人民币计价）除以 GDP，用于反映各省份的经济对外依存度。

控制变量集 F_t 主要包括三类不随个体只随时间变化的可观测共同因子。第一类为反映全国宏观经济形势的影响，本文选择 GDP 指数和居民消费价格指数（CPI）两个指标，并

---

① 由于我国个人所得税税率制定权在于中央政府，而且人均收入取决于多种因素，因此地方宏观税负方程中，本文仍将城镇居民人均可支配收入视为外生变量。

② 我国实行九年义务教育，适龄儿童入读小学一般是强制性的，因此使用在校小学生占总人口比例作为人口年龄结构的代理变量是合适的。

③ 一般而言，越是发达的地区，第一产业比重越低。但有些发达地区以第二产业为主，例如山东、江苏；有些则以第三产业为主，例如北京和上海；有些则是第二、第三产业并重，例如广东。因此用第一产业比重表征产业结构是相对合适的选择，这也被国内文献广泛采用。

取自然对数值。第二类用于反映大国治理结构的影响，分别是财政分权变量（Decentralization）和政治集权变量（Centralization）。财政分权变量[①]等于地方政府相应收支项目占全国财政收支的比重，体现了政府间财政收支责任安排对于地方政府财政决策的影响。对于政治集权变量的构造，本文参考 Edmark 和 Agren（2008）的思路，采取虚拟变量的方式。[②]我国的官员选拔属于上级任命制，每五年一届的中国共产党全国代表大会以及每一届的全国人大第一次代表大会往往是人事调整的重要时刻。我们认为在这些重大会议召开的前一年，各省份官员为了追求晋升，可能会呈现出更为激烈的财政竞争行为，因此将 1986 年、1987 年、1991 年、1992 年、1996 年、1997 年、2001 年、2002 年、2006 年等年份取值为 1，其他年份取值为 0。第三类变量则是刻画重要制度变迁所导致的结构变化：地方政府宏观税负变化趋势在分税制改革前后表现迥异，因此在该方程中引入虚拟变量 Dum1994 来反映该制度变革的影响，以 1994 年为界，之前取值 0，当年以及之后年份取值 1；在科教文卫支出方面，全面实施财政包干之后地方政府承担了大部分的该项支出责任，导致该比重在 1989 年之后有明显的上升，因此在科教文卫支出方程中引入虚拟变量 Dum1989，该变量以 1989 年为界，之前取值 0，当年以及之后年份则取值 1。

（三）空间加权矩阵选取

识别地方政府间财政竞争的策略互动特性，必须确定如何选择竞争对象及其权重。值得注意的是，面板数据下的空间模型一般是先按时间再按个体进行排列，因此其空间滞后项和空间相关扰动项的向量形式分别为 Wz_t 和 Wu_t。W 是 $N \times N$ 空间加权矩阵，矩阵中的元素 ω_{ij} 代表第 i 省份与第 j 省区在空间上的相关关系，对角线元素取值为 0。设定空间加权矩阵，最理想的方法是由数据生成，但实际研究中由于统计技术方面的原因，目前多数情况下仍难以实现。而在地方政府竞争理论中，“竞争对手”也只是一个抽象的概念，很难将其转化为具体的空间权重设定。因此，最常用的方法是依据 Revelli（2006）提出的简易原则（Parsimony），采用像相邻法这种应用最广的设定，[③]而不是其他更具随意性的复杂设定。相邻法具体设定如下：若 i 和 j 为相邻的省份，则取 $\omega_{ij} = 1$，否则取 $\omega_{ij} = 0$，并对权重矩阵采取行标准化处理。

---

① 由于很多省份的中央财政数据缺失，此处采用全国加总数据，因此该变量只随时间不随个体变化。

② Edmark 和 Agren（2008）认为选举制度对地方政府政策有明显的影响，通过设定选举年为 1、非选举年为 0 的虚拟变量来刻画这种影响。王守坤和任保平（2008）也采用相同方法。

③ 在目前理论模型中地方政府竞争三种激励机制中，无论是溢出效应、财政竞争，还是标尺竞争，邻近的省份都是其最可能的竞争对手，因此相邻法的设定能捕捉上述各种机制下的相关关系。实际分析中，除了相邻法，本文还参考 Anselin 等（2004），采用 Tri-cube 法、K-nearest 法以及反距离法等构造体现地理空间关系的空间加权矩阵，实证结果相当稳健。

四、实证结果分析

本文将首先分析地方政府财政竞争的横向策略互动与纵向共同反应两种特性，随后分析其他重要解释变量对地方政府财政政策的影响。实证结果均基于模型设定（4），其中表1是4个政策变量1985~2006年省份面板数据的估计结果，表2是地方政府宏观税负在1985~1993年和1994~2006年两个分样本的估计结果。之所以要对宏观税负进行分样本估计，是因为随着地方政府税收优惠竞争的升级以及预算外资金的急剧攀升，国家财政收入占GDP比重、中央财政收入占国家财政收入的比重持续下降，甚至影响了中央政府的职能。为此，中央政府于1994年进行分税制改革，在"统一税法、公平税负、简化税制、合理分权"的原则下重新划分地税、国税，此举对地方政府的税收政策行为产生了重要的影响。

（一）横向策略互动特性识别

根据表1宏观税负方程的全样本估计结果，其策略互动项系数不显著，但我们认为不能因此草率判定地方政府在宏观税负上不存在横向策略互动特性。从表2分样本的估计结果可以看到，宏观税负在分税制改革之前策略互动项系数显著为正，表现出相互模仿的策略互动特性；而分税制改革之后系数显著为负，表现出差异化的策略互动。这说明地方政府税收竞争本身是一个复杂的演变过程，它在两个不同时期的迥异表现导致全样本下策略互动项系数不显著。宏观税负横向策略互动特性从相互模仿到差异化的转变，显示出地方政府的税收竞争从一味让渡税收收益到根据实际情况制定政策的转变，可见其行为逐渐趋于理性。

表1　省级政府财政竞争行为特性识别估计结果（1985~2006年）

	宏观税负	政府支出相对规模	基本建设支出比重	科教文卫支出比重
空间滞后项 ρ_t （横向策略互动）	−0.30156 (0.40092)	0.93185*** (0.11803)	0.73718*** (0.16510)	0.97592*** (0.05387)
中央政策变量 θ （纵向共同反应）	0.57926*** (0.21065)	0.59515** (0.27130)	0.21013* (0.10997)	0.02721 (0.04969)
城镇居民人均收入	−0.01680*** (0.00269)	0.00005 (0.00069)	−0.00409* (0.00211)	0.00220** (0.00097)
城镇居民人均收入平方项	0.00081*** (0.00011)	0.00001 (0.00004)	0.00002 (0.00009)	−0.00010* (0.00005)
小学生在校人数比重	−0.10187 (0.07187)	0.11740*** (0.04050)	−0.00373 (0.08342)	0.02983 (0.06543)
人口密度	−0.00949*** (0.00221)	0.00607*** (0.00112)	0.00671*** (0.00159)	−0.00049 (0.00102)

续表

	宏观税负	政府支出相对规模	基本建设支出比重	科教文卫支出比重
第一产业比重	-0.18156*** (0.03247)	-0.02532 (0.02704)	-0.19575*** (0.03881)	0.04356 (0.02758)
开放度	-0.00803 (0.00761)	0.00787* (0.00406)	-0.00261 (0.00776)	-0.00782 (0.00605)
城市化水平	0.08576** (0.03795)	-0.05033** (0.02048)	-0.07451 (0.03809)	-0.04232* (0.02414)
国有经济单位职工比重	0.0113 (0.02246)	0.07753*** (0.01507)	0.00874 (0.02898)	-0.04432** (0.02137)
全国 CPI	-0.02236 (0.01525)	0.00054 (0.00970)	-0.01509 (0.02698)	-0.00037 (0.02403)
全国 GDP 指数	-0.02875 (0.03167)	-0.00284 (0.02536)	0.03503 (0.05046)	0.02238 (0.06866)
财政分权变量	0.00127 (0.02037)	0.19341*** (0.06436)	0.16993** (0.08468)	0.01632 (0.13473)
政治集权变量	0.00069 (0.00164)	-0.08191 (0.18073)	-0.15379 (0.12086)	-0.01125 (0.11851)
Dum1994	-0.04246** (0.01730)			
Dum1989				0.20546 (5.09622)
ρ_2	-0.12641	-0.62524	-0.1289	-0.56221
Moran I test	4.49409***	5.33412***	11.22397***	-9.06678***
Hausman test	41.66***	1.78	1.54	3.76
Anderson canon. corr. LM	23.370***	76.529***	69.953***	86.639***
Sargan test	0.698	3.881	1.278	1.966

注：括号中为标准误；***、** 和 * 分别代表 1%、5%和 10%水平上显著；各个方程的空间滞后项、中央政策变量、财政分权变量对应各自指标；Hausman 检验用于确定使用固定效应还是随机效应，若显著则为固定效应。以上说明适用表 2。

从表 1 的估算结果还可以看出，对于支出政策，无论是支出规模，还是支出结构，都存在着政策模仿与趋同现象。其中，支出相对规模是一个总量指标，代表政府与市场的分权程度，其策略互动项系数约为 0.93，意味着随着财力的增强，扩大政府支出相对规模越发成为地方政府的共同选择。在支出结构方面，基本建设支出比重和科教文卫支出比重的策略互动系数分别约为 0.73 和 0.97，都呈现出相互模仿的策略互动特性，但是两者背后的作用机制却是迥异的。根据现有文献研究结论（如郭庆旺和贾俊雪，2006），基本建设支出在短期内可以显著促进经济增长而科教文卫支出则不利于经济增长。因此，我们可以推断，基本建设支出比重是由于受到普遍重视而呈现相互模仿，相反地，在科教文卫支出方面，各省级政府普遍倾向于保持一定水平即可的选择，从而呈现出更为明显的政策趋同。

表 2　宏观税负竞争行为特性识别分样本估计结果

	宏观税负			
	1985~1993 年		1994~2006 年	
	系数估计值	标准误	系数估计值	标准误
空间滞后项 ρ_1（横向策略互动）	0.28928**	(0.14167)	-0.67031**	(0.26772)
中央政策变量 θ（纵向共同反应）	0.75072***	(0.26299)	0.18604	(0.23445)
城镇居民人均收入	-0.03868**	(0.01863)	0.00457**	(0.00203)
城镇居民人均收入平方项	0.00369	(0.00249)	0.00003	(0.00006)
小学生在校人数比重	-0.50238***	(0.12756)	-0.01912	(0.04757)
人口密度	-0.07075***	(0.00719)	0.00391***	(0.00136)
第一产业比重	-0.20243***	(0.04261)	-0.03369	(0.02300)
开放度	0.02874***	(0.01006)	0.0017	(0.00461)
城市化水平	0.03013	(0.10061)	-0.05564	(0.01809)
国有经济单位职工比重	-0.11752***	(0.03936)	-0.01226	(0.01424)
全国 CPI	-0.0051	(0.02527)	-0.04947***	(0.01272)
全国 GDP 指数	0.03090**	(0.01337)	-0.01328*	(0.00783)
财政分权变量	0.14109*	(0.08187)	0.03504	(0.07680)
政治集权变量	0.00243	(0.00250)	0.0012	(0.00084)
ρ_2	-0.13582		-0.05108	
Moran I test	5.49888***		7.49039***	
Hausman test	146.72***		26.46**	
Anderson canon. corr. LM	90.37***		47.791***	
Sargan test	5.252		0.2699	

注：本表基于模型设定（4），由于是分样本估计，故不包括虚拟变量 Dum1994。

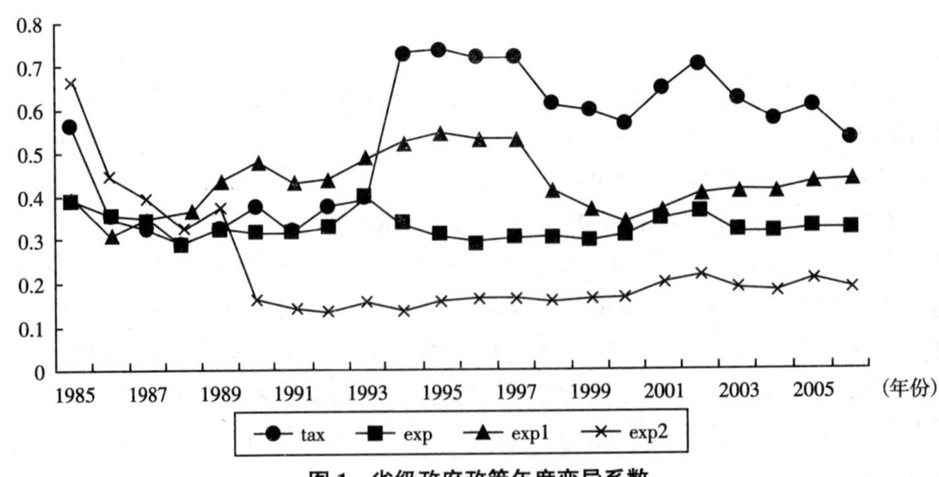

图 1　省级政府政策年度变异系数

图 1 是政策变量年度变异系数的变化趋势，可以为判断地方政府的策略互动特性提供进一步的证据。其中，宏观税负变异系数（tax）在 20 世纪 80 年代呈现下降态势，但 1994 年后明显增大并伴随着较大程度的波动，显示地方政府宏观税负从政策趋同向差异化的转变。支出相对规模（exp）和基本建设支出比重（exp1）的变异系数保持在 0.4 上下波动，科教文卫支出比重变异系数（exp2）则呈现明显收敛趋势，特别是 1990 年以来基本保持水平直线的稳定态势，这表明地方政府在各项支出政策上的模仿一以贯之，非常明显。进一步比较图 1 与表 1 的结果可以发现，支出指标策略互动的模仿特性体现于表 1 是基本建设支出比重、支出相对规模和科教文卫支出比重的策略互动系数 0.73、0.93 和 0.97 依序递增，体现于图 1 则是它们的变异系数依序递减，两者相互印证。

（二）纵向共同反应特性识别

表 1 和表 2 的估算结果还表明，宏观税负方程中，θ 的全样本估计约为 0.58，分样本估计在分税制改革前为 0.75，在分税制改革后为 0.18。可见在税收政策方面，地方对中央存在跟随型的共同反应，但是这种反应的强度和显著性都呈下降趋势。图 2 是地方政府与中央政府政策演变趋势，表 1 的估算结果从中得到了注解：改革开放初期中央和地方宏观税负呈现双双下降的趋势，因为这一时期通过税收优惠招商引资成为自上而下的共识；而分税制改革之后，中央和地方宏观税负都呈现逐年上升的趋势，显示不同层级政府都致力

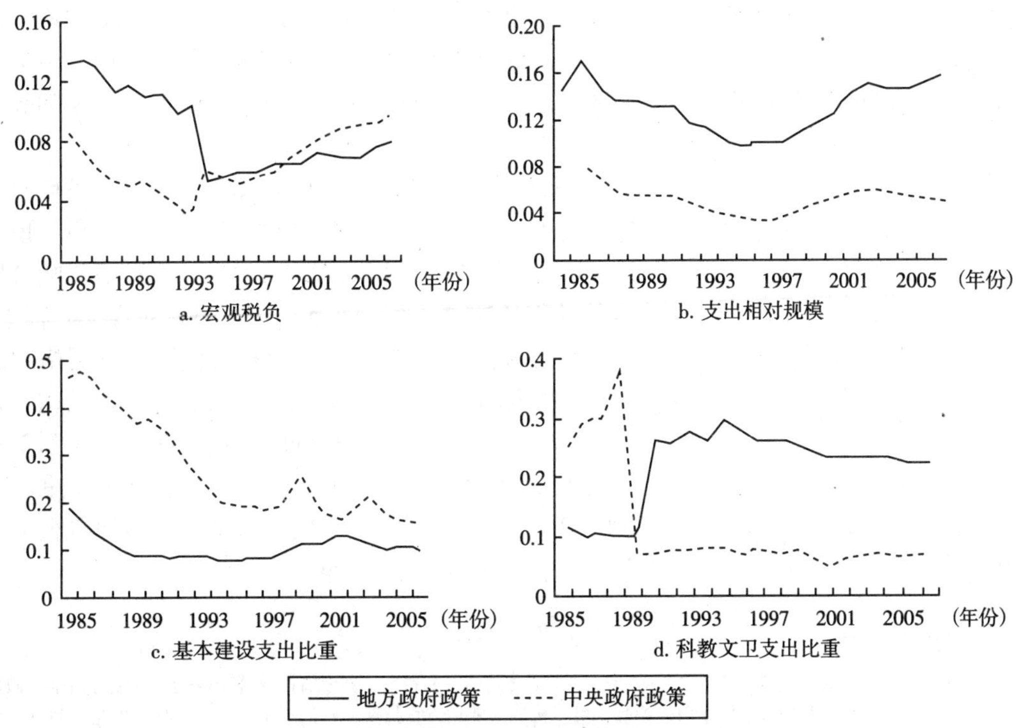

图 2 省级政府政策年度均值与中央政府政策趋势比较

于提高财政收入的比重，但地方政府的上升趋势在后期明显落后于中央政府。其原因是，随着税收优惠成为全国的"普惠"，部分相对发达的省份开始通过增加基础设施投资来赢得优势，这就要求这些省份必须保证足够的税收收入；而对于落后省份而言，税收优惠仍然是重要的竞争手段，所以平均而言，地方对中央的共同反应强度就明显下降了。

图 2 也印证了有关支出指标共同反应特性。支出相对规模和基本建设支出比重的共同反应系数分别是 0.59 和 0.21，表明地方政府对中央政府都存在一种正向的共同反应，但前者在 5%的水平上显著，后者在 10%的水平上显著。图 2 显示，改革初期，政府支出相对规模和基本建设支出比重自上而下都是逐年下降，这与当时主要采取税收优惠政策导致财力有限的现状相符；而随着财力的增强，"做大政府"和通过基本建设支出来推动经济增长被广泛采用。对于科教文卫比重而言，共同反应系数只有约 0.03 且不显著，表明中央政府在科教文卫支出方面并未能对地方政府的决策产生强而有力的影响。图 2 显示在 1989 年前中央的科教文卫支出比重呈上升趋势，地方则是保持稳定；1989 年全面实行财政包干导致地方骤升、中央骤降；而随后年份地方政府有递减趋势，中央政府则是先降后升。总体而言，地方政府科教文卫支出比重并没有与中央政府保持同步。

（三）重要控制变量结果解释

财政分权变量（Decentralization）对支出相对规模和基本建设支出比重都有显著的正向作用，而对宏观税负的影响只有在分税制改革之前显著为正，表明地方政府在各项政策中承担的责任越重，则越倾向于提高该政策指标。政治集权变量（Centralization）均不显著，说明重大会议的召开并没有对地方财政政策产生显著影响，其原因可以理解为中央政府对于地方官员政绩评价并不只是关注其在重要会议前的表现，而是综合其主政期间表现而定。[①]

人均收入（Income）对于宏观税负的影响在全样本估计下呈 U 型，即在经济发展水平比较低时，地方政府倾向于实施税收优惠政策，而当人均收入达到一定的水平之后，地方政府倾向于提高宏观税负。在表 2 的分样本估计中，人均收入在分税制改革前后影响分别为负向和正向，进一步印证了全样本估计中的这种非线性关系。在支出相对规模方程中，人均收入及其平方项虽然都不显著，但其系数都为正，这也一定程度体现了"瓦格纳法则"：政府支出占 GDP 的比重会随着居民收入的增加而进一步提高。具体到支出结构，人均收入对基本建设支出比重的影响呈 U 型，即在收入水平较低时，地方政府会控制基本建设支出比重，而达到一定收入水平之后，才会加大该比重。在科教文卫支出比重方程中，人均收入的影响呈倒 U 型，即地方政府在经济发展处于较低水平时，增加科教文卫支出比重，而当收入达到一定水平之后，则倾向于降低该比重。

---

① 虽然本文构造的虚拟变量并不显著，但我们对此结果保持谨慎态度，并没有因此断定政治集权特征对地方政府行为没有影响。对于政治集权的激励作用的检验，可以构造反映地方官员获得政治资源的决定方程。但是，目前如何定义和度量政治资源困难重重并且争议很大，这也是值得进一步研究的方向。

第一产业比重（First）在宏观税负方程中显著为负，说明以农业为主的省份，其税源有限，为促进经济发展，更青睐于采取税收优惠政策，但是该变量在分税制改革后不显著，意味着即使是落后省份也开始提高财政收入比重。在基本建设支出中，第一产业比重越高，该项支出比重越低，反过来说明第二、第三产业部门比重越高的省份越是乐于扩大基本建设支出。

城市化水平（Urbanization）对宏观税负的影响在分样本估计中都不显著，这是由于该变量与人均收入变量的多重共线性所致；但在全样本估计中，其多重共线性的程度有明显下降（扩大样本是克服多重共线性的方法之一），不影响参数估计的显著性。结果表明，城市化的影响显著为正，说明城市居民比例越高，征税管理难度越小，税源越广，越有利于地方政府提高宏观税负。在科教文卫支出比重方程中，城市化水平显著为负，这是因为发达地区市场机制相对完善，便于进行筹资方式的市场化改革，特别是由于对教育和医疗采取“甩包袱”做法，减轻了地方政府该项支出的压力。

国有经济单位职工比重（State-owned）对政府支出相对规模有显著的正效应，即国有化程度越高，地方政府越可能存在扩张偏向的支出政策。在支出结构方面，国有经济单位职工比重对基本建设支出比重的影响不显著为正，而对科教文卫支出比重的影响显著为负，说明改革开放以来实施的非国有化进程可以有效纠正政府支出结构的扭曲（类似结论见傅勇、张晏，2007）。

（四）稳健性分析

最后，我们考察中央政府政策变量 zc 可能存在的内生性问题，这关系到本文研究结论的可靠性和稳健性。[①] 一般而言，在中央政府与地方政府的纵向关系方面，中央政府扮演着一种斯塔克伯格领导者的角色（Hayashi 和 Boadway，2001），其政策制定具有先行特征（moving first），现实中不大可能对于各个地方政府的决策做出反应（Esteller-Moré 和 Solé-Ollé，2001），因此中央政府（上级政府）政策在地方政府（下级政府）的决策当中往往被认为是外生的（Brett 和 Pinkse，2000；Revelli，2003）。从这个角度看，现有文献偏向于认为不存在这种由联立性关系导致的内生性。

另外，如果方程遗漏了一些对中央政府和地方政府决策有共同影响的变量，则可能造成中央政府政策变量与包含共同冲击的扰动项相关而导致的内生性。针对这种情形，Esteller-Moré 和 Solé-Ollé（2001）提出两种解决方案，一是在方程中加入体现时间异质性的年度虚拟变量，二是在方程中加入影响中央政府与地方政府决策的周期性变动（cyclical variations）的变量，这两种方法都可以控制对地方政府政策和中央政府政策的共同冲击。本文参照 Esteller-Moré 和 Solé-Ollé（2001）、Hayashi 和 Boadway（2001）等的处理，在方程中加入了包括体现周期性因素以及体制性因素的可观测共同因子集合 F，目的就在于规避这种内生性问题。

① 感谢匿名审稿人关于中央政府政策变量内生性问题的建议。

也正是基于上述两个原因，本文将中央政府政策变量视为外生变量。然而，进一步考察我国税制的特殊性，可以发现，1994 年分税制改革之前，由于中央和地方政府之间税收的划分存在讨价还价的空间，这时候中央政府税收收入也会受到各个地方政府税收收入的影响。因此，表 2 宏观税负（1985~1993 年）方程仍有可能存在联立性导致的内生性问题。我们对这一问题进行了处理，将该方程中的中央政府政策变量视为内生变量并重新估计。此时，控制变量集 X 的全国数据满足与中央政府政策变量相关而与扰动项不相关的条件（参考 Esteller-Moré 和 Solé-Ollé，2001），可以作为合适的工具变量。内生性设定下的估计结果显示，横向策略互动系数为 0.37，且在 5%显著性水平上显著，这与外生性假定下估计结果（表 2 的 1985~1993 年的宏观税负方程）相比，系数稍有提高，显著性基本持平；纵向共同反应系数则为 0.55，且在 5%显著性水平上显著，相比外生性设定下 0.75 以及 1%显著性水平上显著的估计结果，其强度和显著性都有所下降。可见，如果忽视分税制改革前地方政府宏观税负对中央政府决策的潜在影响，确实会高估地方政府对中央政府的共同反应程度，基于内生性设定的结果更为可靠。为谨慎起见，本文还对宏观税负（1985~1993 年）之外其他方程中的中央政策变量再进行内生化设定，重新估计的结果显示关注变量的参数估计值基本上没有变化，因而不另作报告。

五、结论与政策建议

本文在中国式大国治理结构背景下，对我国地方政府财政竞争的“横向策略互动”和“纵向共同反应”两种行为特性进行识别。基于 1985~2006 年省级面板数据，我们运用能够刻画空间交互性反应特征的空间面板计量模型进行实证分析，主要结论包括：①在横向策略互动方面，宏观税负以分税制改革为界，其策略互动特性从相互模仿转变为差异化；政府支出相对规模、基本建设支出比重和科教文卫支出比重均表现出模仿型的策略互动。②在对中央政府政策的纵向共同反应方面，在宏观税负、支出相对规模和基本建设支出比重三个方程中显著为正，说明存在对中央政府的追随效仿；而在科教文卫支出比重方程中，这种纵向共同反应不显著，说明中央政府未能对地方政府产生强而有力的影响。

结合已有文献的研究结论，可以发现，地方政府支出相对规模上的相互模仿特性有助于理解中国地方政府在支出规模方面普遍存在强烈的扩张倾向（方红生、张军，2009）；而本文有关地方政府在财政支出结构的决策上具有的相互模仿特性，以及中央政府在科教文卫支出上未能对地方政府产生足够影响的事实，对于纠正地方政府近年来“重基本建设、轻人力资本投资和公共服务（傅勇、张晏，2007）”的明显扭曲也提供了思路。基于上述结论与讨论，本文从深化大国治理结构变革、规范中央与地方政府关系、匡正地方政府竞争行为三个方面提出相关建议。

从深化大国治理结构变革角度看，地方官员政绩评价机制具有重要的引导作用，而绩

效考核指标的多元化应成为改革的目标之一。财政性教育经费占 GDP4%的目标以及“十一五”节能减排目标等，相比较 GDP 增长率，仍然是“软约束”指标，目前大部分地方政府仍难以达标。只有通过实行问责制和“一票否决”制将这些指标“硬约束化”，才能真正引起地方政府的重视，并通过地方政府之间相互模仿的策略互动行为强化这些目标的激励。

从规范中央与地方关系角度看，中央政府对地方政府的多数政策有显著影响，但对于科教文卫支出而言，这种影响是不显著的。为扩大科教文卫支出比重，一项重要举措是通过制度设计，以中央支出为基准，要求各地按照相应比例保证该项支出，从而形成一种自上而下的制度约束。类似地，对于户籍制度改革、农民工子女教育、医改、社会保障、环境污染治理等问题，需要以中央统筹方式加以解决。

从匡正地方政府竞争行为角度看，如何通过制度创新使得地方政府从竞争走向竞合，成为一个新的课题。当前中国发展遇到的一些问题，例如基础设施建设和产业发展上的重复与同构，已经不是某时某地的问题，而是跨区域的联动问题，因此区域间的合作与地区间的竞争同样重要。此外，我们发现，地方政府竞争手段已经从改革开放初期的以税收优惠为主，发展到以财政支出总量和结构政策为主，但总体而言，这些竞争手段仍属于“硬件”方面的竞争。为提高执政水平和施政效率，政府服务、投资环境塑造、信用建设等制度创新必须成为地方政府“软件”方面竞争手段。

参考文献

[1] 樊纲，张曙光，杨仲伟，张燕生，袁刚明. 公有制宏观经济理论大纲 [M]. 上海：上海三联书店，1994.

[2] 方红生，张军. 中国地方政府扩张偏向的财政行为：观察与解释 [M]. 经济学(季刊)，2009，8 (3).

[3] 傅勇，张晏. 中国式分权与财政支出结构偏向：为增长而竞争的代价 [J]. 管理世界，2007 (3).

[4] 郭庆旺，贾俊雪. 政府公共资本投资的长期经济增长效应 [J]. 经济研究，2006 (7).

[5] 郭庆旺，贾俊雪. 地方政府间策略互动行为、财政支出竞争与地区经济增长 [J]. 管理世界，2009 (10).

[6] 李涛，周业安. 中国地方政府间支出竞争研究——基于中国省级面板数据的经验研究 [J]. 管理世界，2009 (2).

[7] 李永友，沈坤荣. 辖区间竞争、策略性财政政策与 FDI 增长绩效的区域特征 [J]. 经济研究，2008 (5).

[8] 陆铭等. 中国的大国经济发展道路 [M]. 北京：中国大百科全书出版社，2008.

[9] 沈坤荣，付文林. 税收竞争、地区博弈及增长绩效 [J]. 经济研究，2006 (3).

[10] 王守坤，任保平. 中国省级政府间财政竞争效应的识别与解析：1978~2006 年 [J]. 管理世界，2008 (11).

[11] Anderson，T. W.. Introduction to Multivariate Statistical Analysis [M]. John Wiley & Sons，1984.

[12] Anselin，L.，J. Legallo and H. Jayet. The Econometrics of Panel Data [M]. Springer-Verlag，2007.

[13] Anselin，L.，R. Florax and S. Rey. Advances in Spatial Econometrics：Methodology [M]. Tools and

Applications, Springer-Verlag, 2004.

[14] Brett, C. and J. Pinkse. The Determinants of Municipal Tax Rates in British Columbia [J]. Canadian Journal of Economics, 2000, 33: 659-714.

[15] Brueckner, J. K.. Strategic Interaction among Governments: an Overview of Empirical Studies [J]. International Regional Science Review, 2003, 26: 175-188.

[16] Case, A. C., H. S. Rosen and J. R. Hines. Budget Spillovers and Fiscal Policy Interdependence: Evidence from the States [J]. Journal of Public Economics, 1993, 52: 285-307.

[17] Devereux, M. P., B. Lockwood and M. Redoano. Horizontal and Vertical Indirect Tax Competition: Theory and Some Evidence from the USA [J]. Journal of Public Economics, 2007, 91: 451-479.

[18] Edmark, K. and H. Agren. Identifying Strategic Interactions in Swedish Local Income Tax Policies [J]. Journal of Urban Economics, 2008, 63: 849-857.

[19] Esteller-Moré Alex and Solé-Ollé. Vertical Income Tax Externalities and Fiscal Interdependence: Evidence from the US [J]. Regional Science and Urban Economics, 2001, 31: 247-272.

[20] Hayashi, M. and R. Boadway. An Empirical Analysis of Intergovernmental Tax Interaction: the Case of Business Income Taxes in Canada [J]. Canadian Journal of Economics, 2001, 34: 481-503.

[21] Kapoor, H. H. Kelejian and I. R. Prucha. Panel Data Models with Spatially Correlated Error Components [J]. Journal of Econometrics, 2007, 140: 97-130.

[22] Kelejian, H. H. and I. R. Prucha. A Generalized Spatial Two Stage Least Squares Procedures for Estimating a Spatial Autoregressive Model with Autoregressive Disturbances [J]. Journal of Real Estate Finance and Economics, 1998, 17: 99-121.

[23] Kelejian, H. H., I. R. Prucha. On the Asymptotic Distribution of the Moran I Test Statistic with Applications [J]. Journal of Econometrics, 2001, 104: 219-257.

[24] Kelejian, H. H. and P. Robinson. A Suggested Method of Estimation for Spatial Interdependent Models with Autocorrelated Errors [J]. Papers in Regional Science, 1993, 72: 297-312.

[25] Pesaran, M. H. and Tosetti. Large Panels with Spatial Correlations and Common Factors [R]. Working Paper, 2007.

[26] Revelli, F.. Reaction or Interaction? Spatial Process Identification in Multi-tiered Government Structures [J]. Journal of Urban Economics, 2003, 53: 29-53.

[27] Revelli, F.. On Spatial Public Finance Empiric [J]. International Tax and Public Finance, 2005, 12: 475-492.

[28] Revelli, F.. Handbook of Fiscal Federalism [M]. Edward Elgar Publishing Limited, 2006.

The Identification of the Characteristics of the Financial Competition of China's Local Governments: Does "the Competition among Brothers" Coexist with "the Controversy between the Father and Sons"?

Wang Meijin, Lin Jianhao and Yu Zhuangxiong
(Sun Yat-Sen University, Ji'nan University)

Abstract: Local governments' competition has played an important role in the process of China's economic take-off and institutional transformation. This competition has two characteristics in behavior: "the competition among brothers", meaning "the horizontal strategic interaction" between local governments, and "the controversy between the father and sons", meaning "the vertical common action". By the use of a spatial data model that can describe the characteristics of the interaction in space, we have carried out the identification of the characteristics of the two behaviors of the local governments in financial competition, in anticipation of scientifically estimating and correctly distinguishing the characteristics of the two behaviors, in order to offer a new perspective to explain China's problems at present. The results of our study indicate that the macro-tax burden has been defined with the reform for tax distribution, the characteristics of interaction in its tactics has changed from mutual mimicking each other to differentiation, that the relative size of expenditure, the expenditure for capital construction and the expenditure on culture, education, science and health, however, have interacted in the tactics of mutual simulation, that, in the characteristics of the vertical common action, the local governments have followed the central government in the tree policies of the macro-tax burden, the relative size of expenditure and the expenditure for capital construction, and that the policy of the central government for the expenditure on culture, education, science and health, however, has had no strong impact.

Key Words: Local Governments' Competition, the Horizontal Strategic Interaction, the Vertical Common Action, A Spatial Data Model

政府财政政策对经济增长的影响
——基于一个资本积累与创新相互作用模型的分析*

严成樑　王弟海　龚六堂①

【内容提要】政府财政政策对经济增长和社会福利的影响，是经济增长理论和宏观公共财政理论研究的重点，已经有大量的研究。本文在一个资本积累与创新相互作用的框架下内生化劳动力供给，假设政府通过征收平滑的收入税为公共支出融资，并且将政府公共支出区分为资本性支出和研发性支出，从而考察了税收和财政支出结构对经济增长的影响及其作用机制。研究发现，当政府通过征收收入税为生产性公共支出融资时，收入税税率与经济增长率之间存在一个倒U型关系，从而回到了Barro（1990）的结论（尽管本文强调的政府财政政策作用于经济增长的机制与Barro（1990）差别较大）；在基准经济（benchmark economy）的参数环境下，财政支出结构与经济增长率之间存在一个倒U型关系，从而经济中存在一个最优的财政支出结构。

【关键词】财政政策　经济增长　资本积累　创新

【经济文献分类号】E62，H20，O40

一、引言

20世纪90年代以来，以Romer（1990）、Grossman和Helpman（1991）、Aghion和Howitt（1992）为代表的研发为基础（R&D-Based）增长理论的兴起，极大地丰富和发展了新增长理论，其不仅为内生的技术进步和经济增长提供了一些新的解释，而且为我们考

* 本文选自《南开经济研究》2010年第1期。

① 严成樑，中央财经大学经济学院（邮编：100081），E-mail：yanchengliang@gsm.pku.edu.cn；王弟海，复旦大学经济学院（邮编：200433），E-mail：wangdihai@gmail.com；龚六堂，北京大学光华管理学院（邮编：100871），E-mail：ltgong@gsm.pku.edu.cn。本文的研究得到了中央财经大学“211”工程3期资助和国家自然科学基金委员会杰出青年基金项目（项目号：70725006）资助。

察其他问题提供了一个重要的分析框架。在此基础上，Zeng（1997）、Howitt 和 Aghion（1998）将研发为基础的增长理论与 Romer（1986）、Lucas（1988）物质资本积累和人力资本积累相互作用的框架结合起来，提出了资本积累与创新相互作用的经济增长理论。这类增长理论较好地拟合了现实经济的核心特征，同时也为我们考察政府财政政策对经济增长的影响提供了一个重要分析框架。

政府财政政策对经济增长的影响是宏观公共财政理论和经济增长理论研究的重点，已经有大量的研究。从理论模型的角度出发，政府财政政策对经济的影响在很大程度上取决于模型设定以及基准（benchmark）参数值的选取。例如，严成樑、龚六堂（2009）在 Barro（1990）的框架下内生化劳动力供给，发现 Barro（1990）关于政府公共支出规模与经济增长率之间倒 U 型关系的结论可能不再成立。原因是，政府公共支出不仅可以通过影响资本积累影响经济增长，而且可以通过影响劳动供给来影响经济增长。Barro（1990）认为劳动力供给是外生的，政府公共支出只能通过影响资本积累来影响经济增长。经济增长的源泉不同，财政政策对经济增长的作用机制也就存在较大差别。值得注意的是，现有的文献研究主要是在新古典增长框架、简单 AK 框架以及 Uzawa-Lucas 框架下考察政府财政政策对经济影响的，而在资本积累与创新相互作用增长框架下考察财政政策对经济影响的文献相对较少。因此，本文选择在这种框架下考察财政政策对经济的影响，以期加深我们对财政政策作用于经济增长机制的认识。

一般来说，政府公共支出主要包括生产性公共支出和消费性公共支出。生产性公共支出是指那些对生产具有直接促进作用的公共支出，消费性公共支出则是指那些对提高社会福利有促进作用的公共支出。传统的经济学理论认为，生产性公共支出可以直接进入生产函数，通过影响资本与劳动的边际生产率进而影响经济增长；消费性公共支出直接进入效用函数，可以直接提高人们的福利水平。我们可以通过将政府公共支出引入生产函数和效用函数，进而具体考察政府公共支出对经济增长和社会福利的影响。Arrow 和 Kurz（1970）最早在一个新古典增长框架下，区分了政府生产性公共支出与消费性公共支出，并将生产性公共支出和消费性公共支出分别引入生产函数和效用函数。生产函数由 $y=f(k)$ 转化为 $y=f(k,\ g_p)$，其中：y、k、g_p 分别表示产出、资本与生产性公共支出；效用函数由 $u(c)$ 转化为 $u(c,\ g_c)$，其中 c 和 g_c 分别表示私人消费和政府消费性公共支出。Barro（1990）、Glomm 和 Ravikumar（1998）、Turnovsky（2000）则将上述思路拓展到内生增长的框架下，他们在内生增长框架下，考察了政府财政政策对经济增长的影响。

需要说明的是，现有的考察政府财政政策对经济增长影响的文献大多假定劳动力的供给是无弹性的，例如 Barro（1990）与 Rebelo（1991）等，这使得财政政策对经济增长作用的传导机制受到限制。事实上，内生化劳动力供给无论对于分析理论问题，还是对于研究现实经济，都具有较为重要的意义。国内学者严成樑、龚六堂（2009）较好地论述了内生化劳动力供给在分析经济问题中的重要性。从理论上分析，内生化劳动力供给有利于更加全面地分析财政政策对经济增长和社会福利的影响，进而可以考察最优的财政支出结构和税收结构。Turnovsky（2000）指出了内生化劳动力供给的两大优点：①消费税和劳动收入税不再是一揽子税收，它们可以通过影响家庭的劳动—休闲选择，进而影响资本的边际回报与经济增长；②政府的消费性支出也可以通过影响家庭的劳动—休闲选择，进而影响经济增长。也有学者认为，内生化劳动力供给是在低维经济系统产生经济增长不定性（indeterminacy）的重要条件。例如，Benhabib 和 Farmer（1994）通过内生化劳动力供给在一个两维系统中找到了经济增长的不定性。现实经济中，劳动力供给的变化对于全要素生产率以及经济增长也有很重要的影响。例如，Kehoe 和 Prescott（2002）发现，由于政府政策引起人们劳动时间的减少是导致 20 世纪 30 年代西方国家经济危机的重要原因；Hayashi 和 Prescott（2002）同样发现，人们平均劳动时间的减少是导致 20 世纪 90 年代日本经济大萧条的重要原因。

现实经济中，创新推动的技术进步是促进经济增长的重要力量。当然，创新是需要研发投入的，而政府财政支出是使研发活动得以顺利开展的重要因素。例如，政府提供的关于知识产权保护的法律使得个人有足够的动力创新；政府为基础研究提供的支持是企业应用研究以及试验发展的重要前提；[①] 政府为研发提供的补贴直接刺激了私人研发投资等。表 1 显示了 2004 年中国和五个研发投入最大国家 R&D 经费的主要来源，我们可以看出政府财政支出是这些国家 R&D 经费的重要来源。例如，除日本外，其余四个研发投入大国政府 R&D 支出占 R&D 经费的比例都超过了 30%；比例最高的法国政府投入占 R&D 经费来源的 39%；比例最低的日本政府投入占 R&D 经费的比例为 18.1%。

表 1　R&D 经费来源（2004 年）

类别	中国/%	美国/%	日本/%	英国/%	法国/%	德国/%
企业	65.7	63.7	74.8	43.9	50.8	67.1
政府	26.6	31.0	18.1	31.4	39.0	30.4
其他	7.7	5.3	7.1	24.7	10.2	2.6

数据来源：《中国科技统计年鉴》（2006）。

严成樑（2009）在一个资本积累和创新相互作用的内生增长框架中引入政府研发投资，考察了政府研发投资对经济增长的影响。研究发现，政府研发投资通过影响家庭的休闲劳动选择、消费投资（包括物质资本积累和研发投资）选择，从而影响经济增长；政府研发投资规模越大，经济增长率越高。其不足之处在于没有考察政府研发支出与其他类型生产性公共支出之间的相互影响。与以往的研究不同，本文区分了政府资本性支出和政府研发支出，我们假设政府通过征收平滑的（flat-rate）收入税为公共支出融资，进而考察了收入税以及财政支出结构对经济增长的影响。值得注意的是，现有的研究中，鲜有文献在资本积累与创新相互作用的内生增长框架下，同时引入两类生产性公共支出，本文对这方面工作进行有益尝试。我们假设政府资本性支出与政府研发支出对经济的作用机制不同，政府资本性支出进入最终产品部门的生产函数，而政府研发支出进入研发部门的生产

① R&D 活动包括基础研究、应用研究和试验发展三类活动。

函数，从而进一步考察了财政政策对经济增长的影响。

本文剩余部分的组织结构如下：第二部分是模型的基本框架，将分别给出家庭、最终产品部门、中间产品部门、研发部门、政府部门的最优化问题以及经济的竞争性均衡；第三部分是参数化和数值模拟，在与现实经济相符的参数环境下考察政府财政政策对经济增长的影响及其传导机制；第四部分是结语。

二、基本模型

（一）家庭

假定经济是由连续同质具有无限寿命的家庭组成的，家庭总的测度为 1，每个家庭只有 1 个个体，且无人口增长。家庭有 1 单位的时间可用于休闲或是劳动。假定家庭的效用是建立在自身消费和休闲基础上的，家庭对消费和休闲的选择又要受到自身财富约束的限制。因此，家庭的问题是选择消费 C_t、劳动 l_t，以极大化自身福利：

$$\max \int_0^{+\infty} \frac{(C_t^{\nu}(1-l_t)^{1-\nu})^{1-\sigma}-1}{1-\sigma} e^{-\rho t} dt \tag{1}$$

其中，ν 刻画了相对于休闲而言，家庭对于消费的偏好；σ 是消费跨期替代弹性的倒数；ρ 表示主观贴现率。

家庭的预算约束方程是：

$$\dot{K}_t = (1-\tau)\left[r_t K_t + W_t l_t + \int_0^1 \pi_{it} d_i\right] - C_t - Q_t \tag{2}$$

其中，r_t 为利率；K_t 为资本；r_tK_t 为资本收入；W_t 为工资；l_t 为劳动；W_tl_t 为劳动收入；$\int_0^1 \pi_{it} d_i$ 为公司的利润收入；① τ 为收入税税率；Q_t 为研发投资。

可以通过构造如下现值的哈密尔顿系统，来求解上述优化问题：

$$H_t = \frac{(C_t^{\nu}(1-l_t)^{1-\nu})^{1-\sigma}-1}{1-\sigma} + \mu_t\left\{(1-\tau)\left[r_t K_t + W_t l_t + \int_0^1 \pi_{it} di\right] - C_t - Q_t\right\}$$

其中：μ_t 为 K_t 对应的协状态变量。

有一阶条件：

$$\partial H_t/\partial C_t = (C_t^{\nu}(1-l_t)^{1-\nu})^{-\sigma} \nu C_t^{\nu-1}(1-l_t)^{1-\nu} - \mu_t = 0 \tag{3}$$

$$\partial H_t/\partial l_t = -(C_t^{\nu}(1-l_t)^{1-\nu})^{-\sigma} C_t^{\nu}(1-\nu)(1-l_t)^{-\nu} + \mu_t(1-\tau)W_t = 0 \tag{4}$$

$$\dot{\mu}_t = \rho\mu_t - \mu_t(1-\tau)r_t \tag{5}$$

① 由于家庭是厂商的所有者，因此，家庭可以获得厂商的利润收入。

横截性条件：

$\lim\limits_{t\to+\infty}\mu_t K_t e^{-\rho t}=0$

根据方程式（3）和式（4），我们有：

$$1-l_t=\frac{1-\nu}{\upsilon(1-\tau)}\frac{C_t}{W_t} \tag{6}$$

根据方程式（3）和式（5），可知在平衡增长路径上：

$$\frac{\dot{C}_t}{C_t}=\frac{(1-\tau)r_t-\rho}{1+(\sigma-1)\upsilon} \tag{7}$$

（二）最终物品生产部门

假定最终产品部门由无穷多的厂商构成，厂商总的测度为 1。最终物品生产部门利用劳动 l_t，和中间物品 $x_{it}i\in[0，1]$，来生产最终物品 Y_t。假设最终物品生产部门是完全竞争的，最终产品部门的生产函数对于劳动和中间物品满足常数规模报酬：

$$Y_t=l_t^{1-\alpha}\int_0^1 A_{it}x_{it}^{\alpha}di[G_t^Y/A_tl_t]^{\eta}，\ 0<\alpha，\ \eta，\ \alpha+\eta<1^{①} \tag{8}$$

其中：A_{it} 是刻画第 i 种中间物品生产效率的参数。

简化起见，假设最终产品的价格为 1。根据一阶条件，可以求得最终部门厂商对劳动和中间产品的反需求函数分别为：

$$W_t=(1-\alpha)l_t^{-\alpha}\int_0^1 A_{it}x_{it}^{\alpha}di[G_t^Y/A_tl_t]^{\eta} \tag{9}$$

$$P_{it}=l_t^{1-\alpha}A_{it}\alpha x_{it}^{\alpha-1}[G_t^Y/A_tl_t]^{\eta} \tag{10}$$

其中，方程式（9）和式（10）的左端分别表示劳动和中间物品的价格；右端分别表示劳动和中间产品的边际生产率。

（三）中间产品部门

生产中间物品的部门是由一系列具有垄断权力的厂商组成，且每个中间部门厂商生产的产品各不相同。这些厂商要从市场上租借资本来生产中间物品，不失一般性地，我们假设中间产品部门的生产函数为：

$$x_{it}=K_{it}/A_{it} \tag{11}$$

其中，K_{it} 表示第 i 个中间物品部门的厂商雇用的资本数量，这里用 K_{it} 除以 A_{it}，表示越是最新的技术，则越是资本密集型的。中间物品的生产效率越高，则每生产 1 单位中间物品所需要的资本也就越多。需要说明的是，这一假定也是使得技术进步为劳动增进型（labor-augmenting）和均衡利率为常数的必要条件，详细的讨论见 Zeng 和 Zhang（2002）。

① 我们之所以要用 G_t 去除以 A_tl_t，是因为这样我们可以将技术表示为劳动增进型，即生产函数可以表示为 $Y_t=(A_tl_t)^{1-\alpha-\eta}K_t^{\alpha}G_t^{\eta}$ 的形式。

假定每单位资本的利息成本为 r，中间部门厂商的问题是选择 x_{it} 以极大化自身利润。结合方程式（10）和式（11），可以将中间产品部门的利润极大化问题表述为：

$$\max\{P_{it}x_{it}-r_tK_{it}\}=\max\{l_t^{1-\alpha}A_{it}\alpha x_{it}^{\alpha}[G_t^Y/A_tl_t]^{\eta}-r_tA_{it}x_{it}\}$$

我们可得到一阶条件：

$$r_t=l_t^{1-\alpha}\alpha^2x_{it}^{\alpha-1}[G_t^Y/A_tl_t]^{\eta} \tag{12}$$

将方程式（12）代入中间部门厂商的利润极大化问题，我们可得到利润：

$$\pi_{it}=\alpha(1-\alpha)l_t^{1-\alpha}A_{it}x_{it}^{\alpha}[G_t^Y/A_tl_t]^{\eta} \tag{13}$$

（四）创新

我们这里的创新是指垂直创新（vertical innovation），即通过研发（R&D）使得产品质量不断提高。[①] 厂商投入最终产品进行创新，[②] 而且创新一旦成功，生产效率高的中间物品就会取代生产效率低的中间物品，进而创新成功的厂商就可以获得垄断利润。

根据严成樑（2009）的观点，假定创新的发生率（arrival rate）服从 Poisson 过程：[③]

$$\omega_t=\lambda n_t,\ n_t=\frac{Q_t^{\delta}(G_t^R)^{1-\delta}}{A_t^{max}},\ \lambda>0,\ 0<\delta<1 \tag{14}$$

其中，λ 表示研发部门生产效率的参数；Q_t 表示民间研发投资；G_t^R 表示政府研发投资；$A_t^{max}=\max\{A_{it},\ i\in[0,\ 1]\}$ 表示领先技术参数（leading-edge technology parameter）；n_t 是经过生产率调整（productivity-adjusted）的用于研发投入，我们称为研发强度。

我们假定 R&D 部门同样是完全竞争的，根据无套利条件，我们可知：

$$\omega_tV_t=Q_t \tag{15}$$

其中：

$$V_t=\int_t^{+\infty}(1-\tau)\pi_{t\tau}\exp\left[-\int_t^{\tau}(r_s+\omega_s)ds\right]d\tau \tag{16}$$

式（15）的左端表示企业投入研发可以获得的期望收益，右端表示其要支付的成本。式（16）表示一旦创新成功后企业可以获得的总收益，我们用利率和创新发生率之和表示折现率，原因是一方面厂商要将其未来收益额折现为现值，其对应的折现率为利率，另一方面，厂商每一时刻丧失垄断权力和利润的概率等于别的厂商创新成功的概率。

（五）知识外溢（knowledge spillover）

根据 Caballero 和 Jaffe（1993）的研究，假定领先（leading-edge）技术参数 A_t^{max} 的变

---

① 垂直创新，是相对于水平创新（horizontal innovation）而言的，所谓的水平创新是指通过研发使得产品的种类不断增加。日常生活中，垂直创新比水平创新更常见，详细的论述见 Aghion 和 Howitt（1998）。

② 这一假设比 Romer（1990）、Aghion 和 Howitt（1992）、Grossman 和 Helpman（1991）假设更合理，因为这里假定 R&D 部门的投入不仅需要投入劳动和知识，而且还需要投入资本。

③ 也被称为创造性毁灭率（the rate of creative destruction），关于这一概念的详细论述见 Aghion 和 Howitt（1992）。

化是由创新带来的知识外溢引起的，且知识增长速度与创新发生率成正比，我们假设这一比例为 ε，其刻画了每个创新对于公共知识的边际贡献率。因此，领先技术的增长速度为：

$$\frac{A_t^{max}}{A_t^{max}} = \varepsilon\lambda n_t,\ \ \varepsilon > 0 \tag{17}$$

我们可以证明当时间趋向于无穷长时：①

$$A_t^{max} = A_t(1+\varepsilon) \tag{18}$$

根据 Aghion 和 Howitt（1998）的研究，我们假定对于任意时间 t，上式均成立。

（六）政府

政府通过征收资本收入税、劳动收入税和利润收入税为财政投资（包括财政资本投资和财政研发投资）、融资，政府面临如下的预算约束方程：

$$\tau\left[r_tK_t + W_tl_t + \int_0^1 \pi_{it}di\right] = G_t^Y + G_t^R = G_t \tag{19}$$

其中，方程式（19）的左端 3 项分别表示劳动收入税、资本收入税和公司收入税；G_t 表示总的财政支出。不失一般性地，我们假定所有税收收入中，$0<\theta<1$ 的比例用于政府资本性支出，$0<1-\theta<1$ 的比例用于政府研发支出，即：

$$G_t^Y = \theta\tau\left[r_tK_t + W_tl_t + \int_0^1 \pi_{it}di\right] \tag{20}$$

$$G_t^R = (1-\theta)\tau\left[r_tK_t + W_tl_t + \int_0^1 \pi_{it}di\right] \tag{21}$$

（七）竞争性均衡（competitive equilibrium）

经济的竞争性均衡是指存在这样一组价格、财政政策组合 $\{r_t,\ W_t,\ \{P_{it}\}_{i=0}^1,\ \tau,\ \theta\}$ 以及要素组合 $\{C_t,\ l_t,\ \{x_{it}\}_{i=0}^1,\ K_t,\ Q_t\}$ 使得：

第一，在满足预算约束式（2）的前提下，家庭通过选择消费和休闲极大化自身福利式（1）。

第二，在 W_t，$\{P_{it}\}_{i=0}^1$ 给定的前提下，最终产品部门的厂商通过选择劳动和中间产品的数量极大化自身利润。

第三，在 r_t 给定的前提下，中间产品部门通过选择生产中间产品的数量，以极大化自身利润。

第四，R&D 部门选择研发投入极大化自身利润。

第五，家庭的预算约束方程式（2）每期平衡。

第六，政府的预算约束方程式（19）、式（20）、式（21）每期平衡。

第七，中间产品市场出清，即最终产品部门对中间产品的需求量恰好等于中间物品的

① 详细的证明过程见本文附录。

供给量。

第八，R&D 市场出清，即家庭选择的 R&D 投入恰好等于厂商对 R&D 投入的需求。

第九，劳动市场出清，即厂商对劳动的需求恰好等于家庭劳动的供给。

第十，资本市场出清，即资本供给总量等于中间部门厂商对资本的需求量：

$$K_t = \int_0^1 K_{it} di \tag{22}$$

三、参数化与数值模拟

（一）求解竞争性均衡

根据中间部门厂商的最优化问题，当经济处于均衡状态时，最终产品部门对每种中间物品的需求量也相同。再根据市场出清条件，我们知道每种中间物品的供给量也相同，$x_{it} = x_t$，$i \in [0,\ 1]$。将其代入式（11），我们有 $K_{it} = A_{it}x_t$；将 K_{it} 带入式（22），则：

$$K_t = x_t \int_0^1 A_{it} d_i = A_t x_t \tag{23}$$

其中，$A_t = \int_0^1 A_{it} di$ 表示平均的技术水平。

将式（23）代入式（8）、式（9）、式（12）和式（13），我们可知：

$$Y_t = (A_t l_t)^{1-\alpha-\eta} K_t^{\alpha} (G_t^Y)^{\eta} \tag{24}$$

$$W_t l_t = (1-\alpha) Y_t \tag{25}$$

$$r_t K_t = \alpha^2 Y_t \tag{26}$$

$$\int_0^1 \pi_{it} di = \alpha(1-\alpha) Y_t \tag{27}$$

将政府的预算约束方程式（19）代入家庭预算约束方程式（2），同时根据方程式（24）、式（25）、式（26）和式（27），我们可求得如下的社会资源约束方程：

$$\dot{K}_t = Y_t - C_t - Q_t - G_t \tag{28}$$

我们用 $k_t = K_t/(A_t l_t)$；$y_t = Y_t/(A_t l_t)$；$g_t = G_t/(A_t l_t)$；$q_t = Q_t/(A_t l_t)$ 分别表示人均有效劳动的资本、产出、财政投资和研发投资。将方程式（28）两端同除以 K_t，同时根据方程式（24），我们可知当经济处于平衡增长路径上时，C_t、K_t、Q_t、Y_t 和 A_t 的增长率相同，我们假设为 γ。

定义：平衡增长路径（Balanced Growth Path）：给定 $K(0) = K_0$，$A(0) = A_0$，经济的平衡增长路径是这样一种竞争性均衡：$\{A_t^{max},\ A_t,\ K_t,\ C_t,\ Y_t,\ Q_t\}$ 的增长率均为常数 γ；$k_t = k$，$y_t = y$，$g_t = g$，$n_t = n$，$\omega_t = \omega$，$l_t = l$，$q_t = q$，均为常数。

将方程式（14）右端的分子和分母同除以 A_tl_t，同时根据方程式（18），当经济处于平衡增长路径上时，我们有：

$$n=\frac{q^{\delta}[(1-\theta)\tau y]^{1-\delta}l}{1+\varepsilon} \tag{29}$$

将式（16）代入式（15），同时两端同除以 A_tl_t，当经济处于平衡增长路径上时，我们有：

$$q=\frac{(1-\tau)\alpha(1-\alpha)(1+\varepsilon)y\gamma}{\varepsilon r+\gamma} \tag{30}$$

根据平衡增长路径的定义以及式（18），我们知道 $\gamma=\varepsilon\lambda n$。将式（25）、式（28）、式（30）代入式（6），同时将方程式（6）右端的分子、分母同除以 A_tl_t，当经济处于平衡增长路径上时，我们可知：

$$\frac{1-l}{l}=\frac{1-\nu}{\upsilon(1-\alpha)(1-\tau)}\left[(1-\tau)-q-\alpha^2\frac{\gamma}{r}\right] \tag{31}$$

根据方程式（7）、式（17）、式（18）和式（26），我们可以将平衡增长路径上的利率表示为：

$$r=\frac{[1+(\sigma-1)\upsilon]\gamma+\rho}{1-\tau} \tag{32}$$

根据式（24），我们有 $y=k^{\alpha}g^{\eta}=k^{\alpha}(\theta\tau y)^{\eta}$；根据式（26），我们可知 $rk=\alpha^2y$。再根据方程式（32），我们可将 y 表示成 r 的函数。根据方程式（29）、式（30）、式（31）和式（32），我们可以将平衡经济增长路径上的经济增长率表示为模型各参数的函数。

（二）参数化（calibration）

我们不能求得上述模型中关于经济增长率的显示解，从而不能直接判断税收与财政支出结构对经济增长的影响。为此，我们采用数值模拟（numerical simulation）的方法，在与现实经济大体相符的参数环境下，运用 MATLAB 软件考察该问题。根据 Turnovsky（2000）的研究，我们取基准的经济增长率和劳动时间分别为 0.02 和 0.24。根据 Lucas（1990）的研究，我们取消费跨期替代弹性的倒数为 2，代表性个体的主观贴现率为 0.02。按照一般的设定，资本收入占总产出的份额为 30%左右，不失一般性地，我们假设资本收入占总产出的份额为 25%。关于公共资本产出弹性的大小存在很大争议，Aschauer（1989）估算的公共资本的产出弹性为 0.39，而 Ratner（1983）估算的结果是 0.06。当模拟现实经济时，我们一般取公共资本的产出弹性为 0.1 左右。例如，Turnovsky（2000）的取值是 0.08，Cassou 和 Lansing（1998）的取值是 0.123。

Caballero 和 Jaffe（1993）利用美国 21 个不同部门 567 个大公司 1965~1981 年的数据，估算了这些企业的创造性毁灭率。研究发现，这些部门平均的年创造性毁灭率为 4%；不同部门的年创造性毁灭率差别很大，一些部门的年创造性毁灭率高达 25%，而一些部门的年创造性毁灭率则几乎为零。因此，我们取基准的创造性毁灭率为 4%。根据式（17），平衡增长路径的定义以及基准的经济增长率为 2%的假定，我们可求得 $\varepsilon=0.5$。Kortum

(1993) 估算的私人研发投资的产出弹性在 0.2~0.6，我们假设私人研发投资的产出弹性为 0.5。我们取基准的收入税税率为 0.2，政府研发支出占总的政府支出的比例为 0.5。根据基准的经济增长率和劳动时间分别为 0.02 和 0.24 的设定，我们可以估算出 $\nu = 0.34$，$\lambda = 1.274$。本文基准的参数取值如表 2 所示。

表 2 基准的参数取值

α	σ	ρ	ν	η	δ	ε	λ	ω	τ	θ
0.5	2	0.02	0.34	0.1	0.5	0.5	1.274	0.04	0.2	0.5

(三) 税收对经济增长影响的数值模拟

图 1 描述了在基准的参数环境下，收入税税率与经济增长率之间的变化关系。我们可以看出，收入税税率与经济增长率之间呈倒 U 型关系：当收入税税率低于 25%时，收入税税率越高，经济增长率越高；当收入税税率高于 25%时，收入税税率越高，经济增长率越低。相应的传导机制是：一方面，收入税税率越高，财政支出占总产出的比例越高，从而政府资本性支出和政府研发支出的规模越大。财政支出比例的上升直接提高了资本的边际回报率，进而促进经济增长。此外，财政支出还通过影响家庭的劳动休闲选择、消费投资选择（总产出中用于资本积累和研发投资的比例），进而影响经济增长。另一方面，政府税收降低了家庭劳动、储蓄和研发投资的积极性，从而对经济增长产生抑制作用，上述两种作用之间存在一个权衡（tradeoff）。

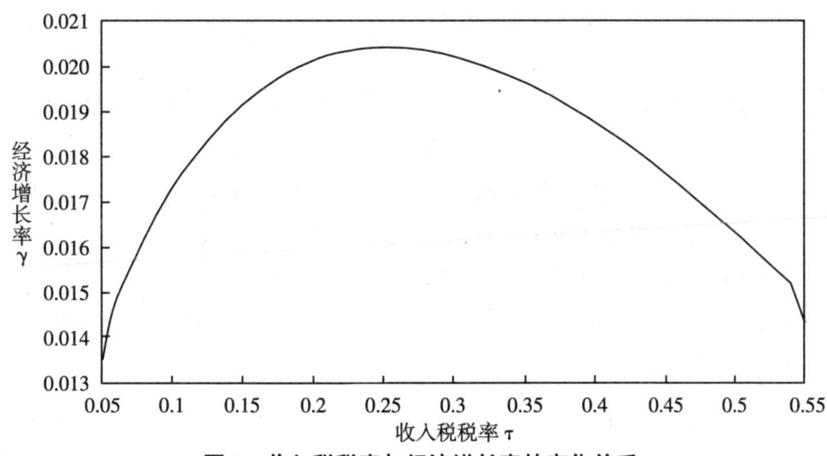

图 1 收入税税率与经济增长率的变化关系

收入税一方面直接降低了资本、劳动以及创新的回报率，从而使得家庭劳动、投资（包括资本积累投资和研发投资）的积极性降低；另一方面又通过提高政府资本性支出和政府研发支出的比例，进而提高了资本、劳动以及研发投资的边际回报率，从而使得家庭储蓄、劳动以及研发投资的积极性增加，上述两种作用之间存在一个权衡。根据表 3，我们可以看出，当收入税税率从5%上升到15%时，家庭选择的劳动增加，总产出中用于资本积累和研发投资的比例上升；当收入税税率高于15%时，随着收入税税率的增加，家庭选择的劳动，总产出中用于资本积累和研发投资的比例逐渐减少；随着收入税税率的增加，家庭的可支配收入减少，从而总产出中用于消费的比例下降。

表3 收入税税率变化对经济的影响

收入税税率	5%	15%	25%	35%	45%	55%
劳动	23.53%	23.96%	23.93%	23.74%	23.44%	23.01%
储蓄/总产出	8.35%	8.90%	8.08%	6.88%	5.55%	4.12%
研发投入/总产出	6.25%	6.63%	5.52%	4.33%	3.28%	2.22%
财政支出/总产出	5%	15%	25%	35%	45%	55%
消费/总产出	80.4%	69.47%	61.4%	53.79%	46.17%	38.66%

（四）财政支出结构对经济增长影响的数值模拟

图2描述了在收入税税率给定的前提下，财政支出结构与经济增长率之间的变化关系。我们可以看出，财政支出结构与经济增长率呈倒U型关系：当θ低于28%时，θ越大经济增长率越高；当θ高于28%时，θ越大经济增长率越低。相应的传导机制是：政府资本性支出一方面可以直接提高资本和劳动的边际回报率，使得总产出水平上升，进而使得创新获得的利润增加；另一方面，政府资本性支出的规模越大，政府研发投资的规模就越小，这又降低了私人研发投资的回报率，从而使得民间研发投资减少，技术积累速度降低，进一步降低了资本、劳动以及民间研发投资的边际回报率，上述两种作用之间同样存在一个权衡。

根据表4，我们可以看出，财政支出结构与劳动、总产出中用于资本积累和研发的比例之间同样存在一个倒U型关系。当θ低于30%时，用于最终产品部门的财政支出比例越高，家庭选择的劳动以及总产出中用于资本积累和研发的比例越高；而当θ高于30%时，θ越大，家庭选择的劳动以及总产出中用于资本积累和创新投入的比例越低。根据方程式（28），总产出可以用做消费、物质资本积累、研发与政府支出。因此，与之相反，当θ低于30%时，θ越大，总产出中用于消费的比例越低；当θ高于30%时，θ越大，总产出中用于消费的比例越高。

四、结语

本文在一个资本积累和创新相互作用的内生增长框架下内生化劳动力供给，并将政府财政支出区分为政府资本性支出和政府研发支出，进而考察了税收和财政支出结构对经济

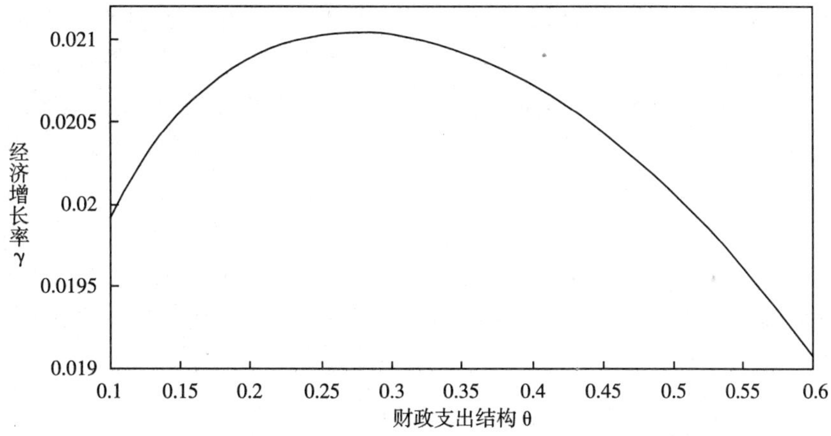

图 2　财政支出结构与经济增长率的变化关系

表 4　财政支出结构对经济的影响

财政支出结构	10%	20%	30%	40%	50%	60%
劳动	23.91%	24%	24.04%	24.03%	23.98%	23.92%
储蓄/总产出	8.53%	8.69%	8.72%	8.69%	8.57%	8.42%
研发投入/总产出	6.08%	6.16%	6.17%	6.14%	6.09%	6.02%
财政投资/总产出	20%	20%	20%	20%	20%	20%
消费/总产出	65.39%	65.15%	65.11%	65.17%	65.34%	65.56%

增长的影响及其传导机制。我们的结论主要包括以下两点：第一，当政府通过征收收入税来为政府公共支出融资时，收入税税率与经济增长率之间存在一个倒 U 型的关系，从而本文的分析使得 Barro（1990）的结论更加一般化。相应的传导机制是：政府通过征税一方面降低了资本、劳动以及研发投资的边际回报率，使得家庭劳动、投资的积极性下降；另一方面税收又通过生产性公共支出提高了资本、劳动和研发投资的边际回报率，这又使得家庭劳动和投资的积极性增强。上述两种作用之间存在一个权衡。第二，财政支出结构与经济增长率之间同样存在一个倒 U 型的关系。政府资本性支出比例的上升，一方面通过提高资本和劳动的边际回报率，从而使得劳动和储蓄率上升；另一方面又使得政府研发支出的比例下降，从而使得研发投资的边际回报率下降，家庭选择的研发投入减少，这又降低了知识积累的速度和经济增长率。因此，两种财政支出之间同样存在一个权衡。

本文的研究为现实经济中最优税收规模以及最优公共支出结构问题提供了一个重要分析框架。需要说明的是，最优税率与最优公共支出结构的确定在很大程度上依赖模型基准参数的设定，这又主要包括政府资本性支出的产出弹性，政府研发支出对应的指数等。事实上，我们可以通过敏感性分析（sensitivity analysis），具体考察经济中最优的税收规模和最优公共支出结构到底有多大的问题。

本文可以进行的拓展主要包括以下几个方面：第一，本文只是考察了经济处于平衡增长路径上的情形，而对经济处于转移动态（transitional dynamics）过程中的情形却没有予以考察，为此，进一步的工作可以根据 Futagami 等（1993）的思路，考察转移动态上财政政策对经济增长的影响；第二，本文只是从定性的角度，考察了政府财政政策对经济增长的影响，而没有对这种影响进行定量研究，为此，我们可以按照 Lucas（1990）、Jones 等（1993）的思路，对财政政策的影响进行定量分析，并与物质资本和人力资本相互框架下得到的结论进行对比分析；第三，本文只是考察了政府财政政策对经济增长的影响，而没有考察财政政策对社会福利的影响，进一步的工作可以估算政府财政政策的社会福利损失。此外，本文只是从理论上阐述了现实经济中存在一个最优的税收规模和公共支出结构，而没有从实证角度予以说明，从实证的角度出发，估算中国最优的收入税税率以及考察中国最优的财政支出结构，也是本文一个重要的拓展。

附录

$$\frac{dA_t}{dt} = \omega_t(A_t^{max} - A_t)$$

其中，ω_t 表示创新成功的概率；$(A_t^{max} - A_t)$ 表示一旦创新成功后，平均知识水平的增量。

定义 $\Omega_t = A_t^{max}/A_t$，由于 $A_t^{max}/A_t^{max} = \varepsilon\omega_t$，我们有：

$$\frac{1}{\Omega_t}\frac{d\Omega_t}{dt} = \varepsilon\omega_t - \omega_t(\Omega_t - 1) = \omega_t(1 + \varepsilon - \Omega_t)$$

从而：

$$\frac{d\Omega_t}{dt}\frac{1}{\Omega_t(1 + \varepsilon - \Omega_t)} = \frac{1}{1+\varepsilon}\left(\frac{1}{\Omega_t} + \frac{1}{1 + \varepsilon - \Omega_t}\right)\frac{d\Omega_t}{dt} = \omega_t$$

求解上述方程，我们可得：$\Omega_t = \frac{(1+\varepsilon)\Theta_t}{1+\Theta_t}$，其中 $\Theta_t = \exp\left[(1+\varepsilon)\int_0^t \omega_s ds\right]$

由于$\lim\limits_{t\to\infty}\Theta_t = \lim\limits_{t\to\infty}\exp\left[(1+\varepsilon)\int_0^t \omega_s ds\right] = +\infty$，因此，$\lim\limits_{t\to\infty}\Omega_t = 1 + \varepsilon$

文中的方程式（18）得证。

参考文献

[1] 严成樑. 政府研发投资与长期经济增长 [J]. 经济科学，2009 (2).

[2] 严成樑，龚六堂. 财政支出、税收与长期经济增长 [J]. 经济研究，2009 (6).

[3] Aghion. P and Howitt. P. A Model of Growth through Creative Destruction [J]. Econometrica, 1992, 60: 323-351.

[4] Aghion. P and Howitt. P. Endogenous Growth Theory [M]. Cambridge, MA: MIT Press, 1998.

[5] Arrow. K. J and Kurz. M. Public Investment, the Rate of Return and Optimal Fiscal Policy [M]. Johns Hopkins University Press, 1970.

[6] Aschauer. D. A. Is Public Expenditure Productive? [J]. Journal of Monetary Economics, 1989, 23: 177-200.

[7] Baier, S. L, Glomm, G. Long-run Growth and Welfare Effects of Public Policies with Distortionary

Taxation [J]. Journal of Economic Dynamics and Control, 2001, 25: 2007-2042.

[8] Barro, R. Government Spending in a Simple Model of Endogenous Growth [J]. Journal of Political Economy, 1990, 98: 103-125.

[9] Benhabib. J and Farmer. R. Indeterminacy and Increasing Returns [J]. Journal of Economic Theory, 1994, 62: 19-41.

[10] Caballero. R. and Jaffe. A. How High Are the Giants' Shoulders: An Empirical Assessment of Knowledge Spillovers and Creative Destruction in a Model of Economic Growth [Z]. NBER Macroeconomic Annals, 1993, 1: 15-74.

[11] Cassou, S., and Lansing, K. Optimal Fiscal Policy, Public Capital and the Productivity Slowdown [J]. Journal of Economic Dynamics and Control, 1998, 22: 911-935.

[12] Futagami, K., Morita, Y., and Shibata, A. Dynamic Analysis of an Endogenous Growth Model with Public Capital [J]. Scandinavian Journal of Economics, 1993, 95: 607-625.

[13] Glomm. G and Ravikumar. B. Flat-rate Taxes, Government Spending on Education, and Growth [J]. Review of Economic Dynamics, 1998, 1: 306-325.

[14] Grossman G. M and Helpman. E. Quality Ladders in the Theory of Growth [J]. Review of Economic Studies, 1991, 58: 43-61.

[15] Hayashi. F and Prescott. E. The 1990s in Japan: A Lost Decade [J]. Review of Economic Dynamics, 2002, 5: 206-235.

[16] Howitt, P. and Aghion, P. Capital Accumulation and Innovation as Complementary Factors in Longrun Growth [J]. Journal of Economic Growth, 1998, 3: 111-130.

[17] Jones, L. E., Manuelli, R. E. and Rossi, P. E. Optimal Taxation in Models of Endogenous Growth [J]. Journal of Political Economy, 1993, 101: 485-517.

[18] Kehoe. T. J and Prescott. E. Great Depression of the 20th Century [J]. Review of Economic Dynamics, 2002, 5: 1-18.

[19] Kortum. S. Equilibrium R&D and the Paten-R&D Ratio: U.S. Evidence [J]. American Economic Review Proceedings, 1993, 83: 450-457.

[20] Lucas. R. On the Mechanism of Economic Development [J]. Journal of Monetary Economics, 1988, 22: 3-42.

[21] Lucas, R. Supply-side Economics: An Analytical Review [J]. Oxford Economic Papers, 1990, 42: 293-316.

[22] Ortigueire, S. Fiscal Policy in an Endogenous Growth Model with Human Capital Accumulation [J]. Journal of Monetary Economics, 1998, 42: 223-255.

[23] Ratner. J. Government Capital and the Production Function for U. S. Private Output [J]. Economics Letters, 1983, 2: 11-32.

[24] Rebelo. S. Long Run Policy Analysis and Long Run Growth [J]. Journal of Political Economy, 1991, 99: 500-521.

[25] Romer. P. Increasing Returns and Long-run Growth [J]. Journal of Political Economy, 1986, 94: 1002-1037.

[26] Romer, P. Endogenous Technological Change [J]. Journal of Political Economy, 1990, 98: 71-102.

[27] Turnovsky. S. Fiscal Policy, Elastic Labor Supply, and Endogenous Growth [J]. Journal of Monetary

Economics, 2000, 45: 185-210.

[28] Zeng. J. and Zhang. J. Long-run Growth Effects of Taxation in a Non-scale Growth Model with Innovation [J]. Economics Letters, 2002, 75: 391-403.

The Impact of Fiscal Policy on Economic Growth

—Analysis Based on an Endogenous Growth Model with Capital Accumulation and Innovation

Yan Chengliang, Wang Dihai and Gong Liutang

(School of Economics, Central University of Finance and Economics, Beijing 100081, China; School of Economics, Fudan University, Shanghai 200433, China; Ganghua School of Management, Peking University, Beijing 100871, China)

Abstract: The impact of fiscal policy on economic growth has been the focus of both the economic growth theory and the macro public finance theory, and there have been a large number of studies which examine whether fiscal policy could make a distinct contribution to economic growth. This paper endogenizes labor supply in an endogenous growth model with capital accumulation and innovation, and we assume that the government imposes flat-rate income taxation to finance for the government expenditure. We try to test the impact of fiscal policy on economy and detect its transmission mechanism. We conclude that there exists an inverted-U relationship between the income tax rate and the growth rate, which coincides with Barro 1990's plausible conclusion, though the growth mechanisms are quite different between these two papers. In addition, there exists an inverted-U relationship between the structure of the public expenditure and the growth rate in the benchmark economy. Therefore, we could find the optimal structure of public expenditure in reality.

Key Words: Fiscal Policy, Economic Growth, Capital Accumulation, Innovation

JEL Classification: E62, H20, O40

基于增长视角的中国最优碳税研究*

姚　昕　刘希颖①

【内容提要】气候变化问题目前已成为全球关注的问题，探索低碳经济发展模式成为气候变化背景下人类必须作出的共同选择。中国是一个发展中国家，也是目前世界上最大的碳排放国，需研究在保障经济发展的前提下，如何进行经济转型和碳减排。碳税作为有效的市场减排手段，为各国政府所提倡。本文从微观主体出发，充分考虑中国经济增长阶段性特征，并通过求解在增长约束下基于福利最大化的动态最优碳税模型，得到最优碳税征收路径，并测算其宏观影响。结论发现开征碳税有利于减少碳排放，提高能源效率，并可以调整产业结构。在保障经济增长的前提下，中国最优碳税是一个动态的渐进过程。随着经济增长，经济社会承受力不断提高，最优碳税额逐渐上升。在具体的政策实施中，开始比较低的碳税可以使经济社会避免受到比较大的冲击。

【关键词】最优碳税　二氧化碳排放　产业结构调整　宏观经济影响
【经济文献分类号】Q54，H21，P28

一、引言

人类对能源开发利用产生的环境冲击已然成为自身存在的主要障碍，目前尤为引人关注的是二氧化碳排放所酿成的日益严重的全球温室效应，由此，气候变化问题已经凸显为当下全球需要直面解决的重大议题。联合国气候变化专门委员会（IPCC）推断，如果将全球温度上升限定在2℃~4℃之间，到2050年温室气体排放量必须降至2005年水平的50%~85%。当共同应对气候变化成为国际社会的共识，探索并实践低碳经济这一崭新的发展模

* 本文选自《经济研究》2010年第11期。

① 姚昕、刘希颖，厦门大学中国能源经济研究中心，邮政编码：361005，电子信箱：lyhneyao@ hotmail. com。本文受到长江学者科研配套经费和国家社会科学基金重大项目（09&ZD050）的支持，作者衷心感谢林伯强教授对本文的指导和贡献，以及匿名审稿人的富有建设性的意见，感谢国家统计局原鹏飞博士对本文的帮助。文责自负。

式，必将成为气候变化背景下人类的必然选择。全球应对气候变化的国际制度和行动将对未来世界经济和国际政治产生长远而深刻的影响。以《京都议定书》、《哥本哈根协议》等为代表的全球性减排合作一直没有停止，各个国家和地区都实施或计划实施各种温室气体减排政策措施。

中国已经成为世界上最大的二氧化碳排放总量和增量国家。根据荷兰环境评估局(MNP) 的评估报告，2006 年中国的二氧化碳排放达到 62 亿吨，第一次超过美国，成为第一排放国；2007 年为 67.2 亿吨，占世界总排放的 24.3%，2007 年中国的二氧化碳排放总量是 2000 年的两倍，占同期世界排放增量的 64%。尽管金融危机给中国带来了一定的影响，但这都是短期的；至少到 2020 年，中国经济仍将持续快速增长，能源消费以及温室气体等的排放也将持续上升（林伯强，2010）。中国作为一个发展中国家，目前暂时不承担减排的义务，但是，处于城市化工业化发展阶段，每年比较大的碳排放增量使我国承受着越来越大的国际压力。对于现阶段的中国，理想的选择是可持续发展与经济快速增长同步，低碳发展也并非意味着经济减速。但是，日益严峻的能源和环境问题需要中国重新审视实现快速经济增长的途径与方式。既保证适度的经济增长，又能够保持能源资源的可持续利用和减少环境污染，此即低碳发展的基本思想。

我国政府已经明确提出了到 2020 年，实现单位国内生产总值二氧化碳排放消耗比 2005 年降低 40%~45%左右。为了减缓二氧化碳排放总量的增速，保持碳强度下降的趋势，我国有必要在各种减排政策之间做出选择或者组合。Nordhaus（2009）认为气候作为一种公共产品，相对于数量控制导向的政策，价格引导导向的政策要更有效一些。林伯强等（2010）得出强行进行减排总量约束可能会给宏观经济带来不可承受的负面影响。姚昕和蒋竺均（2010）的研究结论也表明通过能源补贴改革将有助于减少二氧化碳排放。本文将集中分析一种基于价格引导导向的政策对减少二氧化碳排放而言非常有效的市场化手段——碳税。相比排放权交易体系，碳税更简洁，管理成本、经济成本更低（刘小川和汪增涛，2009）。

碳税是环境税的一种特殊形式。支持征收碳税的经济学理论很多，根据这些理论，征收碳税最根本的出发点是为了解决环境的负外部性问题。碳税是根据化石能源及其相关产品利用后排放碳量的多少，在生产、分配或使用中来征收税费的。目前碳税在发达国家已逐渐推广实施，而且拥有相当数量的支持者。碳税政策者认为，首先，碳税可以使得新能源与传统化石燃料相比更具成本竞争力，推动新能源的使用。其次，征收碳税的收入还可用于资助环保项目，或对节能减排技术进行补贴。最后，与碳排放交易市场机制不同，征收碳税不仅管理成本比较低，实施过程也可能更为简便、公正，而且更具有可预见性。即通过为碳排放设定了一个明确的价格，更有利于估算节能减排进行的投资预期收益，降低投资风险。在此基础上，发达国家显然还希望将碳税进一步向全球范围推广。

中国低碳经济转型需要调整经济（产业）结构。从理论上讲，调整经济结构对于降低 GDP 能耗和碳排放的作用是无须争议的。比如，减少高耗能产业，就可以降低 GDP 能耗和碳排放。但是，一个国家在某个时期的经济结构与一个国家的经济发展阶段高度相关。

现阶段中国经济结构调整比较困难，目前中国处于城市化工业化阶段，高耗能的工业结构是一个典型特征。因此，利用碳税支持经济结构调整也是一个重要方面。

本文主要分析以碳税为主的减排政策。要分析碳税的影响，首先就需要确定碳税的具体值，确定出结合中国实际情况的最优碳税额度。本文基于低碳发展的大背景加入增长约束，构建中国的 DICE（The dynamic integrated climate economy）模型分析中国的最优碳税并考虑在增长约束的情景下，最优碳税的变化。进一步地构建中国的能源环境 CGE 模型，将环境反馈因素融入模型当中，而且在模型结构上详细划分能源部门，分析在征收最优碳税的情景下，该碳税对宏观经济的影响。

本文其余部分结构安排如下：第二部分，建立有经济增长约束的中国 DICE 模型，确定模型的参数以及约束条件，并分析最优碳税结果。第三部分，根据最优碳税值，利用 CGE 模型进行模拟，分析其政策实施后的宏观经济变量，以及产业结构调整的影响。第四部分，是结论和政策建议。

二、中国最优碳税模型

由于环境问题日益突出，碳税成为研究的热点之一。Farzin 和 Tahvonen（1996）根据气象学结论扩展了原来以固定速度衰减的碳税模型，得出可以随时间单调增加的碳税路径。Jaeger（2002）构建模型发现气候变化会影响生产力，最优环境税应由边际私人损害决定。Bränlund 和 Nordstrm（2004）利用微观和宏观数据构建了一个瑞典的消费需求计量经济学模型，得出结论表明家庭人口稀少地区承担了较多的税负。Bruvoll 和 Larsen（2004）通过分解发现从 1990 年到 1999 年间挪威的碳排放增速的减慢主要是由于能源强度和能源结构的变化，而非碳税的作用，这是由于免税的范围较大。Floros 和 Vlachou（2005）采用两阶段超对数成本函数得出一定数额的碳税对希腊的减排活动有益。Baker 和 Shittu（2006）从微观层面研究了企业 R&D 对碳税的反应，研究发现企业的研发的投入并不随碳税增加而增加。Jeong 等（2008）通过比较普通燃煤电厂和液化石油气电厂成本，模拟增加碳税对电力部门的影响。Callan 等（2009）研究了在爱尔兰实行碳税的效果，得出结论认为将税收回报用于公益事业将有利于减少收入差距。Bureau（2010）使用面板模型分析不同收入群体对碳税的影响，结论认为不管按每户收入还是家庭人数返还碳税都会使穷人受益。

国内研究起步也不晚，最早由 Garbaccio 等（1999）构建均衡模型，模拟中国征收碳税的宏观经济影响。贺菊煌等（2002）、魏涛远等（2002）分别构建了中国 CGE 模型分析征收碳税对中国经济和温室气体排放的影响。钟笑寒、李子奈（2002）在考虑代际关系的背景之下，基于一个连续时间的动态模型，对全球变暖的减排对策及其经济—环境影响进行了理论分析。陈文颖等（2004a，2004b）运用 MARKAL- MACRO 模型模拟分析了不同二氧化碳减排情景对中国 GDP 以及能源系统的影响。王灿等（2005）利用 CGE 模型分析了二氧化碳减排的宏观经济影响。Lee 等（2007）将模糊规划、灰色预测和投入产出理论结合对台湾石化行业进行了研究，发现上游企业排放下降，下游企业则无法实现目标。刘兰翠（2008）研究了中国减缓二氧化碳排放增长速度的潜力，以及不同的减排政策对中国经济社会的影响。刘小川和汪增涛（2009）分析了碳税、一般排放权交易体系、复合排放权交易体系、补贴、政府规制这五种二氧化碳减排政策工具各自的特点，得出长期碳税才是最终的解决方案的结论。李齐云和商凯（2009）通过建立以碳排放量为因变量的 STIRPAT 模型，分析对碳排放量具有重要影响的几个因素，进而谋划减少碳排放的碳税政策策略。Liang 等（2007）构建均衡模型，模拟中国征收碳税的宏观经济影响。近期，财政部财政科学研究所课题组（2009）在《中国开征碳税问题研究》中分析了我国开征碳税的必要性和可行性，得出可以考虑未来五年内开征碳税。

国内的研究存在下面一些主要问题：第一，没有考虑我国作为发展中国家的特殊国情，没有将发展与碳税统一起来研究。第二，在征收碳税模拟的时候，大部分学者对碳税的设计过于随机，而没有分析量化中国的碳税。第三，国内对二氧化碳减排的研究侧重于评价某种政策的宏观经济影响，而忽略了消费者福利方面的影响。

Nordhaus（1992，1994）构建了 DICE 模型，DICE 模型基本的理念是基于最优化的理论，对碳税及相关减排政策进行分析和比较。基于 DICE 模型，Nordhaus 和 Yang（1996）建立了 RICE（Regional Integrated model of Climate and the Economy）模型，通过 RICE 模型分析表明国家间采取合作政策将比不合作减排更多的温室气体。Nordhaus（2007）对 DICE 模型进行了扩展，进一步分析了不同减排政策对经济、碳税、碳排放控制率等的影响。

DICE 模型仍然基于新古典经济增长理论，但加入了气候变化的经济学因素考虑。变化之一在于 DICE 模型加入了额外的资本存量——自然资本，认为其是由气候系统所衍生出的资本。如同普通的新古典理论一样，在 DICE 模型中经济体可以投资于资本、人力资本和技术，并且通过跨期抉择对现在和未来的消费进行取舍。而且可以将温室气体看作负资本，通过减排来降低这种负的资本数量。即人们通过现在的减排活动，可以降低未来因气候变化造成的损失，从而达到增加未来消费的目的，这就是 DICE 模型求解的跨期最优决策。

温室气体排放是个全球性问题，严格意义上说二氧化碳的减排只有在一个国际减排框架体系下讨论才有意义。DICE 模型原本开发出来是全球性的模型，而 RICE 模型则是考虑了区域化特征的模型。鉴于 Lin（2010）研究成果，如果发达国家履行其减排承诺，减排的量大约可以抵消中国以外发展中国家的增量，如果按此计算，未来 10 年的排放增量可以视作大部分与中国相关。同时本文将忽略中国国内区域性的因素，利用 DICE-2007 模型来分析中国作为一个整体国家的问题。[①] 我们应该看到中国是一个发展中国家，目前

① 本节下面的方程大部分来自 Nordhaus，W. D.，The Challenge of Global Warming：Economic Models and Environmental Policy［R］. Working Paper，2007。

最重要的目标是发展。中国目前的发展阶段与 DICE 模型所假设的有所不同，据此我们对 DICE 模型进行了修正，加入了对增长速度的约束条件。

下面我们对 DICE 模型的基本框架进行介绍，① DICE 中所谓的最优碳税是基于社会福利最大化进行分析的。社会福利函数主要由以下三个方程来确定：

$$W=\sum_{t=0}^{T_{max}}U[c(t),\ L(t)]R(t) \tag{1}$$

$$R(t)=(1+\rho)^{-t} \tag{2}$$

$$U[c(t),\ L(t)]=L(t)[c(t)^{1-\alpha}/(1-\alpha)] \tag{3}$$

其中，方程（1）定义了社会福利函数的形式，方程（2）和方程（3）分别定义了时间折现因子和效用函数的形式。

DICE 中的生产函数设为规模报酬不变的柯布—道格拉斯函数，同一般生产函数相同的是包括劳动、资本和技术，其中技术以希克斯中性的形式进入方程，具体见方程（4）。中国是一个发展中国家，根据中国目前的发展阶段与 DICE 模型不同，我们加入了对增长速度的约束条件，必须要大于 τ。此处人口和劳动力都是外生的。与传统生产函数不同的是，方程（4）增加了 Ω（t）和 Λ（t）两个函数，这两个函数分别代表气候的破坏和治理成本。具体方程形式如下：

$$Q(t)=\Omega(t)\Lambda(t)A(t)K(t)^{\gamma}L(t)^{1-\gamma} \tag{4}$$

$$[Q(t+1)-Q(t)]/Q(t)\geqslant\tau \tag{5}$$

$$\Omega(t)=1/[1+\psi_1T_{AT}(t)+\psi_2T_{AT}(t)^2] \tag{6}$$

$$\Lambda(t)=1-\theta_1(t)\mu(t)^{\theta_2} \tag{7}$$

气候的破坏成本函数，即方程（6）假设气候对产出是按比例的破坏，并且与全球气温的均值变化有关（Nordhaus 和 Boyer，2000）。方程的具体形式是通过实证计算气候变化对农业、海平面上升、健康和非市场损失等而来。

对于方程（7）即治理函数则采用了简化的形式，设定为考虑治理成本时排放控制率的函数。

接下来定义消费、人均消费和资本平衡方程，这些方程与新古典的增长模型的方程类似，具体方程形式如下：

$$Q(t)=C(t)+I(t) \tag{8}$$

$$c(t)=C(t)/L(t) \tag{9}$$

$$K(t)=I(t)+(1-\delta_K)K(t-1) \tag{10}$$

在上面方程的基础上，相比普通的增长方程，DICE 模型中加入了排放方程和化石燃料的资源约束。方程（11）定义了排放是与碳强度和产出相关，并且考虑了减排的效果；方程（12）是化石燃料总量的资源约束，方程（13）说明了排放的计算方式：

---

① 限于篇幅，详细的构架和求解过程请参见 Nordhaus（1992，1994，2007）、Nordhaus 和 Yang（1996）。

$$E_{Ind}(t)=\sigma(t)[1-\mu(t)]A(t)K(t)^{\gamma}L(t)^{1-\gamma} \tag{11}$$

$$CCum \leqslant \sum_{t=0}^{T_{max}} E_{Ind}(t) \tag{12}$$

$$E(t)=E_{Ind}(t)+E_{Land}(t) \tag{13}$$

与普通的经济学模型中包括的因素最大的不同是 DICE 作为气候经济学的模型，Nordhaus（2007）还考虑了影响气候变化的地球物理方面的因素，从而加入了碳周期、强迫辐射、气候变化等多个方程。Nordhaus 将碳在自然界中的保存形式分为三种形态：空气、浅海和深海，方程（14）～（16）正是表示碳在这三种保存形式之间变换的关系的方程，即碳循环的关系方程。而最后的三个方程（17）～（19）考虑的是温室气体累积和气候变化之间的关系。

$$M_{AT}(t)=\pi E(t)+\phi_{11}M_{AT}(t-1)+\phi_{21}M_{UP}(t-1) \tag{14}$$

$$M_{UP}(t)=(1-\pi)E(t)+\phi_{22}M_{UP}(t-1)+\phi_{32}M_{LO}(t-1)+\phi_{12}M_{AT}(t-1) \tag{15}$$

$$M_{LO}(t)=\varphi_{33}M_{LO}(t-1)+\phi_{23}M_{UP}(t-1) \tag{16}$$

$$F(t)=\eta\{\log_2[M_{AT}(t)/M_{AT}(1750)]\}+F_{EX}(t) \tag{17}$$

$$T_{AT}(t)=T_{AT}(t-1)+\xi_1\{F(t)-\xi_2T_{AT}(t-1)-\xi_3[T_{AT}(t-1)-T_{LO}(t-1)]\} \tag{18}$$

$$T_{LO}(t)=T_{LO}(t-1)+\xi_4[T_{AT}(t-1)-T_{LO}(t-1)] \tag{19}$$

方程的内生变量和参数总结如表 1 所示：

表 1　内生变量和参数总结

内生变量		外生参数	
$A(t)$	全要素生产率	α	消费的边际效用弹性
$c(t)$	产品和服务的人均消费量	CCum	化石燃料的最大消费
$C(t)$	产品和服务的消费量	γ	产出的资本弹性
$E_{land}(t)$	土地使用中的碳排放	δ_K	资本折旧率
$E_{Ind}(t)$	工业碳排放	η	温度强迫参数
$E(t)$	总的碳排放	π	直接排放到空气的部分
$F(t)$，$F_{EX}(t)$	总的外生的辐射强迫	ϕ_{11}，ϕ_{21}，ϕ_{32}，ϕ_{12}，ϕ_{33}，ϕ_{23}	碳循环的参数
$I(t)$	投资	ξ_1，ξ_2，ξ_3，ξ_4	气候方程的参数
$K(t)$	资本存量	ψ_1，ψ_2	破坏函数的参数
$L(t)$	人口与劳动力投入	ρ	纯社会时间偏好率
$M_{AT}(t)$，$M_{UP}(t)$，$M_{Lo}(t)$	保存在空气、浅海、深海的碳	$R(t)$	社会时间折现因子
$\mu(t)$	排放控制率	T_{max}	模型最长时间
$\sigma(t)$	没有控制的工业排放比例	$\theta_1(t)$，θ_2	治理函数参数
$\Omega(t)$	破坏函数	τ	增长速度约束
$\Lambda(t)$	治理函数		
$Q(t)$	除去治理和破坏使用的产品和服务的净产出		

续表

内生变量		外生参数	
$T_{AT}(t)$,$T_{Lo}(t)$	全球表面温度均值，深海和浅海温度均值		
U[c(t), L(t)]	即时效用函数		
W	以现值计算的福利		

对于参数的估计，关于地球物理气候方面的参数则直接使用 DICE-2007 模型中的设定。纯社会时间偏好率 ρ 根据张颖等（2008）的估计；中国人口增长的预测根据联合国经济及社会事务部人口司预测；增长约束 τ 参见林伯强和孙传旺（2010），其余中国参数采用计量方法估计。本文的时间间隔 T 取 1 年，$T_{max}=2050$。

采用 Gams22.1 编制程序，得到中国未来最优碳税额度的结果如表 2 所示：

表 2　2008~2020 年最优碳税

年份	2008	2010	2015	2020
最优碳税（吨/元）	7.31	12.49	30.38	57.61

从表 2 可以看出最优碳税征收额随着时间推移逐步上升，由最初的 7.31 元/吨，上升到 2020 年的 57.61 元/吨，上升大约 8 倍。具体变化趋势如图 1 所示：

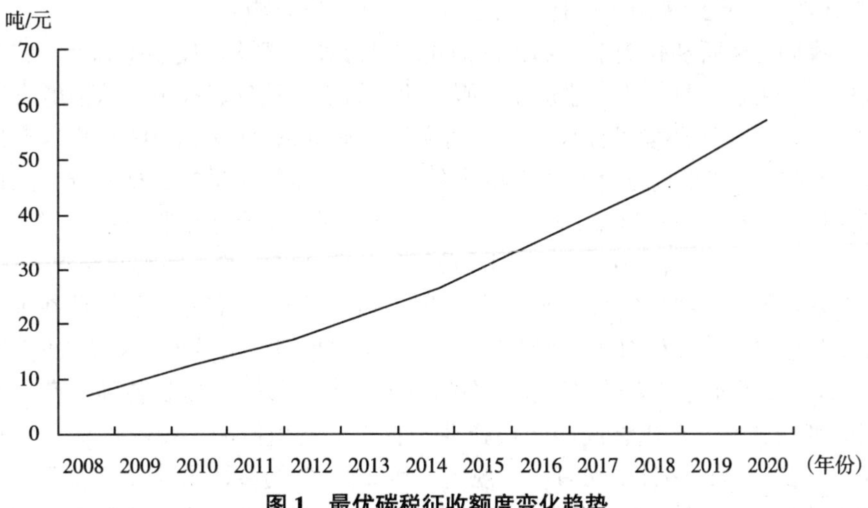

图 1　最优碳税征收额度变化趋势

图 1 说明，在保障经济增长的前提下，中国最优碳税是一个动态的渐进过程。基本逻辑是：随着经济增长，经济社会承受力不断提高，最优碳税额逐渐上升。在具体的政策实施中，开始比较低的碳税可以使经济社会避免受到比较大的冲击。因此，政府可以根据最

优碳税，以及碳减排目标，制定一个逐步合理增加的碳税率机制，在经济增长、碳减排和社会发展中寻找一个平衡。

三、CGE 模型与政策模拟

一直以来，可计算一般均衡（CGE）模型等大型宏观模型是进行碳税研究的主要分析方法。Kemfert 和 Welsch（2000）构建动态 CGE 模型用于分析不同替代弹性和不同税收返还方式下征收碳税的经济效应。结果表明，将碳税收入用于减少劳动力成本的情况下，转移的份额越小，它对就业和 GDP 的影响就越小（仍然为正）；但如果将碳税收入转移给私人部门，GDP 关于弹性数值的敏感性将变得非常小。Boyd 和 Ibarraran（2002）采用动态 CGE 模型模拟墨西哥征收碳税的影响。结果表明只有在 5%~6%的高技术进步率下，碳排放增长率的下降和所有不同收入类型居民收入的上升才能同时实现。Scrimgeour 等（2005）采用 CGE 模型模拟分析碳税、能源税和汽油税对新西兰经济的影响，以及对工业部门，包括能源密集工业竞争力的影响。Telli 等（2008）采用 CGE 模型研究了土耳其满足《京都议定书》目标的环境减排政策的经济影响。结果认为减排目标的压力较高，减排成本也较高。通过碳税或提高能源税的环境减排政策会对就业产生负面影响。在引入碳税的时候必须与降低现有生产税负的措施结合。Timilsina 和 Shrestha（2006）采用静态 CGE 模型研究供应侧 CDM 选择，也即采用水电替代火电的经济和环境影响。

据此，我们在姚昕和孔庆宝（2010）构建的可计算一般均衡模型基础上，将部门合并整理成农业、轻工业、重工业、建筑业、服务业、煤炭、油气、火电、清洁电力等 9 个部门，构建了中国能源—环境可计算一般均衡模型。本研究以中国 2007 年投入产出表为基础，将 42 个部门按需求进行合并。构建社会核算矩阵需要大量的数据基础，除投入产出表外，其他相关数据主要来自《中国统计年鉴 2008》、《中国金融年鉴 2008》、《中国环境年鉴 2008》、《国际收支平衡表 2008》、《中国能源统计年鉴 2008》等。在编制宏观 SAM 时，由于很多数据来自不同的统计资料，加上这些统计资料的统计口径不同，因此在编制过程中难免出现一些账户的不平衡（收入与支出不等），这时我们采用最小交叉熵法使其平衡。

运用 CGE 模型进行政策模拟涉及一系列重要的模型参数，比如各种生产投入和消费投入之间的替代弹性、产出之间的转换弹性、收入、支出份额、税收税率，以及贸易参数，等等。CGE 参数的估计方法有一套规则，本文 CGE 的参数估计分为以下 3 种：①根据 SAM 表直接得出。模型绝大多数参数直接来自 SAM，如中间投入系数、份额参数、储蓄率、各种税率。②简单计量估计，如生产中的要素替代弹性。③参考前人研究。如进出口弹性主要参考范金（2004）的做法进行设定，效用函数中的参数来自林伯强和何晓萍（2008）。

在国外碳税一般是在最终使用环节征收。但在我国，为了减少征管成本、保障碳税的

有效征收，碳税在生产环节征收更符合我国的国情，进行政策模拟的时候我们也采用这样的假设。模拟中我们只考虑了由化石能源带来的碳排放，具体计算方法为化石能源量×排放系数，[①] 在生产端征税后体现在模型中为能源价格上涨。下面我们利用 CGE 模型分别模拟征收本文求得的最优碳税额度，及环保部、财政部和芬兰的碳税额度，观测其宏观经济影响。财政部提出 2012 年征收 10 元/吨，而环保部为 20 元/吨。本文模型结果是 2012 年最优碳税为 18.28 元/吨，介于财政部和环保部提出征收的范围之内，接近环保部提出的碳税标准。我们还选取了国际上碳税较高的芬兰作为比较。芬兰 2008 年征收的数额为 20 欧元/吨，我们以 2008 年汇率换算得出相应的芬兰碳税率（汪增涛，2009）。得到结果如表 3 所示：

表 3　征收碳税的宏观经济影响

指标/征收碳税额度	财政部 10 元/吨	本文 18.28 元/吨	环保部 20 元/吨	芬兰
GDP（%）	−0.008	−0.013	−0.015	−0.517
就业（%）	−0.002	−0.007	−0.008	−1.455
进口（%）	−0.005	−0.010	−0.012	−1.489
出口（%）	−0.202	−0.429	−0.548	−2.904
CO_2（%）	−0.933	−1.636	−2.098	−8.859
单位 GDP 能耗（%）	−1.056	−1.734	−2.013	−7.501

通过表 3 可以看到，以 2012 年的最优碳税额度 18.28 元/吨征收碳税的宏观影响不大，GDP、就业和进口没有显著的下降，二氧化碳排放和单位 GDP 能耗都降低了约 1 个百分点。应该注意到，我们采用的是静态 CGE 模型，如果到 2012 年，经济结构发生改变，对传统化石能源和火电的依赖比现在下降，这个冲击还会小一些。这个结果证明了本文得出的结论：发展约束下的最优碳税对经济增长不会有太大的阻碍。

以财政部和环保部的设定额度征收，对宏观经济的打击也是有限的，GDP、就业和进口下降仍不明显，出口的影响稍大，达到 0.5%，带来的二氧化碳排放下降近 2%，单位 GDP 能耗也降低了 2% 左右。而脱离国情，片面追求减排，按国外标准征收的结果是中国经济无法承受的，以芬兰的额度征收将使 GDP 和就业下降 1.5 个百分点左右，出口更是下降 3 个百分点。这个结果表明征收碳税的宏观影响是呈非线性增加，征收碳税需要有节制，过度的征收将影响经济的发展速度。而二氧化碳排放和单位 GDP 能耗的变化则是呈非线性下降。

由于各部门对碳的依赖不同，不同行业受到碳税的影响会有所区别。理论上碳税对能源密集型行业特别是能源密集兼出口密集型行业会带来猛烈的冲击，我们通过 CGE 模型模拟征收不同额度碳税从而影响各行业的产出，结果基本符合预期，如表 4 所示。

---

① 排放系数来自 BP 和 CDIAC，与林伯强和蒋竺均（2009），林伯强、姚昕和刘希颖（2010）设定相同。

表 4　征收碳税对各行业产出的影响

指标/征收碳税额度	财政部 10 元/吨	本文 18.28 元/吨	环保部 20 元/吨	芬兰
农业	0.008	0.003	0.002	–0.157
轻工业	0.022	0.019	0.018	–0.255
重工业	–0.101	–0.186	–0.190	–0.589
建筑业	–0.032	–0.056	–0.058	–0.164
服务业	0.003	0.001	0.001	–0.039
煤炭	–1.056	–1.487	–1.503	–5.502
油气	–0.297	–0.330	–0.336	–1.633
火电	–0.658	–0.851	–0.859	–3.438
清洁电力	0.023	0.018	0.017	–0.179

从表 4 可以看出，征收碳税会对经济结构产生重大影响，可以起到调节产业结构的作用，符合我国目前急需改变经济发展方式的现实要求。以财政部、本文和环保部的额度征收碳税时，模拟结果表明农业、轻工业、服务业和清洁电力等行业的产出都会有一定的增加，重工业、建筑业、煤炭、油气和火电的产出会下降。受碳税冲击最大的行业是煤炭，其次依次是火电、油气、重工业、建筑业。随着碳税征收额度的上升，即采用芬兰额度征收时，由于整个经济受到影响，农业、轻工业、服务业和清洁电力等行业的产出也开始下降，而重工业、建筑业、煤炭、油气和火电受到的冲击也随之增大。从结果中我们可以看到，无论以何种数额征收碳税都会对产业结构调整产生影响。征收碳税额度设定较低时，产业结构会有一定的调整，但幅度不大。征收碳税额度设定较高时，对调整产业结构会有较大影响，但要付出比较大的代价。因此，需要我国宏观政策制定者在制定政策时兼顾两个目标，根据经济承受力进行合理的选择。

四、结论与建议

本文通过有经济增长约束的中国 DICE 模型，得出渐进性最优碳税征收额。随着时间推移逐步上升，最优碳税征收额由 2008 年的 7.314 元/吨，上升到 2020 年的 57.61 元/吨，上升 8 倍左右。财政部的研究提出 2012 年征收 10 元/吨，环保部提出 20 元/吨，而本文结果是最优碳税为 18.28 元/吨，介于财政部和环保部提出征收的范围之内，接近环保部提出的碳税标准。

通过 CGE 模拟，如果按最优碳税征收，对 GDP 影响不大，但对于减少碳排放和降低单位 GDP 能耗都有显著帮助，有助于国家提出的降低碳排放强度目标的实现。CGE 模拟还说明，碳税可以通过市场的机制调整产业结构，能够将现有的污染排放社会成本内部化，碳税的征收对重工业、建筑业等高耗能产业的冲击比较明显。通过增加高耗能、高排放的企业的财务负担，可以有效抑制这些产业的过度增长，加快淘汰低能效的落后工艺。通过 CGE 模拟，说明征收碳税有利于可再生能源等低碳清洁产业的发展，间接扩大了低碳的服务业的发展空间，可以促进产业结构的调整和优化，实现向以低碳、环保、高效为特征的经济发展方式转变。

有关碳税的政策建议如下：

中国经济增长近年来严重依赖于出口贸易，使得我们对国际竞争条件的变化非常敏感。而且出口的品种以低端产品、高耗能产品为主。这些产品资源能源消耗高，环境破坏严重，附加值却往往很低，长期来看需要进行调整。目前不少国家在考虑对中国出口产品征收碳关税，政府可以考虑在国内通过碳税的调节手段，刺激出口产业提前升级换代，为未来面对环境标准高、排放限制更严格的国际贸易大环境做好竞争的准备。国际上很多国家，尤其是北欧国家开征碳税的成功经验可以为我国提供一些借鉴。通过合理适时征收碳税，能够表达我国减少碳排放的决心与意愿，向国际社会发出清晰的减排信号，也是我国作为负责任大国的表现。

对经济主体征收碳税已经为主流经济学界认可，因为碳税是达到政府既定碳减排目标所花费成本最小的减排政策工具。碳税计征方式，可以实行从量定额计征，即按照本文求出的最优碳税进行征收。根据最优碳税的情形，碳税征收额度应该采取逐步上升的收取方法。即在碳税开始征收的时候，税率设定在较低的水平上，然后随着时间推移逐步上升。这种逐步提高额度的征收方法，给予了用能企业及个人一些调整的时间。这样征税可以使用能单位和个人从容调整消费行为，不至于造成浪费。当碳税税率逐步提高时，理性的经济主体可以根据其自身的特点，进行有计划的变化选择低碳的生活方式。这也可以减少碳税对经济的冲击，保证碳税的顺利实施。一个逐步推进的合理的碳税制度安排，往往能够达到最优的效果，使经济主体能够依据自身情况选择最优的转型路径。

碳税作为市场手段，配合能源、资源产品的价格改革，可以有效引导各行业实现经济转型。碳税是环境税的一种，环境税通常以国内税形式出现，一般采取产地原则或目的地原则征收。产地原则，指一国政府有权对本国生产的所有商品课税，不论这些商品是在本国还是国外消费；目的地原则，即一国政府有权对本国消费的所有商品课税，而不论这些商品产自本国还是进口。因此，当一国实行产地原则而另一国实行目的地原则时，同一批商品既要负担出口国征收的环境税，又要负担进口国征收的环境税，从而出现双重征税问题。如果出口商品负担两国的环境税，它在进口国的国内市场上就不能与进口国生产的同类产品进行竞争，不利于国际贸易的公平竞争原则。因此，根据避免双重征税的原则，采取国内主动征收碳税有其积极的意义。未来的十年是实现低碳转型最为关键的十年。目前的节能减排工作成效很大，但基本上还以行政手段为主，经济手段运用不足，仍有改善的空间。充分利用碳税杠杆和市场机制，可以有效地调动全社会的节能减排积极性，在更广阔深远的意义上推动中国经济向低碳发展转型。

低碳经济必将成为各国政策以及企业运营考量的重要方面。如何在新一轮技术革命中抢占先机，谋求更多经济利益和政治地位，将是国家之间不断合作与博弈的重点。今后，应对气候变化既是国际合作的机会，更是利益博弈的机会，除了政府，国内企业也应给予足够关注。

参考文献

[1] 财政部财政科学研究所课题组. 中国开征碳税问题研究 [EB/OL].(2009-09-10). http://csep.efchina.org/report/20106101642513.8265231031969.pdf.

[2] 陈文颖，高鹏飞，何建坤. 用 MARKAL-MACRO 模型研究碳减排对中国能源系统的影响 [J]. 清华大学学报，2004 (4).

[3] 陈文颖，高鹏飞，何建坤. 二氧化碳减排对中国未来 GDP 增长的影响 [J]. 清华大学学报，2004 (6).

[4] 范金，郑庆武，王艳，袁小慧. 完善人民币汇率形成机制对中国宏观经济影响的情景分析—— 一般均衡分析 [J]. 管理世界，2004 (7).

[5] 国家气候变化对策协调小组办公室，国家发展和改革委员会能源研究所. 中国温室气体清单研究 [M]. 北京：中国环境科学出版社，2005.

[6] 贺菊煌，沈可挺，徐嵩龄. 碳税与二氧化碳减排的 CGE 模型 [J]. 数量经济与技术经济研究，2002 (10).

[7] 李齐云，商凯. 二氧化碳排放的影响因素分析与碳税减排政策设计 [J]. 财政研究，2009 (10).

[8] 林伯强. 危机下的能源需求和能源价格走势以及对宏观经济的影响 [J]. 金融研究，2010 (1).

[9] 林伯强，何晓萍. 中国油气资源耗减成本及政策选择的宏观经济影响 [J]. 经济研究，2008 (5).

[10] 林伯强，蒋竺均. 中国二氧化碳的环境库兹涅茨曲线预测及影响因素分析 [J]. 管理世界，2009 (4).

[11] 林伯强，姚昕，刘希颖. 节能与碳排放约束下的能源结构战略调整 [J]. 中国社会科学，2010 (1).

[12] 刘兰翠. 我国二氧化碳减排问题的政策建模与实证研究 [D]. 中国科学技术大学博士学位论文，2008.

[13] 刘小川，汪曾涛. 二氧化碳减排政策比较以及我国的优化选择 [J]. 上海财经大学学报，2009 (4).

[14] Nordhaus. 京都之后的生活：全球变暖政策的另一种选择 [J]. 经济社会体制比较，2009 (6).

[15] 姚昕，蒋竺均. 改革化石能源补贴可以支持清洁能源发展 [J]. 金融研究，2010 (1).

[16] 姚昕，孔庆宝. 中国能源综合运输体系的确立及其宏观经济影响 [J]. 金融研究，2010 (4).

[17] 王灿，陈吉宁，邹骥. 基于 CGE 模型的 CO_2 减排对中国经济的影响 [J]. 清华大学学报，2005 (5).

[18] 汪增涛. 碳税征收的国际比较与经验借鉴 [J]. 理论探索，2009 (4).

[19] 魏涛远，格罗姆斯洛德. 征收碳税对中国经济与温室气体排放的影响 [J]. 世界经济与政治，2002(8).

[20] 张颖，任若恩，黄薇. 中国代际内与代际间贴现率的实验研究 [J]. 金融研究，2008 (9).

[21] 钟笑寒，李子奈. 全球变暖的宏观经济模型 [J]. 系统工程理论与实践，2002 (3).

[22] Erin Baker，Ekundayo Shittu. Profitmaximizing R&D in Response to a Random Carbon Tax [J]. Resource and Energy Economics，2006，28 (2)：160-180.

[23] Runar Brännlund，Jonas Nordström. Carbon Tax Simulations Using a Household Demand Model [J]. European Economic Review，2004，48 (1)：211-233.

[24] Annegrete Bruvoll，Bodil Merethe Larsen. Greenhouse Gas Emissions in Norway：Do Carbon Taxes Work? [J]. Energy Policy，2004，32 (4)：493-505.

[25] Benjamin Bureau. Distributional Effects of a Carbon Tax on Car Fuels in France [M]. Energy Economics, In Press, 2010.

[26] Tim Callan, Sean Lyons, Susan Scott, Richard S. J. Tol, Stefano Verde. The Distributional Implications of a Carbon Tax in Ireland [J]. Energy Policy, 2009, 37 (2): 407-412.

[27] Y. H. Farzin, O. Tahvonen. Global Carbon Cycle and the Optimal Time Path of a Carbon Tax [J]. Oxford Economic Papers, New Series, 1996, 48 (4): 515-536.

[28] Nikolaos Floros, Andriana Vlachou. Energy Demand and Energy-related CO_2 Emissions in Greek Manufacturing: Assessing the Impact of a Carbon Tax [J]. Energy Economics, 2005, 27 (3): 387-413.

[29] Garbaccio R. F., Ho M. S., Jorgenson, D. W.. Controlling Carbon Emissions in China [J]. Environment and Development Economics, 1999, 4 (4): 493-518.

[30] William K. Jaeger. Carbon Taxation When Climate Affects Productivity [J]. Land Economics, 2002, 78 (3): 354-367.

[31] Suk-Jae Jeong, KyungSup Kim, JinWon Park, Dongsoon Lim, Seungmoon Lee. Economic Comparison Between Coalfired and Liquefied Natural Gas Combined Cycle Power Plants Considering Carbon Tax: Korean Case [J]. Energy, 2008, 33 (8): 1320-1330.

[32] Kemfert C., Welsch H.. Energy Capital-Labor Substitution and the Economic Effects of CO_2 Abatement: Evidence for Germany [J]. Journal of Policy Modeling, 2000, 22 (6): 641-660.

[33] Cheng F. Lee, Sue J. Lin, Charles Lewis, Yih F. Chang. Effects of Carbon Taxes on Different Industries by Fuzzy Goal Programming: A Case Study of the Petrochemical related Industries, Taiwan [J]. Energy Policy, 2007, 35 (8): 4051-4058.

[34] Lin Boqiang, et al.. China's Carbon Emission Intensity Forecasts Under Urbanization Process [R]. CCEER Working Paper, 2010.

[35] Nordhaus, William D.. An Optimal Transition Path for Controlling Greenhouse Gases [J]. Science, 1992, 258 (20): 1315-1319.

[36] Nordhaus, William D.. Managing the Global Commons: The Economics of Climate Change [M]. MIT Press, Cambridge, MA, USA, 1994.

[37] Nordhaus, William and Zili Yang. A Regional Dynamic General-Equilibrium Model of Alternative Climate Change Strategies [J]. American Economic Review, 1996, 86: 741-765.

[38] Nordhaus, William D. and Joseph Boyer. Warming the World: Economic Modeling of Global Warming [M]. MIT Press, Cambridge, MA., USA, 2000.

[39] Nordhaus, W. D.. The Challenge of Global Warming: Economic Models and Environmental Policy [R]. Working Paper, 2007.

[40] QiaoMei Liang, Ying Fana, c, YiMing-Wei. Multiregional Input-output Model for Regional Energy Requirements and CO_2 Emissions in China, Energy Policy [J]. 2007, 35: 1685-1700.

[41] Roy Boyd, Maria E. Ibarraran. Costs of Compliance with the Kyoto Protocol: a Developing Country Perspective [J]. Energy Economics, 2002 (24): 21-39.

[42] Frank Scrimgeour, Les Oxley, Koli Fatai. Reducing Carbon Emissions? The Relative Effectiveness of Different Types of Environmental Tax: the Case of New Zealand [R]. Environmental Modeling & Software, 2005 (20): 1439-1448.

[43] Cagatay Telli, Ebru Voyvoda, Erinc Yeldan. Economics of Environmental Policy in Turkey: A Gen-

eral Equilibrium Investigation of the Economic Evaluation of Sectoral Emission Reduction Policies for Climate Change [J]. Journal of Policy Modeling, 2008, 30 (2): 321-340.

[44] Govinda R. Timilsina, Ram M. Shrestha. General Equilibrium Effects of a Supply Side GHG Mitigation Option under the Clean Development Mechanism [J]. Journal of Environmental Management, 2006 (80): 327-341.

Optimal Carbon Tax in China with the Perspective of Economic Growth

Yao Xin and Liu Xiying
(China Center for Energy Economics Research, Xiamen University)

Abstract: The issue of climate change has become a global concern. Under the background of climate change, exploring a low carbon economic development model is the common choices of different governments. As the world top emission country and the largest developing country, China needs to find a way to balance the economic development and carbon emission reductions. As an effective method for achieving emission reduction, carbon tax has always been advocated by governments all over the world. This paper begins with micro perspective and carefully considers the characteristics of China's economic development in the current stage. By applying the dynamic optimal tax model with welfare maximization under the constraint of economic growth, the paper finds the optimal path of carbon tax, and further estimates the macroeconomic impacts of carbon tax using a CGE model. We conclude that carbon taxes are in favor of carbon emission reduction, energy efficiency improvement and industrial structure adjustment. We find that the optimal carbon tax in China is a dynamic and progressive process along with economic growth. We propose that with stronger social affordability in the process of economic growth, the carbon tax can be increased gradually. In practice, we believe a relatively low carbon tax at the beginning would protect the economy and society from large shocks due to carbon tax.

Key Words: Optimal Carbon Tax, Carbon Dioxide Emissions, Industrial Structure Adjustment, Macroeconomic Impacts

JEL Classification: Q54, H21, P28

政治联系、寻租与地方政府财政补贴有效性*

余明桂　回雅甫　潘红波[①]

【内容提要】本文以我国民营上市公司为样本，分析与地方政府建立政治联系的企业是否能够比无政治联系的企业获得更多的财政补贴。结果发现，与地方政府建立政治联系的民营企业确实能够获得更多的财政补贴；而且，在制度环境越差的地区，政治联系的这种补贴获取效应越强。进一步的检验发现，与地方政府建立政治联系的民营企业获得的财政补贴与企业绩效及社会绩效负相关，而无政治联系的民营企业获得的财政补贴与企业绩效及社会绩效正相关。本文的研究结果支持民营企业建立政治联系的寻租假设，即民营企业通过与地方政府建立政治联系来俘获掌握着财政补贴支配权的地方政府官员，进而得到更多的财政补贴收入；在制度约束弱的地区，这种寻租行为更加盛行。就地方政府的公共政策而言，本文的研究结果意味着，地方政府基于政治联系的财政补贴支出会扭曲整个社会稀缺资源的有效配置，降低社会的整体福利水平。

【关键词】政治联系　财政补贴　寻租　政府俘获

【经济文献分类号】D72，G21，G32，P48

一、引言

企业建立政治联系的现象在世界上很多国家普遍存在（Faccio，2006）。很多文献分析

---

* 本文选自《经济研究》2010 年第 3 期。

① 余明桂、回雅甫、潘红波，武汉大学经济与管理学院，邮政编码：430072，电子信箱：mingyuwhu@yahoo.com.cn。作者特别感谢两位审稿人提出的诸多富有建设性的建议；我们还要感谢夏新平、罗琦、孔东民、李广子、陈冬以及参加第六届中国金融学年会和第八届中国实证会计国际研讨会的与会同仁的有益讨论；同时感谢苏灵、屈轶、朱君妍和黄碧琪出色的助理研究工作，当然文责自负。本文的研究得到国家自然科学基金项目（批准号：70602013、70972090 和 70902052）的资助。

了在制度欠发达的条件下民营企业尤其热衷于建立政治联系。一些研究认为，在制度落后的条件下，民营企业的产权难以得到有效保护，难以获得企业发展所需要的资金和其他稀缺的生产要素。因此，建立政治联系是民营企业对市场、政府和法律失效的一种积极反应，政治联系能够作为克服法律、产权和金融发展等落后制度的一种非正式的替代性机制，帮助民营企业克服落后的正式制度对自身发展的阻碍。所以，民营企业建立政治联系不仅有利于企业自身的发展，而且有利于整个社会稀缺资源的有效配置和经济发展（Chen等，2005；Li等，2008；余明桂、潘红波，2008；罗党论、唐清泉，2009）。

另一些研究则认为，民营企业建立政治联系可能是为了向掌握资源分配权的政府或政府官员寻租，在制度越落后、政府干预经济越严重的国家或地区，企业通过建立政治联系从而达到寻租目的的动机越强。例如，Faccio（2006）发现，在腐败越严重的国家，企业越可能建立政治联系。Claessens等（2008）发现，在巴西有政治联系的企业可以获得优惠的银行贷款，但这些企业的资产收益率很低，这种资源低效配置的经济成本超过巴西GDP的0.2%。类似地，Khwaja（2005）发现，在巴基斯坦有政治联系的企业从国有银行获得的贷款是无政治联系的企业的两倍，而违约率比后者高50%。

由此可见，在制度落后的条件下，企业建立政治联系可能有利于企业和经济发展，也可能成为阻碍经济发展的寻租手段。所以，政治联系的建立对于企业和社会利益究竟是一种积极作用，还是一种消极因素，需要进一步检验。本文分析与地方政府建立政治联系的民营企业是否能够从地方政府获取更多的财政补贴，以及这种补贴对企业效益和社会效益的作用，来判断民营企业的政治联系具有效率促进作用还是阻碍稀缺资源有效配置的寻租手段。

地方政府向当地企业提供财政补贴通常是基于提高企业效率或社会效益，企业效率包括鼓励企业的科技创新、技术进步和企业绩效等，社会效益包括创造就业和税收等。但是，财政补贴也可能成为企业寻租的对象，当企业具有政治联系时，这种寻租活动更可能发生。因为企业高管如果在政府部门任过职，凭借以前在政府任职期间积累的人脉关系和社会资源，更有可能获得相关政府部门的认定和审批（吴文锋等，2009）。当然，与地方政府建立政治联系的企业获得财政补贴也可能不是寻租而是具有效率促进作用。这是因为，地方政府在决定向哪些企业提供财政补贴时存在着信息不对称，民营企业的政治联系可能是企业具有良好声誉的一种信号显示机制（Zheng，2008），所以有政治联系的民营企业更可能被视为具有良好的发展前景和社会贡献（Cull和Xu，2005；吴文锋等，2008），并因而获得更多的财政补贴。

地方政府向有政治联系的企业提供财政补贴对于财政支出的效率来说，可能是积极的，也可能是消极的。本文以我国2002~2007年的民营企业为样本，以企业的总经理、董事长或董事现在或曾经在地方政府担任官员或共产党干部来判断企业是否具有政治联系，检验与地方政府建立政治联系是否有助于企业获得财政补贴，以及这种财政补贴是否有助于提高企业效益和社会效益。检验结果发现，在其他条件相同的情况下，与地方政府建立政治联系的企业比无政治联系的企业获得更多的财政补贴；在市场化程度越低、政府支配资源越多、产权保护越差和法治水平越低的地区，政治联系的这种财政补贴效应越强。至此，我们并不能判断基于政治联系的财政补贴是效率促进还是寻租活动，所以还需要进一步检验财政补贴对于企业效益和社会效益的作用。我们以企业的总资产收益率和经营现金流表示企业效益，以企业的税收贡献和就业贡献来表示社会效益，检验结果发现，与地方政府建立政治联系的企业获得的财政补贴越多，企业的经营效益和社会贡献越低；无政治联系的企业获得的财政补贴与企业绩效及社会贡献正相关。这说明有政治联系的企业获得的财政补贴是寻租的结果，而无政治联系的企业获得的财政补贴具有一定的效率促进作用。综上所述，本文的研究结果支持政治联系的寻租假设，而不支持政治联系的效率假设。

本文可能在以下三个方面丰富了已有文献：第一，大多数有关中国民营企业政治联系的研究认为，在我国，民营企业建立政治联系有助于克服法律、产权和金融发展等制度落后和政府失灵对自身发展的阻碍。这不仅有利于民营企业自身的发展，也有利于整个社会稀缺资源的有效配置和经济发展（Cull 和 Xu，2005；Li 等，2008；余明桂、潘红波，2008；罗党论、唐清泉，2009）。而本文的研究表明，我国民营企业建立政治联系也可能是进行寻租活动的一种重要手段，不利于社会稀缺资源的有效配置和经济发展。第二，寻租理论认为：一方面，企业具有很强的动机与政治家结成同盟，并通过影响政治环境和政治过程来使特殊利益集团获得“租金”（如 Krueger，1974；Shleifer 和 Vishny，1994；Hellman 等，2003；Morck 等，2005）；另一方面，政治家利用行政干预的手段人为“创租”，诱使企业向他们“进贡”作为得到这种“租”的条件。本文为这些理论提供了新的证据。第三，目前国内外有关财政补贴的经济效应的研究主要是直接分析财政补贴对于企业绩效和社会效益的影响，① 但没有注意区分企业取得财政补贴的渠道和方式。我们从企业的政治联系这一新的视角来分析和评估地方政府财政政策的经济效应，可以更深刻地分析和评估政府财政政策的经济后果的深层次原因。

本文研究结果的政策含义是明显的。Krueger（1974）、Olson（1982）、Murphy 等（1993）和 Hellman 等（2003）等认为，特殊利益集团向腐败的官员进行寻租活动，会扭曲整个社会稀缺资源的有效配置，降低社会的整体福利水平。本文的研究表明，基于政治联系的财政支出是没有效率的，民营企业通过建立政治联系获取的财政补贴是一种非生产性的寻租行为，这种补贴不仅无助于提高企业绩效，而且还会损害社会利益。所以，政府的财政补贴支出决策过程应该受到更加严格的监督，相关的信息披露应该更加透明，对于有政治联系的企业来说，信息的披露和相应的监督尤其重要。本文第二部分是理论分析和研究假设，第三部分是样本与研究方法，第四部分是检验结果与分析，最后是简短的结论。

---

① 对企业绩效的影响包括对企业的绩效、研发、投资等的作用（Lee，1991；Harris 和 Traino，2005；唐清泉、罗党论，2007）；对社会效益的影响主要是就业效应和税收创造（Wren 和 Waterson，1991；唐清泉、罗党论，2007）。

二、理论分析与研究假设

(一) 政治联系与财政补贴

财政补贴是政府根据一定时期有关政治、经济的方针和政策，按照特定目的，由财政安排专项资金向微观经济活动主体（企业或个人）提供的一种无偿的转移支付（王凤翔、陈柳钦，2005）。从政府提供财政补贴的目的来看，地方政府对本地企业提供财政补贴具有明显的倾向性，获得补贴的企业主要包括能够吸收下岗、失业人员，创造大量就业的企业，附加值较高的高科技企业，以及具有正外部性的企业如农业、公用事业企业等（王凤翔、陈柳钦，2005）。政府在决定向哪些企业提供补贴时存在着信息不对称，这些信息包括企业的生产技术、产品市场、发展潜力、盈利能力、就业机会创造和潜在纳税能力等。对于民营企业来说，有曾经的政府官员在企业任职更可能被视为具有良好的发展前景和社会贡献（Cull 和 Xu，2005；Li 等，2008），在信息不对称的条件下，民营企业的政治联系可能是企业具有良好发展前景和社会声誉的一种信号显示机制（Zheng，2008）。所以，在这种情况下，有政治联系的民营企业能够比无政治联系的民营企业获得更多的财政补贴，而且，这种财政补贴是有效率的，我们把这种情况称为政治联系的“效率观”。

有政治联系的民营企业获得较多的财政补贴也可能是非生产性寻租行为的结果。Shleifer 和 Vishny（1994）的理论模型表明，政治家通过财政支出向企业提供补贴可能并不是基于企业效率和社会资源配置效率的提高，而很可能是政治家与企业家之间的双向贿赂和寻租活动：一方面，政治家为了取得更多政治选票，有很强的动机向企业家寻租，要求企业聘用超过生产需要的员工数并支付超过平均水平的工资；另一方面，作为回报，政治家向企业家提供财政补贴以获得企业家的支持。此外，Hellman 等（2003）提出的政府俘获理论（State Capture）认为，在转型经济国家，企业通过向政府官员提供好处或贿赂来使政府制定和实施有利于自身的法律、政策和规章。这些国家大多权力集中程度较高、政治竞争受到很多限制，并且政治透明度较低，权力行使缺乏有效监督，所以很多政府官员利用权力进行寻租和腐败。

中国的分权化改革使地方政府有很强的经济自主权和财政支出的任意支配权。除了个别支出项目以外，没有明确的法律和制度规范约束和限制地方政府的财政补贴支出，所以，地方政府官员在决定向企业提供财政补贴时具有很强的自由裁量权。政府官员甚至可能故意把授予补贴的标准做得很模糊或者具有很强的任意性，从而给地方政府官员“设租”和企业寻租提供了很大的自由空间。如果民营企业的高管曾经在地方政府部门任过职，就可以利用在政府任职期间积累的社会资源和人脉关系，使得他们与政府部门的“沟通”更为有效（吴文锋等，2009）。这样，在争取地方政府的财政补贴时更有可能获得相

关政府部门的财政补贴政策的认定和审批。因此，相对于没有政治联系的民营企业来说，具有地方政府政治联系的民营企业更有可能俘获政府，从而更有可能获得财政补贴。我们把这种情况称为政治联系的“寻租观”。

以上分析表明，从理论上来说，无论是根据政治联系的效率观还是寻租观，有地方政府政治联系的民营企业都能够比没有政治联系的民营企业获得更多的财政补贴。所以，这里提出假设 1：在其他条件相同的情况下，有政治联系的企业获得的财政补贴显著多于无政治联系的企业。

（二）制度环境与政治联系的财政补贴效应

我们把有政治联系的民营企业能够获得更多的财政补贴称为政治联系的财政补贴效应。完善的制度（如发达的金融体系、良好的产权保护、清廉的政府、高效的法律和司法体系等）是一国经济增长的必要条件。在我国，尽管这些制度还相当欠缺，但经济增长速度却远远高于其他国家，而且，我国的经济增长主要是由更易于受到制度约束的民营企业贡献的。对此，一些学者认为，面临制度约束，企业会努力寻找非正规的替代性机制来克服落后制度对企业发展的阻碍（如 McMillan 和 Woodruff，2002；Allen 等，2005），其中建立政治联系就是一种非常重要的替代性机制。在制度落后的国家或地区，民营企业的产权难以得到有效保护，难以获得企业发展所需要的资金和其他稀缺的生产要素，企业就更有动机通过建立政治联系来克服制度的缺乏对企业发展的阻碍。所以，建立政治关系是民营企业对市场、政府和法律失效的一种积极反应（Chen 等，2005；Li 等，2008；余明桂、潘红波，2008；罗党论、唐清泉，2009）。

根据政治联系的效率观，对于民营企业来说，在制度越落后的地区，民营企业越难以在市场化的条件下获得产权保护和企业发展所需要的资金和其他稀缺的生产要素。在这种情况下，有政治联系的民营企业更易于获得产权保护，其政治联系作为企业具有良好的发展前景和社会声誉的信号显示作用就越大。所以，在制度越落后的地区，民营企业的政治联系的财政补贴效应越强，获得补贴对于企业发展和社会贡献的推动作用越明显。

政治联系的寻租观认为，民营企业建立政治联系可能是为了向掌握资源分配权的政府官员寻租（Khwaja 和 Mian，2005；Claessens 等，2008），在制度越落后、腐败越严重、政府干预经济越严重、法律和司法体系越弱的国家或地区，企业通过建立政治联系从而达到寻租目的的动机越强（Chen 等，2005；Faccio，2006）。Shleifer 和 Vishny（1994）、Hellman 等（2003）认为，在制度不健全的转轨国家，政治和经济改革不彻底，政治透明度低，权力行使缺乏有效监督，官员利用手中的权力与企业勾结的腐败和寻租活动难以受到制度的约束，导致寻租活动更为盛行。根据政治联系的寻租观，在制度越不健全的地区，地方政府官员向企业提供财政补贴时的自由裁量权越大，民营企业通过政治联系向官员寻租来获得财政补贴越难以受到监督和制度的约束。

以上分析表明，从理论上来说，无论是根据政治联系的效率观还是寻租观，在制度较弱的地区，民营企业的政治联系的财政补贴效应更强。所以，这里提出假设 2：相对于制度较好的地区来说，在制度较差的地区，民营企业的政治联系的财政补贴效应更强。

（三）财政补贴的经济效应

假设 1 和假设 2 表明，无论是效率观还是寻租观，都意味着有政治联系的民营企业可以获得更多的财政补贴；在制度较弱的地区，这种财政补贴效应更强。为了进一步厘清民营企业基于政治联系的财政补贴究竟是具有效率促进作用还是寻租行为的结果，我们需要进一步分析财政补贴是否能够提高企业绩效和社会效益。

地方政府向企业提供财政补贴通常是基于提高企业效率或社会效益，企业效率包括鼓励企业的科技创新、技术进步和企业绩效等，社会效益包括创造就业和税收等。根据政治联系的效率观，如果民营企业的政治联系具有效率促进作用，那么，有政治联系的民营企业获得的财政补贴能够提高企业绩效或社会效益。这是因为在信息不对称的情况下，民营企业的政治联系可能是企业具有良好发展前景和社会声誉的一种信号显示机制（Zheng，2008），所以有政治联系的民营企业获得的财政补贴能够用来促进企业的研发、投资和绩效，或者能够为当地创造更多的就业和税收。

寻租理论认为，寻租活动是特殊利益集团为了牟取自身经济利益而对政府决策或政府官员施展影响的非生产性活动，对于经济增长具有严重的阻碍作用（Krueger，1974）。这是因为，投资于政治寻租活动的超额收益会吸引更多的社会资源和人才从实体投资领域转移到非生产性的寻租活动中，从而导致对研发等创新性的实体投资活动产生挤出效应，进而导致全社会的投资不足（Murphy 等，1993）。根据政治联系的寻租观，有政治联系的民营企业获得财政补贴是从掌握了财政补贴支配权的政府官员手中寻租得到的，而不是因为这些企业具有良好的发展前景或社会贡献而获得的。所以，基于政治联系的财政补贴获取无益于提高企业绩效或社会效益，甚至有损于企业绩效或社会效益。

基于以上讨论，我们提出以下两个对立的假设：

假设 3A：有政治联系的民营企业获得的财政补贴与企业绩效或社会效益显著正相关（效率假设）。

假设 3B：有政治联系的民营企业获得的财政补贴与企业绩效或社会效益不相关或显著负相关（寻租假设）。

三、数据和方法

（一）样本

本文的样本包括 2002~2007 年在沪深交易所上市，且发行了 A 股的非金融类民营上市公司。[①] 排除了通过向原国有上市公司买壳转化而来的民营上市公司，因为这些企业的政治联系很可能是在转化之前就已经建立起来了。样本包括 230 家公司，共 779 个样本观察点。本文所使用的数据包括企业获得的财政补贴收入及其明细分类、政治联系数据、企业特征数据和制度环境数据，其中，财政补贴收入的明细分类是从年报中由手工收集整理而来；政治联系数据和企业特征数据来源于上海万得资讯有限公司开发的 WIND 数据库和深圳国泰安信息技术有限公司开发的 CSMAR 数据库；制度环境数据来自于樊纲等（2007）编制的中国各地区（包括 31 个省、自治区和直辖市）市场化指数体系。

（二）模型设定与变量定义

为了检验假设 1，我们将待检验的回归模型设定为：

$$Subsidy_{i,t} = \alpha + \beta_1 Political_{i,t-1} + \beta_2' X_{i,t} + \varepsilon_{i,t} \tag{1}$$

其中，Subsidy 是被解释变量，表示企业得到的财政补贴收入。上市公司获得地方政府的财政补贴收入的总值反映在利润表中的补贴收入这一项中，而补贴收入的明细科目来自于会计报表附注中关于补贴收入的信息披露，由手工收集得到。这些明细包括增值税返还、财政补贴、财政综合、新产品和创新奖励、所得税返还等。其中，增值税返还政策大部分由中央制定出来，地方政府可操作的空间并不太大（唐清泉、罗党论，2007），把增值税返还从总补贴收入中剔除能够更清晰地考察地方政府可以任意操控的财政补贴是如何配置到企业的。这里，我们定义 Subsidy 为扣除增值税返还以后的补贴收入除以净利润。同时，我们也以扣除增值税返还以后的补贴收入与总资产的比值来定义 Subsidy，结果保持一致。

$Political_{t-1}$ 是表示企业是否具有政治联系的滞后一期的虚拟变量。根据 Fan 等（2009）的定义，如果公司的总经理、董事长或董事现在或曾经担任地方政府官员或共产党干部，则将 $Political_{t-1}$ 定义为 1，否则为 0。这些有关政治联系的信息来自于 WIND 数据库中披露的董事会及管理层信息中的个人简历，由手工收集整理而成。将政治联系变量滞后一期是因为，企业当年建立的政治联系很可能不会立刻在当年就能给企业带来财政补贴的好处，这种好处很可能具有时间上的滞后性。

我国分权化改革的实施导致地方官员具有强烈的动机通过地方财政补贴来干预和支持本地企业，而中央政府官员很可能没有动机和能力对各地的民营上市公司进行直接的财政补贴。所以，为了区分地方政府和中央政府这两种政治联系对各地民营上市公司获得财政补贴的可能影响，我们进一步将政治联系 $Political_{t-1}$ 分为地方政府类政治联系（$PoliticalLocal_{t-1}$）和中央政府类政治联系（$PoliticalCentral_{t-1}$）。在模型（1）中，X 是由多个控制变量构成的向量，根据已往的文献（陈冬华，2003；唐清泉、罗党论，2007），我们考虑以下

① 之所以排除 2001 年及以前的数据，是因为财政部财税［2000］99 号文件《关于进一步认真贯彻落实国务院〈关于纠正地方自行制定税收先征后返政策的通知〉的通知》规定，地方政府对上市公司实行的税收返还政策可以保留执行到 2001 年 12 月 31 日。为了避免政策的变化对研究结果的影响，样本从 2002 年开始。

影响企业获得财政补贴的因素：企业规模（Size）定义为总资产的自然对数；负债率（Leverage），定义为总负债与总资产的比例；行业属性（IndustryD）如果企业处于垄断性行业、国家重点支持行业或高度管制行业（包括电力、电信、石油、开采、农业、土木工程建筑业、房地产业）则定义为 1，否则为 0；地区的财政赤字（Deficit）定义为（财政支出—财政收入）财政收入，当地政府的财政赤字越大，可用来提供给当地民营上市公司的财政资源越少。此外，我们还设置了地区虚拟变量（ProvinceD）和年度虚拟变量（YearD）作为控制变量。

为了检验假设 2，我们将待检验的模型设定为：

$$Subsidy_{i,t} = \alpha + \beta_1 Political_{i,t-1} + \beta_2 Institution\ D_{i,t} + \beta_3 Political_{i,t-1} \times InstitutionD_{i,t} + \beta'_4 X_{i,t} + \varepsilon_{i,t} \quad (2)$$

模型（2）是在模型（1）的基础上，增加了地区的制度特征虚拟变量 InstitutionD 以及政治联系虚拟变量 Political 与 InstitutionD 的交叉项 Political × InstitutionD，用来检验在不同的地区，政治联系的财政补贴效应是否有显著差异。

本文主要考虑地区的市场化水平、政府干预程度、产权保护水平和法治水平这四个制度特征对政治联系的财政补贴效应的可能影响。我们使用樊纲等（2007）编制的我国各地区的市场化指数体系中的相关指标来度量地区的制度特征。例如，市场化水平采用各地区的市场化总指数，根据樊纲等（2007）的定义，这个指数越小，地方政府越难以基于经济原则来管理经济。当企业所在省份的这个指数低于样本中位数时，我们将地区市场化水平虚拟变量（MarketizationD）定义为 1，否则定义为 0。政府干预程度取自市场化指数体系中市场分配经济资源的比重这一指数，指数越小，政府干预经济越严重。当企业所在省份的这个指数低于样本中位数时，我们就将政府干预程度虚拟变量（GovernmentD）定义为 1，否则定义为 0。产权保护水平取自市场化指数体系中减轻企业的税外负担这一指数，指数越小，企业产权受到政府掠夺程度越大。当企业所在省份的这个指数低于样本中位数时，我们就将产权保护虚拟变量（PropertyRightD）定义为 1，否则为 0。法治水平指数取自市场化指数体系中"市场中介组织的发育和法律制度环境"这一指数，指数越小，地区的法治化水平越低。当企业所在省份的这个指数低于样本中位数时，我们就将法治水平虚拟变量（LawD）定义为 1，否则定义为 0。[①]

为了检验假设 3A 和假设 3B，我们将待检验的模型设定为：

$$Firm\ Performance_{i,t+1}/Social\ Performance_{i,t+1} = \alpha + \beta_1 Subsidy_{i,t} + \beta'_2 X_{i,t} + \varepsilon_{i,t} \quad (3)$$

其中，$Firm\ Performance_{t+1}$ 和 $Social\ Performance_{t+1}$ 分别表示下年度的企业绩效和社会效益，之所以用当年的财政补贴收入与下年度的绩效进行回归分析，是因为补贴对于绩效的作用具有滞后性（唐清泉、罗党论，2007）。企业绩效用总资产收益率（ROA）来表示，定义为净利润与总资产的比值，同时，考虑到净利润可能受到管理层操纵，我们也以经营

① 樊纲等（2007）的市场化指数体系只涵盖 2001~2005 年，而我们的样本期间包括 2002~2007 年。对于 2006 年和 2007 年的指数，本文采用 2004 年和 2005 年指数的平均值来替代。

活动现金流（Cash）来表示企业绩效，定义为经营活动现金流量净额与总资产的比值，用来考察补贴收入对企业经营活动的影响。社会绩效从税收贡献（Taxes）和就业创造（Employment）这两个方面来考察，Taxes 定义为年度纳税总额与总资产的比值，Employment 定义为每万元资产的雇员人数。

在模型（3）中，X 是由多个企业特征变量构成的向量，这些控制因素包括：企业规模（Size）、负债率（Leverage）、行业属性（IndustryD）、地区（ProvinceD）、年度（YearD），其定义与模型（1）中相同。此外，当地区的财政赤字较高时，当地政府很可能向当地企业征收较多的税，为了控制当地财政赤字对企业纳税的可能影响，当以 Taxes 作为被解释变量时，加入地区财政赤字 Deficit 作为控制变量。当以 Employment 作为被解释变量时，加入当地失业率 Unemployment 作为控制变量，以控制地区失业率对企业就业贡献的可能影响。Unemployment 的数据来自各省统计年鉴中报告的“城镇登记失业率”。

本文的数据是时间跨度小而横截面观察点很多的面板数据。Petersen（2009）的证据表明，对于这类面板数据来说，使用常用的面板数据估计方法会低估标准误差，进而导致高估系数的显著性水平，而直接对标准误差进行群聚调整后得到的标准误差才是无偏的。所以，后文在对以上三个模型进行估计时，对标准误差（Standard Error）进行了企业层面的群聚（Cluster）调整。此外，为了避免异常值对检验结果的影响，在估计以上模型时，对所有连续变量在 1% 的水平上进行了 Winsorize 处理。

（三）描述性统计特征

表 1 列出了主要变量的描述性统计特征。

表 1 主要变量的描述性统计特征

	N	平均值	最大值	最小值	标准差
Subsidy	779	0.1213	29.4500	–0.6771	1.1422
$Political_t$	779	0.4698	1.0000	0.0000	0.4991
$Political_{t-1}$	549	0.4936	1.0000	0.0000	0.5000
其中：$PoliticalCentral_{t-1}$	549	0.0401	1.0000	0.0000	0.1961
$PoliticalLocal_{t-1}$	549	0.4536	1.0000	0.0000	0.4978
Size	779	20.8959	24.2900	18.4900	0.8031
Leverage	779	0.4363	1.8600	0.0300	0.1980
IndustryD	779	0.1645	1.0000	0.0000	0.3712
ROA_{t+1}	549	0.0362	0.8400	–1.8000	0.1193
$Cash_{t+1}$	549	0.0414	0.7100	–0.4700	0.0774
$Taxes_{t+1}$	549	0.0379	0.3700	0.0000	0.0279
$Employment_{t+1}$	549	0.0171	0.3630	0.0000	0.0215
Deficit	779	0.7395	17.8615	0.0517	1.8171
Unemployment（%）	779	3.6100	1.3000	6.5000	0.7648

表 1 中的数据显示，扣除增值税返还以后的补贴收入占净利润的比值平均为 12.13%，最大值超过 2945%，最小值为-67.71%。由此可见，我国民营上市公司从地方政府获得的任意性财政补贴占净利润的比例还是比较高的。$Political_t$ 的平均值为 0.4698，表明样本中大约 47% 的民营上市公司具有政治联系，高于世界上其他国家的 8%（Faccio，2006）。$Political_{t-1}$ 的平均值为 0.4936（在 549 个观察点中，有 271 个具有政治联系），大于 $Political_t$ 的平均值 0.4698，说明随着制度环境的不断发展，民营上市公司建立政治联系的动机略有减弱。进一步将其分解为中央政府类政治联系和地方政府类政治联系，结果发现，$PoliticalCentral_{t-1}$ 和 $PoliticalLocal_{t-1}$ 的平均值分别为 0.0401 和 0.4536，说明具有中央政府类政治联系和地方政府类政治联系的比例分别为 4.01%和 45.36%。

四、结果与分析

（一）政治联系与财政补贴

表 2 列出了不同的政治联系变量与财政补贴相关关系的检验结果。在模型（1）中，我们以当期的政治联系变量 $Political_t$ 作为解释变量，检验结果发现，其系数为 0.120，且在 10% 的水平上显著。这个结果与假设 1 的预期一致，说明有政治联系的民营上市公司确实可以比无政治联系的民营上市公司获得更多的财政补贴。考虑到政治联系的财政补贴效应可能具有时间上的滞后性，我们在模型（2）中以滞后一期的政治联系变量 $Political_{t-1}$ 作为解释变量，检验结果发现，其系数增大到 0.149，显著性水平也提高到 5%。这个结果在一定程度上说明政治联系的财政补贴获取效应确实具有时间上的滞后性。为了进一步区分中央政府政治联系与地方政府政治联系在获取财政补贴方面的差异，我们在模型（3）中进一步将 $Political_{t-1}$ 分解为 $PoliticalCentral_{t-1}$ 和 $PoliticalLocal_{t-1}$，结果发现，$PoliticalCentral_{t-1}$ 的系数为正但不显著，这说明中央政府政治联系并不能使民营上市公司从地方政府获得财政补贴的好处。$PoliticalLocal_{t-1}$ 的系数为 0.170，大于 $Political_{t-1}$ 的系数 0.149，而且显著性水平也有所提高（t 值从 2.097 增加到 2.400）。这说明地方政府政治联系对于民营上市公司获得地方政府任意性财政补贴具有很强的解释力。基于此，后文主要报告地方政府类政治联系的检验结果。总体来说，表 2 中的多变量检验结果表明，对于地方政府可以任意支配的财政补贴来说，民营企业的地方政府政治联系是企业能否获得这种补贴的重要决定因素。

表 2 政治联系与财政补贴

	（1）	（2）	（3）
Intercept	2.352*** (2.603)	2.231** (2.398)	2.229** (2.387)

续表

	(1)	(2)	(3)
$Political_t$	0.120* (1.779)		
$Political_{t-1}$		0.149** (2.097)	
$PoliticalCentral_{t-1}$			0.025 (0.893)
$PoliticalLocal_{t-1}$			0.170** (2.400)
Size	−0.151*** (−2.720)	−0.145*** (−2.604)	−0.144*** (−2.583)
Leverage	0.619*** (2.842)	0.612*** (2.687)	0.620*** (2.696)
IndustryD	0.116 (1.272)	0.124 (1.313)	0.126 (1.329)
Deficit	0.036* (1.709)	0.032 (1.617)	0.033 (1.657)
ProvinceD	Yes	Yes	Yes
Year D	Yes	Yes	Yes
N	779	549	549
Adj.R^2	0.101	0.095	0.094
F Value	4.430***	4.182***	4.047***

注：*** 、** 和 * 分别表示 1%、5%和 10%的显著性水平，括号中的数字为双尾检验的 t 值。

（二）制度环境与政治联系的补贴效应

上一节的检验结果证明，民营企业的地方政府政治联系具有显著的财政补贴获取效应。这里我们进一步分析这种效应在不同的制度环境中是否具有显著差异。表 3 列出了相应的检验结果。模型（1）中的检验结果发现，MarketizationD 的系数为 0.202，且在 5%的水平上显著，这意味着在市场化水平较低的地区，民营企业得到的地方政府任意性财政补贴相对较多。同时，交叉变量 $PoliticalLocal_{t-1} \times MarketizationD$ 的系数为 0.385，且在 1%的水平上显著，这表明，相对于市场化水平较高的地区来说，在市场化水平较低的地区，建立政治联系对于民营企业获得财政补贴的作用更大。模型（2）中的检验结果发现，GovernmentD 和交叉变量 $PoliticalLocal_{t-1} \times GovernmentD$ 分别在 10% 和 5%的水平上与 Subsidy 显著正相关，这说明政府干预经济越强，民营企业从地方政府获得的任意性财政补贴越多；而且，在政府干预较多的地区，建立政治联系对于民营企业获得财政补贴的作用显著大于在政府干预较少的地区。模型（3）中的检验结果发现，$PoliticalLocal_{t-1}$ 的系数仍然在 5% 的水平上显著为正。$PoliticalLocal_{t-1} \times PropertyRightD$ 的系数为 0.189，且在 10%的水平上显著，这表明相对于产权保护较好的地区而言，在产权保护较差的地区，有政治联系对于民营企业获得地方政府的任意性财政补贴支出的作用更大。模型（4）中的检验结果发现，$PoliticalLocal_{t-1}$ 的系数仍然显著为正。LawD 和 $PoliticalLocal_{t-1} \times LawD$ 分别在 10% 和 1%的水平上与 Subsidy 显著正相关，这表明法治水平越低，民营企业越可能获得地方政府的任意性财政补贴；而且，相对于法治水平较高的地区来说，在法治水平较低的地区，建立政治联系对于民营企业获得财政补贴的作用更大。

表 3　制度环境与政治联系的补贴效应

	(1)	(2)	(3)	(4)
Intercept	2.229* (2.165)	2.271** (2.405)	2.938*** (2.699)	2.728*** (2.477)
$PoliticalLocal_{t-1}$	0.107* (1.892)	0.101* (1.874)	0.132** (2.142)	0.100* (1.815)
MarketizationD	0.202** (2.367)			
$PoliticalLocal_{t-1} \times$ MarketizationD	0.385*** (2.946)			
GovemmentD		0.156* (1.900)		
$PoliticalLocal_{t-1} \times$ GovemmentD		0.235** (2.045)		
PropertyRightD			0.100 (1.419)	
$PoliticalLocal_{t-1} \times$ PropertyRightD			0.189* (1.786)	
LawD				0.166* (1.864)
$PoliticalLocal_{t-1} \times$ LawD				0.317*** (2.473)
Size	-0.123** (-2.416)	-0.135*** (-2.487)	-0.153*** (-2.783)	-0.147*** (-2.651)
Leverage	0.601*** (2.652)	0.598*** (2.634)	0.608*** (2.696)	0.607*** (2.668)
IndustryD	-0.104 (-1.090)	-0.117 (-1.161)	-0.124 (-1.245)	-0.118 (-1.182)
Deficit	0.036* (1.721)	0.035 (1.672)	0.035 (1.682)	0.036* (1.741)
ProvinceD	Yes	Yes	Yes	Yes
YearD	Yes	Yes	Yes	Yes
N	527	527	527	527
Adj.R^2	0.098	0.099	0.097	0.099
F Value	4.241***	4.211***	3.973***	4.326***

注：***、** 和 * 分别表示 1%、5%和 10%的显著性水平，括号中的数字为双尾检验的 t 值。

综上所述，表 3 中的检验结果证明，相对于制度较好的地区来说，民营企业政治联系的财政补贴效应在制度较差的地区更强，这与假设 2 的预期一致。

（三）财政补贴的经济后果

下面检验财政补贴是否能够提高企业绩效和社会效益，以进一步证明民营企业政治联系的财政补贴效应符合效率假设还是寻租假设。表 4 中的检验结果发现，对于总样本来说，Subsidy 与 ROA 负相关，但不显著。进一步将样本分为有政治联系和无政治联系两个子样本，结果发现，在有政治联系的子样本中，Subsidy 的系数在 10% 上显著为负；而在无政治联系的子样本中，Subsidy 的系数为 0.018，并且在 10%的水平上显著。邹检验（Chow test）的结果表明，这两个系数在 1% 的水平上显著不同。类似地，Subsidy 与 Cash 负相关但不显著。进一步将样本分为有政治联系和无政治联系两个子样本，重新检验 Subsidy 的系数，结果发现，在有政治联系的子样本中，Subsidy 与 Cash 在 10%的水平上显著负相关；而在无政治联系的子样本中，Subsidy 与 Cash 在 10% 的水平上显著正相关。邹检验结果发现，在两个子样本中，Subsidy 的系数在 1% 的水平上显著不同。

此外，我们还以企业下年度新增投资与净利润的比值作为被解释变量，来分析财政补贴对企业投资是否有促进作用，结果类似。总的来说，表 4 中的检验结果表明，有政治联系的民营上市公司虽然从地方政府得到更多的财政补贴，但这些补贴收入不仅没有提高企业绩效，反而有损于企业绩效；而无政治联系的民营企业虽然得到较少的财政补贴，但这些补贴收入却能够在一定程度上促进企业提高经营绩效。这与寻租假设的预期一致。

表 4　财政补贴与企业绩效

	ROA_{t+1}				$Cash_{t+1}$			
	总样本	有政治联系	无政治联系	F statistic	总样本	有政治联系	无政治联系	F statistic
Intercept	-0.495** (-2.230)	-0.678*** (-2.733)	0.390* (1.771)		-0.071 (-0.931)	-0.237* (-1.838)	0.194* (1.892)	
Subsidy	-0.004 (-0.741)	-0.016* (-1.814)	0.018* (1.779)	2.517***	0.000 (-0.272)	-0.013* (-1.794)	0.011* (1.782)	2.547***
Size	0.032* (1.957)	0.034** (2.024)	0.029* (1.842)		0.020* (1.931)	0.021** (2.026)	0.016* (1.737)	
Leverage	-0.138** (-2.023)	-0.226*** (-3.263)	-0.107 (-1.526)		-0.024 (-0.855)	-0.033** (-2.425)	-0.014 (-0.631)	
IndustryD	-0.000 (-0.081)	-0.004 (-0.349)	0.003 (0.234)		-0.000 (-0.081)	-0.004 (-0.358)	0.004 (0.197)	
ProvinceD	Yes	Yes	Yes		Yes	Yes	Yes	
YearD	Yes	Yes	Yes		Yes	Yes	Yes	
N	527	249	278		527	249	278	
Adj.R^2	0.096	0.105	0.064		0.091	0.125	0.059	
F Value	5.889***	4.957***	2.334***		7.743***	6.382***	2.226***	

注：*** 、** 和 * 分别表示 1%、5%和 10%的显著性水平，括号中的数字为双尾检验的 t 值。

下面进一步检验财政补贴对于社会效益的作用，我们主要从税收贡献和就业贡献两个方面来衡量社会效益，表 5 复制了表 4 的相应检验，结果显示，对于总样本来说，Subsidy 与 Taxes 之间没有显著的相关性。进一步将样本分为有政治联系和无政治联系两个子样本，结果发现，在有政治联系的子样本中，Subsidy 与 Taxes 在 5% 的水平上显著负相关；而在无政治联系的子样本中，Subsidy 与 Taxes 在 10%的水平上显著正相关。邹检验结果发现，在两个子样本中 Subsidy 的系数在 1%的水平上显著不同。类似地，Subsidy 与 Employment 正相关但不显著。进一步将样本分为有政治联系和无政治联系两个子样本，结果发现，在有政治联系的子样本中，Subsidy 与 Employment 在 10%的水平上显著负相关；而在无政治联系的子样本中，Subsidy 的系数在 10%的水平上显著正相关。邹检验结果发现，在两个子样本中 Subsidy 的系数在 1%的水平上显著不同。

概括来说，表 5 中的检验结果表明，有政治联系的企业虽然从地方政府得到更多的财政补贴，但这些补贴收入并没有贡献较多的税收和就业机会；而无政治联系的企业虽然得到较少的财政补贴，但这些补贴收入却能够在一定程度上提高企业的纳税和员工雇佣，从而创造社会效益。

表 5 财政补贴与社会绩效

	$Taxes_{t+1}$				$Employment_{t+1}$			
	总样本	有政治联系	无政治联系	F statistic	总样本	有政治联系	无政治联系	F statistic
Intercept	-0.036 (-0.879)	-0.021 (-0.546)	-0.051* (-1.869)		0.122*** (2.418)	0.091 (1.126)	0.132*** (2.850)	
Subsidy	-0.000 (-0.674)	-0.015** (-2.027)	0.011* (1.812)	2.511***	0.000 (0.586)	-0.046* (-1.791)	0.049* (1.785)	2.582***
Size	0.004* (1.774)	0.002 (0.924)	0.007** (2.104)		-0.007*** (-2.636)	-0.006*** (-2.601)	-0.007*** (-2.782)	
Leverage	-0.033** (-2.001)	-0.014 (-1.323)	-0.047*** (-2.983)		-0.010 (-1.414)	-0.002 (-0.636)	-0.011 (-1.502)	
IndustryD	0.060 (1.117)	0.055 (0.798)	0.072 (1.221)		-0.000 (-0.081)	-0.003 (-0.347)	0.005 (0.219)	
Deficit	-0.002** (-2.131)	-0.003*** (2.593)	-0.001 (-1.004)					
Unemployment					-0.000 (-0.075)	-0.001 (-0.836)	0.1002 (0.1768)	
ProvinceD	Yes	Yes	Yes		Yes	Yes	Yes	
Year D	Yes	Yes	Yes		Yes	Yes	Yes	
N	527	249	278		527	249	278	
Adj.R^2	0.060	0.034	0.087		0.096	0.063	0.116	
F Value	6.203***	2.400*	4.979***		6.247***	2.402**	5.085***	

注：***、** 和 * 分别表示 1%、5%和 10%的显著性水平，括号中的数字为双尾检验的 t 值。

综上所述，表 4 和表 5 的检验结果表明，尽管有政治联系的民营企业比无政治联系的民营企业获得更多地方政府财政补贴，但这些额外的补贴收入不仅没有创造更多的企业绩效和社会绩效，反而在一定程度上有损于企业绩效和社会绩效；相反，尽管无政治联系的民营企业获得的财政补贴相对较少，但这些补贴却能够在一定程度上增加企业绩效和社会绩效。这意味着，有政治联系的民营企业获得财政补贴是从掌握了财政补贴支配权的政府官员手中寻租得到的，而不是因为这些企业具有良好的发展前景或社会贡献而获得的。这些结果支持了民营企业政治联系的寻租假设。

（四）稳健性检验

考虑到政治联系与财政补贴之间可能存在内生性，我们除了在前文的检验中将政治联系变量滞后一期以外，还检验同一家民营上市公司在政治联系变化前后获得的财政补贴是否有显著变化。结果发现，在样本区间建立了政治联系的 14 个民营上市公司在建立政治联系以后，其任意性财政补贴占净利润的百分比平均值从 2.58% 增加到 9.31%，这种差异在 10%的水平上显著。而在样本期间失去了政治联系的 25 个公司中，任意性财政补贴比例平均值从 6.92%减少到 1.4%，这种差异也在 10%的水平上显著。这表明，政治联系与财政补贴之间不存在内生性。

此外，我们也排除了政治联系与财政补贴之间可能存在的“伪相关”关系。例如，表 2 和表 3 中的检验结果表明，地区的财政赤字与民营上市公司获得的财政补贴之间具有弱正相关关系，而不是负相关关系。而且，我们用 Logistic 回归模型来检验地区财政赤字对民营上市公司建立政治联系的解释力，结果发现，地区财政赤字与政治联系的建立在 5%的水平上显著正相关，而不是负相关。[①] 这些结果表明，政治联系与财政补贴之间不存在“伪相关”关系。

五、结论

本文分析与地方政府建立政治联系的民营企业是否能够从地方政府获取更多的财政补贴，以及这种补贴对企业效益和社会效益的作用，由此来判断民营企业的政治联系是具有效率促进作用还是阻碍稀缺资源有效配置的寻租手段。我们以 2002~2007 年的民营企业为样本，以企业的总经理、董事长或董事现在或曾经在地方政府担任官员或共产党干部来判断企业是否具有政治联系，检验结果发现，在其他条件相同的情况下，这些有政治联系的企业确实比无政治联系的企业获得更多的财政补贴；在市场化程度越低、政府支配资源越多、产权保护越差和法治水平越低的地区，政治联系的这种财政补贴获取效应越强。进一

① 由于篇幅所限，这里没有列出检验结果，有兴趣的读者可来函索取。

步以企业的总资产收益率和经营现金流表示企业效益，以企业的税收贡献和就业贡献来表示社会效益，检验结果发现，有地方政府政治联系的民营企业获得的财政补贴越多，企业的经营效益和社会贡献越低；而无政治联系的企业获得的财政补贴越多，企业绩效和社会贡献越大。这说明与地方政府建立政治联系的企业获得的财政补贴是寻租的结果，而无政治联系的企业获得的财政补贴具有一定的效率促进作用。本文的研究结果支持政治联系的寻租假设，而不支持政治联系的效率假设。

一些研究认为，“关系”是中国经济快速成长的关键因素之一（如 Allen 等，2005）。而我们的研究表明，政治联系作为一种重要的关系，很可能成为民营企业俘获政府的一种手段，这种关系有助于企业获得对政府财政补贴决策的影响力，进而从腐败的政府官员那里获得更多的补贴收入。这种基于政治联系的寻租活动导致整个社会稀缺资源配置的扭曲。所以，地方政府的财政补贴支出决策过程应该受到更加严格的监督，相关的信息披露应该更加透明，对于有政治联系的民营企业来说，授予其财政补贴时相应的信息披露和监督尤其重要。

参考文献

[1] 陈冬华. 地方政府、公司治理与补贴收入——来自我国证券市场的经验证据 [J]. 财经研究，2003 (9).

[2] 樊纲，王小鲁，朱恒鹏. 中国市场化指数——各地区市场化相对进程 2006 年报告 [M]. 北京：经济科学出版社，2007.

[3] 罗党论，唐清泉. 中国民营上市公司的制度环境与绩效问题研究 [J]. 经济研究，2009 (2).

[4] 唐清泉，罗党论. 政府补贴动机及其效果的实证研究——来自中国上市公司的经验证据 [J]. 金融研究，2007 (6).

[5] 王凤翔，陈柳钦. 中国地方政府对本地竞争性企业财政补贴行为研究 [D]. 南开大学工作论文，2005.

[6] 吴文锋，吴冲锋，刘晓薇. 中国民营上市公司高管的政府背景与企业价值 [J]. 经济研究，2008 (7).

[7] 吴文锋，吴冲锋，芮萌. 中国上市公司高管的政府背景与税收优惠 [J]. 管理世界，2009 (3).

[8] 余明桂，潘红波. 政治联系、制度环境与民营企业银行贷款 [J]. 管理世界，2008 (8).

[9] Allen, F1, J. Qian and M. J. Qian. Law, Finance, and Economic Growth in China [J]. Journal of Financial Economics, 2005, 77 (1): 57-116.

[10] Chen, C., Z. Li and X. Su. Rent Seeking Incentives, Political Connections and Organization Structure: Empirical Evidence from Listed Family Firms in China [R]. Working Paper, The Chinese University of Hong Kong, 2005.

[11] Claessens, S., E. Feijen and L. Laeven. Political Connections and Preferential Access to Finance: The Role of Campaign Contributions [J]. Journal of Financial Economics, 2008, 88 (3): 554-580.

[12] Cull, R. and L. C. Xu. Institutions, Ownership, and Finance: The Determinants of Profit Reinvestment among Chinese Firms [J]. Journal of Financial Economics, 2005, 77 (1): 117-146.

[13] Faccio, M.. Politically Connected Firms [J]. American Economic Review, 2006, 96 (1): 369-386.

［14］ Fan，J.P.，J. Huang，R. Morck and B. Yeung. Vertical Integration，Institutional Determinants and Impact：Evidence from China ［R］. NBER Working Paper No. 14650，2009.

［15］ Harris，R. and M. Trainor. Capital Subsidies and Their Impact on Total Factor Productivity：Firm-Level Evidence from Northern Ireland ［J］. Journal of Regional Science，2005，45（1）：49-74.

［16］ Hellman，J.，G. Jones and D. Kaufmann. Seize the State，Seize the Day：State Capture，Corruption and Influence in Transition ［J］. Journal of Comparative Economics，2003，31（4）：751-773.

［17］ Khwaja，A. I. and A. Mian. Do Lenders Favor Politically Connected Firms? Rent Provision in an Emerging Financial Market ［J］. Quarterly Journal of Economics，2005，120（4）：1371-1411.

［18］ Krueger，A.. The Political Economy of the Rent-Seeking Society ［J］. American Economic Review，1974，64（3）：291-303.

［19］ Lee，J. W.. Government Interventions and Productivity Growth ［J］. Journal of Economic Growth，1991，1（3）：391-414.

［20］ Li，H.，L. Meng，Q. Wang and L. Zhou. Political Connections，Financing and Firm Performance：Evidence from Chinese Private Firms ［J］. Journal of Development Economics，2008，87（2）：283-299.

［21］ McMillan，J. and C. Woodruff. The Central Role of Entrepreneurs in Transition Economies ［J］. Journal of Economic Perspectives，2002，16（3）：153-170.

［22］ Morck，R.，D. Wolfenzon and B. Yeung. Corporate Governance，Economic Entrenchment，and Growth ［J］. Journal of Economic Literature，2005，43（3）：655-720.

［23］ Murphy，K. M.，A. Shleifer and R. Vishny. Why is Rent-Seeking Costly to Growth? ［J］. American Economic Review，1993，83（2）：409-414.

［24］ Olson，M.. The Rise and Decline of Nations：Economic Growth，Stagflation，and Social Rigidities ［M］. Yale University Press，New Haven，1982.

［25］ Petersen，M. A.. Estimating Standard Errors in Finance Panel Data Sets：Comparing Approaches ［J］. Review of Financial Studies，2009，22（1）：435-480.

［26］ Shleifer，A. and R. Vishny. Politicians and Firms ［J］. Quarterly Journal of Economics，1994，109（4）：995-1025.

［27］ Wren，C. and M. Waterson. The Direct Employment Effects of Financial Assistance to Industry ［J］. Oxford Economic Papers，1991，43（1）：116-138.

［28］ Zheng，Y.. Bank Lending Incentives and Firm Investment Decisions in China ［R］. Working Paper，Chinese University of Hong Kong，2008.

Political Connections, Rent Seeking, and the Fiscal Subsidy Efficiency of Local Governments

Yu Minggui, Hui Yafu and Pan Hongbo
(Economics and Management School, Wuhan University)

Abstract: This paper tests whether private firms with political connections of local governments get more fiscal subsidies from local government than those without political connection. Using China's listed private firms as sample, we find that private firms with political connection do get more fiscal subsidies than the counterparts, and that poorer the institutional environments are, stronger the subsidy acquiring effect of political connections is. Further results find that subsidies obtained by firms with political connections are negatively related with firm performance and social performance, while subsidies obtained by firms without political connections are positively related with firm performance and social performance. Above evidence supports the rent-seeking hypothesis of political connections, namely, viapolitical connections, private firms capture local government officers who have the rights to distribute fiscal subsidies, and therefore get as much subsidy revenues as possible. In weaker province where the private firms are located, more prevailing the rent-seeking behaviors are. Our results suggest that the fiscal subsidy policies of local governments, based on private firms. Political connections, result in the distortion of scarce resources allocation and the decrease in the whole social welfare.

Key Words: Political Connection, Fiscal Subsidy, Rent-Seeking, State Capture
JEL Classification: D72, G21, G32, P48

财政分权有利于贫困减少吗？
——来自分税制改革后的省际证据*

张克中　冯俊诚　鲁元平

【摘　要】本文从公共支出效率和公共支出结构两个角度，论述了财政分权和贫困减少之间的理论联系。一方面，财政分权通过增加亲贫式支出的配置效率来实现减贫目标；另一方面，财政分权加剧了地方政府间的竞争程度，而地区竞争会扭曲公共支出结构，阻碍减贫目标的实现。利用我国分税制改革后的省际数据发现：就北京、上海和天津而言，财政分权程度的增加恶化了贫困状况；而对于其他省份，财政分权程度的增加则有利于缓解贫困。

【关键词】财政分权　贫困减少　亲贫式支出

引言

Ahmads 等（2006）认为，近 25 年来，超过 75 个国家已经尝试着将国家责任（Responsibilities）下放给下级政府。同时，众多学者开始关注这些国家进行分权改革的原因以及分权改革的经济结果。那么，分权改革会改善贫困人口的生活状况吗？Treisman（2007）认为在西方民主社会存在如下共识：向自治的地方政府下放权力会产生许多重要收益。分权改革后，政府更加“贴近民众”，这使得地方政府犹如竞争性市场上的企业，为了争取“用脚投票”的选民或者投资者而相互竞争，而政府间的竞争确保了政府履行选民的代表性职责（Representative Accountability）。World Bank（2001）和 Jutting 等（2004）发现，分权改革有助于提高公众参与程度、增进公共部门责任感、改善政府治理水平，而

* 本文选自《数量经济技术经济研究》2010 年第 12 期。获得国家社会科学基金项目“基于亲贫式增长的农村公共支出结构研究”资助（编号：09BJL034）。感谢杨继生、庄佳强、代谦、罗知、张平、韩章元等人的评论，本文在武汉大学“增长与发展研讨班”、2010 年全国博士生学术会议（数量经济学）上报告过。研究生龚翼整理了部分数据，特此感谢！当然文责自负。

这些都是影响贫困的重要因素。Faguet（2004）对玻利维亚的研究表明，分权改革后，地方政府显著地提高了教育、饮用水和卫生、水资源管理、农业等方面的投资，改善了穷人的生活状况。①

但是，Azfar 等（2001）发现上述结论并不具备普遍性。Bird（1993）认为，只有当政府间的财政安排提供正确激励时，“贴近民众”的地方政府才能够更有效地提供公共服务。地方政府能力匮乏、分权的不充分和政府对市民缺乏责任感也是分权实践未能取得预期效果的重要原因（Johnson，2002）。Crook（2003）对非洲的案例研究发现，弱势群体虽然通过政治分权获得了一定的代表权，但由于问责机制的缺失，这些代表权并不能产生相应的亲贫式结果（Propoor Outcomes）。同时，在加纳的分权实践中，地方政府在教育和健康方面的基础设施投入有所增加，但这些对贫困减少的影响微乎其微（Crawford，2008）。Bardhan 和 Mookherjee（2005）认为，分权的体制提高了地方政府对本地居民整体福利的责任感，但地方精英可以通过政治影响力、“政治献金”的方式来换取公共服务的优先权。因此，公共支出可能会更偏向富人，并不利于贫困减少。

无论是规范分析还是经验研究，已有研究对分权和贫困之间的关系并没有达成一致性的结论。在不同国家的分权改革实践中，各国分权改革内容不尽相同，改革的背景也大相径庭，这造成了不同国家分权改革对贫困影响的机制和作用强度存在差异。② 于是，无论是跨国研究还是案例研究，均难得出较为一致的结论。1994 年中国政府进行了一场影响深远的财政制度变革——分税制改革。但是，分税制改革后所形成的财政制度对中国的贫困产生了怎样的影响呢？现有的财政制度安排是否有利于减少贫困呢？本文在探讨财政分权对贫困作用机制的基础上，利用中国分税制改革后的省际面板数据，从收入贫困和非收入贫困两个角度，对财政分权与贫困之间的关系进行检验。结果发现：就北京、上海和天津三个直辖市而言，财政分权程度的深化恶化了其贫困状况，而对于其他省份，财政分权程度的深化则有利于缓解贫困；增加亲贫式支出会降低农村贫困发生率，大部分非收入贫困财政分权程度很高的省份，亲贫式支出增加并不一定能改善非收入贫困状况。

本文为分权对贫困影响的文献新增了来自中国的经验研究。本文利用中国的数据有效地消除了跨国研究中由于忽略各国具体分权改革的根本性差异所带来的偏误。Ahmad 等（2006）认为，在分权改革实践中，财政分权、行政分权和政治分权几乎同时进行。不同形式的分权在分权实践中存在复杂的相互影响，中国的分税制改革主要强调对财政收入权

---

① 目前有两种对分权的分类：其一是将分权区分为行政分权（administrative decent ralization）、政治分权（political decent ralization）和财政分权（fiscal decent ralization）；其二是将分权划分为向职能部门的分权（deconcentration）、向地方政府的授权（delegation）和权力下放（devolution）。

② Shah 和 Thompson（2004）对不同国家进行分权改革的原因总结如下：东欧和前苏联国家的分权改革是政治经济转型的一部分；拉丁美洲的分权改革是民主化进程的一部分；南非、斯里兰卡和印度尼西亚是为了应对种族冲突；智利、乌干达和科特迪瓦共和国则是为了增进基本公共服务的供给。中国进行分税制改革的目的在于提高“两个比重”，即中央财政收入占总财政收入的比重和财政收入占 GDP 的比重。

限的调整，基本上不涉及事权的调整。因此，中国式的分权改革——分税制改革，为人们理解财政分权如何影响贫困提供了极好的政策试验。另外，本文为国内研究财政制度对支出结构影响的文献增添了来自贫困减少的视角。目前，国内研究财政分权的文献主要关注财政分权与经济增长之间的关系，而忽视了财政分权的其他经济结果。一国的财政制度安排势必会激励和制约政府的某些财政行为，对政府行为的这种制约会具体表现在政府公共支出的方向、规模以及支出效率上，并最终影响公共支出的经济结果（乔宝云等，2005；傅勇和张晏，2007）。本文在现有研究的基础上，具体考察扭曲后的地方政府公共支出结构会对贫困减少产生怎样的影响，以及扭曲后的公共支出结构是否有利于贫困减少。

本文第一部分在对文献梳理的基础上，试图揭示财政分权与贫困之间的作用机制，阐述分税制改革可能会对中国减贫实践产生的影响；第二部分和第三部分则分别从收入贫困和非收入贫困的角度，对财政分权和贫困之间的关系进行验证；第四部分进行总结并提出相关政策建议。

一、财政分权与贫困减少的理论联系

财政分权不仅影响公共资源如何配置，也会影响公共资源被如何使用。因此，财政分权可能会改变地方政府公共支出行为，进而影响贫困状况。本文将从公共支出效率和公共支出优先次序两个方面来探讨财政分权和贫困减少之间的理论联系。

（一）财政分权、公共支出效率与贫困

Oates（1999）认为，由于更贴近民众，地方政府会更加积极地应对选民的特殊偏好并总能找到新的、更好的方式来提供这些公共服务。具体而言，传统的财政分权文献认为，辖区的竞争（Tiebout，1956）、信息不对称（Hayek，1948）和偏好的同质性（Oates，1972）是提高公共支出效率的三个主要原因：①辖区竞争。Tiebout（1956）指出，在居民可以自由流动的情况下，居民通过“用脚投票”方式迫使地方政府为吸引流动性要素（居民）而相互竞争，最终能够有效解决政府税收、公共物品供给与居民偏好相匹配的问题；在 Tiebout 模型中，不同的公共物品供给水平和税收政策反映了地方政府的政策偏好，流动的居民选择与个人偏好相匹配的政策组合，并迁移至该地区。因此，均衡的结果是对公共物品需求较高的居民居住在税负水平较高的地方，而对公共物品需求较低的居民居住在税负水平较低的地方。在均衡时，居民偏好与公共物品供给水平的匹配提高了地方政府公共支出的效率。②信息不对称。相较于中央政府而言，地方政府能够更有效地掌握分散的地方性知识，同时，“贴近民众”的地方政府也面临着更大的政治压力。信息上的优势使公共支出更有效率，另外，政治压力解决了地方政府的激励问题，保证了公共支出效率的实现。③偏好的同质性。在财政分权的过程中，中央政府的部分支出责任下放给地方政

府。地方政府在提供公共物品时，面对的是规模较小、偏好同质性程度较高的民众。因此，财政分权使得地方政府能够依据本地居民的特殊偏好，为其“量身定制”某些公共物品。Oates（1972）指出，在公共物品不具有溢出效应（Spillovers）、不同地区居民偏好存在差异时，分权的体制更加有效，即所谓的分权定理（Decent Ralization Theorem）。

传统的财政分权理论强调财政分权会提高公共支出的效率，从而自然得出财政分权有利于贫困减少的推论。然而，这一结论并不一定正确。向穷人提供的援助实际上是一种再分配政策。在 Tiebout 模型中，要素的流动性限制了地方政府的再分配能力。对富人征收较高的税收来补贴穷人会导致富人向外迁移，而对穷人较高的补贴会使得更多的穷人迁移至本地，这最终会导致地方政府再分配政策所需的公共支出远远大于税收收入，进而限制再分配政策的实施。因此，依据“归属原则”（Principle of Subsidiary），即某项公共物品应该由能够有效提供该物品的最低层次政府来提供，向穷人提供援助应该是中央政府的基本职能。在现实的经济中，减贫计划的资金筹集和管理主要依赖于地方政府（Brown 和 Oates，1987）。[①] 因此，进行财政分权后，不同层级政府间的职能与支出责任的错配将会不利于贫困减少。

（二）财政分权、公共支出优先次序与贫困

在早期的研究中，财政竞争主要表现为税收竞争。Keen 和 Marchand（1997）开创性地将公共支出纳入财政竞争的分析框架中，并指出，除税收竞争外，地方政府还可以在一些影响企业选址的公共支出（如基础设施）上展开竞争，这导致非合作的地方政府在增进生产（Production-enhancing）的公共物品上花费更多，最终会系统性扭曲公共支出结构。Kappeler 和 Valila（2008）对欧盟十个国家 1990~2005 年的经验分析发现，财政分权促进了基础设施、医疗和教育这些具有外溢性的生产性公共投资，但对公共投资中偏向消费的地区性公共投资，如住房、社会保护等并没有显著影响。因此，Kappeler 和 Valila（2008）认为，财政分权会降低具有再分配性质的公共投资占总公共投资的比重。

财政分权加剧地区间竞争的程度是财政分权扭曲公共支出结构的前提条件。那么，中国地区间是否存在竞争呢？正如 Treisman（2007）所言，Tiebout 模型需要一些苛刻的条件，如要素流动的完全性、充分信息等，而这些条件在现实中很难满足。但是，中国特殊的政治体制和官员治理模式确保了地方政府间的竞争行为。地方政府“为增长而竞争”（张军和周黎安，2008），官员的晋升“锦标赛”理论（周黎安，2007）等观点得到了学界普遍认可。虽然，“为增长而竞争”不是分税制改革的结果，但分税制改革后的财政体系加剧了地方政府间竞争的程度。已有的研究表明，中国地方政府“为增长而竞争”的行

---

① 1997 年 8 月 1 日开始执行的《国家扶贫资金管理办法》中做出如下规定：省、自治区、直辖市向国家重点扶持贫困县投入的扶贫资金，根据本地区的经济发展水平和财政状况，应当达到占国家扶贫资金总量的 30%~50%。国家下达的各项扶贫资金，全部由省、自治区、直辖市人民政府统一安排使用，由同级扶贫开发工作协调领导机构具体负责，组织各有关部门规划和实施项目，并督促各项资金及时、足额到位。

为，确实导致公共支出的安排偏向于生产性支出，如基础建设（张军等，2007），忽视社会服务性支出，如基础义务教育（乔宝云等，2005）。

公共支出结构的扭曲对中国减贫实践存在两个方面的影响：首先，社会服务性公共支出所占比重的减少将不利于减贫，具有再分配性质的公共服务占总支出比重的下降直接恶化了某些贫困人口的生活现状；其次，生产性支出的增加会促进经济增长，而经济增长所产生的“涓流效应”（trickle-down effect）有利于贫困减少。传统的理论认为，经济增长能自动地惠泽穷人，但经济增长只是减贫的必要而非充分条件，经济增长并不会自动地惠及穷人（Ravallion 和 Chen，2007）。万广华和张茵（2006）发现，收入分配不平等是近年来我国 GDP 高速增长的同时贫困减少速度却在下降的主要原因。因此，在中国被地区竞争所扭曲的公共支出结构可能不利于贫困减少。

在上述理论文献中，通常将公共支出抽象化，并没有具体区分不同类型公共支出在减贫效应上的差异性。具体而言，不同类型公共支出的减贫效应可能不尽相同。如 Ravallion 和 Chen（2007）发现所有政府支出均是有利于减少贫困的，但地方政府公共支出的减贫效应要远高于中央政府。Mosley 等（2004）将在已有研究和实践中被广泛认可，并具有普遍减贫效应的公共支出定义为亲贫式支出（Pro-Poor Spending，PPS）。基于以上分析，本文认为，财政分权通过增加地方政府亲贫式支出的配置效率来实现减贫目标；同时，财政分权加剧了地方政府间的竞争程度，而地区竞争会扭曲公共支出结构，这可能会阻碍其减贫目标的实现；最终，财政分权对贫困的影响取决于这两种效应孰大孰小。对贫困减少而言，亲贫式支出效率和公共支出结构的扭曲程度之间的权衡意味着存在一个适当的财政分权水平。当实际的财政分权水平高于适当的财政分权水平时，进一步的财政分权将恶化贫困状况；而当实际的财政分权水平低于适当的财政分权水平时，进一步的财政分权将有利于贫困减少。

二、财政分权与农村贫困发生率

为了验证中国的财政分权是否有利于贫困减少，以及中国各省份的财政分权水平是否适当，本文采用回归分析中加入财政分权与亲贫式支出交叉项的方法，来检验中国减贫的实践过程中财政分权与贫困之间的关系。为了说明实证结论的稳健性，本文分别采用农村贫困发生率和人类发展指数（HDI）来分别度量收入贫困和非收入贫困。实证结果表明，采用不同的贫困指标对本文结论影响不大。

基于数据可得性和贫困发生率被广泛用于衡量贫困的事实，本文采用贫困发生率来测度各省的贫困状况。由于无法获得我国各省份历年的贫困发生率或者各省城市贫困发生率，只能利用各省农村贫困发生率数据。基于90%的贫困人口仍然在农村的中国国情，[①]本文将分析重点放在财政分权对我国农村贫困发生率的影响上。具体的实证模型设定如下：

$$POVERTY_{it} + \alpha_i + \beta_1 \times FD_{it} + \beta_2 \times FD_{it} \times LPPS_{it} + \beta_3 LPPS_{it} \times X^{\varphi} + u_{it} \quad (1)$$

其中，i 和 t 分别表示省份和年份；POVERTY 为农村贫困发生率。样本数据为 27 个省份、自治区或直辖市，1994~2004 年的省级面板数据。[②]与张晏和龚六堂（2005）、沈坤荣和付文林（2005）的研究相一致，本文用财政支出指标来度量我国各省的财政分权程度，并在选取的四个财政分权指标中都剔除了人口因素。这四个指标分别为：FD_{BC}，人均地方预算内支出/人均中央预算内支出；FD_{TC}，人均地方预算内外支出/人均中央预算内外支出；FD_{BT}，人均地方预算内支出/人均全国预算内支出；FD_{TT}，人均地方预算内外支出/人均全国预算内外支出。

本文用各省农村亲贫式支出来衡量农村公共物品供给水平。由于在数据上缺乏相应的农村亲贫式支出指标，只能假定在某一个时间段内，各省的亲贫式支出中农村亲贫式支出所占的比重相对稳定。[③]此时，可以用全省的亲贫式支出来表征该省的农村亲贫式支出，同时为了降低回归的误差，对亲贫式支出取对数，即 LPPS 为人均亲贫式支出的对数。Gomanee 等（2002）将基础教育、基本医疗、饮用水和公共卫生、农业研发和农村道路等四项公共支出视为亲贫式支出。结合中国的具体情境，本文将亲贫式支出定义为教育支出、医疗支出、抚恤和社会福利救济费支出以及农业支出四项支出的总和。另外，本文控制农村居民人均纯收入（KINC，以千元计）、农业产值占总产值的比重（AGRRATE）、非农就业人口比重（EMP）和农村人口比重（POP）等因素。

模型（1）的回归结果请见表 1，其中 1、3、5、7 列与 2、4、6、8 列的区别在于后者含有财政分权与亲贫式支出的交叉项。从表 1 可以看出，在加入财政分权与亲贫式支出的交叉项之前，财政分权的系数并不显著。这表明财政分权对农村贫困发生率没有直接影响，即在控制亲贫式支出不变的情况下，财政分权的变动并不会导致农村贫困减少。在加入交叉项之后，财政分权系数变为显著，交叉项的系数显著为正。这验证了财政分权与农村贫困发生率之间的作用机制确如前文所言，主要是通过增加（或减少）亲贫式支出而实现的。在回归中加入交叉项之后，财政分权对贫困减少的边际效应取决于亲贫式支出水平。以 FD_{BC} 为例，当亲贫式支出为样本均值 6.714 时，财政分权对贫困减少的边际效应为−0.006，即 FD_{BC} 增加一个单位会导致农村贫困发生率下降 0.6 个百分点。由交叉项系数显著为正易知亲贫式支出水平存在一个临界值。当亲贫式支出小于该临界值时，财政分权

① 世界银行的研究表明，即使不包括农民工在内，90%的贫困人口仍然在农村。参见世界银行：《从贫困地区到贫困人群：中国扶贫议程的演进》，2009 年 3 月。

② 绝大部分省份的贫困发生率数据可以直接从相关年鉴中获得，极少数省份的贫困发生率数据是通过 povcal 软件计算而来。由于数据缺失，在样本中剔除了山东、四川、重庆和西藏的数据。1994 年的分税制改革对我国财政制度设计进行重大调整，因此样本起始点设为 1994 年。数据来自《新中国五十五年统计资料汇编》、历年的《中国财政年鉴》和《中国人口统计年鉴》。

③ 2005 年开始的"社会主义新农村建设"会导致农村亲贫式支出占该省总公共支出的比重发生实质性改变，因此，本文样本截止年份为 2004 年。

将有利于农村贫困减少；相反，当亲贫式支出超过该临界值时，财政分权将不利于农村贫困减少。对 FD_{BC} 而言，亲贫式支出的临界值约为 7.57。根据样本数据可知，对北京、上海和天津三个直辖市而言，财政分权对贫困的边际效应总为正数，即进一步增加这三个直辖市的财政分权程度将会阻碍农村贫困的减少。在使用不同的财政分权指标时，这一结论均成立。[①]

表 1 财政分权和农村贫困发生率

	FD_{BC}		FD_{TC}		FD_{BT}		FD_{TT}	
	(1)	(2)	(3)	(4)	(5)	(6)	(7)	(8)
FD	-0.001 (0.005)	-0.053* (0.027)	-0.003 (0.005)	-0.064** (0.024)	-0.002 (0.030)	-0.200* (0.105)	-0.021 (0.034)	-0.274** (0.105)
FD×LPPS		0.007** (0.003)		0.008** (0.003)		0.025** (0.012)		0.032** (0.012)
LPPS	-0.116*** (0.033)	-0.132*** (0.036)	-0.115*** (0.032)	-0.138*** (0.037)	-0.116*** (0.032)	-0.134*** (0.036)	-0.115*** (0.032)	-0.138*** (0.036)
KINC	-0.031*** (0.008)	-0.021** (0.009)	-0.030*** (0.008)	-0.018** (0.008)	-0.031*** (0.008)	-0.022** (0.009)	-0.031*** (0.008)	-0.019** (0.008)
AGRRATE	-0.104*** (0.029)	-0.103*** (0.030)	-0.104*** (0.029)	-0.101*** (0.030)	-0.104*** (0.030)	-0.106*** (0.031)	-0.106*** (0.030)	-0.109*** (0.031)
EMP	0.313 (0.306)	0.364 (0.303)	0.307 (0.304)	0.375 (0.299)	0.312 (0.307)	0.366 (0.304)	0.303 (0.305)	0.364 (0.296)
POP	-0.231 (0.172)	-0.229 (0.169)	-0.234 (0.172)	-0.223 (0.165)	-0.231 (0.174)	-0.227 (0.170)	-0.235 (0.173)	-0.225 (0.166)
常数项	1.042*** (0.278)	1.127*** (0.297)	1.049*** (0.278)	1.163*** (0.295)	1.042*** (0.284)	1.143*** (0.307)	1.059*** (0.286)	1.189*** (0.306)
观测值	297	297	297	297	297	297	297	297
组内 R^2	0.457	0.473	0.458	0.485	0.456	0.475	0.458	0.487

注：括号中报告的是稳健性标准误，***、**、* 分别表示在 1%、5%、10%的显著性水平上显著。

此外，加入交叉项后，亲贫式支出的回归系数在数值上均增加了，这表明不考虑财政分权时亲贫式支出的减贫效应被低估了。根据样本数据计算，无论是否加入交叉项，亲贫式支出对贫困的边际效应始终为负。如在表 1 的第 1 列中，亲贫式支出每增加 1%会导致贫困发生率下降 11.6 个百分点。而在第 2 列中，亲贫式支出对贫困的边际效率取决于财政分权的程度，通过简单计算可以发现，当 FD_{BC} 的数值约为 18.86 时，亲贫式支出减贫效应为零。该数值远大于样本中 FD_{BC} 的最大值，因此，在现阶段亲贫式支出仍是减少农村贫困的重要途径。在其他变量中，农村居民人均纯收入和农业产值占总产值的比重显著为负，非农就业人口比重和农村人口比重不显著。在其他条件不变的情况下，农村居民人均

① 在用不同指标度量财政分权时，财政分权程度的增加不利于贫困减少的省份略有变动。如当财政分权指标为 FD_{BC} 时，财政分权程度的增加不利于贫困减少的省市为北京、天津、内蒙古、辽宁、上海、浙江、广东、青海、宁夏和新疆；当财政分权指标为 FD_{TC} 和 FD_{TT} 时，财政分权程度的增加不利于贫困减少的省市为北京、上海和天津；当财政分权指标为 FD_{BT} 时，财政分权程度的增加不利于贫困减少的省市为北京和上海。

纯收入的增加无疑会从整体上改善农村居民的生活水平、减少贫困。同时，大部分农村人口从事着与农业相关的工作，农业产值占总产值比重的增加意味着农业从新增财富中分配了较多的份额，这将会改善农村人口的生活状况，有利于农村贫困减少。在表 1 中，非农业人口比重变量不显著，而非农就业一直被认为是减少农村贫困的一条重要途径。可能的解释是，当控制农村居民人均纯收入不变的情况下，非农业就业对农村贫困发生率影响不大。农村人口比重这一变量不显著的原因有二：一是贫困发生率是度量贫困的一个相对指标。一般认为，农村人口越多，贫困人口也就越多。但剔除了人口绝对量的影响之后，贫困发生率和农村人口比重之间可能并不存在正向关系。二是农村人口越多说明低收入人数越多，并不意味着贫困人口会越多。农村贫困人口可能只是农村低收入人群中的一小部分，同时，国家贫困线标准严重低估了现实中的贫困状况（汪三贵，2008）。

为了验证回归结果的稳健性，在回归方程（1）中分别加入时点固定效应（timefixed effect）和地区虚拟变量，[①] 具体回归结果汇总在表 2 中。在加入时点固定效应后，财政分权和亲贫式支出的交叉项的显著性水平有所下降，但仍然显著。[②] 由于农村居民人均纯收入可能存在时间趋势，在加入时点固定效应后，KINC 变得不显著。而在加入东部（EAST）和西部（WEST）地区的虚拟变量后，对表 1 中的回归结果没有实质上的改变。重要的是，在对时点固定效应和地区虚拟变量做联合检验时，它们均不显著。这表明在不同时点上和对于不同地区，财政分权对农村贫困发生率的影响并不存在显著差异。

表 2 财政分权和农村贫困发生率（时点效应和地区效应）

	时点效应				地区效应			
	FD_B	FD_{TC}	FD_{BT}	FD_{TT}	FD_{BC}	FD_{TC}	FD_{BT}	FD_{TT}
FD	−0.057 (0.044)	−0.073* (0.037)	−0.194 (0.143)	−0.303** (0.146)	−0.050 (0.030)	−0.059** (0.025)	−0.178 (0.107)	−0.235** (0.108)
FD × LPPS	0.007 (0.005)	0.009* (0.005)	0.025 (0.018)	0.036* (0.020)	0.006* (0.003)	0.007** (0.003)	0.024* (0.013)	0.030** (0.012)
LPPS	−0.141* (0.069)	−0.154* (0.081)	−0.153* (0.078)	−0.141 (0.083)	−0.131*** (0.036)	−0.136*** (0.036)	−0.133*** (0.036)	−0.135*** (0.036)
KINC	−0.021 (0.024)	−0.011 (0.023)	−0.020 (0.024)	−0.010 (0.024)	−0.022** (0.010)	−0.020** (0.009)	−0.022** (0.009)	−0.019** (0.008)
AGRRATE	−0.075 (0.046)	−0.094* (0.047)	−0.079 (0.047)	−0.097* (0.048)	−0.102*** (0.031)	−0.103*** (0.031)	−0.104*** (0.032)	−0.107*** (0.032)
EMP	0.360 (0.322)	0.383 (0.322)	0.370 (0.326)	0.384 (0.324)	0.359 (0.308)	0.366 (0.300)	0.361 (0.306)	0.356 (0.296)
POP	−0.237 (0.186)	−0.236 (0.180)	−0.237 (0.184)	−0.237 (0.180)	−0.231 (0.170)	−0.232 (0.165)	−0.229 (0.173)	−0.229 (0.166)

① 参照张晏和龚六堂（2005），本文中东部包括北京、天津、上海、浙江、江苏、福建、广东、辽宁和河北 9 个省市，中部包括山西、吉林、黑龙江、安徽、江西、河南、湖北和湖南 8 省，西部包括内蒙古、广西、贵州、云南、陕西、甘肃、青海、新疆和宁夏 9 个省区。

② 虽然在表 2 中 FD_{BC} 和 FD_{TT} 均不显著，但是需要说明的是表 2 中的显著性检验均是双侧检验。若检验 H_0：$\beta_2 > 0$ 时，FD_{BC} 和 FD_{TT} 的系数均在 10%的显著性水平上显著。

续表

	时点效应				地区效应			
	FD_B	FD_{TC}	FD_{BT}	FD_{TT}	FD_{BC}	FD_{TC}	FD_{BT}	FD_{TT}
YEAR EFFECT	Yes	Yes	Yes	Yes	No	No	No	No
FD × WEST					-0.008 (0.018)	-0.016 (0.016)	-0.044 (0.070)	-0.086 (0.081)
FD × EAST					-0.001 (0.011)	0.005 (0.009)	-0.014 (0.054)	-0.005 (0.052)
F 检验	不显著	不显著	不显著	不显著	不显著	不显著	不显著	不显著
常数项	1.182** (0.489)	1.254** (0.539)	1.241** (0.523)	1.189** (0.546)	1.126*** (0.297)	1.171*** (0.294)	1.136*** (0.305)	1.170*** (0.301)
观测值	297	297	297	297	297	297	297	297
组内 R^2	0.490	0.500	0.491	0.501	0.491	0.491	0.476	0.491

注：括号中报告的是稳健性标准误，***、**、* 分别表示在 1%、5%、10%的显著性水平上显著。F 检验不显著，表示对虚拟变量的联合检验在 10%的显著性水平下不显著。

三、财政分权与非收入贫困

上文中检验财政分权与农村贫困发生率之间的关系时，由于缺乏各省的农村亲贫式支出数据，假定农村亲贫式支出占全省亲贫式支出的比重在 1994~2004 年不变，并使用各省亲贫式支出作为农村亲贫式支出的代理变量，这可能会导致表 1 中某些估计量存在偏误。因此，将从非收入贫困的角度检验理论模型中财政分权和贫困之间关系是否稳健。

贫困是一个多维度的概念，解决贫困不仅仅是简单地满足贫困人口最低的生存需要，同时需要为贫困人口提供基本的发展能力。鉴于一些研究如 Lindaman 和 Thurmaier (2002)、Von Braun 和 Grote (2002) 等用人类发展指数来测度一国非收入贫困状况，本文也使用各省的 HDI 来测度该省的贫困状况，建立如下实证模型：

$$HDI_{it} = \eta + \gamma_1 \times FD_{it} + \gamma_2 \times FD_{it} \times LPPS_{it} + \gamma_3 LPPS_{it} + Y\lambda + \varepsilon_{it} \tag{2}$$

其中，i 和 t 分别表示省份和年份；HDI 为我国各省人类发展指数；FD 为财政分权指标，LPPS 表示人均亲贫式支出的对数值，Y 为一组控制变量。在分析财政分权和 HDI 的关系时，控制以下变量：人口死亡率（MORTALITY，以‰计）；GDP 增长率（GROWTH）；综合入学率（SCHOOL）和 15 岁以上文盲、半文盲人口比率(ILLITERATE)。从联合国开发署报告中，能获得 1995 年、1997 年、1999 年和 2003 年四年我国各省份的 HDI 数据，在实证分析中本文采用固定效应的面板模型进行估计。同时，为了便于和上文分析进行对比，在 HDI 样本中同样也剔除了四川省、重庆市、山东省和西藏自治区的数据，仅包含 27 个省市的数据。

模型（2）的回归结果见表 3。其中，第 9、11、13 和 15 列不含有财政分权和亲贫式支出的交叉项，而在第 10、12、14 和 16 列中加入了财政分权和亲贫式支出的交叉项。从

表3可以看到，在加入交叉项之前，财政分权的系数并不显著，这表明财政分权对HDI不存在直接影响。在加入交叉项之后，财政分权的系数显著为正，交叉项系数显著为负，这也证实了财政分权对HDI的作用主要是通过亲贫式支出而实现的。由交叉项系数显著为负易知，亲贫式支出存在一个临界值。当亲贫式支出超过该临界值时，财政分权程度的增加将会降低HDI的数值；反之，当亲贫式支出低于该临界值时，财政分权程度的增加会增加HDI的数值。通过简单计算发现，对FD_{BC}、FD_{TC}、FD_{BT}和FD_{TT}而言，人均亲贫式支出的对数值分别取值为7.47、7.75、7.43和6.73时，财政分权对HDI的边际效用为零。当人均亲贫式支出的对数值大于7.75时，财政分权程度的增加会降低HDI的数值，而在样本中仅北京、上海和天津三个直辖市的人均亲贫式支出的对数值大于7.5。也就是说，就北京、上海和天津三个直辖市而言，财政分权程度的增加将不利于改善当地非收入贫困状况，这一结论与上文的发现相一致。

表3　财政分权与人类发展指数（HDI）

	FD_{BC}	FD_{BC}	FD_{TC}	FD_{TC}	FD_{BT}	FD_{BT}	FD_{TT}	FD_{TT}
	(9)	(10)	(11)	(12)	(13)	(14)	(15)	(16)
FD	0.002 (0.016)	0.112*** (0.027)	0.009 (0.009)	0.124*** (0.021)	−0.043 (0.058)	0.330*** (0.098)	−0.018 (0.047)	0.431*** (0.098)
FD × LPPS		−0.015*** (0.003)		−0.016*** (0.003)		−0.049*** (0.009)		−0.058*** (0.011)
LPPS	0.108*** (0.021)	0.163*** (0.013)	0.097*** (0.019)	0.164*** (0.011)	0.114*** (0.018)	0.165*** (0.011)	0.111*** (0.017)	0.171*** (0.011)
MORTALITY	−0.016 (0.010)	−0.022** (0.008)	−0.020* (0.012)	−0.024*** (0.009)	−0.014 (0.010)	−0.022** (0.008)	−0.015 (0.010)	−0.023*** (0.008)
ILITERATURE	−0.010*** (0.002)	−0.007*** (0.001)	−0.010*** (0.002)	−0.007*** (0.001)	−0.009*** (0.002)	−0.007*** (0.001)	−0.009*** (0.002)	−0.007*** (0.001)
GROWTH	0.211 (0.136)	0.213* (0.109)	0.243 (0.44)	0.257** (0.117)	0.233 (0.141)	0.238** (0.110)	0.217 (0.144)	0.227** (0.106)
SCHOOL	−0.003* (0.001)	−0.002* (0.001)	−0.002 (0.001)	−0.001 (0.001)	−0.003*** (0.001)	−0.003*** (0.001)	−0.003*** (0.001)	−0.002*** (0.001)
常数项	0.393** (0.153)	−0.000 (0.130)	0.401** (0.163)	−0.121 (0.123)	0.397*** (0.141)	0.026 (0.129)	0.397** (0.149)	−0.074 (0.133)
观测值	108	108	108	108	108	108	108	108
组内 R^2	0.814	0.861	0.818	0.878	0.816	0.862	0.815	0.872

注：括号中报告的是稳健性标准误，***、**、*分别表示在1%、5%、10%的水平上显著。

在亲贫式支出对贫困的边际效应上，非收入贫困的回归结果与上文中财政分权对农村贫困影响有所不同。例如，现实中上海市的财政分权高于临界水平（即亲贫式支出对HDI边际效应为零），这意味着对于上海市而言，仅仅增加人均亲贫式支出的对数值并不会使得该省HDI指数上升。这与上文中任何地区亲贫式支出的增加都会降低农村贫困发生率的结论似乎存在矛盾。造成这一情况的原因，一是在2005年之前，相对于城市而言，农村亲贫式支出水平是严重不足的。增加农村亲贫式支出对农村贫困发生率的边际效应，会远大于增加城市亲贫式支出对城市贫困状况的边际效应，也即亲贫式支出对农村贫困的边际效应大于其对总体贫困的边际效应。因此，增加亲贫式支出均会降低农村贫困发生率。二是以国家贫困线度量的贫困发生率严重低估了农村贫困程度，用 HDI 指数对贫困程度进行度量则不涉及贫困线标准设定的问题。汪三贵（2008）指出，按照 1 天 2 美元的贫困线和消费支出估计，中国的贫困人口将成倍增加。因此，在回归中使用贫困发生率来反映贫困状况，可能会高估亲贫式支出的减贫效应。在控制变量中，人口死亡率每下降 0.11 个百分点，大概会使 HDI 指数提高 0.1022。文盲、半文盲人口比率每降低 1 个百分点会使得 HDI 指数提高 0.1007，综合入学率每增加 1 个百分点会使得 HDI 指数下降约 0.1002，GDP 增长率每增加 1 个百分点会使得 HDI 增加 0.123 左右。

为了验证回归结果的稳健性，在回归方程（2）中也分别考虑时点固定效应（time-fixed effect）和地区虚拟变量，具体结果汇总在表 4 中。在考虑到时点固定效应后，主要回归结果与表 3 中并无明显差异。由于 GDP 增长率和综合入学率可能具有时间趋势，在加入时点固定效应后，GDP 增长率和综合入学率的系数均变得不显著。但是，时点固定效应并没有通过联合检验。在加入东部（EAST）和西部（WEST）地区的虚拟变量后，我们发现财政分权的减贫效应在不同地区间具有一定的差异性。

表 4 财政分权与人类发展指数（HDI）（时点效应和地区效应）

	FD_{BC}	FD_{TC}	FD_{BT}	FD_{TT}	FD_{BC}	FD_{TC}	FD_{BT}	FD_{TT}
	(9)	(10)	(11)	(12)	(13)	(14)	(15)	(16)
FD	0.128*** (0.036)	0.142*** (0.031)	0.406*** (0.132)	0.534*** (0.148)	0.087** (0.032)	0.113*** (0.023)	0.271** (0.107)	0.397*** (0.097)
FD × LPPS	−0.015*** (0.003)	−0.016*** (0.003)	−0.050*** (0.011)	−0.061*** (0.014)	−0.016*** (0.003)	−0.017*** (0.003)	−0.052*** (0.011)	−0.061*** (0.012)
LPPS	0.021 (0.079)	−0.001 (0.069)	0.055 (0.087)	0.022 (0.080)	0.166*** (0.013)	0.168*** (0.011)	0.166*** (0.013)	0.172*** (0.012)
MORTALITY	−0.022** (0.008)	−0.024** (0.009)	−0.021** (0.008)	−0.021** (0.008)	−0.026*** (0.008)	−0.028*** (0.008)	−0.024*** (0.008)	−0.026*** (0.008)
ILITERATURE	−0.007*** (0.002)	−0.006*** (0.001)	−0.007*** (0.002)	−0.006*** (0.002)	−0.007*** (0.001)	−0.006*** (0.001)	−0.007*** (0.002)	−0.007*** (0.001)
GROWTH	0.175 (0.187)	0.145 (0.167)	0.168 (0.186)	0.134 (0.171)	0.322*** (0.105)	0.325*** (0.098)	0.303** (0.114)	0.307*** (0.105)
SCHOOL	−0.000 (0.002)	0.001 (0.002)	−0.001 (0.002)	0.000 (0.002)	−0.003** (0.001)	−0.001 (0.001)	−0.003*** (0.001)	−0.002*** (0.001)
YEAR EFFECT	是	是	是	是	否	否	否	否
FD × WEST					−0.028 (0.024)	−0.027* (0.014)	−0.056 (0.136)	−0.121 (0.123)
FD × EAST					0.045** (0.021)	0.024** (0.009)	0.140 (0.095)	0.113* (0.065)
F 检验	不显著	显著	不显著	显著	显著	显著	不显著	显著

续表

	FD_{BC}	FD_{TC}	FD_{BT}	FD_{TT}	FD_{BC}	FD_{TC}	FD_{BT}	FD_{TT}
	(9)	(10)	(11)	(12)	(13)	(14)	(15)	(16)
常数项	0.681 (0.447)	0.701* (0.395)	0.512 (0.498)	0.611 (0.464)	0.044 (0.146)	−0.089 (0.121)	0.057 (0.146)	−0.041 (0.146)
观测值	108	108	108	108	108	108	108	108
组内 R^2	0.871	0.896	0.869	0.885	0.883	0.904	0.871	0.884

注：括号中报告的是稳健性标准误，***、**、* 分别表示在 1%、5%、10%的显著性水平上显著。F 检验不显著，表示虚拟变量的联合检验在 10%的显著性水平下不显著。

四、结论与政策建议

本文从公共支出效率和公共支出结构两个角度，论述了财政分权和贫困减少之间的理论联系。一方面，财政分权通过增加地方政府亲贫式支出的配置效率来实现减贫目标；另一方面，财政分权加剧了地方政府间的竞争程度，而地区竞争会扭曲公共支出结构，这会阻碍减贫目标的实现。因此，财政分权对贫困减少的影响取决于这两种效应的加总。在实证分析中，本文利用我国省际数据分别从收入贫困和非收入贫困两个角度对财政分权和贫困之间的关系进行检验。实证结果表明：就北京、上海和天津三个直辖市而言，财政分权程度的增加恶化了贫困状况，而其他省份财政分权程度的增加则有利于缓解贫困。此外，增加亲贫式支出会降低农村贫困发生率，也会提高大部分省市的人类发展指数。因此，增加亲贫式支出是减少贫困，特别是农村地区贫困的重要手段。但是，在财政分权程度很高的省份，亲贫式支出的增加并不一定能改善非收入贫困状况。

在政策层面上，适度的财政分权有利于减少贫困。但在一些财政分权程度高的省市，进一步的财政分权反而会恶化贫困状况。出现这种现象的原因在于地方政府常常在财政激励下为了经济增长忽视百姓所关注的民生问题。同时，缺乏一种强有力的外部机制来约束地方政府这种“重生产、轻福利”的行为。因此，如何在现有的制度框架内，矫正财政分权所产生的负面影响将是未来财政制度调整和变革的重点。此外，在财政分权的同时，适当的政治分权和行政分权将会提高公众参与，增强公共部门责任感，改善政府治理水平，缓解财政分权带来的不利影响。持续地减贫要求建立和完善“自下而上”的民意表达机制，让民众的现实诉求能迅速有效地向上传递，并依靠民众的“呼声”来约束地方政府行为。最后，在一些财政分权程度高的省份出现了仅仅增加亲贫式支出并不一定会改善非收入贫困状况，这意味着我国今后的扶贫工作急需调整现有的减贫思路和减贫政策。

参考文献

[1] Ahmad, Junaid, Shantayanan Devarajan, Stui Khemiani and Shekhar Shah, Decentralization and Service Delivery [C]. In Handbook of Fiscal Federalism, Ehtisham Ahmad and Giorgio Brosio (eds), Edward Elgar Publishing, 2006.

[2] Azfar, Omar, Satu Kahkonen, and Patrick Meagher, Conditions for Effective Decentralized Governance: A Synthesis of Research Findings [R]. IRIS Center, University of Maryland, 2001.

[3] Bardhan, Pranab and DiliP Mookherjee, Decentralizing Antipoverty Program Delivery in Developing Countries [J]. Journal of Public Economics, 2005, 89: 675-704.

[4] Bird, Richard M., Threading the Fiscal Labyrinth: Some Issues in Fiscal Decentralization[J]. National Tax Journal, 1993, 46: 207-227.

[5] Brown, Charles C. and Wallace E. Oates, Assistance to the Poor in a Federal System [J]. Journal of Public Economics, 1987, 32: 307-330.

[6] Crawford, Gordon, Decentralization and the Limits to Poverty Reduction: Findings from Ghana [J]. Oxford Development Studies, 2008, 36: 235-258.

[7] Crook, Richard C., Decentralisation and Poverty Reduction in Africa: the Politics of Local Central Relations [J]. Public Administration and Development, 2003, 23: 77-88.

[8] Faguet, Jean Paul, Does Decentralization Increase Responsiveness to Local Needs? Evidence from Bolivia [J]. Journal of Public Economics, 2004, 88: 867-894.

[9] Gomanee, Karuna and Oliver Morrissey, Evaluating Aid Effectiveness against a Poverty Reduction Criterion [R]. DESG conference, Nottingham, 2002.

[10] Hayek, Friedrich August, Individualism and Economic Order [M]. University of Chicago Press, 1948.

[11] Johnson, Craig, Local Democracy, Democratic Decentralisation and Rural Development: Theories, Challenges and Options for Policy [J]. Development Policy Review, 2002, 19: 521-532.

[12] Jtting, Johannes P., Cline Kauffmann, Ida McDonnell, Holger Osterrieder, Nicolas Pinaud and Lucia Wegner, Decentralisation and Poverty in Developing Countries: Exploring the Impact [R]. OECD Development Centre Working Paper No. 236.

[13] Kappeler, Andreas and Timo Vlil, Fiscal Federalism and the Composition of Public Investment in Europe [J]. European Journal of Political Economy, 2008, 24: 562-570.

[14] Keen, Michael and Maurice Marchand, Fiscal Competition and the Pattern of Public Spending [J]. Journal of Public Economics, 1997, 66: 33-53.

[15] Lindaman, Kara and Kurt Thurmaier, Beyond Efficiency and Economy: An Examination of Basic Needs and Fiscal Decentralization[J]. Economic Development and Cultural Change, 2002, 50: 915-934.

[16] Mosley, Paul, John Hudson and Arjan Verschoor, Aid, Poverty Reduction and the New Conditionality [J]. Economic Journal, 2004, 114: 217-243.

[17] Oates, Wallace E., An Essay on Fiscal Federalism [J]. Journal of Economic Literature, 1999, 37: 1120-1149.

[18] Oates, Wallace E., Fiscal Federalism [M]. Harcourt Brace Jovanovich, 1972.

[19] Ravallion, Martin and Shaohua Chen, Chinaps (Uneven) progress Against Poverty [J]. Journal of Development Economics, 2007, 42: 1-42.

[20] Shah, Anwar and Theresa Thompson, Implementing Decentralized Local Governance: A Treacherous

Road with Potholes, Detours and Road Closures [R]. Policy Research Working Paper, 2004, 3353.

[21] Tiebout, Charles M., A Pure Theory of Local Expenditures [J]. Journal of Political Economy, 1956, 64: 416-424.

[22] Treisman, Daniel, The Architecture of Government: Rethinking Political Decentralization [M]. Cambridge University Press, 2007.

[23] Von Braun, Joachim and Ulrke Grote, Does Decentralization Server the Poor? [R]. Working Paper, 2000.

[24] World Bank, Attacking Poverty: World Development Report 2000/01, Washington D. C., 2001.

[25] 傅勇，张晏. 中国式分权与财政支出结构偏向——为增长而竞争的代价[J]. 管理世界，2007 (3).

[26] 乔宝云，范剑勇，冯兴元. 中国的财政分权与小学义务教育[J]. 中国社会科学，2005 (6).

[27] 沈坤荣，付文林. 中国的财政分权制度与地区经济增长 [J] . 管理世界，2005 (1).

[28] 万广华，张茵. 收入增长与不平等对我国贫困的影响 [J] . 经济研究， 2006 (6).

[29] 汪三贵. 在发展中战胜贫困：对中国 30 年大规模减贫经验的总结与评价[J]. 管理世界，2008 (10).

[30] 张军，高远，傅勇，张弘. 中国为什么拥有了良好的基础设施?[J]. 经济研究，2007 (3).

[31] 张军，周黎安编. 为增长而竞争：中国增长的政治经济学 [M]. 上海：上海人民出版社，2008.

[32] 张晏，龚六堂. 分税制改革、财政分权与中国经济增长[J]. 经济学（季刊），2005 (1).

[33] 周黎安. 中国地方官员的晋升锦标赛模式研究[J]. 经济研究，2007 (6).

Does Fiscal Decentralization Aid for Alleviating Poverty?

Zhang Kezhong, Feng Juncheng and Lu Yuanping

Abstract: This paper sheds light on the relationship between fiscal decentralization and poverty reduction through the efficiency and structure of public expenditures. On the one hand, fiscal decentralization can alleviate poverty by improving the efficiency of pro-poor spending. On the other hand, fiscal decentralization will encourage competitions among local governments and distort the structure of expenditures, which will make the poor worse. Based on provincial panel data after the Taxation Sharing Reform in China, we find that more fiscal decentralization will worsen the rural poor for Beijing, Shanghai and Tianjin, but for other provinces, more fiscal decentralization will make the rural poor better off. Increasing the pro-poor spending is still an important way for poverty reduction, especially for rural poverty.

Key Words: Fiscal Decentralization, Poverty Reduction, Pro-Poor Spending

第二节

英文期刊论文精选

作者： 伊曼纽尔·法里，伊凡·韦宁

题目： 累进性遗产税

期刊： 经济学季刊

日期： 2010 年

内容简介： 我们提出一个父母利他和异质性生产率模型，得到最优遗产税的两个重要特征：第一，遗产税应该是累进的，从而留下遗产越多的父母，净遗赠越少。第二，边际遗产税应为负数，因此所有父母在遗赠上都有边际补贴。一种简单的非线性遗赠税（与所得税分开征收）就可以同时满足这两个特征。对于其他跨代转移性支出，这些结论也成立，如对各种教育投资和内生生育率选择也是普适的。遗产税或继承税可以实现最优配置，但是继承税有些优势。最后，当我们征收特别要求的非负的边际遗产税时，最优表现为遗产在免征额以下的适用零税负，以上的适用累进税率。

关键词： 利他主义，遗产与赠予税

经济文献分类号： E6

Author: Farhi Emmanuel, Werning Iván

Title: Progressive Estate Taxation

Periodical: Quarterly Journal of Economics

Date: 2010

Abstract: We present a model with altruistic parents and heterogeneous productivity. We derive two key properties for optimal estate taxation. First, the estate tax should be progressive, so that parents leaving a higher bequest face a lower net return on bequests. Second, marginal estate taxes should be negative, so that all parents face a marginal subsidy on bequests. Both properties can be implemented with a simple nonlinear tax on bequests, levied separately from the income tax. These results apply to other intergenerational transfers, such as educational investments, and are robust to endogenous fertility choices. Both estate or inheritance taxes can implement the optimal allocation, but we show that the inheritance tax has some advantages. Finally, when we impose an adhoc constraint requiring marginal estate taxes to be nonnegative, the optimum features a zero tax up to an exemption level, and a progressive tax thereafter.

Key Words: Altruism, Inheritance and Gift Taxes

JEL Classification: E6

作者： 伊曼纽尔·法里

题目： 市场不完全时的资本税与所有权

期刊： 政治经济学报

日期： 2010 年 10 月

内容简介： 本文是关于最优资本税特征的规范性研究。研究是在总冲击和不完全市场

条件下的新古典增长模型中进行的。模型的特色是构建了一个对劳动和资本课征线性税的代表性主体的经济体。我首先考虑的是政府只买卖真实的无风险债券。最优政策有如下特征：劳动税波动很小；资本税不稳定，表现为政府预算在遭遇负的（正的）冲击之后，有正的（负的）激增，而且跨期资本税平均约为0。我还考虑了允许政府资本交易的影响。

关键词： 不完全市场，资本税，所有权

经济文献分类号： A10，E21，E22，E23，E60，E62，E66，H21，H31，H32，H6，H60，H61，H62

Author: Farhi Emmanuel

Title: Capital Taxation and Ownership When Markets Are Incomplete

Periodical: Journal of Political Economy

Date: October 2010

Abstract: This paper is a normative investigation of the properties of optimal capital taxation in the neoclassical growth model with aggregate shocks and incomplete markets. The model features a representative-agent economy with linear taxes on labor and capital. I first allow the government to trade only a real risk-free bond. Optimal policy has the following features: labor taxes fluctuate very little, capital taxes are volatile and feature a positive (negative) spike after a negative (positive) shock to the government budget, and capital taxes average to roughly zero across periods. I then consider the implications of allowing the government to trade capital.

Key Words: Incomplete Markets, Capital Taxation, Ownership

JEL Classification: A10, E21, E22, E23, E60, E62, E66, H21, H31, H32, H6, H60, H61, H62

作者： 泽维尔·马特奥斯-普拉纳斯

题目： 一个生命周期经济中的人口结构与资本税的政治

期刊： 美国经济评论

日期： 2010年3月

内容简介： 本文研究人口结构对劳动和资本税率组合的影响。本文运用量化的一般均衡、世代交替模型（每一时期过去没有承诺，税率由投票决定，这可概括为马尔可夫均衡）。在美国，与1965年相比，1990年的投票年龄人口较年轻，这解释了所观察到的1990年与1965年的相对资本税率下降。较年轻的人口提高资本净回报，导致选民增加储蓄，也导致资本低税优惠的偏好。反过来，老龄化可能提高资本税。

关键词： 政治经济均衡，人口老龄化，资本税制

经济文献分类号： E13，H24，H25，J11

Author: Mateos-Planas Xavier

Title: Demographics and the Politics of Capital Taxation in a Life-Cycle Economy

Periodical: American Economic Review

Date: March 2010

Abstract: This article studies the effects of demographics on the mix of tax rates on labor and capital. It uses a quantitative general-equilibrium, overlapping-generations model where tax rates are voted without past commitments in every period and characterized as a Markov equilibrium. In the United States, the younger voting-age population in 1990 compared to 1965 accounts for the observed decline in the relative capital tax rate between those two years. A younger population raises the net return to capital, leads voters to increase their savings, and results in a preference for lower taxes on capital. Conversely, aging might increase capital taxation.

Key Words: Politico-Economic Equilibrium, Population Aging, Capital Taxation

JEL Classification: E13, H24, H25, J11

作者： 菲利普·Chone，居伊·拉罗克

题目： 负边际税率与异质性

期刊： 美国经济评论

日期： 2010 年 12 月

内容简介： 异质性可能是最优税收方案的一个重要决定因素。本文解决连续代理人的莫里斯模型中的议题。各代理人的生产率和工作机会成本不同，但是劳动供应只是取决于两个特征的一维组合。边际税率无论什么地方都是非负的标准结果成立的条件给定。当工作机会成本的分布独立于生产率时，这更是事实。但是人们也能得到负边际税率：研究收入分布最底端负税率是最优的经济体，并基于英国数据给出了数量说明。

关键词： 最优税收，异质性，福利

经济文献分类号： H21，H31

Author: Chone Philippe, Laroque Guy

Title: Negative Marginal Tax Rates and Heterogeneity

Periodical: American Economic Review

Date: December 2010

Abstract: Heterogeneity is likely to be an important determinant of the shape of optimal tax schemes. This article addresses the issue in a model à la Mirrlees with a continuum of agents. The agents differ in their productivities and opportunity costs of work, but their labor supplies depend only on a unidimensional combination of their two characteristics. Conditions are given under which the standard result that marginal tax rates are everywhere non-negative holds. This

is in particular the case when work opportunity costs are distributed independently of productivities. But one can also get negative marginal tax rates: economies where negative tax rates are optimal at the bottom of the income distribution are studied, and a numerical illustration is given, based on UK data.

Key Words: Optimal Taxation, Heterogeneity, Welfare

JEL Classification: H21, H31

作者：伊萨贝尔·科雷亚

题目：消费税与再分配

期刊：美国经济评论

日期：2010年9月

内容简介：消费税作为税制的选择项引入，且作为政府收入的主要来源，会带来更有效的税制。这种说法相对比较熟悉。但是，基于资本和劳动所得的税制，转向基于消费的税制，传统的认识是会导致不合意的分配结果。本文发展了一种非常简单的方法，以说明这种根本性税制改革的最合理的结果是相反的。与文献相关的主要差异，源于所假定的家庭异质性。除此之外，本文说明引入消费税使得再分配政策不牺牲效率成本。

关键词：消费税，再分配

经济文献分类号：D63，E62，H20

Author: Correia Isabel

Title: Consumption Taxes and Redistribution

Periodical: American Economic Review

Date: September 2010

Abstract: It is relatively well known that the introduction of consumption taxation as an alternative in the tax code, and as the main source of government revenues, leads to a more efficient tax system. However, the conventional wisdom is that the change from the actual tax code, based on taxation of capital and labour income to this consumption-based system, has undesirable distributional consequences. In this work, a very simple method is developed to argue that the converse is the most reasonable outcome from that fundamental tax reform. The main difference in relation to the literature comes from the assumed source of household heterogeneity. Additionally, it is shown that the inclusion of a tax on consumption allows for redistributive policies with no costs in terms of efficiency.

Key Words: Consumption Taxes, Redistribution

JEL Classification: D63, E62, H20

作者：克里斯蒂娜·D.罗默，戴维·H.罗默

题目：税收变化的宏观经济效应：基于财政冲击新衡量的估计

期刊：美国经济评论

日期：2010 年 6 月

内容简介：本文研究税收变化对经济活动的影响。我们通过叙述性的记录，例如，总统演讲和国会报告，来识别所有主要的战后税收政策行动的规模、时机和主要驱动力。本分析使得我们将立法变化融入未来的经济条件和更多的外生因素。更多的此类外生变化之后的产出行为说明，税收大大提升了紧缩效应。与那些使用更广泛的税收变化措施相比，这些效应更显著，更普适，而且大得多。

关键词：宏观经济学，政策，税收

经济文献分类号：E32，E62，H20，N12

Author： Romer Christina D.，Romer David H.

Title： The Macroeconomic Effects of Tax Changes：Estimates Based on a New Measure of Fiscal Shocks

Periodical： American Economic Review

Date： June 2010

Abstract： This paper investigates the impact of tax changes on economic activity. We use the narrative record，such as presidential speeches and Congressional reports，to identify the size，timing，and principal motivation for all major postwar tax policy actions. This analysis allows us to separate legislated changes into those taken for reasons related to prospective economic conditions and those taken for more exogenous reasons. The behavior of output following these more exogenous changes indicates that tax increases are highly contractionary. The effects are strongly significant，highly robust，and much larger than those obtained using broader measures of tax changes.

Key Words： Macroeconomics，Policy，Tax

JEL Classification： E32，E62，H20，N12

作者：赫尔穆特·克里默，菲鲁·伽尔伐尼，让-玛丽·洛扎克默

题目：标签与所得税：理论与应用

期刊：美国经济学报：经济政策

日期：2010 年 2 月

内容简介：首先，我们以准线性偏好和罗尔斯社会福利函数为标签，得出一套关于最优所得税的分析结果。其次，假定劳动供给不变弹性，技能对数正态分布，我们分析识别标签的赢家和输家。再次，我们证明，如果一个群体的技术分布一阶随机决定其他，标签呼唤从前者到后者的再分配。最后，我们以性别为标签，校正了美国工人模型。福利影响

引人注目。输家只有男性高工资劳动所得者。其他所有人受益，有些人甚至大大受益。

关键词：标签，最优所得税，道德风险，年龄

经济文献分类号：H21，H23，H24

Author: Cremer Helmuth, Gahvari Firouz, Lozachmeur Jean-Marie

Title: Tagging and Income Taxation: Theory and an Application

Periodical: American Economic Journal: Economic Policy

Date: February 2010

Abstract: Firstly, We derive a set of analytical results for optimal income taxation with tags using quasilinear preferences and a Rawlsian social welfare function. Secondly, assuming a constant elasticity of labor supply and log-normality of the skills distribution, we analytically identify the winners and losers of tagging. Thirdly, we prove that if the skills distribution in one group first-order stochastically dominates the other, tagging calls for redistribution from the former to the latter group. Finally, we calibrate our model to the US workers using gender as tag. Welfare implications are dramatic. Only male high-wage earners lose. Everyone else gains, some substantially.

Key Words: Tagging, Optimal income taxation, Hazard rate, Age

JEL Classification: H21, H23, H24

作者：伊曼纽尔·塞斯

题目：纳税人在拐点扎堆

期刊：美国经济学报：经济政策

日期：2010 年 8 月

内容简介：本文利用税收申报表数据来分析美国所得税税率表拐点扎堆。我们用扎堆证据估计，申报所得对（1-）边际税率的不变弹性。我们很清晰地发现在劳动所得税收抵免的第一个拐点扎堆的证据，但我们的关注只是自我雇佣者。这些结果可以用一个简单的逃税模型来解释。我们发现在第一个所得税档次门槛扎堆的证据，此处开始有应付税款，但没有证据表明在其他拐点扎堆。

关键词：逃税，所得税，纳税人

经济文献分类号：H23，H24，H26

Author: Saez Emmanuel

Title: Do Taxpayers Bunch at Kink Points?

Periodical: American Economic Journal: Economic Policy

Date: August 2010

Abstract: This paper uses tax return data to analyze bunching at the kink points of the US income tax schedule. We estimate the compensated elasticity of reported income with respect to (one minus) the marginal tax rate using bunching evidence. We find clear evidence of bunching around the first kink point of the Earned Income Tax Credit but concentrated solely among the self-employed. A simple tax evasion model can account for those results. We find evidence of bunching at the threshold of the first income tax bracket where tax liability starts but no evidence of bunching at any other kink point.

Key Words: Tax Evasion, Income Tax, Taxpayer

JEL Classification: H23, H24, H26

作者：拉杰·切蒂，伊曼纽尔·塞斯

题目：内生私人保险下的最优税收与社会保险

期刊：美国经济学报：经济政策

日期：2010 年 5 月

内容简介：我们概括了私人部门提供部分保险时政府干预的福利利得。我们分析逆向选择、事前信息或不完全最优化带来政府干预作用的模型。我们推导公式，描绘存在的实证估计最优政策的量化预测。当私人保险带来道德风险时，最优政府保险的标准公式由于财政外部性必须修正。相反，不会带来道德风险的“非正式的”私人保险不影响标准公式。对健康和失业的应用显示正式私人市场保险可以显著地降低最优政府福利金支付率。

关键词：逆向选择，道德风险，最优税收，失业

经济文献分类号：D82，G22，H21，H23，J65

Author: Chetty Raj, Saez Emmanuel

Title: Optimal Taxation and Social Insurance with Endogenous Private Insurance

Periodical: American Economic Journal: Economic Policy

Date: May 2010

Abstract: We characterize welfare gains from government intervention when the private sector provides partial insurance. We analyze models in which adverse selection, pre-existing information, or imperfect optimization create a role for government intervention. We derive formulas that map existing empirical estimates into quantitative predictions for optimal policy. When private insurance generates moral hazard, standard formulas for optimal government insurance must be modified to account for fiscal externalities. In contrast, standard formulas are unaffected by "informal" private insurance that does not generate moral hazard. Applications to health and unemployment show that formal private market insurance can significantly reduce optimal government benefit rates.

Key Words: Adverse Selection, Moral Hazard, Optimal Taxation, Unemployment

JEL Classification: D82, G22, H21, H23, J65

作者：甘邦·阿滴列山巴

题目：1993年劳动所得税收抵免扩大对未婚女性劳动供给的影响

期刊：公共财政评论

日期：2010年1月

内容简介：与独生子女和“丁克家庭”相比，1993年劳动所得税收抵免（EITC）扩张大幅度提高了两个和两个以上孩子家庭的救济金。本文运用全国调查数据和本次救济金提高的机会，考察了1993年EITC扩张对未婚女性劳动供给的影响。我发现，1993年的扩张大幅度提升了两个或两个以上孩子的未婚女性的劳动参与率。而且，参与率的提高主要来自于EITC项目的目标人群——受教育较少的女性。关于劳动小时数，我发现扩张增加了所有未婚女性的劳动小时数的证据。但是，目前我没有发现未婚女性劳动者年工作小时数的统计显著改变的证据。

关键词：劳动所得税收抵免，劳动供给，未婚女性

经济文献分类号：H24，J12，J16，J22

Author: Adireksombat Kampon

Title: The Effects of the 1993 Earned Income Tax Credit Expansion on the Labor Supply of Unmarried Women

Periodical: Public Finance Review

Date: January 2010

Abstract: The Earned Income Tax Credit (EITC) expansion in 1993 has substantially increased the benefit available to a family with two or more children compared to a family with one child and to a family with no children. Using national survey data and this differential increase in EITC benefits, this study examines the effect of the 1993 EITC expansion on the labor supply of unmarried women. I find that the 1993 expansion has substantially increased the labor force participation of those women with two or more children. Moreover, the increase in the participation rate was mainly from less-educated women, the target population of the EITC program. Regarding the hours of work, I find evidence that the expansion increased total hours worked by all unmarried women. However, I find no evidence of statistically significant changes in annual hours worked by currently unmarried female workers.

Key Words: Earned Income Tax Credit, Labor Supply, Unmarried Women

JEL Classification: H24, J12, J16, J22

作者：理查德·科恩，板谷淳一

题目：两种或两种以上公共产品的私人提供

期刊：公共经济理论学报

日期：2010 年

内容简介：我们拓展了公共产品自愿提供的简单模型，考虑了两种或两种以上公共产品，在这一背景中探寻新的可能性。我们说明，有许多公共产品时，自愿捐献均衡通常出现，不仅仅是公共产品提供的水平太低，而且是公共产品的错误组合。我们还分析了更一般情形的中性特征，扩展了 Bergstrom，Blume 和 Varian（1986）① 的中性命题。

关键词：公共产品

经济文献分类号：H41

Author: Cornes Richard, Itaya, Jun-Ichi

Title: On the Private Provision of Two or More Public Goods

Periodical: Journal of Public Economic Theory

Date: 2010

Abstract: We extend the simple model of voluntary public good provision to allow for two or more public goods, and explore the new possibilities that arise in this setting. We show that, when there are many public goods, voluntary contribution equilibrium typically generates, not only too low a level of public good provision, but also the wrong mix of public goods. We also analyse the neutrality property in the more general setting, and extend a neutrality proposition of Bergstrom, Blume and Varian (1986).

Key Word: Public Good

JEL Classification: H41

作者：伊沃·毕雪夫，沃尔夫冈·葛胡

题目：税收预测的政治经济学

期刊：国际税收与公共财政

日期：2010 年 4 月

内容简介：本文研究税收预测的政治经济学。各级政府有激励去抬高税收预测水平。在选举年度，这可以帮助它们提高重新当选的机会。如果这种机会小，那么有偏向的税收预测帮助政府提出受欢迎的支出，增加后继者的负担。这些假设得到 1992~2002 年西德各州的验证。总体向上的税收预测对于选举和政党的重要性，虽然只有很微弱的支持，但是过度估计程度高得越显著，执政党越少受欢迎，特定的经济绩效越差。

① Bergstrom T. C., Blume L., Varian H. On the private provision of public goods. Journal of Public Economics, 1986, 29: 25-49.

关键词：税收预测，政党，预算过程，财政赤字，财政纪律，财政透明度

经济文献分类号：H72，D72

Author：Bischoff Ivo，Gohout Wolfgang

Title：The political economy of tax projections

Periodical：International Tax and Public Finance

Date：April 2010

Abstract：This paper addresses the political economy of tax projections. It argues that governments face incentives to present upward biased tax projections. In election years，this may help them to increase the chance of reelection. If this chance is low，biased tax projections help governments to bring forward favorable expenditures and to burden their successors. These hypotheses are tested using West German states between 1992 and 2002. While there is only weak support for a general upward bias in tax projection and the importance of elections and partisanship，the degree of overestimation is found to be significantly higher，the less popular the incumbent party is and the poorer the state-specific economic performance.

Key Words：Tax Projections，Political Parties，Budget Process，Public Deficits，Fiscal Discipline，Fiscal Transparency

JEL Classification：H72，D 72

作者：安东尼·J.维纳布尔斯

题目：资源租金：支出时间与储蓄方式

期刊：国际税收与公共财政

日期：2010 年 8 月

内容简介：拥有大量可再生资源收入的国家面临收入管理的复杂问题。收入什么时候花掉最优？储蓄应采取什么方式？储蓄应该投资外国基金还是国内经济？政府政策如何影响私人部门，国内经济的可持续增长最终必须在哪里得到？本文在一个简单的两期模型中分析这些议题，认为分析必须超越有时被推荐的简单的永久性收入方法。

关键词：自然资源，收入管理，资源诅咒，永久性收入

经济文献分类号：Q32，O11，E2，H0

Author：Venables Anthony J.

Title：Resource Rents；When to Spend and How to Save

Periodical：International Tax and Public Finance

Date：August 2010

Abstract：Countries with substantial revenues from renewable resources face a complex range of revenue management issues. What is the optimal time profile of consumption from the revenue, and how much should be saved? Should saving be invested in foreign funds or in the domestic economy? How does government policy infiuence the private sector, where sustainable growth in the domestic economy must ultimately be generated? This paper develops the issues in a simple two-period model, and argues that analysis must go well beyond the simple permanent income approach sometimes recommended.

Key Words: Natural Resources, Revenue Management, Resource Curse, Permanent Income

JEL Classification: Q32, O11, E2, H0

作者： 詹姆斯·阿尔姆

题目： 在实验室研究行为公共经济学理论

期刊： 国家税收学报

日期： 2010 年 12 月

内容简介： 过去二十年，“行为经济学”，或其他社会科学方法和实证在经济学中的应用得到迅猛发展。通过实验室实验验证许多预测是一种重要方法。我在本文中综述和评价行为经济学在公共经济学领域的各种应用或“行为公共经济学”的验证。我讨论行为经济学的基本要素、实验经济学方法、实验方法在行为公共经济学中的应用以及未来应该有用的主题。

关键词： 实验方法，行为经济学

经济文献分类号： C9，H0，H3

Author: Alm James

Title: Testing Behavioral Public Economics Theories in the Laboratory

Periodical: National Tax Journal

Date: December 2010

Abstract: "Behavioral economics", or the application of methods and evidence from other social sciences to economics, has increased greatly in significance in the last two decades. An important method by which many of its predictions have been tested has been via laboratory experiments. In this paper I survey and assess experimental tests of various applications of behavioral economics to the specific area of public economics, or "behavioral public economics." I discuss the basic elements of behavioral economics, the methodology of experimental economics, applications of experimental methods to behavioral public economics, and topics in which future applications should prove useful.

Key Words: Experimental Methods, Behavioral Economics

JEL Classification: C9, H0, H3

作者：克拉拉·萨比林诺娃·彼得，巴特里克·斯蒂夫，登维尔·邓肯

题目：1981~2005 年全球个人所得税改革：来自 189 个国家的证据

期刊：国家税收学报

日期：2010 年 9 月

内容简介：我们在本文中用 189 个国家的面板数据，描述从 1981 到 2005 年的 25 年间这些国家的个人所得税制已呈现的显著趋势。我们不仅用完整的国家所得税率表，计算不同收入水平的实际税率和边际税率，还计算国家税制的结构性累进程度和复杂程度的不同时间的指标。我们证明，税制结构的频繁改变已降低了较高水平收入的税率，也使国家税制的整体累进性和复杂性下降；但是，不同国家的这种变化程度差异很大。我们也发现，高收入国家税率和收入正相关；但是，这种制度越不健全，经济发展水平越低，相关程度越低。

关键词：个人所得税，边际税率，平均税率，税收复杂性，累进性，单一税，收入，全球趋势

经济文献分类号：C8，E62，H2，H87，N10，O1

Author：Peter Klara Sabirianova，Buttrick Steve，Duncan Denvil

Title：Global reform of personal income taxation，1981~2005：evidence from 189 countries

Periodical：National Tax Journal

Date：September 2010

Abstarct：In this paper we use a panel of 189 countries to describe the salient trends that have emerged in national personal income tax systems spanning the twenty five year period from 1981 to 2005. Using complete national income tax schedules，we calculate actual average and marginal tax rates at different income levels as well as time-varying measures of structural progressivity and complexity of national tax systems. We show that frequent alterations of tax structures have reduced tax rates at higher levels of income and diminished the overall progressivity and complexity of national tax systems；however，the degree of this change varies considerably across countries. We also find that the relationship between the tax rates and revenue is positive for high income countries；however，the strength of the relationship declines with weaker institutions and lower levels of economic development.

Key Words：Personal Income Tax，Marginal Rate，Average Rate，Tax Complexity，Progressivity，Flat Tax，Revenue，Global Trends

JEL Classification：C8，E62，H2，H87，N10，O1

第三章　财政学科 2010 年出版图书精选

第一节

财政学著作汗牛充栋。选择的视野不限于传统财政学界，而以著作主题为依据。介绍了两部政策报告：一是中国社会科学院财政与贸易经济研究所的年度中国财政政策报告《世界主要国家财税体制：比较与借鉴》；二是上海财经大学公共政策研究中心的中国财政透明度报告。以年度报告形式存在的较有影响的还有中南财经大学的中国地方财政发展报告、上海财经大学的中国财政发展报告。这些报告基本上都是一年选择一个重要财政议题进行研究，并提出对策思路和政策建议。财政学界还有多个连续出版物（以书代刊），如厦门大学财政系《公共经济研究》，中南财经政法大学财政税务学院《财政经济评论》，浙江财经学院《公共财政评论》，中国人民大学财政金融学院《公共经济学评论》等。

财政史是财政学的一个重要分支。本年度报告选择了两部财政史著作：一是施诚的《中世纪英国财政史研究》；二是付志宇的《近代中国税收现代化进程的思想史考察》。

研究现实财政问题，一直是中国财政学界的重要工作。本年度报告仅选择了六部：樊丽明、石绍宾等的《城乡基本公共服务均等化研究》，傅勇的《中国式分权与地方政府行为：探索转变发展模式的制度性框架》，张雷宝的《地方政府公共支出绩效管理研究》，方红生的《中国式分权、内生的财政政策与宏观经济稳定》，杨默如的《中国增值税扩大征收范围改革研究》和朱秋霞的《百年村变之路：村镇现代化建设财政制度比较》。一些有代表性的著作通过“延伸阅读”的方式作了介绍。

书名：《世界主要国家财税体制：比较与借鉴》
作者：高培勇主编
出版社：中国财政经济出版社
出版时间：2010 年
Title：Fiscal System of Major Countries in the World：Comparison and Reference
Author：Peiyong Gao
Publisher：China Financial and Economic Publishing House
Date：2010

内容提要

该书是一本对世界主要国家财税体制进行比较与借鉴的著作，也是中国社会科学院财政与贸易经济研究年度财政政策报告系列之一。该书涉及的主题包括：宏观税负，税制结构，财政与社会保障，国有经济、国有资源与国有土地，财政体制，财政管理（含预算）制度和财政政策。各部分均对主要国家（涵盖发达国家、发展中国家和转轨国家）的现状进行梳理总结，并立足国情，得出对中国的若干启示。

第一，宏观税负的比较与借鉴。宏观税负的高低取决于经济发展水平、政府职能、文化传统、经济运行模式等因素。高税负不利于经济增长。发达国家的政府财政收入占 GDP 比重明显高于发展中国家；近年来各国政府财政收入占 GDP 的比重总体呈上升趋势。但是，税负高低没有绝对的标准，中国需要形成与我国经济社会发展需要相匹配的宏观税负水平。

第二，税制结构的比较与借鉴。税制结构是指由多个税种组成的复合税制体系中各税种的地位及其关系。不同的税种在政府政策工具组合中发挥着不同的作用。发达国家以个人所得税、社会保障税和一般流转税为主体税种；转轨国家增值税、社会保障税的比重较高，个人所得税的比重低于发达国家；发展中国家税制结构的差异较大，流转税的比重普遍较高。中国一般流转税的比重偏高，特殊流转税和个人所得税的比重偏低，不利于发挥税收调节收入分配的功能。

第三，财政与社会保障的比较与借鉴。全球人口老龄化极大地冲击待遇确定型的现收现付制养老保障制度。各国社会保障制度的差异性体现在支出比重的高低、政策设计理念、具体制度规定上等。社会保障体系建设是政府的重要职能，政府担负着社会保障支出的兜底责任。社会保障改革涉及所有居民的切身利益，一般说来改革难度较大。中国可以从各国社会保障具体领域的改革经验得到启示。

第四，国有经济、国有资源与国有土地制度的比较与借鉴。各国国有企业的行业或部门配置相似，各国国有经济的规模不同。发达国家和发展中国家都出现了石油资源“国有化”的趋势；发展中国家的国有石油公司在经营管理上呈现出“私有化”趋势，但大部分经济发达国家不设立国有石油公司。中国应建立权利金制度，完善石油财税制。各国普遍拥有一定数量的国有土地，都确立了适当的国有土地经营管理方式和收益方式。私有化未必是中国国有企业改革的唯一出路，但是，中国也不能过度依赖出售国有土地或其使用权来获取财政收入。

第五，财政体制的比较与借鉴。法治化建设是明晰事权划分的基本前提。均等化转移支付是中央对地方转移支付的主体。转移支付分配管理机构设置主要有以下四种模式：中央或联邦政府组成机构模式、国家立法机关模式、专设政府间财政关系处理机构模式和专职独立机构模式。中国需推进行政和财政级次的调整优化，需提高地方政府的财政收入能力。

第六，财政管理制度的比较与借鉴。完善的财政法律制度是财政管理规范化的保障。中国目前正向公共财政建设的成熟期迈进，政府预算转型是必然选择。财政统一与预算监督是现代预算制度的两个重要特征。政府行政部门往往承担预算编制和执行的角色，立法部门则承担预算审批和监督的职能，预算权力在两大部门间的分配与博弈伴随预算运作的始终。完善的预算监督包含：立法机构的事前介入预算编制、事中过程控制和事后审计监督。复式预算的核心灵魂在于清晰地对政府收支内容加以分类，并在此基础上有针对性地实施不同的管理和控制。复式预算与单式预算无根本冲突，实践中二者有融合的趋势。严格的制度安排和多维度的财政监督是财政管理科学化和透明化的内在要求。财政管理信息系统、权责发生制会计的应用、科学细化的政府收支分类与收支预测技术是财政管理精细化的必要条件。以结果为导向的绩效管理是财政管理绩效化的直接体现。我国应探索建立政府财务报告制度，注重运用市场力量约束和引导地方政府行为。

第七，财政政策的比较与借鉴。财政政策一直存在有效性之争，但这不妨碍世界主要国家运用财政政策以稳定经济。发达国家相机抉择财政政策的实施经常受制于时滞，而发展中国家经常表现出顺周期的倾向。经济全球化背景下，财政政策的国际协调至关重要。财政政策的实施既要注意短期目标，也要和中长期目标相结合。财政政策与经济改革并行不悖。中国在实施扩张性财政政策的同时，要采取措施促进经济发展方式的转变。中国还需要通过财税体制改革，以更好地发挥财政政策的作用。

书名：《2010 中国财政透明度报告：省级财政信息与部门行政收支公开状况评估》

作者：上海财经大学公共政策研究中心

出版社：上海财经大学出版社

出版时间：2010 年

Title: China's Fiscal Transparency Report in 2010: the Assessment of Administrative Income and Expenditure Disclosure for the Provincial Fiscal Information and Departments

Author: Public Policy Research Center in Shanghai University of Finance and Economics

Publisher: Shanghai University of Finance and Economics Press

Date: 2010

内容提要

该书是上海财经大学公共政策研究中心年度财政透明度报告之一。

该报告回顾了 2009 年社会公众、学术界、政府和人大对政府信息公开进程的推动情况，并对财政部公布中央财政“四张预算表”、广州市公开 114 个政府部门预算、国资委公开央企经营状况、全国人大修订《保密法》、最高人民法院公布政府信息公开司法解释等 2009 年政府信息公开重大事件作了评论。

该报告的主体部分是上海财经大学公共政策研究中心项目研究小组对全国 31 个省级政府财政透明度和一些主要省级部门的行政收支透明度状况进行了调查、分析、评分和排序的结果。

该报告选择公开、完整两个最基本的原则来评估中国财政透明度。研究报告的取得经历了财政信息提纲设计、信息获取、信息统计与确认和透明度评估等阶段。

具体说来：财政信息提纲设计时，选择省本级财政的前三年决算数据作为调查对象，根据现行政府收支分类标准，按照最低的透明要求设计了 113 项信息项指标，考察各省财政信息的公开程度。

财政信息获取的途径有二：一是信息搜索（网上搜索、公开出版物检索）；二是依法申请（向政府信息公开办公室申请）。该中心以此来评估信息公开情况。

在信息统计与确认阶段，项目组统计获得的信息，并将各省的信息统计结果反馈给各省信息公开机构，要求相关机构对调查信息的情况进行补充确认。

在透明度评估阶段，该项目组对于各省财政透明度的评估分为两个部分：一是对搜集到的财政信息的数量和质量进行评估；二是对信息申请过程中各省信息公开机构和财政厅局所表现出来的工作态度和责任心进行评估。为直观反映财政透明度的情况，该项目组对信息公开情况赋予分值并进行量化处理，包括信息分和态度分。信息满分为 1130 分（每项信息 10 分），态度满分为 50 分。加总信息评分与态度评分，即得到各省财政透明度的综合评分，满分为1180分。

对行政收支及相关信息的透明度评估亦采用量化计分的做法。

2010年度中国省级财政信息公开状况的基本情况如下：第一，省际之间的比较分析。省级财政透明度整体得分偏低；中国省际之间财政透明度差异不大。第二，项目之间的比较分析。不同类别项目平均得分率差异较大；越是敏感和细节的信息越是不透明；大部分财政信息项目的得分在不同省份间非常相似甚至高度一致。第三，年度之间的比较分析。与2009年相比，2010年呈现出了一些新的特点：各省财政透明度的年度名次变化较大；各省财政透明度得分的差距有所缩小；财政透明度的整体得分有所提高。

关于省级行政单位行政收支及相关信息透明度的评估，结果以《2010中国省级部门行政机关透明度排行榜》和《2010中国省级行政支出透明度部门排行榜》显示。由此可见，中国政府信息公开在行政收支领域的一些特点。第一，整体而言，政府行政信息收支的透明度比前述一般的省级财政信息透明度更不理想。无论是从省际来看还是从部门来看，全国的平均得分以百分制计算均只有3124分，远低于前者的21187分。第二，最低省份为0分，并不意味着该省的行政收支信息真的是一点也不公开，而是表明政府在信息公开方面的意识缺乏，以及在信息公开方面的种种顾虑。第三，在部门比较之中，政协和人大排在最后。顾及政协与人大民主监督的天然职责，这种结果十分耐人寻味。

该报告指出政府信息公开存在的三个问题：政府主动公开信息的意识薄弱，在各政府网站上公开的实质性的信息不多，通过公开出版物所公开的信息也十分有限；地方政府在信息公开的态度上仍有所顾虑，处于观望和犹豫状态，易导致依法申请信息公开遭遇较大阻力；尽管政府信息公开近一年中取得一定的进展，但总体而言，与政治经济的发展程度仍不相适应，远未能满足社会公众对政府信息提出的诉求。

该报告关于提高政府信息透明度的建议是：根本性修订《保密法》及其相关的保密条例，修订《中华人民共和国预算法》，切实贯彻落实《政府信息公开条例》。对于《政府信息公开条例》的贯彻落实：第一，各级政府加大财政信息公开的力度，不仅中央政府要采取行动，而且各级地方政府也要采取行动；不仅政府预算要透明，所属各部门和单位的预算也要透明。第二，实现财政透明应该有一个适当的时间表。第三，要明确透明的“度”，这是实现财政透明的关键问题。

该报告2010年省级财政透明度评估的内容包括：各省政府财政透明度态度评估、各省一般政府基金透明度分析、各省社会保障基金透明度分析和各省国有企业基金透明度分析。

该报告对2010年省级行政收支及相关信息透明度评估的内容包括：行政收支及相关信息调查中的态度与责任心评估；行政收支及相关信息透明度调查；行政收支及相关信息透明度的整体考察。

此外，该报告还对河南省焦作市财政透明度作了特别评估。

延伸阅读：

陈志勇主编. 中国地方财政发展研究报告2010：省管县财政体制研究. 经济科学出版

社，2010.

上海财经大学公共政策研究中心. 2010 中国财政发展报告：国家预算的管理及法制化进程. 上海财经大学出版社，2010.

书名：《城乡基本公共服务均等化研究》
作者： 樊丽明、石绍宾等
出版社： 经济科学出版社
出版时间： 2010 年
Title： Equalization of Urban and Rural Basic Public Services
Author： Liming Fan，Shaobin Shi
Publisher： Economic and Scientific Press
Date： 2010

内容提要

该书包括正文和附录两大部分。该书介绍城乡基本公共服务均等化的研究背景和主要观点，对城乡基本公共服务均等化的基本理论作了分析，并分析了基本公共服务及其均等化的内涵与外延，研究了城乡基本公共服务均等化的实现机制，探讨均等化实现的前提条件、手段和法律保障。在此基础之上，该书对美国、澳大利亚、日本和中国台湾地区城乡基本公共服务均等化实践过程作了系统考察，分析各自均等化实现路径及相关措施。而后回到现实，对中国城乡基本公共服务非均等的历史与现实进行分析，并分析了中国城乡基本公共服务非均等化的现状，探讨其背后的深层次原因。最后分析中国城乡基本公共服务均等化实现的条件、目标选择、实现手段以及制度改革。该书的附录还提供了四篇专题调研报告：《区域内城乡基本公共服务均等化进程及其实现机制分析——基于山东省 3 市 6 区县调查的经济学思考》、《当前中国农村公共品政府供给机制的运行及完善》、《农民参与新型农村合作医疗及满意度分析——基于山东省 245 户农户的调查》和《我国农民参加新型农村社会养老保险影响因素的实证分析——基于山东省入户调查数据的分析》。

基本公共服务应理解为“基本”的公共服务，这里“基本”不仅要反映社会公众的基本公共需求，还要体现人的基本人权要求。因此，基本公共服务主要是指根据当时的社会共同价值信念，全体居民共同需要的最基本层次公共服务。基本公共服务的特征主要表现在三个方面，即最基本层次性、同质性和动态性。结合当前我国国情，目前基本公共服务的外延至少应包括基础教育、医疗卫生、基础设施、养老保障、住房保障、就业保障等方面的内容。

城乡基本公共服务的均等化，不等于平均化，也不等平等化，而是侧重于强调机会公平，为保证城市居民和农村居民都有相等的对基本公共服务的消费权利，保证公众的自由选择权，但这种公众的自由选择权并非无限大，对于某些特殊的基本公共服务，均等化还意味着必须保证结果均等，均等化的标准应是“托底标准”，即保证公众的最低标准的基本公共服务需求，向全体社会公众提供的最低水平的基本公共服务。因此，城乡基本公共服务均等化的实质是一种“底线均等”，是为促进人的自由发展，维护公平秩序，承担保证市场经济发展“托底”之责的重要表现。

城乡基本公共服务均等化的前提条件主要包括经济发展所处的阶段、城市化水平、政府财政的丰裕程度、责任的明晰划分以及政府治理的民主性等五个方面。从西方发达国家基本公共服务均等化的实践来看，各国（或地区）基本公共服务的均等化推进一般都遵从先城市后农村、先工业从业人员后农业从业人员、先富裕人群后贫困人群的先易后难推行思路。不同基本公共服务的推进顺序也与工业化、城市化的阶段紧密相关。城市化初期，政府往往会重视城乡基础设施的均等化。工业化、城市化发展进入中期阶段以后，教育与卫生的均等化需求开始不断显现，此后，因工业化和城市化发展所带来收入分配差距的迅速扩大，城乡发展差距进一步扩大，养老、医疗等基本公共服务的均等化开始推进。

尽管政府治理模式各不相同，但在财政体制上世界各国普遍都采取了财政分权的模式，现实中却往往出现不平衡的局面，一方面表现为纵向不平衡，即地方政府承担了较多的公共服务供给事权，但却不具备完成这些责任所需的全部财力；另一方面表现为横向不平衡，即由于经济社会发展水平与自然资源禀赋的差异，不同政府之间会出现基本公共服务供给能力的差异。

为解决地方政府事权与财力不对称而引发的纵向不平衡问题，一个可行的解决方案即是将基本公共服务的供给事权上移，由中央政府承担，以实现事权与财力的匹配，从而可以有效解决由地方政府提供所带来的基本公共服务不均等问题。解决横向不均衡的关键是要均等化不同政府的公共服务能力，以消除经济社会发展水平和资源禀赋所带来的财政能力差异。而公共服务能力均等化的实现，又有赖于政府间的转移支付。

一直以来，国家对城镇和农村实行不同的公共服务供给政策。改革开放前，城市居民的公共服务需求由国家财政负责满足，农村地区公共物品的供给主要由公社、生产大队和生产队负责，即农村的公共服务供给主要在制度外进行。改革开放后，城乡分立的财政制度、公共服务供给制度更为突出与明显，公共财政在农村实际上处于缺位状态，城乡之间基本公共服务的供给差距十分悬殊。城乡公共服务非均等的原因，可以归因于重城轻乡忽视社会发展的战略、公共财政制度不完善、政绩考核标准有误以及城乡之间较大的收入差距。

改革开放以来，中国的经济社会不断发展进步，经济发展迅速，城市化进程加快，财政保障能力提高，政府间关系趋于规范，服务型政府雏形初现，目前已经基本具备实行城乡基本公共服务均等化的条件。

考虑到中国长期以来城乡分治所造成的城乡差异悬殊的现实，我国城乡基本公共服务均等化的实现并非一夕之功，宜分为近期、中期和长期三个阶段，并分别确定各自目标。

从中国实际出发，要推行城乡基本公共服务均等化，一方面应加强中央政府对于基础教育、公共卫生以及社会保障等方面的事权责任；另一方面应建立中国公共服务能力均等化的机制，具体来说，应坚持“收支均衡”思路，即中央政府应根据地方政府履行提供基本公共服务的“能力缺口”进行转移支付，以均等化基本公共服务的供给能力。

此外，还应加强中国城乡基本公共服务均等化的制度建设，具体包括改革政府层级制度，建立基本公共服务的需求发现机制，以及完善基本公共服务供给的绩效评价制度等。

该书作者樊丽明系上海财经大学校长，石绍宾为山东大学经济学院副院长。

延伸阅读：

陈工，赖伟文. 我国社会养老保险融资问题研究. 中国财政经济出版社，2010.

朱青等. 中国社会保障制度完善与财政支出结构优化研究. 中国人民大学出版社，2010.

书名：《中国式分权与地方政府行为：探索转变发展模式的制度性框架》

作者：傅勇

出版社：复旦大学出版社

出版时间：2010 年

Title：China Decentralization and Local Government Behavior：The Institutional Framework for Exploring the Transformation of Development Mode

Author：Yong Fu

Publisher：Fudan University Press

Date：2010

内容提要

分权是一个世界现象，增长却不是。大国的发展道路离不开分权，那么，如何构建一个良好的政府治理模式，以保证地方政府为增长而不是为寻租而竞争呢？该书分析了中国式分权的核心内涵，即经济分权同垂直的政治管理体制紧密结合。在此背景下，该书试从地方财政收支结构和公共产品供给的角度，考察中国式分权是如何成功地塑造地方政府的增长取向的，并探讨分权治理和与之相伴随的政府竞争对财政支出结构和公共产品供给效率所造成的成本和扭曲。

该书梳理了财政分权理论的演进。两代财政联邦主义理论的转变表明，财政分权理论的重点已从公共产品提供转到地方政府行为模式，即从如何在政府间安排公共产品提供的责任，转到财政分权如何给地方政府提供激励去推动转型和增长。该书提出了一个分权竞争与地方政府行为模式的分析框架。在分权体制下，中国基础设施的改善超越了经济发展水平。

该书通过构造财政分权和地方政府竞争的指标，利用 1994~2004 年的省际面板数据，实证研究了分权和竞争对地方政府财政支出结构的影响，并利用 1986~2004 年的面板数据检验财政支出结构的跨时差异和跨区差异。该书发现，中国式分权在推动市场化和激发地方政府"为增长而竞争"的同时，在支出结构上也带来了"重基本建设、轻人力资本投资和公共服务"的扭曲成本，且竞争对支出结构的最终影响取决于分权程度。西部开发战略、分税制改革、所得税收入分享改革改变了政府支出行为和竞争行为。这不仅可以合理地解释地方政府行为，而且也为评价中国财政分权下支出结构的合理性以及相关政策的影响提供了一个有效视角。总体上看，地方政府财政资源较为丰富，公共支出和公共产品提供不足的深层原因是地方政府财政支出结构上的偏向。该书还实证检验财政体制和分权治理是否改善了地方政府对公共物品的有效供给（公共物品供给的结果或质量而不是公共投入本身）。中国式分权并没有提高地方政府对公共物品的有效提供。这不是因为财力不足，而是因为缺乏激励。该书的政策建议是：合理划分支出责任，增强财政透明度；实行更合理的财政平衡政策和区域政策；加快要素市场化改革；改革政绩考核机制，重塑地方政府行为模式。

该书作者毕业于复旦大学，现任职于中国人民银行上海总部。

延伸阅读：

彭健. 地方财政理论架构与体制优化. 中国社会科学出版社，2010.

钟晓敏，叶宁. 中国地方财政体制改革研究. 中国财政经济出版社，2010.

王德祥，李建军. “省管县”财政改革与新农村建设问题研究. 武汉大学出版社，2010.

田志刚. 地方政府间财政支出责任划分研究. 中国财政经济出版社，2010.

武丽. 中国农村财政制度变迁研究. 中国财政经济出版社，2010.

伍文中. 政府间财政支出竞争的经济效应研究. 经济科学出版社，2010.

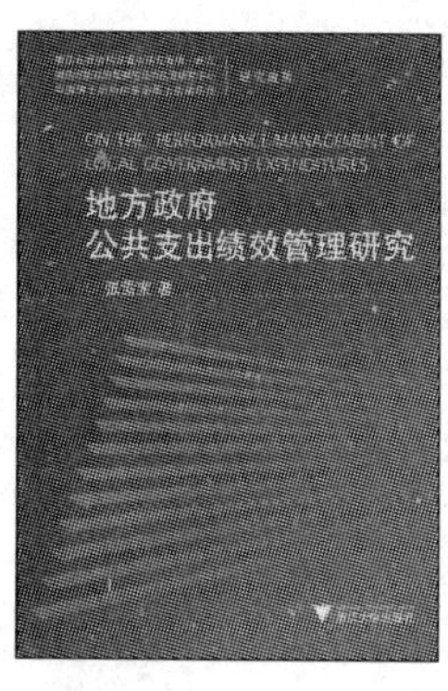

书名：《地方政府公共支出绩效管理研究》
作者：张雷宝
出版社：浙江大学出版社
出版时间：2010 年
Title：On the Performance Management of Local Government Expenditures
Author：Leibao Zhang
Publisher：Zhejiang University Press
Date：2010

内容提要

该书以地方政府财政支出绩效管理为研究对象，对大量相关理论与实践难题进行了关注、研究和破解，并在诸多方面都有新意和突破。内容包括：地方政府公共支出绩效管理导论、基本理论、科学内涵与价值功能等。

财政制度健全的目标不仅仅是让支出活动合规，还要尽可能地提高支出绩效。在这样的背景下，财政支出绩效管理改革已得到许多地方的重视。改革正给中国各地区财政经济、社会生活以及政治构架带来一场“静悄悄的革命”。从财政角度来看，地方财政支出绩效管理改革是缓解地方财政收支矛盾、提升支出绩效水平的重要抓手；从社会角度来看，地方财政支出绩效管理改革是改善和保障各地方民生的重要依托；从政治角度来看，地方财政支出绩效管理改革则是夯实政府执政合法性基础的重要路径。财政支出绩效评价和管理是非常困难的，目前各地财政资金绩效评价与管理方面的工作也只是处于初步探索阶段。

以上述变革和实践为背景，该书采取理论分析与实证分析相结合、国际经验与国内探索相结合、定性分析与定量分析相结合的研究方法，以地方政府公共支出绩效管理为研究主题，对中国地方政府公共支出绩效管理问题从理论透视、中外比较、实证分析、政策探讨等方面作了较为全面、深入和系统的剖析，旨在破解大量相关理论与实践难题。

迄今为止，国内系统而深入地探讨公共支出绩效管理问题的学术成果尚不多，探讨地方政府公共支出绩效管理问题的研究成果更是少见。该书深入细致的研究和探索，不仅在理论上具有一定特色和价值，而且对中国也具有较强的现实针对性，是政府财政绩效管理领域一部难得的创新力作。

该书的主要特色包括：

（1）对中国地方政府公共支出绩效管理问题进行了较为系统的理论剖析，有一些新意和突破。例如，提出并区分地方政府公共支出绩效管理活动的三种相互关联、紧密联系的价值体现形式，即理念价值、财政价值和制度价值；运用相关理论模型，探讨了地方官员腐败行为对公共支出规模的适度性、结构的合理性以及产出的最优性即三种公共支出绩效维度的扭曲效应。

（2）通过案例剖析，创新性地揭示和探讨地方政府公共支出绩效评价与管理过程中的诸多问题。当前地方公共支出绩效管理的载体或核心是公共支出项目绩效评价，作者由此出发，主要遵循“项目概况—绩效评价—案例解析”的分析结构，展现了目前各地方政府的公共支出项目绩效评价的基本面貌，并深入分析了诸多现实问题（如项目绩效评价指标的公信力问题、绩效评价基准的合理确定问题、绩效评价指标权重赋值问题、项目产出结果或效益的量化问题、绩效评价面临的基础信息约束问题等）。浙江省是中国地方财政改革的一个样板。作者着重以浙江省为例，详细分析了浙江省的改革历程、实践及其成效，重点探讨了浙江省公共支出绩效管理过程中的难题与困惑，指出改革的宣告效应（如使绩效理念得以注入）远远大于预期的“鲶鱼效应”（Catfish Effect），实际的财政效果并不显著。

（3）从观念的普及性、理论的先进性、政治的可行性、技术的可靠性、法律的支撑性、机构的保障性、舆论的影响力等多重环境变量，构建了我国地方政府公共支出绩效管理的外部环境评价模型，并根据浙江省各地方相关调研数据进行了相应的实证分析。

（4）在深刻剖析我国地方政府公共支出绩效评价与管理现存问题的基础上，根据改革对象的复杂性、改革内容的系统性、改革制度的配套性以及改革路径的渐进性，提出了进一步改进和完善我国地方政府公共支出绩效评价与管理效率的渐进式“路线图”。

该书对当前中国地方政府公共支出绩效管理及其制度改革机理问题进行了较全面深入的解读和剖析，是关于地方财政支出绩效管理研究的一次重要探索，是该领域一部较有特色的高水平著作。

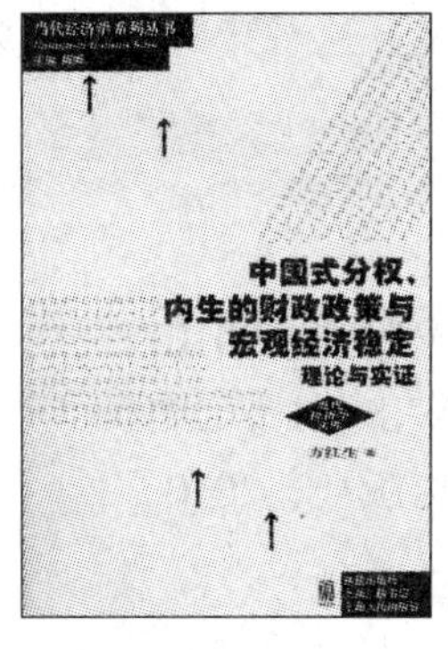

书名：《中国式分权、内生的财政政策与宏观经济稳定：理论与实证》
作者：方红生
出版社：格致出版社，上海三联书店，上海人民出版社
出版时间：2010年
Title：Chinese Decentralization，Endogenous Fiscal Policy and Macroeconomic Stability：Theory and Evidence
Author：Hongsheng Fang
Publisher：Truth & Wisdom Press，Shanghai Joint Publishing Press，Shanghai People's Publishing House
Date：2010

内容提要

该书分六章，主要对中国式分权内生的财政政策与宏观经济稳定的理论与实证知识作了介绍，具体内容包括“价格水平决定的财政理论：一个综述”、“中国地方政府竞争、预算软约束与扩张偏向的财政行为”等。

该书试图为中国政府构造一个有利于科学发展的宏观调控体系框架。其中理论框架是通过回答以下三个基本问题的方式完成的：第一个基本问题是面对宏观经济不稳定，一个仁慈性政府应该采取什么样的政策组合？第二个基本问题是中国地方政府为什么会采用不利于宏观经济稳定的扩张偏向的财政政策？第三个基本问题是如何尽可能地确保中国地方政府像一个仁慈性政府一样行动？第二章通过梳理和评述价格水平决定的财政理论及其政策主张对第一个基本问题做出了回答。即一个仁慈性政府在正常时期，一般应采用积极型货币政策与局部李嘉图财政政策的组合；在非正常时期，应采用被动型货币政策与非李嘉图财政政策的组合。第五章通过梳理和借鉴相关研究文献提出了一个理论假说，该假说认为中国扩张偏向的财政政策就是中国式分权的治理模式和缺乏良好的制度约束互动的一个可以解释的结果。这就回答了第二个基本问题。第六章主要从改革中国式分权的治理模式、修改《预算法》和提高财政透明度三个方面试图使中国地方政府尽可能像一个仁慈性政府一样行动。其中改革中国式分权的治理模式的一个思路是采用一个以经济稳定优先并兼顾民意的政绩考核机制。然而，本书认为一个有效的有利于科学发展的宏观调控体系框架应有其相应的实证基础。因此，本书对价格水平决定的财政理论和扩张偏向的财政政策的理论假说分别进行了检验，实证结果表明两大理论都很好地通过了验证。具体地说，第三章根据Sala的VAR发现，实际利率对于一个单位的实际税收正向冲击的反应基本为正；进一步地通过Kim的SVAR，我们不仅发现了通胀和通缩的交替过程，而且还发现了扩张和衰退的交替过程。这些发现与识别价格水平决定的财政理论的条件完全一致。第五章通过构造中国式分权和制度约束的代理变量并利用1994~2004年度的地区非平衡面板数据和Probit模型方法发现，政府竞争对财政政策扩张偏向的边际影响是反腐败力度的递减函数。除此之外，本书还探讨了中国“缩长”之谜的可信谜底，认为价格水平决定的财政理论可以从政策搭配的角度丰富更有解释力的总需求不足说。这意味着合理的政策搭配是多么的重要。

该书作者是浙江大学经济学院副教授。

延伸阅读：

王立勇. 财政政策效应：理论研究与经验分析. 中国人民大学出版社，2010.

樊纲等. 中国经济再平衡之路：内外均衡与财税改革. 上海远东出版社，2010.

王海军. 不确定内生经济增长与财政政策研究. 上海财经大学出版社，2010.

书名：《中世纪英国财政史研究》
作者：施诚
出版社：商务印书馆
出版时间：2010 年
Title：Research on British Financial History in Middle ages
Author：Cheng Shi
Publisher：The Commercial Press
Date：2010

内容提要

该书是一部较为全面的研究中世纪英国的财政、税收史著作。该书在中世纪英国财政史研究述评的基础之上，对中世纪英国财政史进行了较为深入的研究，涉及的内容包括财政税收机关的起源、运行与变化，政府各项收入的来历、演变，政府收入与支出和收支平衡问题，英国中古的财政税收理论问题等。

第一，该书论述中世纪英国财政机构——财政署、宫室和锦衣库——的起源、发展、功能，它们之间的关系以及它们与其他行政机构的关系。大致说来，财政署主要负责公共财政收支，宫室负责王廷的收支，而锦衣库负责战争收支。宫室和锦衣库的收入主要依靠财政署的支拨。但是与其他行政事务一样，中世纪英国的国家公共财政与国王的私人财政区分不明显，所以三个财政机构的职能经常重叠。

第二，该书评述中世纪英国国王享有的一系列财政特权，即每年征收分布在全国各地的郡包租，征收特别协助金、继承金、监护权和婚姻决定权带来的收入，王室森林区收益、王室采买权、征调军役和军事强买权等。该书结合中世纪不同时期不同的财政特权作了阐述。

第三，该书分析英国封建税收理论和税收结构的演变。税收理论包括“国王必须靠自己过活”的税收原则理论，“共同利益”和“共同需要”理论，共同同意与国会的批税权。相应地，税收结构和国王财政收入构成也发生了变化，以土地为基础的封建税收让位于以财产和收入为基础的近代税收。盾牌钱、丹麦金和卡鲁卡奇等以土地为基础的税收由于封土制的实行而难以征收，于是国王转向动产和收入税。中世纪英国拥有畅销欧洲大陆的优质羊毛。从 13 世纪后期起，历代国王都征收关税。从此，关税和动产收入税成为国王的两大财政支柱。

第四，该书对国王借款活动进行了研究。除了关税和财政特权收入外，动产收入税不能连年征收，为了与法国、威尔士、苏格兰作战，国王经常依靠向犹太人、意大利银行和国内的贵族、商人举债，以筹措战费，借款成为中世纪英国历代国王弥补收入不足的一种重要财政手段。

第五，该书研究了国王与教会的财政关系。英国历代国王都觊觎教会的财富，但是只有得到教皇批准，国王才能向教士征税。国王与教会的财政关系牵涉到与罗马教皇（或教廷）和英国教士之间的复杂关系。13 世纪后期，随着罗马教皇权威的下降，国王爱德华一世开始直接向英国教士征税。为了抵制国王对教会财富的掠夺，坎特伯雷和约克两大主教区的教士们分别组成教士大会，批准或拒绝国王对教士的征税要求。

第六，该书还分析历代国王的财政收支平衡问题。该书指出国王财政总收入的构成，对历代国王年收入进行了分析，说明国王财政收入中封建财政特权收入比重的下降，税收比重的增加。战争是历代国王财政开支第一大类，接着是王廷开支，包括王室生活和行政开支。中世纪英国国王没有严格的财政收支预算，绝大多数国王是“糊口财政”（Hand-to-Mouth），死后遗留大笔债务。

另外，该书附录还提供了中世纪英国王朝世系表、中世纪历代国王征收的俗人税和中世纪历代国王年收入表。

该书作者是首都师范大学教授。

书名：《近代中国税收现代化进程的思想史考察》

作者：付志宇

出版社：西南财经大学出版社

出版时间：2010 年

Title： Investigation on Tax Modemization Process of Modern China

Author： Zhiyu Fu

Publisher： Southwestern University of Finance and Economics Press

Date： 2010

内容提要

近代中国的税收制度经历了从传统的以简单直接税为主体税种向以间接税为主过渡并进入以现代的直接税为主的现代化过程，与之相对应的近代中国的税收思想也在不同时期呈现出不同的特色。按照近代中国的朝代更迭和经济发展状况，税收现代化的思想史进程大致可以分为发端、奠基、成型和嬗变四个阶段。其中清末为发端时期，清政府首次提出国地分税，初步尝试了对税制进行改革；在思想界表现为重商派、洋务派和维新派等不同阶层的人士先后提出税收改良主张。北洋政府时期为奠基时期，政府对旧有的税制进行了调整，初步划分了国地税收，推出了一些新税种，取得了一定的成就，奠定了现代税制的基础；在思想领域则有北洋政府的理财家、资产阶级革命派和民间的财政专家就如何进一步改进税制展开有益的探索。南京国民政府前期为成型时期，政府从税收体制上明确了中央和地方间的税权分配关系，在关税自主、裁厘改统和所得税开征等方面做了大量工作，基本上形成了以现代直接税为主体、其他间接税和财产税为补充的现代化税制体系；南京国民政府的财政官员和经济学家在这一时期对改善政府财政状况、调节收入分配、充分实现税收制度的现代化等诸多问题进行了深入思考。

该书作者系西南财经大学财政税务学院教授。

延伸阅读：

黄天华. 原始财政研究. 上海财经大学出版社，2010.

书名：《中国增值税扩大征收范围改革研究》
作者：杨默如
出版社：中国税务出版社
出版时间：2010 年
Title：Study of VAT Tax Base Broadening in China
Author：Moru Yang
Publisher：China Tax Publishing House
Date：2010

内容提要

该书研究增值税扩围改革（即“营业税改征增值税”）问题。

该书分析我国增值税与营业税并征现状的改革需求。从增值税与营业税并存现状入手，从税收原理、政策法律、税务管理、财政体制四个层面研究两税并征现状改革的必要性，改良趋势与治本之难凸显深化改革的紧迫性，提出治标之举是顺应改革需求而采取的改良措施。治本之难是未弥补并征营业税的根本性缺陷；改革的目标是亟待融入国际主流游戏规则。

该书分析营业税融入增值税的可行性。首先是增值税扩大征收范围涉及的财政体制问题，其次是取消营业税制涉及的国地税机构改革问题，具体税制要素与征管环境的考虑等。

分别对不同行业营业税融入增值税的重点难点作了分析，对物流劳务、房地产业、建筑业、金融业作了国际比较，提出了改革建议。关于房地产业，该书还应用投入产出表作了分析。该书应用 CGE 模型对增值税扩围改革进行初步测算。增值税扩围改革中需要注意的相关问题，劳务项目优惠政策、增值税低税率制度设计、世界增值税制度的近期改革趋势、小规模纳税人、起征点、进项税额抵扣等制度作了探讨，提出了一些改革建议，如加强对小规模纳税人的规范与监管，建议将“起征点”制度修改为“免征额”制度；建议将增值税进项税额“留抵”制度适当修改等。

该书作者是国立华侨大学副教授。

延伸阅读：

韩绍初. 改革进程中的中国增值税. 中国税务出版社，2010.

邢丽. 碳税的国际协调. 中国财政经济出版社，2010.

王萌. 资源税研究. 经济科学出版社，2010.

徐利. 中国税收可计算一般均衡模型研究：兼评增值税转型改革对中国经济的影响. 中国财政经济出版社，2010.

丁芸. 中国土地资源税制优化研究. 经济科学出版社，2010.

高萍. 中国环境税制研究. 中国税务出版社，2010.

书名：《百年村变之梦：村镇现代化建设财政制度比较》
作者：朱秋霞
出版社：上海立信会计出版社
出版时间：2010 年
Title：The Hundred Year Dream of Village Modernization：A Comparison of Fiscal Institutions for Town and Village Modernization in China
Author：Qiuxia Zhu
Publisher：LiXin Accounting Publishing House
Date：2010

内容提要

该书对村镇现代化财政制度作了比较。中国村民委员会不是一级政府，但在收支功能上与一级财政没有太多差异。因此，村财务至少可以视为准财政。乡镇财政制度建设数十年来一直是农村财政制度建设的重点。各地经济社会发展水平的差异，决定了不同地区乡镇财政有着天壤之别。

村镇现代化建设对于完成中国现代化建设百年大计具有决定性意义。在此过程中村镇现代化建设的财政制度是基础。村镇现代化建设财政制度分析理论基础包括：诺斯的制度变迁理论、奥斯特罗姆的公共事务治理理论、俱乐部理论和“用脚投票”模型、阿马蒂亚·森的自由发展观。该书在对理论进行阐述的基础之上，以奥施特罗姆的社区公共事务治理理论为基本理论框架，对村镇现代化建设的两个主要模式——德国制度和美国制度进行了比较分析；对中国村镇现代化建设的基本模式进行了理论总结和分析；对不同的模式进行了相应的案例分析，说明多样化模式产生的制度条件及进一步发展的制度需求；在国际比较和对中国制度模式总结的基础上，提出制度创新的框架性改革方案。

该书分析了村镇现代化建设财政制度框架：村镇财政任务在公共财政中的分工，农村土地产权安排，行政和社会组织，财政管理体制。在梳理相关文献的基础之上，该书比较了村镇现代化建设制度模式，包括土地整理模式、新增耕地面积指标挂钩模式、农村综合开发模式、土地财政模式、乡村企业带动模式和民间捐款模式。该书还对中国村镇行政与财政体制作了分析，涉及村级组织、村级财务、村级财务管理、城市化过程对村级财务的影响、乡镇行政、乡镇财政、乡镇财政体制改革。

该书放眼世界，着重研究美国和德国的地方政府和财政改革，地方政府对转移支付的依赖。该书比较了德国土地税与美国财产税制度、基本原理、在地方财政中的地位、制度成本、资源配置功能、对房地产市场宏观调控影响。

该书还对中国土地整理模式案例作了分析：山东城乡等值化模式、浙江的折抵指标有偿调剂模式、成都的增减挂钩模式和重庆的地票模式。中国乡村企业带动模式案例：商州王垌村；土地合作社模式案例：东莞石龙镇西湖村，潮州池湖村；“一事一议”制度模式案例：常州市花园村；民间捐款模式案例：盐城市水府村造桥项目；机构捐款模式案例：

宜阳董王庄乡教育项目；村公共品多方资金供给案例：江门市梅江村；农业开发区模式案例如：泰兴市新街镇。

最后，该书作了理论总结，并提出制度创新的框架性改革方案。

全书的基本特色是具有明显制度设计特征的理论研究，对制度模式的案例分析证明中国存在社区公共事务自主治理的基本可能性，并具有实践上的可操作性。

该书作者是南京财经大学财政税务学院教授。

第二节

英文图书精选

要从2010年英文文献中选出共有11本具有代表性的财政学学术著作，并非易事。财政学图书中，专著较少，文集较多。财政学是经济学、政治学、法学等多个学科之间的交叉学科。下列图书就充分体现了财政学的跨学科属性。

Author: Narayana R. Kocherlakota
Title: The New Dynamic Public Finance
Publisher: Princeton University Press
Date: 2010
作者：纳拉亚纳·R. 科切尔拉科塔
书名：《新动态财政学》
出版社：普林斯顿大学出版社
出版时间：2010年

内容提要

该书是图卢兹经济学讲座（Toulouse Lectures in Economics）系列丛书之一。

不鼓励人们工作的重税负的税制是坏税制。可是，这样的税制帮助人们应对生产率冲击，又可算好税制。税制的此种权衡取舍问题众所周知。如何解决？这有赖最优税收设计。但是，直到最近，相关研究或忽略了人们对未来生产率的不确定性，或对税制作了不切实际的功能形式限制。新动态财政学的发展旨在应对这些问题：在给定可能的税收工具组合限制和影响经济体中人们的冲击的性质限制最小的条件下，研究最优税收。这种财政学新方法激动人心。该书对该方法作了综述和讨论。新动态财政学给出了动态最优税收与动态委托—代理合约理论之间的形式联系。这种联系意味着委托—代理问题解决方案的特性可以用于决定最优税制的特性。这种最优税制必然牵涉资产所得税收（资产所得税收可能以复杂的方式取决于当前和过去的劳动所得）。该书也给出了新方法用于最优货币政策、最优政府债务政策、最优遗产税的定性的可能影响。此外，该书还描述了关于最优税收模拟计算的可计算方法，讨论了未来研究的可能路径。

该书作者为明尼苏达大学经济系教授。

Author: Institute for Fiscal Studies (IFS) (ed.)
Title: Dimensions of Tax Design: The Mirrlees Review
Publisher: Oxford University Press
Date: 2010
作者：（英国）财政研究所
书名：《税制设计的维度：莫里斯评论》
出版社：牛津大学出版社
出版时间：2010 年

内容提要

该书是英国财政研究所组织撰写的两卷本税制改革书的第一卷。该项目的成果因由 1996 年诺贝尔经济学奖得主莫里斯（James Mirrlees）牵头而得名为“莫里斯评论”。“莫里斯评论”的目标是判断什么造就 21 世纪开放的发达经济体的良好税制，并建议英国税制如何朝该目标改革。与三十年前的《米德报告》很大程度上关注英国直接税不同，“莫里斯评论”从更广阔的视野考察税制，视野不限于英国，而是拓展到全球。最终结论的基础，来自财政研究所和全世界的专家讨论的税制设计的许多关键主题，和同样杰出的专家给出的评论。作者和评论者不受最终结论的约束。该卷就集中展现这些成果。该卷包括十三份不同维度的税制设计研究，由财政研究所研究人员和其他国际专家共同进行课题研究，代表他们自己的利益和价值，也为“莫里斯评论”的最终报告（第二卷《税制设计》）提供了智慧。核心团队的结论见“莫里斯评论”的第二卷——《税制设计》。

该课题组的工作指导者包括：蒂姆·贝斯利（Tim Besley）、理查德·布兰德尔（Richard Blundell）、马尔科姆·甘米（Malcolm Gammie）和詹姆斯·波特巴（James Poterba）。课题组的编辑团队包括：斯图尔特·亚当（Stuart Adam）、斯蒂芬·邦德（Stephen Bond）、罗伯特·触（Robert Chote）、保罗·约翰逊（Paul Johnson）和加雷斯·迈尔斯（Gareth Myles）。

财政研究所（The Institute for Fiscal Studies，IFS）是一家提供独立于政府、政党或其他相关利益者的高品质经济分析的研究机构。它发挥重大影响力的途径包括出版物、媒体、与公务员的近距离接触、与内阁和影子内阁成员的常规会议。它通过理解经济和社会政策对个人、家庭、企业和政府财政，促进政策的有效运行。他们的发现基于严格的分析，详尽的经验证据和深入的制度知识。

Author: Michael Carlberg
Title: Monetary and Fiscal Strategies in the World Economy
Publisher: Springer
Date: 2010
作者：迈克尔·卡尔伯格
书名：《世界经济中的货币与财政策略》
出版社：施普林格出版社
出版时间：2010 年

内容提要

该书研究世界经济中的货币政策与财政政策之间有用的相互影响。假设世界经济包括两个地区——欧洲和美国。决策者是中央银行和政府。政策目标是低通货膨胀、低失业和低结构性赤字。需求冲击、供给冲击和混合冲击均存在。地区冲击和一般冲击也存在。该书发展了一套包括基础、中级和高级在内的模型。其中关注的是纳什均衡。主要问题是：给定冲击，政策相互作用减少了现有损失吗？在什么程度上可以做到这一点？另一主题是政策合作。为此，本书列举了许多数量案例。

该书作者为赫尔姆特·施密特大学（Helmut Schmidt University）和汉堡大学（Federal University of Hamburg）教授。

Author: Sally Wallace (ed.)
Title: State and Local Fiscal Policy: Thinking Outside the Box?
Publisher: Edward Elgar Publishing
Date: 2010
作者：萨莉·华莱士编
书名：《州和地方财政政策：暗箱之外的思考》
出版社：爱德华·埃尔加出版社
出版时间：2010

内容提要

该书是一本关于州和地方财政政策的文集。过去几十年，公共财政面临一系列新挑战和新机会。人口结构趋势给非相机抉择的公共支出如健康保健带来了巨大压力，同时教育财政也遇到立法挑战的压力。作者也说明了这些国家趋势如何对州和地方财政或直接或间接的影响。经济低迷进一步约束了州和地方政府应对国家趋势的选择。选民对政府规模的情绪进一步恶化了州和地方政府的财政选择。在这本充分的有启发意义的书中，财政学专家讨论了过去三十年实行的或正在考虑的州和地方税收政策的创新。分析州和地方政府是否"已经走出黑箱"去处理当前公共财政的紧张或者只是安于现状，是本书作者的原创性工作。州和地方财政领域的著名专家研究了实际政策，分析了未来潜在的政策变化。公共政策与财政学领域的学者、学生及决策者会对本文集的深刻性和原创性感兴趣。

该书主编华莱士是佐治亚州立大学（Georgia State University）教授。

Author: Richard B. Freeman, Birgitta Swedenborg, Robert H. Topel (eds.)

Title: Reforming the Welfare State: Recovery and Beyond in Sweden

Publisher: University of Chicago Press

Date: 2010

作者：理查德·B.弗里曼，比吉塔·斯韦登堡，罗伯特·H.托佩尔

书名：《改革福利国家：瑞典的复苏与前景》

出版社：芝加哥大学出版社

出版时间：2010 年

内容提要

该书是美国国家经济研究局（National Bureau of Economic Research，NBER）的一次会议论文集。在 20 世纪，瑞典进行了一次最雄心壮志的实验：成为资本主义市场经济发展大规模的积极的福利国家。瑞典慷慨的社会项目与所形成的经济平等成为其他国家模仿的典范。近来，瑞典由于从 20 世纪 90 年代中期的银行业危机中复苏，也一直在讨论作为一个典范该如何应对金融和经济危机。在那个时候，经济学家对福利国家是否引发瑞典危机进行热烈的讨论，也讨论了是否应该改革的问题。这是一场与当前对资本主义的担心有明显相似之处的辩论。该书汇集了一流经济学家，考察瑞典应对 20 世纪 90 年代中期危机的反应以及接下来的复苏的意义。该书讨论的议题包括劳动力市场的变化方式、税收和福利金政策、地方政府政策、产业结构、国际贸易等影响瑞典经济复苏的各种因素。瑞典应对经济挑战为其他的福利国家的自生能力提供了有价值的洞见，而且更广泛地说，提供了应对危机的现代经济方式。

该书主编弗里曼是哈佛大学经济系教授；斯韦登堡是瑞典斯德哥尔摩经济与政策研究中心（SNS）研究员；托佩尔是芝加哥大学布斯商学院教授。

Author: David A. Wildasin (ed.)
Title: Fiscal Aspects of Evolving Federations
Publisher: Cambridge University Press
Date: 2010
作者：戴维德·A.威迪逊
书名：《演变中的联邦的财政视角》
出版社：剑桥大学出版社
出版时间：2010 年

内容提要

财政分权和联邦财政问题令人关注，中央和中央以下各级政府间财政关系改革在许多国家都是当务之急。经济一体化意味着国家间商品、服务、资本和人力资源可以比之前更容易地跨政治边界流动。但是，既有的财政联邦主义经济理论有着较大局限性。该书不仅给出真实世界制度背景的多样性，而且将形式模型根据信息不对称和要素流动因素做了调整，做到理论与现实的有机结合。

该书是北美和欧洲专家关于财政联邦主义经济学这一热门问题的研究的原创性成果。该书为经济学、政治学和公共政策读者提供了政府间转移支付结构、税收竞争、劳动力迁移的财政后果分析。

该书主编现为肯塔基大学（University of Kentucky）马丁公共政策与公共行政学院财政学讲席教授和经济系教授。

Author: Edwin M.Truman

Title: Sovereign Wealth Funds: Threat or Salvation?

Publisher: Peterson Institute for International Economics

Date: 2010

作者：埃德温·M.杜鲁门

书名：《主权财富基金：威胁还是拯救?》

出版社：彼得森国际经济研究所

出版时间：2010 年

内容提要

主权财富基金（SWFs）不是国际金融的新现象。几十年来，一些国家的政府的国际金融资产一直通过类似的实体管理。而且，各国都持有国际储备，政府所有的实体进行跨国投资已持续多年。但是，随着过去十年国际储备量与不可再生资源出口收入的迅速增加，主权财富基金的国际资产总额至少增长到 3.5 万亿美元，可以用于相似目标的国际资产已接近 7 万亿美元。该书及时追踪主权财富基金和国际储备累积的来源。该书描述如此巨额政府跨境资产持有机构的三种主体的议题：拥有资产的国家，东道国，国际金融体系。作者描述了已知的超过 50 个的各种国家的主权财富基金。作者给出包括四大类 33 种要素的“记分板”。四大类是：结构、治理、透明度与可问责性、行为规则。这种开创性的“记分板”在主权财富基金的圣地亚哥原则（国际货币基金组织国际工作小组）中得到广泛认可，对这样一套广为接受的原则与实践作出了主要贡献。最后，该书讨论了全球经济和金融危机背景中主权财富基金的作用的演变及未来。

该书作者埃德温·M.杜鲁门是彼得森国际经济研究所的高级研究员。

Author：Caren Grown，Imraan Valodia（eds）

Title：Taxation and Gender Equity：A Comparative Analysis of Direct and Indirect Taxes in Developing and Developed Countries

Publisher：Routledge

Date：2010

作者：卡伦·格朗、伊姆兰·瓦鲁迪

书名：《税收与性别平等：发展中国家和发达国家的直接税与间接税的比较分析》

出版社：罗德里奇出版社

出版时间：2010 年

内容提要

全世界有许多税制歧视女性。当前的税制改革常常增加最贫困女性的税收负担，而不能为改善这些女性生活的项目融资带来足够的收入。由于税收是政府自身收入的主要来源，理解税制结构和当前税制改革的努力对于减少贫困、提供公共支出的充分收入、实现社会正义至关重要。这是第一本系统考察不同发展水平国家性别与税制的论著。它代表了关于阿根廷、加纳、印度、墨西哥、摩洛哥、南非、乌干达和英国的个人所得税、增值税、货物税、燃油税的性别维度的原创性研究成果。该书的阅读对象包括财政学、国际经济学、发展研究、性别研究、国际关系以及其他跨学科领域的本科生和研究人员。

Author: George M. Guess, Lance T. LeLoup

Title: Comparative Public Budgeting: Global Perspectives on Taxing and Spending

Publisher: State University of New York Press

Date: 2010

作者： 乔治·M.格斯，兰斯·T.莱卢普

书名：《比较公共预算：税收与支出的全球视角》

出版社： 纽约州立大学出版社

出版时间： 2010 年

内容提要

各种政府项目和服务的预算和融资，各国（地区）之间差别很大。我们理解方法和制度的异同非常重要。只有通过公共预算体制的比较分析，包括健康、教育、经济稳定和基础设施建设在内的政策结果才会得到改善。当前全球经济危机已导致多数国家财政赤字增加，债台高筑。对特定地区的预算编制进行比较，至关重要，政策制定者可以选择最相关和最有用的体制。

该书回顾了各国收支分类的方式，比较了不同地区的文化和经济环境，考察了影响预算的公共管理的法律和制度特点。该书融入 230 多个国家（地区）（包括美国、英联邦国家、部分欧盟成员国）预算政策最近的显著变化。该书对文化、制度和政治力量如何决定，国家配置资源方式以及如何用于各种项目和政策，提供了全新的分析。

该书作者乔治·M.格斯为美利坚大学教授；兰斯·T.莱卢普（1949~2009）生前为华盛顿州立大学教授。

Author: Roger H. Gordon (ed.)

Title: Taxation in Developing Countries: Six Case Studies and Policy Implications

Publisher: Columbia University Press

Date: 2010

作者: 罗杰·H.戈登（主编）

书名:《发展中国家的税制：六个案例研究与政策影响》

出版社: 哥伦比亚大学出版社

出版时间: 2010 年

内容提要

税收是重要的政策议题。发展中国家尤其如此。就以最近的事来说，提高中产阶级税负的议案推翻了玻利维亚政府，计划扩大或提高增值税，引起厄瓜多尔和墨西哥的政局不稳。尽管税收政策影响发展中国家，可是迄今为止，综合研究还很不够。该书以阿根廷、巴西、印度、肯尼亚、韩国和俄罗斯六国作为主要案例进行研究，归纳当前税制的主要内容，探索经济和政治影响。六国中既有最穷的发展中国家，也有最富的发展中国家。它们独特地显示了税制改革的不同财政问题。尽管部分经济体已下调关税税率，已从货物税转向增值税，但每个经济体都严重依赖间接税和公司所得税。六国中的多数，有规模庞大的非正式经济，企业逃税问题严重。结果是，纵然税率堪比发达经济体，税收收入依旧保持低水平。征集收入中也采用了非传统方法，包括银行税（bank debit taxes）、企业国有制、非正式部门个人的隐含税。该文集分析了税法、征管、财政压力的变化，澄清了当前税收征管概貌与世界较穷经济体的经济未来。

该书由导论和八篇论文组成。八篇论文中有两篇综合文章和六篇分国别的研究论文。综合文章重新评估发展中国家税收政策适当设计的传统智慧，分别由 2001 年诺贝尔经济学奖得主 Stiglitz 和该书主编 Gordon 撰写。分国别的研究论文分别是《阿根廷的税收政策》、《印度税制改革》、《俄罗斯增值税史》、《肯尼亚税制改革：政策与征管问题》、《韩国税制：增长导向的选择》和《巴西税制结构与税收负担：1980~2004》。这六篇论文分析了六国税制现状、演变、所导致的税收收入的变化和主要财政压力。

该书编者是圣地亚哥加州大学经济系教授。

Author：Steven A. Bank

Title：From Sword to Shield：the Transformation of the Corporate Income Tax，1861 to Present

Publisher：Oxford University Press

Date：2010

作者：斯蒂芬·A. 邦克

书名：《从剑到盾：1861 至今公司所得税的转型》

出版社：牛津大学出版社

出版时间：2010 年

内容提要

美国公司所得税——特别是公司所得的双重征税———直是联邦收入体系中最受人诟病又得到顽固坚持的内容之一。与其他多数工业化国家不同，美国公司所得被征两次税：一是在公司层面；二是分红时在股东层面。传统说法一直是，这种双重课税是一个多世纪以前制度原先设计的一部分，尽管来自企业界的反对声在加强，公司所得税还是存在下来。历史告诉我们的却是另一个故事。就我们今天所知，公司所得税首次引入的数十年以后，双重课税问题才出现。而且，它最初为公司代表所接受，在后续年份里，企业界对于它的存在与通常的设定一直非常矛盾。该书是第一本对美国公司所得税历史进行描述的著作。作者介绍了公司所得税的起源和政治、经济、社会力量，让它从反对个人所得税的剑成为对抗政府和股东、干预公司资金管理的盾。

该书对公司所得税作了溯源，介绍了税制从产业税到公司税的演变、世纪之交的公司税、分立的公司税的兴起、非认同与公司税之盾、双重课税的起源、公司税改革失去的机会，阐述了公司所得税的现在和未来。

该书作者是洛杉矶加州大学法学院教授。

第四章　财政学科 2010 年会议综述

第一节　财政学科国内会议

1. 会议名称：中国财政学会 2010 年年会

会议时间：2010 年 4 月 10~12 日

会议地点：北京

会议纪要：2010 年 4 月 10~12 日，中国财政学会 2010 年年会暨第 18 次全国财政理论讨论会在北京召开。来自中央有关部门、科研机构、地方财政系统、高等院校的第八届中国财政学会理事候选人及代表共 400 余人参加了会议。财政部部长谢旭人出席会议并作了重要讲话。会议总结了第七届理事会工作，通过了修订后的《中国财政学会章程》和第七届理事会财务报告，选举并产生了第八届理事会。

大会选举产生由 287 名理事组成的中国财政学会第八届理事会，选举谢旭人为中国财政学会第八届理事会会长，王保安、王力、卢中原、李扬、邓力平、贾康、刘伟、郭庆旺为副会长，贾康兼任秘书长。

会议的主题是“进一步完善公共财政体系和宏观调控政策，着力构建有利于科学发展的财税体制机制”。重点研讨的内容包括：调结构、转方式、促改革、保民生的政策措施问题，基本公共服务均等化和主体功能区建设问题，收入分配问题，地方债务问题，低碳经济问题和财政学基本理论问题等。17 位专家学者作了大会发言。会议共收到论文 180 多篇。会议围绕上述主题进行了分组讨论。

2. 会议名称：中国税务学会 2010 年年会暨全国税收理论研讨会

会议时间：2010 年 12 月 2~4 日

会议地点：福州

会议纪要：2010 年 12 月 2~4 日，中国税务学会 2010 年年会暨全国税收理论研讨会在福建省福州市召开。中国税务学会领导、学会常务理事、学术研究委员、各地学会负责人、有关财经院校和科研单位人员及媒体记者等 160 余人参会。会议就 2010 年税收调研成果作了广泛的研讨和交流，表彰了优秀成果；安排部署了 2011 年税收调研任务。中国税务学会副会长陆百甫，中国税务学会副会长邓力平分别作了经济与税收形势的专题报告。中国税务学会名誉会长金鑫出席会议。会议开幕时，福建省委常委、常务副省长张昌平到会祝贺。中国税务学会副会长张英惠、董志林、吴新联、马国强、郭庆旺分别主持会议。

国家税务总局党组成员、副局长解学智到会并作重要讲话。会议结束时，中国税务学会会长崔俊慧作题为《以促进经济社会科学发展为目标为加快转变经济发展方式建言献策》的讲话。

会前，召开了中国税务学会 2010 年度常务理事会及税收学术研究委员会会议，通报中国税务学会 2010 年工作情况；讨论通过学会 2011 年工作要点；研究加强和改进学术委员课题研究的意见并确定了 2011 年课题；同时还召开了部分常务理事座谈会，专门就改进课题调研办法、提高调研质量听取了相关同志的意见。

会议代表就宏观经济与税收政策、进一步完善税收制度、深化征管改革及优化纳税服务和税收队伍建设等问题展开深入研讨和交流。

3.会议名称：中国国际税收研究会第四届二次理事大会

会议时间：2010 年 11 月 17~18 日

会议地点：武汉

会议纪要：2010 年 11 月 17~18 日，中国国际税收研究会第四届二次理事大会在湖北省武汉市召开。会议由湖北省地方税务局和湖北省国际税收研究会承办。参加会议的有全国人大财经委，国家发改委、财政部、税务总局等部委，部分知名院校和研究机构，以及各省、市、自治区税务部门和国际税收研究会代表共 190 人。

国家税务总局副局长王力代表总局党组到会并讲话。他要求，国际税收理论研究工作者深入学习，认真贯彻中共十七届五中全会精神，抓住机遇，创新发展，加强学习型社团建设、创新能力建设、思想库建设和内部组织建设，努力开创国际税收理论研究新局面。

中国国际税收研究会第四届理事会会长郝昭成向大会作了工作报告，回顾研究会过去两年多的工作，并部署了当前工作。会上，厦门国家会计学院院长邓力平作经济与税收形势报告。会议代表参加了“对现代增值税的国际研究”和“综合与分类相结合的个人所得税征管机制研究”结题研讨会。会议审议通过研究会财务工作报告，表决调整了中国国际税收研究会理事、常务理事、副会长。

4. 会议名称：中国税收教育研究会 2010 年年会暨第四届学术研讨会

会议时间：2010 年 12 月 9~10 日

会议地点：广州

会议纪要：2010 年 12 月 9~10 日，中国税收教育研究会 2010 年年会暨第四届学术研讨会在广东省广州市召开。国家税务总局副局长宋兰莅会并发表讲话。会议议程主要有两项：一是中国税收教育研究会领导机构换届；二是税收教育改革与创新学术研讨。本次大会由暨南大学经济学院、中山大学岭南学院和广东商学院财税学院共同承办。来自国内财税界和高等院校的150多位税务专家、学者参加了本次大会。

开幕式由暨南大学财税系主任沈肇章主持。研究会聘请国家税务总局副局长宋兰、中国人民大学安体富担任研究会名誉会长；聘请中国国际税收研究会会长郝昭成、国家税务总局教育中心主任牟信勇、中国税务出版社社长程永昌、东北财经大学副校长马国强、福建闽江学院院长杨斌、暨南大学於鼎丞、国家税务总局扬州税务进修学院院长解爱国担任研究会顾问。大会推举中央财经大学副校长李俊生担任研究会会长，推举汤贡亮、张松等17人担任副会长，杨志清兼任秘书长，丁芸等11人为副秘书长。大会确定了国家税务总局教育中心等53个单位的110位理事和59名常务理事。

第二节 财政学科国际会议

1. 会议名称：国际财政学会2010年年会①

会议时间：2010年8月23~26日

会议地点：瑞典乌普萨拉

英文名称：2010 IIPF Congress

会议纪要：会议主题是“逃税，避税与影子经济”（Tax Evasion，Tax Avoidance and Shadow Economy）。奥地利林兹大学（Linz University）的弗里德里希·施耐德（Friedrich Schneider）和英国牛津大学的克莱门斯·富斯特（Clemens Fuest）担任会议的科学委员会主席。乌普萨拉大学（Uppsala University）的索伦·布伦凯斯特（Sören Blomquist）担任会议的当地组织委员会主席。乌普萨拉大学也是会议的承办单位。会议按惯例接受财政学各领域的优秀论文。会议组织了5个全体会员参加的演讲和一个分组讨论，共接受250余篇的投稿论文。开幕式由国际财政学会主席罗宾·鲍德威（Robin Boadway）、乌普萨拉大学副校长谢斯廷·萨林（Kerstin Sahlin）与索伦·布伦凯斯特主持。全世界近400名代表参加会议，四天的大会共分88小节评论了254篇论文。会议结束时颁发了国际财政学会青年经济学家奖和2010年马斯格雷夫夫妇（佩吉·马斯格雷夫和理查德·马斯格雷夫）奖。

现简要介绍会议的五个主题演讲：

第一个主题演讲是艾格纳·桑德莫（Agnar Sandmo）（挪威经济与商业管理学院，Norwegian School of Economics and Business Administration）所作。他的题目是《一个模糊的主题：关于地下经济的理论化》（An evasive topic：Theorizing about the hidden economy）。在讲座中，他回顾了A-S（Allingham-Sandmo，1972）模型（投资组合方法），并讨论了各种拓展。他特别关注模型相对于现实而言，是否预测了太多的逃税。逃税与劳动供给的相互

① 资料来源：http：//www.iipf.net/cong10_r.htm。

影响，提供了投资组合方法与地下经济研究的联系，还包括企业的间接税逃税，以及相近的相关主题走私。他还给出了关于最优税收理论和最优执行分析的政策含义。讲座也简要讨论了涉及“税收天堂”存在的逃税国际维度，还有福利国家自生能力分析的含义。

第二个主题演讲是杜兰大学（Tulane University）的詹姆斯·阿尔姆（James Alm）所作，题为《逃税的衡量、解释与控制：来自理论、实验和实地研究的教训》（Measuring，explaining，and controlling tax evasion：Lessons from theory，experiments，and field studies）的演讲。阿尔姆评价了从 1972 年阿林汉姆和桑德莫（Allingham and Sandmo，1972）提出逃税模型分析以来所认识的知识。他关注只有两个多年存在的问题，并作出回答。第一，我们怎么衡量逃税程度？第二，我们如何能够解释这些行为模式？他给出了自己的答案并列举了研究的具体例子。他的主要结论是我们已经认识到许多事物，但是关于如何衡量、解释和控制逃税的理解，我们仍有很大差距。关于未来研究可能有前途的路径，他也给出了一些建议，并给出部分预测。

第三个主题演讲是密歇根大学（University of Michigan）的乔尔·斯莱姆罗德（Joel Slemrod）所作。他提交了一篇和卡罗琳·韦伯（Caroline Weber）合作的论文，题为《信号还是仅仅是噪声？逃税与非正式经济分析的衡量问题》（Signals or Just Noise? Measurement issues in the Analysis of Tax Evasion and the Informal Economy）。在讲座中，他认为逃税与非正式经济分析必须向前，即使主要变量不能直接观察。他批判性地回顾了所能认识到的逃税和非正式经济的数量和决定因素，在微观和宏观层面，给定条件和假定。他认为，理论应该指引“看不见的”证据的构建和解释。根据他的结论，他接着检验和评估了广泛的计量经济学策略。最成功的策略是利用申报税基的可观察变量，一种没有争议的原因或者轨迹，不可观察的活动。

第四个主题演讲是海德堡大学（University of Heidelberg）的拉尔斯·P.菲尔德（Lars P. Feld）教授所作。题目是《政府如何影响税收遵从：来自（中部）欧洲的证据》（How the Government Affects Tax Compliance：Evidence from（Central）Europe）。他给出德国案例的结果。德国案例特别有趣，因为近来大幅度威慑税收的不遵从。他采用 2004~2009 年（反税收不遵从活动期间）的好几波调查数据，并与从 2001 年开始的较早数据（活动之前）作比较。据此（主观感受到的）威慑已对未申报的工作和逃税起到预期的负面影响，但是社会规范的影响，特别是税收道德的影响更强些。

第五个主题演讲是布莱恩·B.埃拉尔（Brian B. Erard）所作。他的题目是：《美国联邦所得税差距：我们看到什么以及我们不能做什么？》（The U.S. Federal Income Tax Gap: What We See and What We Don't）。税收差距（衡量纳税人自愿申报与实际支付的差距）的理解与处理是一个令全世界的税收征管机构烦恼的问题。在讲座中，埃拉尔概述了美国国内收入署（IRS）评估美国联邦个人所得税差距所用方法，即严重依赖随机稽查的方法。这一方法可取之处是它能对税收稽查人员在多大程度上可识别税收申报表上的不遵从，作出直接的和有全国代表性的评估。但是，有意逃税者常常尽力隐瞒、误报，稽查人员不一定都能够发现。国内收入署因此努力评估的不仅是稽查结果上所看到的税收差距部分，而

且要评估看不到的。大规模随机稽查项目成本高昂且执行中挑战很多。对于许多国家来说，这种方法不是可行的选择，即使在美国，它只是对于特定税种有选择地采用。埃拉尔还分析了税收征管机构可能采用的估计税收遵从的一些其他方法。

会议的第三天专门安排了发展中国家的逃避税分组讨论。

会议颁发了国际财政学会青年经济学家奖（IIPF Young Economists Award）和马斯格雷夫夫妇奖（Peggy and Richard Musgrave Prize）。①

国际财政学会青年经济学家奖创立于 2008 年，旨在鼓励青年学者向国际财政学会年会提交论文。评奖委员会由每年年会科学主席领衔，评选在大会发表的论文，根据科学质量、创造性和相关性，选择三篇并授奖。同样的规则适用于"马斯格雷夫夫妇奖"，但青年奖的作者年龄必须在 40 岁以下，合作论文所有作者年龄都在 40 岁以下（截至年会结束日授奖时的年龄）。

2010 年的青年经济学家奖授予约翰内斯·林克（Johannes Rincke）和斐迪南·米特迈尔（Ferdinand Mittermaier）。他们的论文是《国家会因为国际工资差异补偿企业吗》（Do Countries Compensate Firms for International Wage Differentials?）。

国际财政学会 2003 年创立"马斯格雷夫夫妇奖"。马斯格雷夫夫妇奖每年授奖。2010 年，该奖授予哥本哈根大学的 Niels Johannesen。他的论文题目是《逃税与瑞士银行存款》（Tax Evasion and Swiss Bank Deposits）。②

2. 会议名称：美国国民经济研究所跨大西洋公共经济学研讨会（Trans-Atlantic Public Economics Seminar）

会议时间：2010 年 6 月 14~16 日

会议地点：意大利瓦伦纳（科莫湖）

英文名称：NBER

会议纪要：圣地亚哥加州大学的罗杰·戈登（Roger Gordon）和博科尼大学经济研究所（Innocenzo Gasparini Institute for Economic Research，IGIER）的罗伯特·佩罗蒂（Roberto Perotti）组织了这一会议。会议的主题是财政政策。会议讨论的论文主要有：《预期与未预期的美国税收政策冲击的总效应》、《对财政政策的产出效应的衡量；财政远见的数量效应》、《州预算削减对就业和收入的影响》、《财政失衡和举债成本：来自州投资损失的证据》、《基于实际经济周期的财政政策：实证理论》、《全球危机时财政政策的国际差异》、《财政乘数有多大（小）？自动稳定器与经济危机：美国与欧洲的比较》、《全球储蓄和全球投资：可识别的财政冲击的传播》。

该研讨会论文经评选后主要在《公共经济学学报》（Journal of Public Economics）发表。

---

① 理查德·马斯格雷夫（Richard Musgrave）和佩吉·马斯格雷夫（Peggy Musgrave）是夫妇，都是著名财政学家。

② 资料来源：http：//www.iipf.net/msgpz.htm。

3. 会议名称：美国国民经济研究所财政联邦主义研讨会

会议时间：2010 年 3 月 26~27 日

会议地点：美国加利福尼亚州圣地亚哥

英文名称：NBER Conference on Fiscal Federalism

会议纪要：该会议由圣地亚哥加州大学教授朱莉·卡伦（Julie Cullen）和罗杰·戈登（Roger Gordon）联合组织。会议旨在回溯和反思州和地方政府所面对的经济压力。会议讨论的文章主要有：《美国的财政联邦主义》、《郊区化、人口结构变化与学校融资的结果》、《环境政策中的不断增长的州—联邦冲突：基于市场规制的作用》、《累进税制和转移性支出的保险受益；各州现实受益于税制?》、《学校融资改革与州税收的分布；联邦政府体系中的收入分配》、《蒂布竞争的约束效应：来自美国学校融资改革的证据》、《蒂布分类与社区分层》、《蒂布模型再评估》。

该研讨会论文经评选后主要在《公共经济学学报》（Journal of Public Economics）发表。

4. 会议名称：国家税收学会第 103 届税收年会（2010 年）

会议时间：2010 年 11 月 18~20 日

会议地点：美国芝加哥

英文名称：103rd National Tax Association Annual Tax Conference 2010

会议纪要：国家税收学会会长 Harvey Galper 作了题为《复杂性与系统的税制改革》（Complexity and Systemic Tax Reform）的演讲。

该会议设置多个平行论坛，包括财政展望：前景、政治与政策；公司税的逃避（Corporate Tax Aggressiveness），美国人口普查局（U.S. Census Bureau）改进年度和季度州和地方税收统计项目；心理学和税收；现在与未来的课税选择；退休储蓄与退休所得的课税；生命周期行为的数据分析；来自税收征管记录的税收政策教训（公立学校的地方税收融资保持了不公平?）；财富和遗产税新研究；税收融资工具和制度；不平等和税收政策；预先填写的个人所得税申报表：来自澳大利亚、加州、魁北克和西班牙的证据；非营利组织的税收待遇。

会议颁发了 2010 年度荷兰奖（Holland Award）。该奖得主布鲁金斯学会亨利·J.艾伦（Henry J. Aaron）作了授奖演讲。

5. 会议名称：公共经济理论研究会第十一届国际会议

会议时间：2010 年 6 月 25~27 日

会议地点：土耳其伊斯坦布尔的海峡大学（Boğaziçi University）

英文名称：11th International Meeting of the Association for Public Economic Theory，PET 10

会议纪要：这次会议是公共经济理论研究会（Association of Public Economic Theorists，APET）与海峡大学的经济设计中心和经济系合办。会议接受公共经济和相关领域的论文。

在会议上作主题演讲的有加州理工学院（California Institute of Technology）的汤姆斯·

帕尔弗莱（Thomas Palfrey）教授、比利时列日大学（University of Liege）的皮埃尔·帕斯蒂尔（Pierre Pestieau）教授和芝加哥大学（University of Chicago）的菲利浦·J.瑞尼（Philip J. Reny）教授。

会议组织委员会由范德堡大学（Vanderbilt University）的约翰·康利（John Conley）教授、巴黎第一大学（Université Paris 1）的莫尼克·弗洛伦萨诺（Monique Florenzano）教授、范德堡大学（Vanderbilt University）的莫娜·伍德斯（Myrna Wooders）教授和海峡大学（Boğaziçi University）的于纳尔·曾京格尼尔（Ünal Zenginobuz）教授组成。

会议讨论的主题包括：财政竞争、最优税收、税负归宿、慈善捐赠、养老金政策、惩罚与公共产品博弈的合作、机制设计、博弈论及应用、实验经济学等。

第五章　财政学科 2010 年文献索引

本报告的文献索引包括中文期刊和英文期刊两个部分。中文期刊论文数量多，编者作了筛选，以期能较充分地反映中文财政学的研究成果。英文期刊来源选择主要以 Econ-literature 索引为依据，并作了适当增减。

第一节　中文期刊索引

1. 安徽省财政厅. 完善基层医药卫生体制综合改革财政政策研究. 财政研究，2010（12）：19-21.

2. 安体富，任强. 政府间财政转移支付与基本公共服务均等化. 经济研究参考，2010（47）3-12.

3. 白彦锋. 增值税中央与地方分享比例问题研究. 财贸经济，2010（3）：39-46.

4. 蔡昌. 对增值税“扩围”问题的探讨. 税务研究，2010（5）：44-45.

5. 曾湘泉，郝玉明，熊通成. 地区财政支付能力对公务员收入差距影响研究. 财政研究，2010（1）：35-37.

6. 常清. 国家收储与价格变动的实证分析——我国宏观调控模式的新探索. 财政研究，2010（5）：18-22.

7. 陈斌. 碳税对中国区域经济协调发展的影响与效应. 税务研究，2010（7）：45-47.

8. 陈建东. 关于我国个人所得税费用扣除额的研究. 税务研究，2010（9）：29-32.

9. 陈金池. 刺激居民消费的税收政策探讨. 涉外税务，2010（10）：25-28.

10. 陈龙. 从“社会集中分配论”的逻辑体系看未来财政研究的方向. 财政研究，2010（9）：2-8.

11. 陈平路. 税收政策对企业投资的影响. 涉外税务，2010（1）：28-31.

12. 陈旭佳. 刺激消费的财税政策选择. 涉外税务，2010（1）：24-27.

13. 陈永正. 城乡公共服务均等化视角下地方公共财政体制改革. 财经科学，2010（1）：83-90.

14. 陈志勇.“土地财政”：缘由与出路. 财政研究，2010（1）：29-34.

15. 程瑜. 深化我国税制改革的路径选择. 税务研究，2010（10）：33-37.

16. 崔惠玉. 论政府预算的财政学科属性. 财政研究，2010（4）：45–47.

17. 崔军. 关于我国开征碳税的思考. 税务研究，2010（1）：41–44.

18. 崔志坤. 中国开征物业税（房地产税）的路径选择. 财政研究，2010（12）：50–52.

19. 崔志坤. 综合与分类混合型个人所得税模式设计的不同取向. 税务研究，2010（9）：41–43.

20. 崔治文，王蓓，管芹芹. 我国税收结构与经济增长关系的实证检验. 涉外税务，2010（6）：28–32.

21. 戴毅. 地方债制度化变革问题研究. 财政研究，2010（9）：27–29.

22. 邓宏乾，徐松明. 改革房地产税制重构地方主体税种. 学术论坛，2010（1）：107–112.

23. 邓力平. 发展财政理念及其政策启示. 财政研究，2010（11）：51–54.

24. 邓子基. 低碳经济与公共财政. 当代财经，2010（4）：5–10.

25. 邓子基. 最优所得税理论与我国个人所得税的实践. 涉外税务，2010（2）：23–26.

26. 丁芸. 我国环境税制改革设想. 税务研究，2010（1）：45–47.

27. 董其文. 加快推进扩大增值税征收范围的改革. 税务研究，2010（11）：25–28.

28. 段国旭. 谈财政资源配置的非均衡协调创意——基于西方财政公共性发展脉络.财政研究，2010（7）：37–38.

29. 樊轶侠. 对我国矿产资源课税制度改革的建议. 涉外税务，2010（11）：13–17.

30. 范立夫，杨仲山，刘昊. 政府财政统计体系（GFS）的比较分析. 财政研究，2010（7）：61–64.

31. 范子英，张军. 财政分权、转移支付与国内市场整合. 经济研究，2010（3）：53–64.

32. 范子英，张军. 中国如何在平衡中牺牲了效率：转移支付的视角. 世界经济，2010（11）：117–138.

33. 方红生，张军. 中国财政政策非线性稳定效应：理论和证据. 管理世界，2010（2）：10–24.

34. 房巧玲，刘长翠，肖振东. 环境保护支出绩效评价指标体系构建研究. 审计研究，2010（3）：22–27.

35. 封北麟. 地方政府投融资平台的财政风险研究. 金融与经济，2010（2）：4–7.

36. 冯俏彬. 我国农民工养老保险制度的地区差异及其财政影响——以农民工输入、输出地为例. 财贸经济，2010（3）：47–52.

37. 付文林. 均等化转移支付与地方财政行为激励初探. 财贸经济，2010（11）：58–62.

38. 傅勇. 财政分权、政府治理与非经济性公共物品供给. 经济研究，2010（8）：4–15.

39. 高红贵. 低碳经济结构调整运行中的财税驱动效应研究. 财贸经济，2010（12）：43–48.

40. 高培勇. 新一轮积极财政政策：进程盘点与走势前瞻. 财贸经济，2010（1）：5–12.

41. 高茵. 财政刺激计划、货币供应量、公众预期与通货膨胀——中国 1996~2008 年月度数的实证分析. 财经问题研究，2010（2）：8-16.

42. 高玉强. 农机购置补贴与财政支农支出的传导机制有效性——基于省际面板数据的经验分析. 财贸经济，2010（4）：61-68.

43. 刘东皇，沈坤荣. 公共支出与经济发展方式转变：中国的经验分析. 经济科学，2010（4）：5-14.

44. 龚锋，雷欣. 中国式财政分权的数量测度. 统计研究，2010（10）：47-55.

45. 龚辉文. 关于增值税、营业税合并问题的思考. 税务研究，2010（5）：41-43.

46. 龚辉文. 消费税征收范围的国际比较与启示. 涉外税务，2010（5）：22-25.

47. 谷成. 基于财政均等化的政府间转移支付制度设计. 财贸经济，2010（6）：40-45.

48. 贾康，施文泼. 关于扩大增值税征收范围的思考. 中国财政，2010，19：39-41.

49. 郭庆旺，吕冰洋. 中国税收负担的综合分析. 财经问题研究，2010（12）：3-10.

50. 郭维真. 论房产保有之税制改革——基于纳税人权利保护的视角. 税务研究，2010（8）：51-56.

51. 郭晔，赖章福. 货币政策与财政政策的区域产业结构调整效应比较，经济学家，2010（5）：67-74.

52. 郭月梅. 中国的政府支出：基于边界检验的 Wagner 法则有效性检验. 财贸经济，2010（12）：69-73.

53. 国家税务总局税科所课题组. 财税制度国际竞争力问题研究. 财政研究，2010（10）：3-7.

54. 郝国彩. 关于住房市场失灵与政府干预的思考. 财政研究，2010（12）：22-24.

55. 胡洪曙. 财产税的税率设计研究. 财贸经济，2010（10）：58-62.

56. 胡坚. 通货膨胀影响因素研究——基于 Probit 模型的实证分析. 财政研究，2010（11）：24-26.

57. 华黎. 农村养老保险的财政学分析：基于城乡社会保障统筹视角. 财政研究，2010（3）：16-18.

58. 黄凤羽. 对个人所得税再分配职能的思考. 税务研究，2010（9）：14-18.

59. 贾俊雪，郭庆旺，高立. 中央财政转移支付、激励效应与地区间财政支出竞争. 财贸经济，2010（11）：52-57.

60. 贾俊雪，郭庆旺. 市场权力：财政支出结构与最优财政货币政策. 经济研究，2010（4）：67-80.

61. 贾康. 2010 年财政政策要点的前瞻性探讨. 涉外税务，2010（2）：5-9.

62. 贾康. 财政支持中小企业信用担保政策研究. 经济研究参考，2010（31）：2-34.

63. 贾康. 合理促进消费的财税政策与机制创新. 税务研究，2010（1）：32-35.

64. 贾康. 提高国民收入分配“两个比重”遏制收入差距扩大的财税思考与建议. 财政研究，2010（12）：2-18.

65. 贾康. 我国个人所得税改革问题研究——兼论“起征点”问题合理解决的思路. 财

政研究，2010（4）：2–13.

66. 姜维壮. 一项长久重中之重的财政职责——财政支农惠农政策溯源. 财政研究，2010（10）：20–23.

67. 解垩. 公共转移支付和私人转移支付对农村贫困、不平等的影响：反事实分析. 财贸经济，2010（12）：56–61.

68. 金大卫. 我国地方政府发债：制度根源、风险控制、法律规范. 财政研究，2010（1）：27–29.

69. 金戈，史晋川. 多种类型公共支出与经济增长. 经济研究，2010（7）：43–56.

70. 靳东升. 我国资源税收制度的现状、问题和改革. 税务研究，2010（7）：40–44.

71. 匡小平. 公共服务供给不足的财政体制原因分析. 财政研究，2010（12）：28–30.

72. 李爱鸽. 个人所得税调节高收入的制约因素及对策. 税务研究，2010（9）：37–40.

73. 李春琪，唐哲一. 财政支出结构变动对私人消费影响的动态分析——生命周期视角下政府支出结构需要调整的经验证据. 财经研究，2010（6）：90–101.

74. 李冬妍. 打造公共财政框架下全口径预算管理体系. 财政研究，2010（3）：19–22.

75. 李国平. 我国采矿行业税收负担水平研究. 税务研究，2010（7）：48–51.

76. 李海燕. 非居民企业所得税跨国税源监控的国际借鉴与完善措施. 涉外税务，2010（4）：22–26.

77. 李林木，汤群群. 1994 年税制改革以来我国直接税的收入分配效应. 税务研究，2010（3）：33–37.

78. 李林木. 借鉴国际经验　完善我国消费税政策. 涉外税务，2010（5）：18–21.

79. 李梦娟. 物业税设计的若干基本问题. 税务研究，2010（4）：21–24.

80. 李锐. 积极就业政策绩效评估——以小额担保贷款项目为例. 财政研究，2010（12）：33–34.

81. 李上炸. 多视角看待资源税改革. 税务研究，2010（12）：31–33.

82. 李尚蒲，罗必良. 我国土地财政规模估算. 中央财经大学学报，2010（5）：12–17.

83. 李思."十二五"时期我国税制改革原则思辨. 税务研究，2010（10）：37–42.

84. 李玮. 进一步完善我国创业投资税收政策. 涉外税务，2010（8）：32–36.

85. 李心源. 中国实施积极财政政策的财政风险分析. 财政研究，2010（5）：37–39.

86. 李亚军. 税收优惠模式对企业年金发展的影响——澳大利亚超级年金经验对中国的启示. 财政研究，2010（12）：69–72.

87. 李燕. 财政信息公开透明是预算监督管理的基础. 财政研究，2010（6）：13–16.

88. 李永友. 需求结构失衡的财政因素：一个分析框架. 财贸经济，2010（11）：63–70.

89. 梁季."两个比重"与个人所得税. 税务研究，2010（3）：60–64.

90. 凌岚. 促进节能减排税收政策研究. 涉外税务，2010（5）：14–17.

91. 刘寒波，刘婷婷，王贞. 公共服务需求弹性分析. 财政研究，2010（10）：48–53.

92. 刘洁，李文. 开征物业税对房地产市场的影响——基于省际面板数据的分析. 税务与经济，2010（1）：85-91.

93. 刘磊. 企业所得税优惠政策研究. 涉外税务，2010（2）：10-14.

94. 刘丽，牛杰，夏宏伟. 个人所得税工薪所得费用扣除标准探讨. 税务研究，2010（3）：46-48.

95. 刘明慧. 扩大增值税征收范围的难点解析. 税务研究，2010（11）：29-31.

96. 刘普照. 效率和公平相互协调的税收制度改革探析. 税务研究，2010（10）：50-52.

97. 刘荣. 调节居民收入分配的税制改革设想. 涉外税务，2010（10）：15-19.

98. 刘若鸿. 中国出口商品增值税税负转嫁的实证研究——基于出口退税政策变化的分析. 涉外税务，2010（3）：42-47.

99. 刘尚希. 公共财政：公共化改革的一种转轨理论假说. 财贸经济，2010（8）：31-36.

100. 刘巍巍. 政府支出规模与结构对居民信息消费影响的分析. 财政研究，2010（5）：31-34.

101. 刘一姣. 试析中国走向自主研发之路的基础和对策. 财政研究，2010（12）：35-36.

102. 刘怡，胡祖铨，胡筱丹. 工薪所得个人所得税税率的累进设计：问题与改进. 税务研究，2010（9）：25-28.

103. 刘怡，聂海峰，邢春冰. 个人所得税费用扣除调整的劳动供给效应. 财贸经济，2010（6）：52-59.

104. 刘佐. 关于完善中国税制主体税种的初步探讨. 财政研究，2010（4）：14-17.

105. 刘佐. 中国直接税与间接税比重变化趋势研究. 财贸经济，2010（7）：40-43.

106. 卢洪友，连信森，朱进. 财政制度的多维视角透视. 财政研究，2010（2）：23-27.

107. 鲁敏. 浅谈我国经济增长路径——不平衡增长下的协调发展. 财政研究，2010（7）：54-56.

108. 陆解芬. 对我国社会保障税费争论的思考. 财会研究，2010（2）：23-25.

109. 陆军. 区域税收空间相关性的理论检验方法研究——以京津冀大都市区为例. 财贸经济，2010（1）：56-62.

110. 路军伟，林细细. 地方政府融资平台及其风险成因研究——基于财政机会主义的视角. 浙江社会科学，2010（8）：31-37.

111. 罗伟卿. 财政分权理论新思想：分权体制与地方公共服务. 财政研究，2010（3）：11-15.

112. 罗章旭. 开征环保税的初步设想. 涉外税务，2010（11）：26-29.

113. 吕炜. 政府公共福利对中国益贫式增长的影响——基于PEGR指标的经验分析. 财政研究，2010（10）：26-31.

114. 马福军. 个人所得税费用扣除应建立全国统一标准下的浮动机制. 税务研究，2010（3）：52-53.

115. 马光荣，杨恩艳，周敏倩. 财政分权、地方保护与中国的地区专业化. 南方经济，2010（1）：15-27.

116. 马海涛. 政府公共服务提供与财政责任. 财政研究，2010（7）：39-42.

117. 马海涛. 中国省际人均财政收入差异形成的计量研究——基于1978~2008年30个省际数据的分析. 财贸经济，2010（5）：47-52.

118. 聂海峰，刘怡. 城镇居民的间接税负担：基于投入产出表的估算. 经济研究，2010（7）：31-42.

119. 聂少林. 国外政府非税收入规范管理经验借鉴及启示. 财政研究，2010（12）：65-69.

120. 潘梅. 工薪所得个人所得税负变化及提高费用扣除标准的福利效应. 税务研究，2010（3）：49-51.

121. 庞凤喜. 论当前我国社会结构的形成与个人所得税的地位. 税务研究，2010（9）：18-24.

122. 彭昱. 政府投资对能源消耗影响的实证分析. 财政研究，2010（12）：30-32.

123. 皮建才. 转型时期地方政府公共物品供给机制分析. 财贸经济，2010（9）：58-63.

124. 曲创. 公共产品区域性与层级间政府职能差异研究——中央、省、县的一项实证分析. 财政研究，2010（8）：58-60.

125. 山东省济南市国家税务局课题组. 非居民企业股息、利息和财产收益企业所得税管理探究. 涉外税务，2010（4）：27-30.

126. 上海市国家税务局课题组. 部分行业企业所得税优惠政策探讨. 税务研究，2010（2）：64-66.

127. 邵挺. 相机性政策、公共债务与经济复苏：来自中国的证据. 财贸经济，2010（4）：54-60.

128. 邵挺. 养老保险体系从现收现付制向基金制转变的时机到了吗？——基于地方财政能力差异的视角. 财贸经济，2010（11）：71-76.

129. 邵伟杰. 诚实信用原则在税法上的适用探讨. 税务研究，2010（4）：50-53.

130. 申嫦娥. 我国创业投资的税收激励政策研究. 财政研究，2010（11）：12-14.

131. 沈可挺. 碳关税争端及其对中国制造业的影响. 中国工业经济，2010（1）：65-74.

132. 施文泼. 增值税“扩围”改革与中央和地方财政体制调整. 财贸经济，2010（11）：46-51.

133. 石坚，胡德伟. 提高中国烟草税税负的经济影响分析. 财贸经济，2010（2）：57-63.

134. 石坚. 关于改革我国个人所得税费用扣除制度的政策建议. 涉外税务，2010（10）：10-15.

135. 石亚军，施正文. 从“省直管县财政改革”迈向“省直管县行政改革”——安徽省直管县财政改革的调查与思考. 中国行政管理，2010（2）：28-33.

136. 司言武. 环境税经济效应研究：一个趋于全面分析框架的尝试. 财贸经济，2010（10）：51-57.

137. 司言武. 我国水污染税税率设计研究. 涉外税务，2010（11）：22-26.

138. 苏明，贾西津. 中国政府购买公共服务研究. 财政研究，2010（1）：9-17.

139. 苏强. 对物流业改征增值税的思考. 税务研究，2010（11）：32-33.

140. 苏昕. 基于非营利组织视角的农村合作组织财政政策研究. 财政研究，2010（11）：14-16.

141. 孙钢. 我国个人所得税制改革进展："快板"还是"慢板". 税务研究，2010（3）：41-45.

142. 孙红玲. 改革深化中区域财政横向均衡制度探讨. 财政研究，2010（3）：26-30.

143. 孙健夫，吕宝生，杨文杰. 关于我国继续实施积极财政政策的思考. 财政研究，2010（1）：42-45.

144. 孙琳. 中国公共服务部门所有权激励制度安排的经济学分析. 财贸经济，2010（2）：64-69.

145. 孙隆英. 对企业所得税若干优惠政策的分析. 涉外税务，2010（2）：19-22.

146. 孙群力. 中国地方政府规模影响因素的实证研究. 财政研究，2010（1）：38-41.

147. 孙仁宏. 扩大政府公共投资：政策背景、效应分析与对策建议. 财政研究，2010（6）：27-29.

148. 孙玉栋. 税收政策对调节居民收入分配的作用评析. 涉外税务，2010（6）：18-22.

149. 谭光荣. 新企业所得税法的税收激励效应——基于我国上市高新技术企业的实证分析. 财政研究，2010（4）：24-27.

150. 谭建立. 中央与地方财权、事权关系对社会公平影响的实证研究. 财贸经济，2010（2）：50-56.

151. 唐婧妮. 关于间接税调节收入分配的研究. 涉外税务，2010（10）：20-24.

152. 唐婧妮. 微、小型企业税收制度探讨. 税务研究，2010（11）：39-41.

153. 唐婧妮. 中国、东盟增值税比较与改革. 涉外税务，2010（3）：47-51.

154. 唐松，李镔，祝佳. 区域产业结构升级与公共财政支持. 财政研究，2010（10）：15-16.

155. 唐在富. 我国财权集中度的理论分析与现状评鉴. 财政研究，2010（4）：36-40.

156. 田华. 中国推进实施应对气候变化财政政策的战略意义与路径选择. 财政研究，2010（7）：29-32.

157. 王常雄. 地区性行政垄断结构性差异及市场化改革的路径选择. 财政研究，2010（3）：22-25.

158. 王春雷. 进一步扩大居民消费的税收政策研究. 财政研究，2010（5）：40-42.

159. 王春玲. 对税收处罚制度安排的经济分析. 税务研究，2010（1）：63-67.

160. 王国清. 论税制诸要素的相互关系. 财政研究，2010（4）：21-23.

161. 王华. 分级财政下财政收入增长与经济增长关系的实证分析. 财政研究，2010（9）：48-51.

162. 王建平. 全面推行规范化增值税制度应立足于有效运行的科学抵扣机制. 税务研究，2010（5）：37–40.

163. 王凯，庞震. 中国财政科技投入与经济增长：1978~2008. 科学管理研究，2010（2）：103–105.

164. 王立勇. 我国财政政策调控有效性的定量评价. 财贸经济，2010（9）：52–57.

165. 王良成. 法律环境、事务所规模与审计定价. 财贸经济，2010（4）：69–75.

166. 王胜. 分税制以来中国地方财政支农绩效评价：基于分级支出视角. 中国管理科学，2010（18–1）：26–32.

167. 王玺，蔡伟贤，姜朋. 我国地方基础设施发展趋势及成因分析. 财政研究，2010（10）：32–36.

168. 王小龙. 农村劳动力转移对农户教育支出的冲击及财政政策含义. 财贸经济，2010（12）：62–68.

169. 王新军，赖敏晖. 财政分权、地方公共支出结构与区域经济增长——基于 1979~2006 年省际面板数据的分析. 山东大学学报（哲学社会科学版），2010（5）：24–33.

170. 王雅龄，赵杰，马骥. 地方政府融资与土地资本化：基于财政风险矩阵的分析. 财政研究，2010（11）：17–20.

171. 王志芳. 试论投资性房地产评估及其方法. 税务研究，2010（4）：25–28.

172. 王志刚. 中国财政政策的反周期性效果：基于 1978 年以来的经验事实. 财政研究，2010（11）：26–31.

173. 魏光明. 促进我国环境保护非税收入政策的思考. 税务研究，2010（7）：60–62.

174. 魏光明. 我国环境税收制度体系研究. 财政研究，2010（4）：27–30.

175. 魏陆. “十二五”期间货物和劳务税制改革研究. 税务研究，2010（10）：42–47.

176. 魏志梅. 进一步完善我国企业所得税区域优惠政策. 涉外税务，2010（4）：31–35.

177. 吴萍，蒲勇健，郭心毅. 基于社会保障的土地流转定价模型研究. 财政研究，2010（9）：18–20.

178. 吴群，李永乐. 财政分权、地方政府竞争与土地财政. 财政贸易，2010（7）：51–59.

179. 吴群. 财政分权、地方政府竞争与土地财政. 财贸经济，2010（7）：51–59.

180. 吴晓燕. 房地产税、土地利用效率与住宅供给结构——土地与房屋保有税制选择的一个理论分析. 财贸经济，2010（12）：49–55.

181. 吴知音. 科学普及的财政支持与政策选择. 财政研究，2010（7）：33–36.

182. 肖建华. 国内居民消费与经济自主性增长的持续动力. 涉外税务，2010（2）：30–32.

183. 肖鹏. 预算透明：机制与提升路径. 财政研究，2010（12）：48–50.

184. 谢旭人. 坚定不移深化财税体制改革. 求是杂志，2010（7）：33–35.

185. 谢志华，何玉润，张宏亮. 政府“良治”目标与政府会计的治理功能. 财政研究，

2010（4）：41–45.

186. 辛波，于淑俐. 对土地财政与经济增长相关性的分析. 农村经济，2010（3）：13–16.

187. 邢丽. 碳税国际协调的理论综述. 经济研究参考，2010（44）：40–49.

188. 徐崇波. 基于 DEA 的我国农村公共产品供给绩效评价研究. 财政研究，2010（10）：53–55.

189. 徐利. 对房地产市场调控政策的反思. 财政研究，2010（10）：12–15.

190. 徐蓉. 论我国税收强制执行制度之完善. 税务研究，2010（4）：43–46.

191. 徐晓雯. 政府科技投入对企业科技投入的政策效果研究——基于国家创新体系视角. 财政研究，2010（10）：23–26.

192. 徐妍. 财产税的若干基本问题探析. 税务研究，2010（8）：57–60.

193. 徐战平. 税费整合的动因及主要内容探析. 涉外税务，2010（4）：77–78.

194. 徐忠，张雪春，丁志杰，唐天. 公共财政与中国国民收入的高储蓄倾向. 中国社会科学，2010（6）：93–107.

195. 薛白. 土地财政、寻租与经济增长. 财政研究，2010（2）：27–30.

196. 闫坤. 全球经济低速增长与通胀"迷局"下的积极财政政策分析. 财贸经济，2010（2）：43–49.

197. 严成樑，龚六堂. 我国税收的经济增长效应与社会福利损失分析. 经济科学，2010（2）：69–79.

198. 严立冬，郝文杰. 我国加强农村环境保护的税收政策分析. 税务研究，2010（1）：50–52.

199. 燕洪国. 论税收调节收入分配的作用空间与局限性. 涉外税务，2010（6）：22–27.

200. 杨灿明，郭慧芳，孙群力. 论扩大国内消费需求与规范收入分配秩序. 财政研究，2010（3）：6–10.

201. 杨灿明，郭慧芳，赵颖. 论经济发展方式与收入分配秩序. 财贸经济，2010（5）：37–46.

202. 杨金亮. 试论我国物业税的功能定位. 涉外税务，2010（7）：21–24.

203. 杨默如. 我国金融业改征增值税的现实意义、国际经验借鉴与政策建议. 财贸经济，2010（8）：42–50.

204. 杨默如. 物流劳务改征增值税问题研究及政策建议. 财政研究，2010（4）：18–20.

205. 杨全社. 增值税和营业税的变化趋势及改革路径. 涉外税务，2010（6）：36–41.

206. 杨森平. 浅析扩内需与当前税收政策的再调整. 涉外税务，2010（2）：27–29.

207. 杨树琪，刘向杰，廖楚晖. 政府行为影响财政性融资项目绩效的实证研究. 财政研究，2010（11）：20–23.

208. 杨帅，温铁军. 经济波动、财税体制变迁与土地资源资本化——对中国改革开放以来"三次圈地"相关问题的实证分析. 管理世界，2010（4）：32–41.

209. 杨遂周. 分步推进资源税改革的背景和意义. 涉外税务，2010（11）：10–13.

210. 杨卫华. 关于进一步完善结构性减税政策的研究. 涉外税务，2010（1）：12–16.

211. 杨宜勇. 我国收入分配面临的主要问题及其对策. 税务研究，2010（9）：9–13.

212. 杨圆圆. "土地财政"规模估算及影响因素研究. 财贸经济，2010（10）：69–76.

213. 杨志安. 完善增值税转型改革的对策. 税务研究，2010（11）：36–38.

214. 杨志勇. 审视地方财政健全地方财政. 中国党政干部论坛，2010（4）：12–14.

215. 杨志勇. 中国式公共财政制度构想. 人民论坛，2010，2（中）：18–20.

216. 姚昕，刘希颖. 基于增长视角的中国最优碳税研究. 经济研究，2010（11）：48–58.

217. 叶建芳. 关于股息红利个人所得税的几点思考. 税务研究，2010（3）：54–56.

218. 殷强. 强化所得税调节收入分配职能的探讨. 涉外税务，2010（12）：26–29.

219. 余明桂，回雅甫，潘红波. 政治联系——寻租与地方政府财政补贴有效性. 经济研究，2010（3）：65–77.

220. 余显财. FITG、最低工资与福利制度创新. 财贸经济，2010（3）：53–60.

221. 禹奎. 调结构、扩内需的税收政策分析. 涉外税务，2010（1）：20–23.

222. 禹奎. 我国开征遗产税的现实意义分析. 涉外税务，2010（10）：28–32.

223. 喻良涛. 积极劳动力市场政策与就业支出绩效评析. 财政研究，2010（2）：52–55.

224. 岳树民. 我国房地产市场调控政策与房地产课税. 涉外税务，2010（7）：13–16.

225. 张斌. 个人所得税改革的目标定位与征管约束. 税务研究，2010（9）：33–36.

226. 张斌. 政府间职能纵向配置的规范分析. 财贸经济，2010（2）：37–42.

227. 张海峰. 转型期收入差距变动及其对经济增长的影响. 财政研究，2010（5）：28–31.

228. 张海星. 促进产业结构优化的资源税改革. 税务研究，2010（12）：34–38.

229. 张捷. 对我国煤炭业开征环境保护税的探讨. 税务研究，2010（1）：53–54.

230. 张晋武. 中国政府间收支权责配置原则的再认识. 财贸经济，2010（6）：46–51.

231. 张丽宾. 宏观经济运行中失业调控的政策体系. 财政研究，2010（8）：22–27.

232. 张丽华，李保春. 我国土地财政生成机理分析及解决思路. 财政研究，2010（12）：25–27.

233. 张明喜. 我国开征碳税的 CGE 模拟与碳税法条文设计. 财贸经济，2010（3）：61–66.

234. 张少华. 我国财政冲击的动态效应和传导机制研究. 财贸经济，2010（5）：53–61.

235. 张亚明. 我国资源税费制度的现状与改革构想. 税务研究，2010（7）：57–59.

236. 张延. 中国财政政策的"挤出效应"基于 1952~2008 年中国年度数据的实证分析. 金融研究，2010（1）：58–66.

237. 张悦. 营业税改征增值税对地方分享收入的影响. 税务研究，2010（11）：42–44.

238. 赵福昌. 企业间接税税收负担的理论分析—— 一个认识政府与企业分配关系的视角. 财政研究，2010（9）：11–15.

239. 赵敏. 国际组织绩效评价的比较研究及启示. 财政研究，2010（8）：42–45.

240. 赵云旗，孙学锋，史卫，李成威. 促进城乡基本公共服务均等化的财政政策研究. 经济研究参考，2010（16）：42–63.

241. 赵志耘，杨朝峰. 经济增长与税收负担、税制结构关系的脉冲响应分析. 财经问题研究，2010（1）：3–9.

242. 浙江省地方税务局课题组. 进一步完善企业所得税优惠政策. 涉外税务，2010（2）：14–18.

243. 浙江省温州市国家税务局课题组. 非居民企业转让境内股权所得税问题研究. 涉外税务，2010（4）：17–21.

244. 郑秉文. 费改税不符合中国社会保障制度发展战略取向. 中国人民大学学报，2010（5）：23–30.

245. 郑惠霞. 我国现行房地产税制存在的问题及开征物业税面临的困难. 涉外税务，2010（7）：29–31.

246. 郑幼锋. 基本公共服务均等化的财税体制改革. 涉外税务，2010（6）：32–35.

247. 中国社会科学院财政与贸易经济研究所课题组. “十二五”时期的中国财政支出结构改革. 经济理论与经济管理，2010（11）：5–14.

248. 中央财经领导小组办公室课题组. 我国地方政府债务风险和对策. 经济研究参考，2010（14）：2–28.

249. 周全林. 从税收公平角度看我国个人所得税制的全面性改革. 当代财经，2010（11）：26–34.

250. 周天勇. 要素聚集程度对公共服务提供能力的影响. 财政研究，2010（3）：2–6.

251. 周小明. 信托税制的构建与金融税制的完善. 涉外税务，2010（8）：16–21.

252. 朱青. 从国际比较视角看我国的分税制改革. 财贸经济，2010（3）：34–38.

253. 朱晓波. 促进我国新能源产业发展的税收政策思考. 税务研究，2010（7）：54–56.

254. 朱迎春. 我国企业慈善捐赠税收政策激励效应——基于 2007 年度我国 A 股上市公司数据的实证研究. 当代财经，2010（1）：36–42.

255. 祝遵宏. 基于可持续发展视角的资源税配套税费改革. 税务研究，2010（7）：52–54.

第二节　英文期刊索引

1. Aaberge，Rolf，Bhuller Manudeep，Langørgen Audun，Mogstad Magne. The Distributional Impact of Public Services When Needs Differ，*Journal of Public Economics*，2010，94，pp. 549–562.

2. Abdo Hafez. The Taxation of UK Oil and Gas Production: Why the Windfalls Got Away, *Energy Policy*, October 2010, 38 (10), pp. 5625–5635.

3. Acemoglu Daron, Golosov Mikhail, Tsyvinski Aleh. Dynamic Mirrlees Taxation under Political Economy Constraints, *Review of Economic Studies*, July 2010, 77 (3), pp. 841–881.

4. Acemoglu Daron. Institutions Factor Prices, and Taxation: Virtues of Strong States? *American Economic Review*, May 2010, 100 (2), pp. 115–119.

5. Acosta, Pablo. The "Flypaper Effect" in Presence of Spatial Interdependence: Evidence from Argentinean Municipalities, *Annals of Regional Science*, June 2010, 44 (3), pp. 453–466.

6. Adedeji Olumuyiwa S, Thornton John. Fiscal Sustainability in a Panel of Asian Countries, *Applied Economics Letters*, May–June 2010, 17 (7–9), pp. 711–715.

7. Afonso Antonio, Schuknecht Ludger, Tanzi Vito. Income Distribution Determinants and Public Spending Efficiency, *Journal of Economic Inequality*, September 2010, 8 (3), pp. 367–389.

8. Agarwal Manmohan, Hazari Bharat R, Li Xindun. Corruption, Foreign Aid and Welfare to the Poor, *Journal of Economic Policy Reform*, December 2010, 13(4), pp. 305–312.

9. Agostini Claudio A. Differential Fuel Taxes and Their Effects on Automobile Demand, *CEPAL Review*, December 2010 (102), pp. 101–111.

10. Agostini Claudio A, Brown Philip H, Gongora Diana Paola. Public Finance, Governance, and Cash Transfers in Alleviating Poverty and Inequality in Chile, *Public Budgeting and Finance*, Summer 2010, 30 (2), pp. 1–23.

11. Agrawal Asha Weinstein, Dill Jennifer, Nixon Hilary. Green Transportation Taxes and Fees: A Survey of Public Preferences in California, *Transportation Research: Part D: Transport and Environment*, June 2010, 15 (4), pp. 189–196.

12. Aidt Toke S.. Green Taxes: Refunding Rules and Lobbying, *Journal of Environmental Economics and Management*, July 2010, 60 (1), pp. 31–43.

13. Akee Randall K Q, Copeland William E, Keeler Gordon, Angold Adrian, Costello E Jane. Parents' Incomes and Children's Outcomes: A Quasi-experiment Using Transfer Payments from Casino Profits, *American Economic Journal: Applied Economics*, January 2010, 2 (1), pp. 86–115.

14. Akpalu Wisdom. Johansson–Stenman Olof. Internalized Contribution Norms and Learning in a Public Goods Experiment in Ghana, *Public Finance and Management*, 2010, 10(2), pp. 352–378.

15. Alan Sule, Atalay Kadir, Crossley Thomas F, Jeon Sung–Hee. New Evidence on Taxes and Portfolio Choice, *Journal of Public Economics*, 2010 (94), pp. 813–823.

16. Albertazzi Ugo, Gambacorta Leonardo. Bank Profitability and Taxation, *Journal of*

Banking and Finance, November 2010, 34 (11), pp. 2801-2810.

17. Albu Lucian-Liviu, Iorgulescu Raluca, Stanica, Cristian. Estimating Hidden Economy and Hidden Migration: The Case of Romania, *Romanian Journal of Economic Forecasting*, 2010, 13 (2), pp. 46-56.

18. Albuquerque Rui. Comment On: "Optimal Taxation in the Presence of Bailouts", *Journal of Monetary Economics*, January 2010, 57 (1), pp. 117-119.

19. Alcalde José, Dahm Matthias. Rent seeking and rent dissipation: A neutrality result, *Journal of Public Economics*, 2010, 94, pp. 1-7.

20. Alm James, Wallace Sally. Taxpayer Reporting Responses and the Tax Reform Act of 1986, *Public Budgeting and Finance*, Fall 2010, 30 (3), pp. 1-26.

21. Alpert Karen. Taxation and the Early Exercise of Call Options, *Journal of Business Finance and Accounting*, June-July 2010, 37 (5-6), pp. 715-736.

22. Altemeyer-Bartscher Martin, Rubbelke Dirk T G, Sheshinski Eytan. Environmental Protection and the Private Provision of International Public Goods, *Economica*, October 2010, 77 (308), pp. 775-784.

23. Andersen Torben M. Fiscal Sustainability in the Wake of the Financial Crisis, *Nordic Economic Policy Review*, 2010, pp. 71-109.

24. Anderson Axel, Smith Lones. Dynamic Matching and Evolving Reputations, *Review of Economic Studies*, January 2010, 77 (1), pp. 3-29.

25. Anderson Eric T, Fong Nathan M, Simester Duncan I, Tucker Catherine E. How Sales Taxes Affect Customer and Firm Behavior: The Role of Search on the Internet, *Journal of Marketing Research*, April 2010, 47 (2), pp. 229-239.

26. Anderson Kym. Excise and Import Taxes on Wine versus Beer and Spirits: An International Comparison, *Economic Papers*, June 2010, 29 (2), pp. 215-228.

27. Anderson Kym. Reforming Taxes on Wine and Other Alcoholic Beverage Consumption, *Economic Papers*, June 2010, 29 (2), pp. 197-199.

28. Anderson Robert M. Core Allocations and Small Income Transfers, *Journal of Mathematical Economics*, July 2010, 46 (4), pp. 373-381.

29. Angelucci Manuela, De Giorgi Giacomo, Rangel Marcos A, Rasul Imran. Family Networks and School Enrolment: Evidence from a Randomized Social Experiment, *Journal of Public Economics*, 2010, 94, pp. 197-221.

30. Anger Niels, Bohringer Christoph, Loschel Andreas. Paying the Piper and Calling the Tune? A Meta-regression Analysis of the Double-Dividend Hypothesis, *Ecological Economics*, May 2010, 69 (7), pp. 1495-1502.

31. Angrist Joshua D, Chen Stacey H, Frandsen Brigham R. Did Vietnam Veterans Get Sicker in the 1990s? The Complicated Effects of Military Service on Self-reported Health,

2009 (94): pp. 824–837.

32. Aoki Shuhei. Income Risks Faced by Contemporary Japanese Households: Income Disparities and Income Risks Overseas: Current Conditions and Long–Term Trends, *Japanese Economy*, Fall 2010, 37 (3), pp. 53–61.

33. Aoki Shuhei, Shimoi Naoki, Nakagomi Kimiya. Policy Response to Risks in Foreign Countries, *Japanese Economy*, Fall 2010, 37 (3), pp. 74–128.

34. Apps Patricia, Rees Ray. Australian Family Tax Reform and the Targeting Fallacy, *Australian Economic Review*, June 2010, 43 (2), pp. 153–175.

35. Apps Patricia, Rees Ray. Family Labor Supply, Taxation and Saving in an Imperfect Capital Market, *Review of Economics of the Household*, September 2010, 8 (3), pp. 297–323.

36. Arcalean Calin, Glomm Gerhard, Schiopu Ioana, Suedekum Jens. Public Budget Composition, Fiscal (De) Centralization, and Welfare, *Canadian Journal of Economics*, August 2010, 43 (3), pp. 832–859.

37. Arguedas Carmen, Camacho Eva, Zofio Jose Luis. Environmental Policy Instruments: Technology Adoption Incentives with Imperfect Compliance, *Environmental and Resource Economics*, October 2010, 47 (2), pp. 261–274.

38. Arisoy Ibrahim, Unlukaplan Ilter. Tax Composition and Growth in Turkey: An Empirical Analysis? *Journal of Finance & Economics*, 2010.

39. Aristei David, Perugini Cristiano. Preferences for Redistribution and Inequality in Well–Being across Europe, *Journal of Policy Modeling*, March–April 2010, 32 (2), pp. 176–195.

40. Aronsson Thomas, Johansson–Stenman Olof. Positional Concerns in an OLG Model: Optimal Labor and Capital Income Taxation, *International Economic Review*, November 2010, 51 (4), pp. 1071–1095.

41. Aronsson Thomas. Optimal Income Taxation and Decentralized Fiscal Federalism, *Regional Science and Urban Economics*, July 2010, 40 (4), pp. 187–195.

42. Aronsson Thomas, Sjogren Tomas. An Optimal–Tax Approach to Alcohol Policy, *FinanzArchiv*, June 2010, 66 (2), pp. 153–169.

43. Aronsson Thomas. Symposium on Public Finance and the Environment: Introduction and Summary of Papers, *Public Finance and Management*, 2010, 10 (2), pp. 206–212.

44. Aruoba S Boragan, Chugh Sanjay K. Optimal Fiscal and Monetary Policy When Money Is Essential, *Journal of Economic Theory*, September 2010, 145 (5), pp. 1618–1647.

45. Asano Takao. Optimal Tax Policy and Foreign Direct Investment under Ambiguity, *Journal of Macroeconomics*, March 2010, 32 (1), pp. 185–200.

46. Asheim Geir B. Global Welfare Comparisons, *Canadian Journal of Economics*,

November 2010, 43 (4), pp. 1412–1432.

47. Ashworth Scott, Shotts Kenneth W. Does Informative Media Commentary Reduce Politicians' Incentives to Pander? *Journal of Public Economics*, 2010 (94), pp. 838–847.

48. Athukorala Prema-chandra. CPI Mismeasurements and Their Impacts on Economic Management in Korea: Comments, *Asian Economic Papers*, Winter–Spring 2010, 9 (1), pp. 19–21.

49. Atolia Manoj. Public Investment, Tax Evasion, and the Welfare Effects of a Tariff Reform, *Contemporary Economic Policy*, April 2010, 28 (2), pp. 219–239.

50. Attinasi Maria-Grazia, Checherita Cristina, Nickel Christiane. What Explains the Surge in Euro Area Sovereign Spreads during the Financial Crisis of 2007–2009?, *Public Finance and Management*, 2010, 10 (4), pp. 595–645.

51. Auerbach Alan J. Public Finance in Practice and Theory, *CESifo Economic Studies*, March 2010, 56 (1), pp. 1–20.

52. Ault Hugh J, Sasseville Jacques. Taxation and Non-discrimination: A Reconsideration, *World Tax Journal*, June 2010, 2 (2), pp. 101–125.

53. Auray Stephane, Danthine Samuel. Bargaining Frictions, Labor Income Taxation, and Economic Performance, *European Economic Review*, August 2010, 54 (6), pp. 778–802.

54. Aydede Yigit. Expected Social Security Wealth Simulations and Implicit Rate of Return Calculations for the Turkish PAYG System, *Journal of Economic and Social Measurement*, 2010, 35 (1–2), pp. 85–126.

55. Azemar Celine. International Corporate Taxation and U.S. Multinationals' Behaviour: An Integrated Approach, *Canadian Journal of Economics*, February 2010, 43 (1), pp. 232–253.

56. Azmat Ghazala, Iriberri Nagore. The Importance of Relative Performance Feedback Information: Evidence from a Natural Experiment Using High School Students, *Journal of Public Economics*, 2010, 94, pp. 435–452.

57. Bac Mehmet. The Interaction between Potential Criminals' and Victims' Demands for Guns, *Journal of Public Economics*, 2010, 94, pp. 337–343.

58. Banfi Silvia, Filippini Massimo. Resource Rent Taxation and Benchmarking—A New Perspective for the Swiss Hydropower Sector, *Energy Policy*, May 2010, 38 (5), pp. 2302–2308.

59. Bank Steven A. The Rise and Fall of Post-World War Ⅱ Corporate Tax Reform, *Law and Contemporary Problems*, Winter 2010, 73 (1), pp. 206–232.

60. Banzhaf H Spencer, Lavery Nathan. Can the Land Tax Help Curb Urban Sprawl? Evidence from Growth Patterns in Pennsylvania, *Journal of Urban Economics*, March 2010, 67 (2), pp. 169–179.

61. Barbieri Stefano, Malueg David A. Threshold Uncertainty in the Private-information Subscription Game, *Journal of Public Economics*, 2010, 94, pp. 848–861.

62. Barr Abigail, Serra Danila. Corruption and Culture: An Experimental Analysis, *Journal of Public Economics*, 2010, 94, pp. 862–869.

63. Barthel Fabian, Busse Matthias, Neumayer Eric. The Impact of Double Taxation Treaties on Foreign Direct Investment: Evidence from Large Dyadic Panel Data, *Contemporary Economic Policy*, July 2010, 28 (3), pp. 366–377.

64. Baskaran Thushyanthan. On the Link between Fiscal Decentralization and Public Debt in OECD Countries, *Public Choice*, December 2010, 145 (3–4), pp. 351–378.

65. Baskaran Thushyanthan. Supranational Integration and National Reorganization: On the Maastricht Treaty's Impact on Fiscal Decentralization in EU Countries, *Constitutional Political Economy*, December 2010, 21 (4), pp. 309–335.

66. Batyra Anna, Sneessens Henri R. Selective Reductions in Labor Taxation: Labor Market Adjustments and Macroeconomic Performance, *Journal of Policy Modeling*, July–August 2010, 32 (4), pp. 531–543.

67. Bauernschuster Stefan, Duersch Peter, Oechssler Jörg, Vadovic Radovan. Mandatory Sick Pay Provision: A Labor Market Experiment, *Journal of Public Economics*, 2010, 94, pp. 870–877.

68. Bauman Yoram. Comment on Nordhaus: Carbon Tax Calculations, *Economists' Voice*, 2010, 7 (4), pp. 74–79.

69. Baumol William J. On the Increasing Role of Economic Research in Management of Resources and Protection of the Environment, *Annual Review of Resource Economics*, 2010, 2 (1), pp. 1–11.

70. Baunsgaard Thomas, Keen Michael. Tax Revenue and (or?) Trade Liberalization, *Journal of Public Economics*, 2010, 94, pp. 563–577.

71. Becker Johannes, Fuest Clemens. Taxing Foreign Profits with International Mergers and Acquisitions, *International Economic Review*, February 2010, 51 (1), pp. 171–186.

72. Becker Sascha O, Egger Peter H. Maximilian von Ehrlich, Going NUTS: The Effect of EU Structural Funds on Regional Performance, *Journal of Public Economics*, 2010, 94, pp. 578–590.

73. Bel Germa, Miralles Antonio. Choosing between Service Fees and Budget Funding to Pay for Local Services: Empirical Evidence from Spain, *Environment and Planning C: Government and Policy*, February 2010, 28 (1), pp. 54–71.

74. Belan Pascal, Carre Martine, Gregoir Stephane. Subsidizing Low-Skilled Jobs in a Dual Labor Market, *Labour Economics*, October 2010, 17 (5), pp. 776–788.

75. Bellak C, Leibrecht M, Stehrer R. The Role of Public Policy in Closing Foreign Direct

Investment Gaps: An Empirical Analysis, *Empirica*, 2010, 37 (1), pp. 19–46.

76. Ben Youssef Slim. R&D in Cleaner Technology and International Trade, *International Game Theory Review*, March 2010, 12 (1), pp. 61–73.

77. Benson Earl D, Marks Barry R. Dueling Revenue Caps and Municipal Bond Yields: The Case of Houston, Texas, *Public Budgeting and Finance*, Summer 2010, 30 (2), pp. 112–133.

78. Berggren Niclas, Jordahl Henrik, Poutvaara Panu. The Looks of a Winner: Beauty and Electoral Success, *Journal of Public Economics*, 2010, 94, pp. 8–15.

79. Bergstrom Theodore C. The Uncommon Insight of Elinor Ostrom, *Scandinavian Journal of Economics*, June 2010, 112 (2), pp. 245–261.

80. Bernheim B Douglas. Emmanuel Saez: 2009 John Bates Clark Medalist, *Journal of E-conomic Perspectives*, Summer 2010, 24 (3), pp. 183–206.

81. Bertola Giuseppe. Fiscal Policy and Labor Markets at Times of Public Deb, *Nordic E-conomic Policy Review*, 2010, pp. 111–147.

82. Bertrand Marianne, Hanna Rema, Mullainathan Sendhil. Affirmative Action in Edu-cation: Evidence from Engineering College Admissions in India, *Journal of Public Economics*, 2010, 94, pp. 16–29.

83. Besley Timothy, Persson Torsten, Sturm Daniel M. Political Competition, Policy and Growth: Theory and Evidence from the US, *Review of Economic Studies*, October 2010, 77 (4), pp. 1329–1352.

84. Bettendorf Leon, Devereux Michael P, van der Horst Albert, Loretz Simon, de Mooij Ruud A. Corporate Tax Harmonization in the EU, *Economic Policy*, July 2010 (63), pp. 537–578, 587–590.

85. Bhattarai Keshab. Taxes, Public Spendings and Economic Growth in OECD Countries, *Problems and Perspectives in Management*, 2010, 8 (1), pp. 14–30.

86. Bierbrauer Felix, Sahm Marco. Optimal Democratic Mechanisms for Taxation and Public Good Provision, *Journal of Public Economics*, 2010, 94, pp. 453–466.

87. Bifulco Robert, Duncombe William, Budget Deficits in the States: New York, *Public Budgeting and Finance*, Spring 2010, 30 (1), pp. 58–79.

88. Biswas Rongili, Marjit Sugata, Marimoutou Velayoudom. Fiscal Federalism, State Lobbying and Discretionary Finance: Evidence from India, *Economics and Politics*, March 2010, 22 (1), pp. 68–91.

89. Blank Rebecca M. The Increase in Income Cyclicality of High-Income Households and Its Relation to the Rise in Top Income Shares: Comment, *Brookings Papers on Economic Ac-tivity*, Fall 2010, pp. 56–59.

90. Blasi Albrecht, Requate Till. Feed-in-Tariffs for Electricity from Renewable Energy

Resources to Move Down the Learning Curve? *Public Finance and Management*, 2010, 10 (2), pp. 213–250.

91. Blomquist Soren, Christiansen Vidar, Micheletto Luca. Public Provision of Private Goods and Nondistortionary Marginal Tax Rates, *American Economic Journal: Economic Policy*, May 2010, 2 (2), pp. 1–27.

92. Blomquist Sören, Selin Håkan. Hourly Wage Rate and Taxable Labor Income Responsiveness to Changes in Marginal Tax Rates, *Journal of Public Economics*, 2010, 94, pp. 878–889.

93. Blundell Richard, Etheridge Ben. Consumption, Income and Earnings Inequality in Britain, *Review of Economic Dynamics*, January 2010, 13 (1), pp. 76–102.

94. Boadway Robin. Efficiency and Redistribution: An Evaluative Review of Louis Kaplow's The Theory of Taxation and Public Economics, *Journal of Economic Literature*, December 2010, 48 (4), pp. 964–979.

95. Boeters Stefan, Bohringer Christoph, Buttner Thiess, Kraus Margit. Economic Effects of VAT Reforms in Germany, *Applied Economics*, June–July 2010, 42 (16–18), pp. 2165–2182.

96. Boije Robert; Kainelainen Albin; Norlin Jonas. The Swedish Fiscal Policy Framework, *Nordic Economic Policy Review*, 2010, pp. 199–217.

97. Bonke Timm, Eichfelder Sebastian. Horizontal Equity in the German Tax–Benefit System: A Simulation Approach for Employees, *FinanzArchiv*, September 2010, 66 (3), pp. 295–331.

98. Bor Yunchang Jeffrey, Huang Yophy. Energy Taxation and the Double Dividend Effect in Taiwan's Energy Conservation Policy—An Empirical Study Using a Computable General Equilibrium Model, *Energy Policy*, May 2010, 38 (5), pp. 2086–2100.

99. Bosi Stefano, Seegmuller Thomas. On the Role of Progressive Taxation in a Ramsey Model with Heterogeneous Households, *Journal of Mathematical Economics*, November 2010, 46 (6), pp. 977–996.

100. Bosworth Barry. CPI Mismeasurements and Their Impacts on Economic Management in Korea: Comments, *Asian Economic Papers*, Winter–Spring 2010, 9 (1), pp. 16–18.

101. Boucher Vincent, Bramoullé Yann. Providing Global Public Goods under Uncertainty, *Journal of Public Economics*, 2010, 94, pp. 591–603.

102. Bovi Maurizio, Dell'anno Roberto. The Changing Nature of the OECD Shadow Economy, *Journal of Evolutionary Economics*, January 2010, 20 (1), pp. 19–48.

103. Boyle Melissa A, Lahey Joanna N. Health Insurance and the Labor Supply Decisions of Older Workers: Evidence from a U.S. Department of Veterans Affairs Expansion, *Journal of Public Economics*, 2010, 94, pp. 467–478.

104. Braid Ralph M. Provision of a Pure Local Public Good in a Spatial Model with Many Jurisdictions, *Journal of Public Economics*, 2010, 94, pp. 890–897.

105. Brecher Richard A, Chen Zhiqi, Choudhri Ehsan U. A Dynamic Model of Shirking and Unemployment: Private Saving, Public Debt, and Optimal Taxation, *Journal of Economic Dynamics and Control*, August 2010, 34 (8), pp. 1392–1402.

106. Breisinger Clemens, Diao Xinshen, Schweickert Rainer, Wiebelt Manfred. Managing Future Oil Revenues in Ghana: An Assessment of Alternative Allocation Options, *African Development Review/Revue Africaine de Developpement*, June 2010, 22(2), pp. 303–315.

107. Brender Adi, Navon Guy. Predicting Government Tax Revenues and Analyzing Forecast Uncertainty, *Israel Economic Review*, February 2010, 7 (2), pp. 81–111.

108. Breuille Marie–Laure, Madies Thierry, Taugourdeau Emmanuelle. Gross versus Net Equalization Scheme in a Federation with Decentralized Leadership, *Journal of Urban Economics*, September 2010, 68 (2), pp. 205–214.

109. Breuille Marie–Laure, Vigneault Marianne. Overlapping Soft Budget Constraints, *Journal of Urban Economics*, May 2010, 67 (3), pp. 259–269.

110. Bristow Abigail L, Wardman Mark, Zanni Alberto M, Chintakayala Phani K. Public Acceptability of Personal Carbon Trading and Carbon Tax, *Ecological Economics*, July 2010, 69 (9), pp. 1824–1837.

111. Brock William, Xepapadeas Anastasios. Pattern Formation, Spatial Externalities and Regulation in Coupled Economic–Ecological Systems, *Journal of Environmental Economics and Management*, March 2010, 59 (2), pp. 149–164.

112. Brojba Laura–Cornelia, Dumitru Corina–Graziella, Belciug Adrian Vintilescu. On the Use of Some Optimal Strategies of Fiscal Administration during Economic Crisis, *Romanian Journal of Economic Forecasting*, 2010, 13 (1), pp. 151–164.

113. Brooks Leah, Phillips Justin H. An Institutional Explanation for the Stickiness of Federal Grants, *Journal of Law, Economics, and Organization*, August 2010, 26 (2), pp. 243–264.

114. Brothaler Johann, Getzner Michael. Effects of Fiscal Decentralization on Public Sector Growth in Austria, *Public Finance and Management*, 2010, 10 (1), pp. 169–205.

115. Brouillette Dany, Lacroix Guy. Heterogeneous Treatment and Self–selection in a Wage Subsidy Experiment, *Journal of Public Economics*, 2010, 94, pp. 479–492.

116. Brown James R, Petersen Bruce C. Public Entrants, Public Equity Finance and Creative Destruction, *Journal of Banking and Finance*, May 2010, 34 (5), pp. 1077–1088.

117. Brownbridge Martin, Canagarajah Sudharshan. The Impact of the Economic Crisis on the Fiscal Stance of Low Income Countries in the Commonwealth of Independent States, *Public Finance and Management*, 2010, 10 (4), pp. 646–670.

118. Brunner Eric J, Ross Stephen L. Is the Median Voter Decisive? Evidence from Referenda Voting Patterns, *Journal of Public Economics*, 2010, 94, pp. 898-910.

119. Brzozowski Matthew, Gervais Martin, Klein Paul, Suzuki Michio. Consumption, Income, and Wealth Inequality in Canada, *Review of Economic Dynamics*, January 2010, 13 (1), pp. 52-75.

120. Bunch Beverly S. Budget Deficits in the States: Illinois, *Public Budgeting and Finance*, Spring 2010, 30 (1), pp. 105-129.

121. Burke Joseph. Distributive Justice and Subsidiarity: The Firm and the State in the Social Order, *Journal of Markets and Morality*, Fall 2010, 13 (2), pp. 297-317.

122. Burns Steve. Local Authorities, Funding Tourism Services and Tourist Taxes, *Local Economy*, February 2010, 25 (1), pp. 47-57.

123. Burriel Pablo, de Castro Francisco, Garrote Daniel, Gordo Esther, Paredes Joan, Perez Javier J. Fiscal Policy Shocks in the Euro Area and the US: An Empirical Assessment, *Fiscal Studies*, June 2010, 31 (2), pp. 251-285.

124. Byrne Paul F. Does Tax Increment Financing Deliver on Its Promise of Jobs? The Impact of Tax Increment Financing on Municipal Employment Growth, *Economic Development Quarterly*, February 2010, 24 (1), pp. 13-22.

125. Calcagno Peter T, Walker Douglas M, Jackson John D. Determinants of the Probability and Timing of Commercial Casino Legalization in the United States, *Public Choice*, January 2010, 142 (1-2), pp. 69-90.

126. Callan Tim, Keane Claire, Walsh John R. What Role for Property Taxes in Ireland? *Economic and Social Review*, Spring 2010, 41 (1), pp. 87-107.

127. Camic Charles. Veblen's Apprenticeship: On the Translation of Gustav Cohn's System der Finanzwissenschaft, *History of Political Economy*, Winter 2010, 42 (4), pp. 679-721.

128. Card David, Hallock Kevin F, Moretti Enrico. The Geography of Giving: The Effect of Corporate Headquarters on Local Charities, *Journal of Public Economics*, 2010, 94, pp. 222-234.

129. Carpenter Jeffrey, Holmes Jessica, Matthews Peter Hans. Endogenous Participation in Charity Auctions, *Journal of Public Economics*, 2010, 94, pp. 921-935.

130. Carpenter Jeffrey, Myers Caitlin Knowles. Why Volunteer? Evidence on the Role of Altruism, Image, and Incentives, *Journal of Public Economics*, 2010, 94, pp. 911-920.

131. Carroll Deborah A, Johnson Terri. Examining Small Town Revenues: To What Extent Are They Diversified? *Public Administration Review*, March-April 2010, 70 (2), pp. 223-235.

132. Cason Timothy N, Masters William A, Sheremeta Roman M. Entry Into Winner-take-all and Proportional-prize Contests: An Experimental Study, *Journal of Public Economics*, 2010, 94, pp. 604-611.

133. Catalan Mario, Guajardo Jaime, Hoffmaister Alexander W. Dealing with Global Ageing and Declining World Interest Rates: Fiscal Costs and Pension Reform in Small Open Economies, Pensions: *An International Journal*, August 2010, 15 (3), pp. 191–213.

134. Cato Susumu. Emission Taxes and Optimal Refunding Schemes with Endogenous Market Structure, *Environmental and Resource Economics*, July 2010, 46 (3), pp. 275–280.

135. Cervellati Matteo, Esteban Joan, Kranich Laurence. Work Values, Endogenous Sentiments Redistribution, *Journal of Public Economics*, 2010, 94, pp. 612–627.

136. Charlot Sylvie, Paty Sonia. Do Agglomeration Forces Strengthen Tax Interactions?, *Urban Studies*, May 2010, 47 (5), pp. 1099–1116.

137. Chattopadhyay Purba. Prof. A.K. Dasgupta's Contributions to Economics: A Study, *Indian Economic Journal*, October–December 2010, 58 (3), pp. 87–101.

138. Chaudhary Latika. Land Revenues, Schools and Literacy: A Historical Examination of Public and Private Funding of Education, *Indian Economic and Social History Review*, April–June 2010, 47 (2), pp. 179–204.

139. Chaudhary Latika. Taxation and Educational Development: Evidence from British India, *Explorations in Economic History*, July 2010, 47 (3), pp. 279–293.

140. Cheng P C Roger, Lee Yi. Global and Local Analyses of the Redistributive Effect of Taxes and Benefits: The Case of Taiwan, 1976–2006 (In Chinese. With English summary), *Taiwan Economic Review*, June 2010, 38 (2), pp. 233–288.

141. Chetty Raj, Saez Emmanuel. Dividend and Corporate Taxation in an Agency Model of the Firm, *American Economic Journal: Economic Policy*, August 2010, 2 (3), pp. 1–31.

142. Chetty Raj, Saez Emmanuel. Optimal Taxation and Social Insurance with Endogenous Private Insurance, *American Economic Journal: Economic Policy*, May 2010, 2(2), pp. 85–114.

143. Chiappori Pierre–Andre. An Interview with Roger Guesnerie, *Macroeconomic Dynamics*, June 2010, 14 (3), pp. 388–404.

144. Chirinko Robert S, Wilson Daniel J. State Business Taxes and Investment: State–by–State Simulations, *Federal Reserve Bank of San Francisco Economic Review*, 2010, pp. 13–28.

145. Cho Myeonghwan. Endogenous Formation of Networks for Local Public Goods, *International Journal of Game Theory*, 2010, 39 (4), pp. 529–562.

146. Cho Seong–Hoon, Lambert Dayton M, Roberts Roland K. Forecasting Open Space with a Two–Rate Property Tax, *Land Economics*, May 2010, 86 (2), pp. 263–280.

147. Choi Jun–Ki, Bakshi Bhavik R, Haab Timothy. Effects of a Carbon Price in the U.S. on Economic Sectors, Resource Use, and Emissions: An Input–Output Approach, *Energy Policy*, July 2010, 38 (7), pp. 3527–3536.

148. Chone Philippe, Laroque Guy. Negative Marginal Tax Rates and Heterogeneity, *American Economic Review*, December 2010, 100 (5), pp. 2532–2547

149. Chou Wang-Ling, Huang Chung-Huang. Time Allocation and Health Expenditure with Green Tax Reform (In Chinese. With English summary), *Academia Economic Papers*, March 2010, 38 (1), pp. 85–118.

150. Chow Gregory C. Important Lessons from Studying the Chinese Economy, *Singapore Economic Review*, September 2010, 55 (3), pp. 421–434.

151. Chu Angus C. Nation States vs. United Empire: Effects of Political Competition on Economic Growth, *Public Choice*, October 2010, 145 (1–2), pp. 181–195.

152. Chu Kai Cheung, Wong Kit Pong. Progressive Taxation and Corporate Liquidation Policies with Mean-Reverting Earnings, *Economic Modelling*, May 2010, 27 (3), pp. 730–736.

153. Chung Chul, Gibson John, Kim Bonggeun. CPI Mismeasurements and Their Impacts on Economic Management in Korea, *Asian Economic Papers*, Winter-Spring 2010, 9 (1), pp. 1–15.

154. Cicinelli Claudio, Cossio Andrea, Nucci Francesco, Ricchi Ottavio, Tegami Cristian. The Italian Treasury Econometric Model (ITEM), *Economic Modelling*, January 2010, 27 (1), pp. 125–133.

155. Clark Benjamin Y, Whitford Andrew B. Does More Federal Environmental Funding Increase or Decrease States' Efforts? *Journal of Policy Analysis and Management*, Winter 2010, 30 (1), pp. 136–152.

156. Clarke Harry. Carbon Leakages, Consumption-Based Carbon Taxes and International Climate Change Agreements, *Economic Papers*, June 2010, 29 (2), pp. 156–168.

157. Claude Denis, Tidball Mabel. Efficiency Inducing Taxation for Polluting Oligopolists: The Irrelevance of Privatization, *Economics Bulletin*, 2010, 30 (4), pp. 2946–2954.

158. Claus Iris. CPI Mismeasurements and Their Impacts on Economic Management in Korea: Comments, *Asian Economic Papers*, Winter-Spring 2010, 9 (1), pp. 22–23.

159. Clements Kenneth W. Lan Yihui, Zhao Xueyan. The Demand for Marijuana, Tobacco and Alcohol: Inter-commodity Interactions with Uncertainty, *Empirical Economics*, August 2010, 39 (1), pp. 203–239.

160. Cockfield Arthur J, Arnold Brian J. What Can Trade Teach Tax? Examining Reform Options for Art. 24 (Non-discrimination) of the OECD Model, *World Tax Journal*, June 2010, 2 (2), pp. 139–153.

161. Coe Charles K, Rivenbark William C. Implementing GASB 45: Recommended Best Practices in Local Government, *Public Budgeting and Finance*, Winter 2010, 30 (4), pp. 71–81.

162. Coleman Andrew, Grimes Arthur. Betterment Taxes, Capital Gains and Benefit Cost Ratios, *Economics Letters*, October 2010, 109 (1), pp. 54–56.

163. Collins Anne D, Lim Jamus Jerome. Recognition, Redistribution, and Liberty, *Journal of Economic Behavior and Organization*, June 2010, 74 (3), pp. 240–252.

164. Conant James K. Budget Deficits in the States: Virginia, *Public Budgeting and Finance*, Spring 2010, 30 (1), pp. 33–57.

165. Conant James K. Introduction: The "Great Recession", State Budgets, and State Budget Deficits, *Public Budgeting and Finance*, Spring 2010, 30 (1), pp. 1–14.

166. Connolly Katrina, Bell Michael. Financing Urban Government in Transition Countries: Assessment Uniformity and the Property Tax, *Environment and Planning C: Government and Policy*, December 2010, 28 (6), pp. 978–991.

167. Cooper Russell, Kempf Hubert, Peled Dan. Regional Debt in Monetary Unions: Is It Inflationary? *European Economic Review*, April 2010, 54 (3), pp. 345–358.

168. Correia Isabel. Consumption Taxes and Redistribution, *American Economic Review*, September 2010, 100 (4), pp. 1673–1694.

169. Costi Bruno. Federalism: The Risks and Opportunities of a Reform That Will Revolutionize the Public Finances, *Review of Economic Conditions in Italy*, September–December 2010 (3), pp. 373–394.

170. Cotti Chad, Skidmore Mark. The Impact of State Government Subsidies and Tax Credits in an Emerging Industry: Ethanol Production 1980–2007, *Southern Economic Journal*, April 2010, 76 (4), pp. 1076–1093.

171. Coulson N Edward, Li Herman, The Effect of Risk on the Effect of a Land Tax: A Simulation, *Regional Science and Urban Economics*, November 2010, 40 (6), pp. 530–537.

172. Couprie Hélène, Peluso Eugenio, Alain Trannoy. Is Power More Evenly Balanced in Poor Households? Journal of Public Economics, 2010, 94, pp. 493–507.

173. Cox Grant M, Harvie Charles. Resource Price Turbulence and Macroeconomic Adjustment for a Resource Exporter: A Conceptual Framework for Policy Analysis, *Energy Economics*, March 2010, 32 (2), pp. 469–489.

174. Creedy John. Elasticity of Taxable Income: An Introduction and Some Basic Analytics, *Public Finance and Management*, 2010, 10 (4), pp. 556–589.

175. Creedy John, Enright Jamas, Gemmell Norman, McNabb Nick. Income Redistribution and Direct Taxes and Transfers in New Zealand, *Australian Economic Review*, March 2010, 43 (1), pp. 39–51.

176. Creedy John, Gemmell Norman. Behavioural Responses to Corporate Profit Taxation, *Hacienda Publica Espanola/Revista de Economia Publica*, 2010 (193), pp. 109–130.

177. Creedy John, Gemmell Norman. Modelling Responses to Profit Taxation over the E-

conomic Cycle: The Case of the UK Corporation Tax, *FinanzArchiv*, September 2010, 66 (3), pp. 207-235.

178. Creedy John, Moslehi Solmaz. The Optimal Division of Government Expenditure between Public Goods and Transfer Payments, *Australian Economic Papers*, June 2010, 49 (2), pp. 87-100.

179. Creedy John, Sanz-Sanz Jose Felix. Revenue Elasticities in Complex Income Tax Structures: An Application to Spain, *Fiscal Studies*, December 2010, 31 (4), pp. 535-561.

180. Creedy John. Tax-and-Transfer Tensions: Designing Direct Tax Structures, *Australian Economic Review*, June 2010, 43 (2), pp. 103-113.

181. Creedy John. Reflections on "A Tax System for New Zealand's Future", *Agenda*, 2010, 17 (1), pp. 63-73.

182. Cremer Helmuth, De Donder Philippe, Maldonado Dario, Pestieau Pierre. Commodity Taxation under Habit Formation and Myopia, *B.E. Journal of Economic Analysis and Policy: Contributions to Economic Analysis and Policy*, 2010, 10 (1), pp. 199-212.

183. Cremer Helmuth, Gahvari Firouz, Ladoux Norbert. Environmental Tax Design with Endogenous Earning Abilities (with Applications to France), *Journal of Environmental Economics and Management*, January 2010, 59 (1), pp. 82-93.

184. Cremer Helmuth, Gahvari Firouz, Ladoux, Norbert. Income Tax Reform in France: A Case Study, *FinanzArchiv*, June 2010, 66 (2), pp. 121-133.

185. Cremer Helmuth, Gahvari Firouz, Lozachmeur Jean-Marie. Tagging and Income Taxation: Theory and an Application, *American Economic Journal: Economic Policy*, February 2010, 2 (1), pp. 31-50.

186. Csordas Stefan. A Public Choice Approach to Strategic and Nonstrategic Environmental Policy, *Review of International Economics*, November 2010, 18 (5), pp. 1001-1011.

187. Curtis Lori J, Kingston-Riechers JoAnn. Implications of the Introduction of the Goods and Services Tax for Families in Canada, *Canadian Public Policy*, December 2010, 36 (4), pp. 503-520.

188. Da Rin Marco, Di Giacomo Marina, Sembenelli Alessandro. Corporate Taxation and the Size of New Firms: Evidence from Europe, *Journal of the European Economic Association*, April-May 2010, 8 (2-3), pp. 606-616.

189. D'Amato Alessio, Franckx Laurent. Nonpoint Pollution Regulation Targeted on Emission Proxies: The Role of Yardstick Schemes, *Environmental Economics and Policy Studies*, 2010, 12 (4), pp. 201-218.

190. D'Amato Marcello, Galasso Vincenzo. Political Intergenerational Risk Sharing, *Journal of Public Economics*, 2010, 94, pp. 628-637.

191. Damjanovic Tatiana, Ulph David. Tax Progressivity, Income Distribution and Tax

Non-compliance, *European Economic Review*, May 2010, 54 (4), pp. 594-607.

192. Datta Ashokankur. The Incidence of Fuel Taxation in India, *Energy Economics*, Supplement 1 September 2010, 32 (1), pp. S26-33.

193. Daubanes Julien, Grimaud Andre. Taxation of a Polluting Non-renewable Resource in the Heterogeneous World, *Environmental and Resource Economics*, December 2010, 47 (4), pp. 567-588.

194. Dautrich Ken, Robbins Mark D, Simonsen Bill. Budget Deficits in the States: Connecticut, *Public Budgeting and Finance*, Spring 2010, 30 (1), pp. 130-151.

195. David Maia, Sinclair-Desgagne Bernard. Pollution Abatement Subsidies and the Eco-industry, *Environmental and Resource Economics*, February 2010, 45 (2), pp. 271-282.

196. David Nissim Ben. Government Policy to Reduce Pollution Emissions within the Overlapping Generations Model, *Applied Economics*, September 2010, 42 (22-24), pp. 2985-2998.

197. Davidoff Thomas. What Explains Manhattan's Declining Share of Residential Construction? *Journal of Public Economics*, 2010, 94, pp. 508-514.

198. Davidoff Thomas. Home Equity Commitment and Long-term Care Insurance Demand, *Journal of Public Economics*, 2010, 94, pp. 44-49.

199. Davies Ronald B, Eckel Carsten. Tax Competition for Heterogeneous Firms with Endogenous Entry, *American Economic Journal: Economic Policy*, February 2010, 2 (1), pp. 77-102.

200. Davies Ronald B, Egger Hartmut, Egger Peter. Profit Taxation and the Mode of Foreign Market Entry, *Canadian Journal of Economics*, May 2010, 43 (2), pp. 704-727.

201. Davig Troy, Leeper Eric M, Walker Todd B. "Unfunded Liabilities" and Uncertain Fiscal Financing, *Journal of Monetary Economics*, July 2010, 57 (5), pp. 600-619.

202. De Bonis Valeria, Spataro Luca. Social Discounting, Migration, and Optimal Taxation of Savings, *Oxford Economic Papers*, July 2010, 62 (3), pp. 603-623.

203. de Gorter Harry, Just David R. The Social Costs and Benefits of Biofuels: The Intersection of Environmental, Energy and Agricultural Policy, *Applied Economic Perspectives and Policy*, Spring 2010, 32 (1), pp. 4-32.

204. de la Feria Rita, Lockwood Ben. Opting for Opting-In? An Evaluation of the European Commission's Proposals for Reforming VAT on Financial Services, *Fiscal Studies*, June 2010, 31 (2), pp. 171-202.

205. De Paola Maria, Scoppa Vincenzo, Rosetta Lombardo. Can Gender Quotas Break Down Negative Stereotypes? Evidence from Changes in Electoral Rules, *Journal of Public Economics*, 2010, 94, pp. 344-353.

206. Debortoli Davide, Nunes Ricardo. Fiscal Policy under Loose Commitment, *Journal of*

Economic Theory, May 2010, 145 (3), pp. 1005–1032.

207. Decoster Andre, De Swerdt Kris, Orsini Kristian. A Belgian Flat Income Tax: Effects on Labour Supply and Income Distribution, *Review of Business and Economics*, January–March 2010, 55 (1), pp. 23–54.

208. Decoster Andre, Loughrey Jason, O'Donoghue Cathal, Verwerft Dirk. How Regressive Are Indirect Taxes? A Microsimulation Analysis for Five European Countries, *Journal of Policy Analysis and Management*, Spring 2010, 29 (2), pp. 326–350.

209. Deffains Bruno, Ythier Jean Mercier. Optimal Production of Transplant Care Services, *Journal of Public Economics*, 2010, 94, pp. 638–653.

210. Degos Jean–Guy, Ouvrard Stephane. Recent History of French Accounting Regulation: Five Years of Convergence towards IFRS, *International Journal of Economics and Accounting*, 2010, 1 (3), pp. 200–222.

211. Delfgaauw Josse, Dur Robert. Managerial Talent, Motivation, and Self–selection into Public Management, *Journal of Public Economics*, 2010, 94, pp. 654–660.

212. Delgado Francisco J, Presno Maria Jose. Tax Policy Convergence in EU: An Empirical Analysis, *Revista de Economia Mundial*, 2010 (26), pp. 53–83.

213. Deskins John, Hill Brian. State Taxes and Economic Growth Revisited: Have Distortions Changed? *Annals of Regional Science*, April 2010, 44 (2), pp. 331–348.

214. Dhami Sanjit, Al–Nowaihi Ali. Optimal Taxation in the Presence of Tax Evasion: Expected Utility versus Prospect Theory, *Journal of Economic Behavior and Organization*, August 2010, 75 (2), pp. 313–337.

215. Di Bartolomeo Giovanni, Manzo Marco. Fiscal Policy under Balanced Budget and Indeterminacy: A New Keynesian Perspective, *Scottish Journal of Political Economy*, September 2010, 57 (4), pp. 455–472.

216. Dincer Oguzhan C, Ellis Christopher J, Waddell Glen R. Corruption, Decentralization and Yardstick Competition, *Economics of Governance*, 2010, 11 (3), pp. 269–294.

217. Dioikitopoulos Evangelos V, Kalyvitis Sarantis. Endogenous Time Preference and Public Policy: Growth and Fiscal Implications, *Macroeconomic Dynamics*, November 2010 (14), pp. 243–257.

218. Direr A. The Taxation of Life Ennuities under Adverse Selection, *Journal of Public Economics*, 2010, 94, pp. 50–58.

219. Dogariu Eugen. Study on the Local Financial Self–Government in Romania, *Theoretical and Applied Economics*, June 2010, 17 (6), pp. 105–114.

220. Doi Takero. Poverty Traps with Local Allocation Tax Grants in Japan, *Japanese Economic Review*, December 2010, 61 (4), pp. 466–487.

221. Domeij David, Floden Martin. Inequality Trends in Sweden 1978–2004, *Review of*

Economic Dynamics, January 2010, 13 (1), pp. 179–208.

222. Dorsch Michael. Social Mobility and the Demand for Public Consumption Expenditures, *Public Choice*, January 2010, 142 (1–2), pp. 25–39.

223. Dorta–Velazquez Jose A, de Leon–Ledesma Javier, Perez–Rodriguez Jorge V. Models of Municipal Budget Allocation: Empirical Data from Spanish Municipalities, *Public Budgeting and Finance*, Summer 2010, 30 (2), pp. 24–46.

224. Doyle Matthew. Informational Externalities, Strategic Delay, and Optimal Investment Subsidies, *Canadian Journal of Economics*, August 2010, 43 (3), pp. 941–966.

225. Drazen Allan, Eslava Marcela. Electoral Manipulation via Voter–Friendly Spending: Theory and Evidence, *Japanese Economic Review*, May 2010, 92 (1), pp. 39–52.

226. Dreher Axel, Krieger Tim. Diesel Price Convergence and Mineral Oil Taxation in Europe, *Applied Economics*, May–June 2010, 42 (13–15), pp. 1955–1961.

227. Dubois Eric, Paty Sonia. Yardstick Competition: Which Neighbours Matter? *Annals of Regional Science*, June 2010, 44 (3), pp. 433–452.

228. Dustmann Christian, Frattini Tommaso. Halls Caroline. Assessing the Fiscal Costs and Benefits of A8 Migration to the UK, *Fiscal Studies*, March 2010, 31 (1), pp. 1–41.

229. Dzhumashev Ratbek, Gahramanov Emin. A Growth Model with Income Tax Evasion: Some Implications for Australia, *Economic Record*, December 2010, 86 (275), pp. 620–636.

230. Easaw Joshy. It's All "Bad" News! Voters' Perception of Macroeconomic Policy Competence, *Public Choice*, October 2010, 145 (1–2), pp. 253–264.

231. Edgerton Jesse. Investment Incentives and Corporate Tax Asymmetries, *Journal of Public Economics*, 2010, 94, pp. 936–952.

232. Egger Peter, Eggert Wolfgang, Keuschnigg Christian, Winner Hannes. Corporate Taxation, Debt Financing and Foreign–Plant Ownership, *European Economic Review*, January 2010, 54 (1), pp. 96–107.

233. Egger Peter, Loretz Simon. Homogeneous Profit Tax Effects for Heterogeneous Firms? *World Economy*, August 2010, 33 (8), pp. 1023–1041.

234. Eggert Wolfgang, Krieger Tim, Meier Volker. Education, Unemployment and Migration, *Journal of Public Economics*, 2010, 94, pp. 354–362.

235. Eichner Thomas, Pethig Rudiger. EU–Type Carbon Emissions Trade and the Distributional Impact of Overlapping Emissions Taxes, *Journal of Regulatory Economics*, June 2010, 37 (3), pp. 287–315.

236. Ekins Paul, Kleinman Harold, Bell Sarah, Venn Andrew. Two Unannounced Environmental Tax Reforms in the UK: The Fuel Duty Escalator and Income Tax in the 1990s, *Ecological Economics*, May 2010, 69 (7), pp. 1561–1568.

237. Elliott Joshua, Foster Ian, Kortum Samuel, Munson Todd, Perez Cervantes Fernando,

Weisbach David. Trade and Carbon Taxes, *American Economic Review*, May 2010, 100 (2), pp. 465–469.

238. Engel Eduardo, Fischer Ronald, Galetovic Alexander. The Economics of Infrastructure Finance: Public–Private Partnerships versus Public Provision, *EIB Papers*, 2010, 15 (1), pp. 40–69.

239. England Richard W, Ravichandran Mohan. Property Taxation and Density of Land Development: A Simple Model with Numerical Simulations, *Eastern Economic Journal*, Spring 2010, 36 (2), pp. 229–238.

240. Enste Dominik H. Regulation and Shadow Economy: Empirical Evidence for 25 OECD–Countries, *Constitutional Political Economy*, September 2010, 21 (3), pp. 231–248.

241. Epple Dennis, Gordon Brett, Sieg Holger. A New Approach to Estimating the Pro duction Function for Housing, *American Economic Review*, June 2010, 100 (3), pp. 905–924.

242. Ergas Henry, Harrison Mark, Pincus Jonathan. Some Economics of Mining Taxation, *Economic Papers*, December 2010, 29 (4), pp. 369–383.

243. Ergas Henry. New Policies Create a New Politics: Issues of Institutional Design in Climate Change Policy, *Australian Journal of Agricultural and Resource Economics*, April 2010, 54 (2), pp. 143–164.

244. Eriksen Michael D, Rosenthal Stuart S. Crowd Out Effects of Place–based Subsidized Rental Housing: New Evidence from the LIHTC Program, *Journal of Public Economics*, 2010, 94, pp. 953–966.

245. Eslava Marcela. Central Bankers in Government Appointed Committees, *Journal of Public Economics*, 2010, 94, pp. 363–379.

246. Everest–Phillips Max. State–Building Taxation for Developing Countries: Principles for Reform, *Development Policy Review*, January 2010, 28 (1), pp. 75–96.

247. Eyckmans Johan, Kverndokk Snorre. Moral Concerns on Tradable Pollution Permits in International Environmental Agreements, *Ecological Economics*, July 2010, 69 (9), pp. 1814–1823.

248. Fack Gabrielle, Grenet Julien. When Do Better Schools Raise Housing Prices? Evidence from Paris Public and Private Schools, *Journal of Public Economics*, 2010, 94, pp.59–77.

249. Fahlen E, Ahlgren E O. Accounting for External Costs in a Study of a Swedish District–Heating System—an Assessment of Environmental Policies, *Energy Policy*, September 2010, 38 (9), pp. 4909–4920.

250. Fairfield Tasha. Business Power and Tax Reform: Taxing Income and Profits in Chile and Argentina, *Latin American Politics and Society*, Summer 2010, 52 (2), pp. 37–71.

251. Fallah Hosein M, Murphy Frederic H, Stohr Edward A. A Methodology for Improving

the Investment Portfolio Management Process for the Homeland Security Department Using Quality Function Deployment, *Public Budgeting and Finance*, Winter 2010, 30 (4), pp. 1-27.

252. Fankhauser Samuel, Martin Nat. The Economics of the CDM Levy: Revenue Potential, Tax Incidence and Distortionary Effects, *Energy Policy*, January 2010, 38 (1), pp. 357-363.

253. Farhi Emmanuel. Capital Taxation and Ownership When Markets Are Incomplete, *Journal of Political Economy*, October 2010, 118 (5), pp. 908-948.

254. Farhi Emmanuel, Werning Ivan. Progressive Estate Taxation, *Quarterly Journal of Economics*, May 2010, 125 (2), pp. 635-673.

255. Fausto Domenicantonio. Public Expenditure in Italian Public Finance Theory. *European Journal of the History of Economic Thought*, Oct 2010, 17 (4), pp. 881-907.

256. Fawcett Tina. Personal Carbon Trading: A Policy Ahead of Its Time? *Energy Policy*, November 2010, 38 (11), pp. 6868-6876.

257. Feld Lars P, Kirchgassner Gebhard, Schaltegger Christoph A. Decentralized Taxation and the Size of Government: Evidence from Swiss State and Local Governments, *Southern Economic Journal*, July 2010, 77 (1), pp. 27-48.

258. Feld Lars P, Schaltegger Christoph A. Political Stability and Fiscal Policy: Time Series Evidence for the Swiss Federal Level since 1849, *Public Choice*, September 2010, 144 (3-4), pp. 505-534.

259. Fell Harrison, Morgenstern Richard D. Alternative Approaches to Cost Containment in a Cap-and-Trade System, *Environmental and Resource Economics*, October 2010, 47 (2), pp. 275-297.

260. Fenge Robert, von Weizsacker Jakob. Mixing Bismarck and Child Pension Systems: An Optimum Taxation Approach, *Journal of Population Economics*, April 2010, 23 (2), pp. 805-823.

261. Fernandez Esther, Perez Rafaela, Ruiz Jesus. Double Dividend, Dynamic Laffer Effects and Public Abatement, *Economic Modelling*, May 2010, 27 (3), pp. 656-665.

262. Ferreira Fernando. You can take it with you: Proposition 13 Tax Benefits, Residential Mobility, and Willingness to Pay for Housing Amenities, *Journal of Public Economics*, 2010, 94, pp. 661-673.

263. Ferreiro Jesus, Garcia-del-Valle M Teresa, Gomez Carmen. Social Preferences and Fiscal Policies: An Analysis of the Composition of Public Expenditures in the European Union, *Journal of Post Keynesian Economics*, Spring 2010, 32 (3), pp. 347-370.

264. Ferrett Ben, Wooton Ian. Competing for a Duopoly: International Trade and Tax Competition, *Canadian Journal of Economics*, August 2010, 43 (3), pp. 776-794.

265. Ferri Piero, Variato Anna Maria. Uncertainty and Learning in Stochastic Macro Models, *International Advances in Economic Research*, August 2010, 16 (3), pp. 297–310.

266. Figueroa B Eugenio, Orihuela R Carlos, Calfucura T Enrique. Green Accounting and Sustainability of the Peruvian Metal Mining Sector, *Resources Policy*, September 2010, 35 (3), pp. 156–167.

267. Filoso Valerio. The Corporate Income Tax: An Entrepreneurial Perspective, *Quarterly Journal of Austrian Economics*, Spring 2010, 13 (1), pp. 99–123.

268. Finseraas Henning. What If Robin Hood Is a Social Conservative? How the Political Response to Increasing Inequality Depends on Party Polarization, *Socio–Economic Review*, April 2010, 8 (2), pp. 283–306.

269. Fishback Price. US Monetary and Fiscal Policy in the 1930s, *Oxford Review of Economic Policy*, Autumn 2010, 26 (3), pp. 385–413.

270. Flaaten Ola, Schulz Carl Erik. Triple Win for Trade in Renewable Resource Goods by Use of Export Taxes, *Ecological Economics*, March 2010, 69 (5), pp. 1076–1082.

271. Fletcher Jason M, Frisvold David E, Tefft Nathan. The Effects of Soft Drink Taxes on Child and Adolescent Consumption and Weight Outcomes, *Journal of Public Economics*, 2010, 94, pp. 967–974.

272. Forte Francesco. Sergio Steve as a Public Economist, *History of Economic Ideas*, 2010, 18 (1), pp. 95–115.

273. Fossati Amedeo. The Idea of State in the Italian Tradition of Public Finance. *European Journal of the History of Economic Thought*, Oct 2010, 17 (4), pp.881–907.

274. Fosu Augustin Kwasi. Africa's Economic Future: Learning from the Past, *CESifo Forum*, Spring 2010, 11 (1), pp. 62–71.

275. Fourcans Andre, Warin Thierry. Tax Competition and Information Sharing in Europe: A Signalling Game, *International Journal of Economics and Business Research*, 2010, 2 (1–2), pp. 76–86.

276. Fox Justin, Van Weelden Richard. Partisanship and the Effectiveness of Oversight, *Journal of Public Economics*, 2010, 94, pp. 674–687.

277. Franek Slawomir. Multi–year Budgeting as an Element of Institutional Reforms: The Experiences of European Union Countries versus Its Present–Day State in Poland, *Transformations in Business and Economics*, Supplement B 2010, 9 (2), pp. 418–431.

278. Fredriksson Per G, Matschke Xenia, Minier Jenny. Environmental Policy in Majoritarian Systems, *Journal of Environmental Economics and Management*, March 2010, 59 (2), pp. 177–191.

279. Freebairn John, Quiggin John. Special Taxation of the Mining Industry, *Economic Papers*, December 2010, 29 (4), pp. 384–396.

280. Freebairn John. Taxation and Obesity? *Australian Economic Review*, March 2010, 43 (1), pp. 54-62.

281. Freebairn John. Special Taxation of Alcoholic Beverages to Correct Market Failures, *Economic Papers*, June 2010, 29 (2), pp. 200-214.

282. Freinkman Lev, Plekhanov Alexander. Fiscal Decentralization and the Quality of Public Services in Russian Regions, *Public Finance and Management*, 2010, 10(1), pp. 117-168.

283. Fryer Jr Roland G, Torelli Paul. An Empirical Analysis of "Acting White", *Journal of Public Economics*, 2010, 94, pp. 380-396.

284. Fudenberg Drew, Pathak Parag A. Unobserved Punishment Supports Cooperation, *Journal of Public Economics*, 2010, 94, pp. 78-86.

285. Fullerton Don, Heutel Garth. The General Equilibrium Incidence of Environmental Mandates, *American Economic Journal: Economic Policy*, August 2010, 2 (3), pp. 64-89.

286. Fullerton Don, West Sarah E. Tax and Subsidy Combinations for the Control of Car Pollution, *B.E. Journal of Economic Analysis and Policy: Advances in Economic Analysis and Policy*, 2010, 10 (1), pp.201-204.

287. Gabriel Stuart A, Rosenthal Stuart S. Do the GSEs Expand the Supply of Mortgage Credit? New Evidence of Crowd out in the Secondary Mortgage Market, *Journal of Public Economics*, 2010, 94, pp. 975-986.

288. Gächter Simon, Nosenzo Daniele, Renner Elke, Sefton Martin. Sequential vs. Simultaneous Contributions to Public Goods: Experimental Evidence, *Journal of Public Economics*, 2010, 94, pp. 515-522.

289. Gagliarducci Stefano, Nannicini Tommaso, Naticchioni Paolo. Moonlighting Politicians, *Journal of Public Economics*, 2010, 94, pp. 688-699.

290. Gale William G. State Fiscal Policies and Transitory Income Fluctuations: Comment, *Brookings Papers on Economic Activity*, Fall 2010, pp. 338-342.

291. Galiani Sebastian, Schargrodsky Ernesto. Property Rights for the Poor: Effects of Land Titling, *Journal of Public Economics*, 2010, 94, pp. 700-729.

292. Galinato Gregmar I, Yoder Jonathan K. An Integrated Tax-Subsidy Policy for Carbon Emission Reduction, *Resource and Energy Economics*, August 2010, 32(3), pp. 310-326.

293. Gambone Michael, Datt Sunil, Sackin Kimberly. Federal User Fees: Considering the Challenges and Advantages of the Development Process, *Public Budgeting and Finance*, Fall 2010, 30 (3), pp. 134-142.

294. Gammie Malcolm. Non-discrimination and the Taxation of Cross-Border Dividends, *World Tax Journal*, June 2010, 2 (2), pp. 162-174.

295. Ganelli Giovanni. The International Effects of Government Spending Composition, *Economic Modelling*, May 2010, 27 (3), pp. 631-640.

296. Gao Qin. Redistributive Nature of the Chinese Social Benefit System: Progressive or Regressive? *China Quarterly*, March 2010 (201), pp. 1-19.

297. Garcia Duarte Pedro. Beyond Samuelson's Chapter on Ramsey, *History of Economic Ideas*, 2010, 18 (3), pp. 121-159.

298. Garcia-Mila Teresa, Marcet Albert, Ventura Eva. Supply Side Interventions and Redistribution, *Economic Journal*, March 2010, 120 (543), pp. 105-130.

299. Garnaut Ross. Principles and Practice of Resource Rent Taxation, *Australian Economic Review*, December 2010, 43 (4), pp. 347-356.

300. Gelardi Alexander M G. Information Quantity and Order in Students' Tax Research Judgments, *Asian Journal of Finance and Accounting*, 2010, 2 (1), pp. 25-46.

301. Gerard Marcel, Jayet Hubert, Paty Sonia. Tax Interactions among Belgian Municipalities: Do Interregional Differences Matter? *Regional Science and Urban Economics*, September 2010, 40 (5), pp. 336-342.

302. Gersovitz Mark; Taxation of Profits When There Are Profits, *Economics Letters*, May 2010, 107 (2), pp. 145-147.

303. Getachew Yoseph Yilma. Public Capital and Distributional Dynamics in a Two-Sector Growth Model, *Journal of Macroeconomics*, June 2010, 32 (2), pp. 606-616.

304. Geys Benny, Heinemann Friedrich, Kalb Alexander. Voter Involvement, Fiscal Autonomy and Public Sector Efficiency: Evidence from German Municipalities, *European Journal of Political Economy*, June 2010, 26 (2), pp. 265-278.

305. Ghartey Edward E. Government Expenditures and Revenues Causation: Some Caribbean Empirical Evidence, *Applied Econometrics and International Development*, July-December 2010, 10 (2), pp. 149-160.

306. Ghartey Edward E. Cointegration and Causal Relationship between Taxes and Spending for Kenya, Nigeria and South Africa, *International Economic Journal*, June 2010, 24 (2), pp. 267-282.

307. Giannoccolo Pierpaolo. Brain Drain and Fiscal Competition: A Theoretical Model for Europe, *International Journal of Economics*, June 2010, 4 (1), pp. 99-132.

308. Giertz Seth H. Comment on Richardson: Progressive Federal Taxation Drives Redistribution from Blue to Red States, *Economists' Voice*, 2010, 7 (4), pp. 66-69.

309. Gimenez Eduardo L, Rodriguez Miguel. Reevaluating the First and the Second Dividends of Environmental Tax Reforms, *Energy Policy*, November 2010, 38 (11), pp. 6654-6661.

310. Gittell Ross, Tebaldi Edinaldo. Poverty in U.S. Metropolitan Areas: What Are the Key Determinants and What Is the Role of Local Fiscal Structure? *Public Finance and Management*, 2010, 10 (3), pp. 411-441.

311. Glaeser Edward L, Ujhelyi Gergely. Regulating Misinformation, *Journal of Public Economics*, 2010, 94, pp. 247–257.

312. Goldblatt Michael. Comparison of Emissions Trading and Carbon Taxation in South Africa, *Climate Policy*, 2010, 10 (5), pp. 511–526.

313. Golem Silvia. Fiscal Decentralisation and the Size of Government: A Review of the Empirical Literature, *Financial Theory and Practice*, 2010, 34 (1), pp. 53–69.

314. Golombek Rolf, Greaker Mads, Hoel Michael. Carbon Taxes and Innovation without Commitment, *B.E. Journal of Economic Analysis and Policy: Topics in Economic Analysis and Policy*, 2010, 10 (1).

315. Gong Liutang, Li Hongyi, Wang Dihai, Zou Heng–fu. Health, Taxes, and Growth, *Annals of Economics and Finance*, May 2010, 11 (1), pp. 73–94.

316. Goolsbee Austan, Lovenheim Michael F, Slemrod Joel. Playing with Fire: Cigarettes, Taxes, and Competition from the Internet, *American Economic Journal: Economic Policy*, February 2010, 2 (1), pp. 131–154.

317. Gordon Roger H. Public Finance and Economic Development: Reflections Based on Experience in China, *Journal of Globalization and Development*, 2010, 1 (1), pp. 7–11.

318. Gourio Francois, Miao Jianjun. Firm Heterogeneity and the Long–Run Effects of Dividend Tax Reform, *American Economic Journal: Macroeconomics*, January 2010, 2 (1), pp. 131–168.

319. Grant Charles, Koulovatianos Christos, Michaelides Alexander, Padula Mario. Evidence on the Insurance Effect of Redistributive Taxation, *Review of Economics and Statistics*, November 2010, 92 (4), pp. 965–973.

320. Grassi Simona, Ma Ching–to Albert. Subsidy Design: Wealth versus Benefits, *Journal of Economics (Zeitschrift fur Nationalokonomie)*, September 2010, 101 (1), pp. 49–72.

321. Greenbaum Robert T, Russell Blair D, Petras Tricia L. Measuring the Distribution of Economic Development Tax Incentive Intensity, *Economic Development Quarterly*, May 2010, 24 (2), pp. 154–168.

322. Greiner Alfred, Does the "Golden Rule of Public Finance" Imply a Lower Long–Run Growth Rate? A Clarification, *Economics Bulletin*, 2010, 30 (2), pp. 975–982.

323. Gresik Thomas A, von Hagen Juergen. Introduction to the Special Section on Multinational Taxation and Tax Competition, *European Economic Review*, January 2010, 54 (1), pp. 80–81.

324. Grewal Bhajan S. Incomplete Contracts and the Evolution of Canadian Federalism, *Public Finance and Management*, 2010, 10 (1), pp. 80–116.

325. Gripaios Peter, Bishop Paul, Brand Steven. A Lottery within a Lottery? An Examination of the Distribution of Lottery Funds in England, *Applied Economics*, January–February

2010, 42 (1-3), pp. 63-71.

326. Grizzle Cleopatra. The Impact of Budget Stabilization Funds on State General Obligation Bond Ratings, *Public Budgeting and Finance*, Summer 2010, 30 (2), pp. 95-111.

327. Grochulski Borys, Kocherlakota Narayana. Nonseparable Preferences and Optimal Social Security Systems, *Journal of Economic Theory*, November 2010, 145 (6), pp. 2055-2077.

328. Grochulski Borys, Piskorski Tomasz. Risky Human Capital and Deferred Capital Income Taxation, *Journal of Economic Theory*, May 2010, 145 (3), pp. 908-943.

329. Groneck Max. A Golden Rule of Public Finance or a Fixed Deficit Regime? Growth and Welfare Effects of Budget Rules, *Economic Modelling*, March 2010, 27 (2), pp. 523-534.

330. Grossmann Volker, Strulik Holger. Should Continued Family Firms Face Lower Taxes than Other Estates? *Journal of Public Economics*, 2010, 94, pp. 87-101.

331. Gruber Stefan, Marattin Luigi. Taxation, Infrastructure and Endogenous Trade Costs in New Economic Geography, *Papers in Regional Science*, March 2010, 89 (1), pp. 203-222.

332. Gstoettner Markus, Jensen Anders. Aid and Public Finance: A Missing Link? *Atlantic Economic Journal*, June 2010, 38 (2), pp. 217-235.

333. Gunnthorsdottir Anna, Vragov Roumen, Seifert Stefan, McCabe Kevin. Near-efficient Equilibria in Contribution-based Competitive Grouping, *Journal of Public Economics*, 2010, 94, pp. 987-994.

334. Gupta Sunil, Aggarwal Vijita, Mittal Alka. Income Inequality and Progressive Income Taxation in China and India, *International Journal of Research in Commerce and Management*, August 2010, 1 (4), pp. 215-220.

335. Gupta Nabanita Datta, Simonsen Marianne. Non-cognitive Child Outcomes and Universal High Quality Child Care, *Journal of Public Economics*, 2010, 94, pp. 30-43.

336. Guriev Sergei, Yakovlev Evgeny, Zhuravskaya, Ekaterina. Interest Group Politics in a Federation, *Journal of Public Economics*, 2010, 94, pp. 730-748.

337. Gurtler Marc, Sieg Gernot. Crunch Time: A Policy to Avoid the "Announcement Effect" When Terminating a Subsidy, *German Economic Review*, February 2010, 11 (1), pp. 25-36.

338. Guryan Jonathan, Kearney Melissa S. Is Lottery Gambling Addictive? *American Economic Journal: Economic Policy*, August 2010, 2 (3), pp. 90-110.

339. Haan Peter, Prowse Victoria. A Structural Approach to Estimating the Effect of Taxation on the Labour Market Dynamics of Older Workers, *Econometrics Journal*, 2010, 13(3), pp. 99-125.

340. Haan Peter, Wrohlich Katharina. Optimal Taxation: The Design of Child-Related Cash and In-Kind Benefits, *German Economic Review*, August 2010, 11 (3), pp. 278-301.

341. Hagedorn Marcus. Ramsey Tax Cycles, *Review of Economic Studies*, July 2010, 77 (3), pp. 1042-1071.

342. Hall Jeremy L. The Distribution of Federal Economic Development Grant Funds: A Consideration of Need and the Urban/Rural Divide, *Economic Development Quarterly*, November 2010, 24 (4), pp. 311-324.

343. Halla Martin, Lackner Mario, Schneider Friedrich G. An Empirical Analysis of the Dynamics of the Welfare State: The Case of Benefit Morale, *Kyklos*, February 2010, 63 (1), pp. 55-74.

344. Hamilton Darrick, Darity William Jr. Can "Baby Bonds" Eliminate the Racial Wealth Gap in Putative Post-Racial America? *Review of Black Political Economy*, December 2010, 37 (3-4), pp. 207-216.

345. Hamilton Jonathan H. Optimal Tax Theory: The Journey from the Negative Income Tax to the Earned Income Tax Credit: 2009 Presidential Address, *Southern Economic Journal*, April 2010, 76 (4), pp. 861-877.

346. Hansen Tonya J, Kalambokidis Laura. How Are Businesses Responding to Minnesota's Tax-Free Zone Program? *Economic Development Quarterly*, May 2010, 24 (2), pp. 180-192.

347. Hansford Ann, McKerchar Margaret. Future Global Challenges to Achieve Fairness in Environmental Taxation: Moving Beyond the Dimensions of Horizontal and Vertical Equity. *e-Journal of Tax Research*, Dec 2010.

348. Harstad Bård, Eskeland Gunnar S. Trading for the Future: Signaling in Permit Markets, *Journal of Public Economics*, 2010, 94, pp. 749-760.

349. Harstad Bård. Strategic Delegation and Voting Rules, *Journal of Public Economics*, 2010, 94, pp. 102-113.

350. Hart Jason C. Dutch Disease and the Sustainable Management of Royalty Wealth in Western Australia, *Economic Papers*, December 2010, 29 (4), pp. 421-431.

351. Hashimzade Nigar, Myles Gareth D. Growth and Public Infrastructure, *Macroeconomic Dynamics*, November 2010 (14), pp. 258-274.

352. Hatfield John William. Ricardian Equivalence for Local Government Bonds: A Utility Maximization Approach, *Economics Letters*, May 2010, 107 (2), pp. 148-151.

353. Hattori Keisuke. Strategic Voting for Noncooperative Environmental Policies in Open Economies, *Environmental and Resource Economics*, August 2010, 46(4), pp. 459-474.

354. Haughwout Andrew F. Management of Large City Regions: Designing Efficient Metropolitan Fiscal Policies, *Journal of Regional Science*, February 2010, 50 (1), pp. 401-421.

355. Hayashi Masayoshi. Redistribution and Local Public Finance, *Public Policy Review*, February 2010, 6 (1), pp. 31–54.

356. Heath Joseph, Panitch Vida. Why Cash Violates Neutrality, *Basic Income Studies*, April 2010, 5 (1), pp. 71–77.

357. Heathcote Jonathan, Perri Fabrizio, Violante Giovanni L. Unequal We Stand: An Empirical Analysis of Economic Inequality in the United States, 1967–2006, *Review of Economic Dynamics*, January 2010, 13 (1), pp. 15–51.

358. Heckman James J, Moon Seong Hyeok, Pinto Rodrigo, Savelyev Peter A, Yavitz Adam. The Rate of Return to the High Scope Perry Preschool Program, *Journal of Public Economics*, 2010, 94, pp. 114–128.

359. Hefeker Carsten. Taxation, Corruption and the Exchange Rate Regime, *Journal of Macroeconomics*, March 2010, 32 (1), pp. 338–346.

360. Heijdra Ben J, Mierau Jochen O. Growth Effects of Consumption and Labor–Income Taxation in an Overlapping–Generations Life–Cycle Model, *Macroeconomic Dynamics*, November 2010 (14), pp. 151–175.

361. Heim Bradley T, Lurie Ithai Z. The Effect of Self–employed Health Insurance Subsidies on Self–employment, *Journal of Public Economics*, 2010, 94, pp. 995–1007.

362. Hellwig, Martin F. A Generalization of the Atkinson–Stiglitz (1976) Theorem on the Undesirability of Nonuniform Excise Taxation, *Economics Letters*, August 2010, 108 (2), pp. 156–158.

363. Henrekson Magnus, Johansson Dan, Stenkula Mikael. Taxation Labor Market Policy and High–Impact Entrepreneurship, Journal of Industry, *Competition and Trade*, September 2010, 10 (3–4), pp. 275–296.

364. Henriksen Espen, Kydland Finn E. Endogenous Money, Inflation, and Welfare, *Review of Economic Dynamics*, April 2010, 13 (2), pp. 470–486.

365. Heuson Clemens. Weitzman Revisited: Emission Standards Versus Taxes with Uncertain Abatement Costs and Market Power of Polluting Firms, *Environmental and Resource Economics*, November 2010, 47 (3), pp. 349–369.

366. Hildreth W Bartley, Yeager Samuel J, Miller Gerald J, Rabin Jack. Implications of Successful Career Paths of Top Local Government Finance Managers, *Public Budgeting and Finance*, Winter 2010, 30 (4), pp. 82–97.

367. Hines James R Jr. State Fiscal Policies and Transitory Income Fluctuations, *Brookings Papers on Economic Activity*, Fall 2010, pp. 313–337.

368. Hiriart Yolande, Martimort David, Pouyet Jerome. The Public Management of Risk: Separating Exante and Expost Monitors, *Journal of Public Economics*, 2010, 94, pp. 1008–1019.

369. Hodler Roland, Loertscher Simon, Rohner Dominic. Inefficient Policies and Incumbency Advantage, *Journal of Public Economics*, 2010, 94, pp. 761–767.

370. Hofer Christian, Dresner Martin E, Windle Robert J. The Environmental Effects of Airline Carbon Emissions Taxation in the US, *Transportation Research: Part D: Transport and Environment*, January 2010, 15 (1), pp. 37–45.

371. Hofman David. Mitigating the Impact of Natural Disasters on Public Finances, *CESifo Forum*, Summer 2010, 11 (2), pp. 36–42.

372. Holmes Craig. Quasi–hyperbolic Preferences and Retirement: A Comment, *Journal of Public Economics*, 2010, 94, pp. 129–130.

373. Hoppe Eva I, Schmitz Patrick W. Public versus Private Ownership: Quantity Contracts and the Allocation of Investment Tasks, *Journal of Public Economics*, 2010, 94, pp. 258–268.

374. Horton Mark. Fiscal Policy Issues after the Crisis, *Public Policy Review*, April 2010, 6 (4), pp. 581–610.

375. Hossain Naomi. School Exclusion as Social Exclusion: The Practices and Effects of a Conditional Cash Transfer Programme for the Poor in Bangladesh, *Journal of Development Studies*, August 2010, 46 (7), pp. 1264–1282.

376. Hou Yilin, Smith Daniel L. Do State Balanced Budget Requirements Matter? Testing Two Explanatory Frameworks, *Public Choice*, October 2010, 145 (1–2), pp. 57–79.

377. Hsieh Chang–Tai, Shimizutani Satoshi, Hori Masahiro. Did Japan's Shopping Coupon Program Increase Spending? *Journal of Public Economics*, 2010, 94, pp. 523–529.

378. Huato Julio. Fiscal Incentives, Maquiladoras, and Local Standard of Living in Mexico before and after NAFTA, *Public Finance and Management*, 2010, 10(3), pp. 442–481.

379. Huggett Mark, Parra Juan Carlos. How Well Does the U.S. Social Insurance System Provide Social Insurance? *Journal of Political Economy*, February 2010, 118 (1), pp. 76–112.

380. Hughes Hallett Andrew, Di Bartolomeo Giovanni, Acocella Nicola. The Old and the New Theory of Economic Policy, *International Journal of Public Policy*, 2010, 6 (1–2), pp. 154–165.

381. Hughes Hallett Andrew. Why Do Some Countries Undertake Structural Reforms When Others Do Not? Evidence from the OECD and Emerging Market Economies, *Journal of International Commerce, Economics and Policy*, April 2010, 1 (1), pp. 81–103.

382. Hummel Patrick. Flip–flopping from Primaries to General Elections, *Journal of Public Economics*, 2010, 94, pp. 1020–1027.

383. Hung Fu–Sheng, Lee, Chien–Chiang. Asymmetric Information, Government Fiscal Policies, and Financial Development, *Economic Development Quarterly*, February 2010, 24

(1), pp. 60–73.

384. Hung Ken, Yang Chin–Wei, Fox John Anthony. The Effects of Lump Sum, Profit and Property Taxes on Regulated Monopolies, *International Journal of Economics*, December 2010, 4 (2), pp. 317–328.

385. Hurst Erik. The Increase in Income Cyclicality of High–Income Households and Its Relation to the Rise in Top Income Shares: Comment, *Brookings Papers on Economic Activity*, Fall 2010, pp. 59–67.

386. Ibarra–Salazar Jorge, Rodriguez–Guajardo Raymundo. Fiscal Coordination and Financial Dependence of State Governments in Mexico, *Public Budgeting and Finance*, Fall 2010, 30 (3), pp. 79–97.

387. Imai Katsushi S, Wang Xiaobing, Kang Woojin. Poverty and Vulnerability in Rural China: Effects of Taxation, *Journal of Chinese Economic and Business Studies*, November 2010, 8 (4), pp. 399–425.

388. Irwin Douglas A. Trade Restrictiveness and Deadweight Losses from US Tariffs, *American Economic Journal: Economic Policy*, August 2010, 2 (3), pp. 111–133.

389. Itaya Jun–ichi, Kanamori Naoshige. Consumption Taxation, Social Status and Indeterminacy in Models of Endogenous Growth with Elastic Labor Supply, *Journal of Economics (Zeitschrift fur Nationalokonomie)*, June 2010, 100 (2), pp. 141–163.

390. Iyengar Sheena S, Kamenica Emir. Choice Proliferation, Simplicity Seeking, and Asset Allocation, *Journal of Public Economics*, 2010, 94, pp. 530–539.

391. Jacobs Bas, de Mooij Ruud A, Folmer Kees. Flat Income Taxation, Redistribution and Labour Market Performance, *Applied Economics*, October–November 2010, 42 (25–27), pp. 3209–3220.

392. Jacquet Laurence. Optimal Labor Income Taxation under Maximin: An Upper Bound, *Economics Bulletin*, 2010, 30 (4), pp. 3152–3160.

393. Jaeck Louis, Bougi Gilbert. Dynamics of Environmental Regulation and Voters' Biased Beliefs: A Political Economy Approach, *Atlantic Economic Journal*, December 2010, 38 (4), pp. 399–409.

394. Jansson Jan Owen. Road Pricing and Parking Policy, *Research in Transportation Economics*, 2010 (29), pp. 346–353.

395. Jappelli Tullio, Pistaferri Luigi. Does Consumption Inequality Track Income Inequality in Italy? *Review of Economic Dynamics*, January 2010, 13 (1), pp. 133–153.

396. Jayaraman T K, Choong Chee–Keong; Offshore Financial Centre Institutions in Small Jurisdictions in a Globalised World: An Empirical Study of Vanuatu, *International Journal of Economic Policy in Emerging Economies*, 2010, 3 (2), pp. 129–146.

397. Jeanne Olivier, Korinek Anton. Excessive Volatility in Capital Flows: A Pigouvian

Taxation Approach, *American Economic Review*, May 2010, 100 (2), pp. 403–407.

398. Jesuit David K, Mahler Vincent A. Comparing Government Redistribution across Countries: The Problem of Second-Order Effects, *Social Science Quarterly*, December 2010 (91), pp. 1390–1404.

399. Jia Kang, Liu Wei, Zhang Peng, Cheng Yu. China's Fiscal System Grows after Six Decades of Reforms, *China Economist*, May–June 2010 (26), pp. 41–47.

400. Jimenez Juan Luis, Perdiguero Jordi. Regional Finance and Competition Policy: The Canary Islands Petrol Market, *Applied Economics*, April–May 2010, 42 (10–12), pp. 1245–1255.

401. Jin Ge. Optimal Taxation and Public Spending Composition in a Growing Economy. (In Chinese. With English summary), *Jingji Yanjiu/Economic Research Journal*, November 2010, 45 (11), pp. 35–47.

402. Johdo Wataru. Profit Taxation, Monopolistic Competition and International Relocation of Firms, *Seoul Journal of Economics*, Fall 2010, 23 (3), pp. 365–389.

403. Jones Damon. Information, Preferences, and Public Benefit Participation: Experimental Evidence from the Advance EITC and 401 (k) Savings, *American Economic Journal: Applied Economics*, April 2010, 2 (2), pp. 147–163.

404. Jones L R, McCaffery Jerry L. Performance Budgeting in the U.S. Federal Government: History, Status and Future Implications, *Public Finance and Management*, 2010, 10 (3), pp. 482–523.

405. Jost Frank, Quaas Martin F. Environmental and Population Externalities, *Environment and Development Economics*, February 2010, 15 (1), pp. 1–19.

406. Kallbekken Steffen, Aasen Marianne. The Demand for Earmarking: Results from a Focus Group Study, Ecological Economics, September 2010, 69 (11), pp. 2183–2190.

407. Kanbur Ravi. Macro Crises and Targeting Transfers to the Poor, *Journal of Globalization and Development*, 2010, 1 (1), pp. 14–16.

408. Kaplow Louis. Taxing Leisure Complements, *Economic Inquiry*, October 2010, 48 (4), pp. 1065–1071.

409. Karakosta Ourania. Ad-Valorem Taxation and the Balance of Externalities in Federations, *Economics Letters*, April 2010, 107 (1), pp. 71–73.

410. Karp Larry, Zhao Jinhua. International Environmental Agreements: Emissions Trade, Safety Valves and Escape Clauses, *Revue Economique*, January 2010, 61 (1), pp. 135–160.

411. Kasdin Stuart. Reinventing Reforms: How to Improve Program Management Using Performance Measures: Really, *Public Budgeting and Finance*, Fall 2010, 30 (3), pp. 51–78.

412. Katsimi Margarita, Moutos Thomas. Inequality and the Relative Reliance on Tariffs, *Review of International Economics*, February 2010, 18 (1), pp. 121–137.

413. Kee Hiau Looi, Ma Hong, Mani Muthukumara. The Effects of Domestic Climate Change Measure on International Competitiveness [J]. *World Economy*, June 2010, 33 (6), pp. 820–829.

414. Keen Michael, Klemm Alexander, Perry Victoria. Tax and the Crisis, *Fiscal Studies*, March 2010, 31 (1), pp. 43–79.

415. Keen Michael, Lockwood Ben, The Value Added Tax: Its Causes and Consequences, *Japanese Economic Review*, July 2010, 92 (2), pp. 138–151.

416. Keen Michael, Mansour Mario, Revenue Mobilisation in Sub–Saharan Africa: Challenges from Globalisation Ⅱ—Corporate Taxation, *Development Policy Review*, September 2010, 28 (5), pp. 573–596.

417. Kelchtermans Stijn, Verboven Frank. Program Duplication in Higher Education is not Necessarily Bad, *Journal of Public Economics*, 2010, 94, pp. 397–409.

418. Kelders Christian, Koethenbuerger Marko. Tax Incentives in Fiscal Federalism: An Integrated Perspective, *Canadian Journal of Economics*, May 2010, 43 (2), pp. 683–703.

419. Kempf Hubert, Rota–Graziosi, Grégoire. Endogenizing Leadership in Tax Competition, *Journal of Public Economics*, 2010, 94, pp. 768–776.

420. Kesner–Skreb Marina. Economic and Social Cohesion of the European Union, *Financial Theory and Practice*, December 2010, 34 (4), pp. 435–436.

421. Kesner–Skreb Marina. The European Union Customs Union, *Financial Theory and Practice*, 2010, 34 (1), pp. 99–100.

422. Kesner–Skreb Marina. Taxation Policy in the European Union, *Financial Theory and Practice*, June 2010, 34 (2), pp. 207–209.

423. Khawaja M Junaid, Azid Toseef. The Role of Technology Spillovers in Convergence, *Humanomics*, 2010, 26 (1), pp. 53–64.

424. Kim Matthew. Early Decision and Financial Aid Competition among Need–blind Colleges and Universities, *Journal of Public Economics*, 2010, 94, pp. 410–420.

425. Kimakova Alena. A Political Economy Model of Health Insurance Policy, *Atlantic Economic Journal*, March 2010, 38 (1), pp. 23–36.

426. Kind Hans Jarle. Koethenbuerger, Marko; Schjelderup, Guttorm; Tax Responses in Platform Industries, *Oxford Economic Papers*, October 2010, 62 (4), pp. 764–783.

427. Kitao Sagiri. Labor–Dependent Capital Income Taxation, *Journal of Monetary Economics*, November 2010, 57 (8), pp. 959–974.

428. Kitao Sagiri. Short–Run Fiscal Policy: Welfare, Redistribution and Aggregate Effects in the Short and Long–Run, *Journal of Economic Dynamics and Control*, October 2010, 34 (10), pp. 2109–2125.

429. Klautke Tina, Weichenrieder Alfons J. Interest Income Tax Evasion, the EU Savings

Directive and Capital Market Effects, *Fiscal Studies*, March 2010, 31 (1), pp. 151-170.

430. Klor Esteban F, Shayo Moses. Social Identity and Preferences over Redistribution, *Journal of Public Economics*, 2010, 94, pp. 269-278.

431. Knell, Markus. The Optimal Mix between Funded and Unfunded Pension Systems When People Care about Relative Consumption, *Economica*, October 2010, 77 (308), pp. 710-733.

432. Knight Brian. State Fiscal Policies and Transitory Income Fluctuations: Comment, *Brookings Papers on Economic Activity*, Fall 2010, pp. 342-347.

433. Kochi Ikuho, Ponce Rodriguez Raul Alberto. Do Remittances Crowd Out the Government's Redistributive Policy? *Journal of Economic Development*, December 2010, 35 (4), pp. 45-72.

434. Koford Brandon C. Public Budget Choices and Private Willingness to Pay, *Public Budgeting and Finance*, Summer 2010, 30 (2), pp. 47-68.

435. Konow James. Mixed Feelings: Theories of and Evidence on Giving, *Journal of Public Economics*, 2010, 94, pp. 279-297.

436. Konrad Kai A, Lommerud Kjell Erik. Love and Taxes—And Matching Institutions, *Canadian Journal of Economics*, August 2010, 43 (3), pp. 919-940.

437. Korkeamaki Timo, Liljeblom Eva, Pasternack Daniel. Tax Reform and Payout Policy: Do Shareholder Clienteles or Payout Policy Adjust? *Journal of Corporate Finance*, September 2010, 16 (4), pp. 572-587.

438. Kosny Marek, Mazurek Edyta. Influence of Child Tax Credit on Inequity of Personal Income Tax in Poland, *International Research Journal of Finance and Economics*, October 2010 (50), pp. 45-50.

439. Koyuncu Murat, Turnovsky Stephen J. Aggregate and Distributional Effects of Tax Policy with Interdependent Preferences: The Role of "Catching Up with the Joneses", *Macroeconomic Dynamics*, November 2010 (14), pp. 200-223.

440. Krawczyk Michał. A Glimpse through the Veil of Ignorance: Equality of Opportunity and Support for Redistribution, *Journal of Public Economics*, 2010, 94, pp. 131-141.

441. Krishnakumar Jaya, Martin Marc-Jean, Soguel Nils. Explaining Fiscal Balances with a Simultaneous Equation Model of Revenue and Expenditure: A Case Study of Swiss Cantons Using Panel Data, *Public Budgeting and Finance*, Summer 2010, 30 (2), pp. 69-94.

442. Krogstrup Signe, Wyplosz Charles. A Common Pool Theory of Supranational Deficit Ceilings, *European Economic Review*, February 2010, 54 (2), pp. 269-278.

443. Krueger Skip, Walker Robert W. Management Practices and State Bond Ratings, *Public Budgeting and Finance*, Winter 2010, 30 (4), pp. 47-70.

444. Krueger Alan B, Mueller Andreas. Job Search and Unemployment Insurance: New

Evidence from Time Use Data, *Journal of Public Economics*, 2010, 94, pp. 298-307.

445. Krusell Per, Kuruscu Burhanettin, Smith Anthony A Jr. Temptation and Taxation, *Econometrica*, November 2010, 78 (6), pp. 2063-2084.

446. Kula Maria Cornachione, Millimet Daniel L. Income Inequality, Taxation, and Growth, *Atlantic Economic Journal*, December 2010, 38 (4), pp. 417-428.

447. Kulkarni Prashant, Murthy N K Anantha. Economic Liberalization, Fiscal Performance, Government Debt and Tax Reforms: Indian Experience, *Indian Journal of Economics and Business*, June 2010, 9 (2), pp. 345-351.

448. Kuminoff Nicolai V, Jarrah Abdul Salam. A New Approach to Computing Hedonic Equilibria and Investigating the Properties of Locational Sorting Models, *Journal of Urban Economics*, May 2010, 67 (3), pp. 322-335.

449. Kunze Lars. Capital Taxation, Long-Run Growth, and Bequests, *Journal of Macroeconomics*, December 2010, 32 (4), pp. 1067-1082.

450. Kurozumi Takushi. Distortionary Taxation and Interest Rate Policy, *Journal of Macroeconomics*, March 2010, 32 (1), pp. 476-491.

451. Lacomba Juan A, Lagos Francisco. Postponing the Legal Retirement Age, *SERIEs*, July 2010, 1 (3), pp. 357-369.

452. Lagadec Gael, Ris Catherine. Reform of Indirect Taxation and VA-Based Employers' Contributions: New Caledonia on Its Way to a Social VAT? *Pacific Economic Bulletin*, 2010, 25 (3), pp. 215-231.

453. Lago-Penas Ignacio, Lago-Penas Santiago. The Determinants of Tax Morale in Comparative Perspective: Evidence from European Countries, *European Journal of Political Economy*, December 2010, 26 (4), pp. 441-453.

454. Lahiri Radhika, Ratnasiri Shyama. A Political Economy Perspective on Persistent Inequality, Inflation, and Redistribution, *Economic Modelling*, September 2010, 27 (5), pp. 1199-1210.

455. Lai Fu-Chuan, McDonald John F, Merriman David F. Housing Appreciation (Depreciation) and Owners' Welfare, *Journal of Housing Economics*, March 2010, 19 (1), pp. 66-73.

456. Lalvani Mala. Public Expenditure Management Reform in India via Intergovernmental Transfers, *Public Budgeting and Finance*, Fall 2010, 30 (3), pp. 98-133.

457. Lauth Thomas P. Budget Deficits in the States: Georgia, *Public Budgeting and Finance*, Spring 2010, 30 (1), pp. 15-32.

458. Lawn Philip; Facilitating the Transition to a Steady-State Economy: Some Macroeconomic Fundamentals: Commentary, *Ecological Economics*, March 2010, 69 (5), pp. 931-936.

459. Leal Andres, Lopez-Laborda Julio, Rodrigo Fernando. Cross-Border Shopping: A Survey, *International Advances in Economic Research*, 2010, 16 (2), pp. 135-148.

460. Lee Chuan, Lin Chin-Tsai, Lai Chien-Hua. Jackpot Promotion Model for Taiwan Lotto, *Applied Economics*, February 2010, 42 (4-6), pp. 797-801.

461. Lee Hiro. Comment on "Climate Change Policy Options for Asian Economies: Findings from an Integrated Assessment Model", *Asian Economic Policy Review*, June 2010, 5 (1), pp. 84-85.

462. Leeper, Eric M, Plante Michael, Traum Nora. Dynamics of Fiscal Financing in the United States, *Journal of Econometrics*, June 2010, 156 (2), pp. 304-321.

463. Lefter Cornelia, Chirica Simona. International Double Taxation Avoidance (Domestic Legal Regulations and Fiscal Conventions Concluded by Romania), *Theoretical and Applied Economics*, September 2010, 17 (9), pp. 53-66.

464. Legras Sophie. Managing Correlated Stock Externalities: Water Taxes with a Pinch of Salt, *Environment and Development Economics*, June 2010, 15 (3), pp. 275-292.

465. Lesage Dries, McNair David, Vermeiren Mattias. From Monterrey to Doha: Taxation and Financing for Development, *Development Policy Review*, March 2010, 28 (2), pp. 155-172.

466. Lewis Blane, Woodward David. Restructuring Indonesia's Sub-national Public Debt: Reform or Reversion? *Bulletin of Indonesian Economic Studies*, April 2010, 46 (1), pp. 65-78.

467. Lierse Hanna. European Economic Governance: The OMC as a Road to Integration? *International Journal of Public Policy*, 2010, 6 (1-2), pp. 35-49.

468. Lind Hans, Granqvist Roland. A Note on the Concept of Excess Burden, *Economic Analysis and Policy*, March 2010, 40 (1), pp. 63-73.

469. Liu Chorng-Jian, Mai Chao-Cheng, Lai Fu-Chuan, Guo Wen-Chung. Pollution, Factor Ownerships, and Emission Taxes, *Atlantic Economic Journal*, June 2010, 38(2), pp. 209-216.

470. Liu Feng. Cutting through the Smoke: Separating the Effect of Price on Smoking Initiation, Relapse and Cessation, *Applied Economics*, September 2010, 42 (22-24), pp. 2921-2939.

471. Liu Xinsheng, Lindquist Eric, Vedlitz Arnold, Vincent Kenneth. Understanding Local Policymaking: Policy Elites' Perceptions of Local Agenda Setting and Alternative Policy Selection, *Policy Studies Journal*, February 2010, 38 (1), pp. 69-91.

472. Lockwood Ben, Whalley John. Carbon-Motivated Border Tax Adjustments: Old Wine in Green Bottles? *World Economy*, June 2010, 33 (6), pp. 810-819.

473. Lofgren Asa, Nordblom Katarina. Attitudes towards CO_2 Taxation—Is There an Al

Gore Effect? *Applied Economics Letters*, May–June 2010, 17 (7–9), pp. 845–848.

474. Lu Chuanyi, Tong Qing, Liu Xuemei. The Impacts of Carbon Tax and Complementary Policies on Chinese Economy, *Energy Policy*, November 2010, 38 (11), pp. 7278–7285.

475. Lutz Byron. Taxation with Representation: Intergovernmental Grants in a Plebiscite Democracy, *Review of Economics and Statistics*, May 2010, 92 (2), pp. 316–332.

476. Lyonnet du Moutier Michel. Financing the Eiffel Tower: Project Finance and Agency Theory, *Journal of Applied Finance*, 2010, 20 (1), pp. 127–141.

477. Lyttkens Carl Hampus. Institutions, Taxation, and Market Relationships in Ancient Athens, *Journal of Institutional Economics*, December 2010, 6 (4), pp. 505–527.

478. Mabbett Deborah, Schelkle Waltraud. Beyond the Crisis—The Greek Conundrum and EMU Reform, *Intereconomics/Review of European Economic Policy*, March–April 2010, 45 (2), pp. 81–85.

479. Magnusson Roland. Efficiency of Non–cooperative Emission Taxes in Perfectly Competitive Markets, *Finnish Economic Papers*, Autumn 2010, 23 (2), pp. 88–93.

480. Mandell Svante. Steering the European Transport Greenhouse Gas Emissions under Uncertainty, *Journal of Transport Economics and Policy*, January 2010, 44 (1), pp. 1–16.

481. Mankiw N. Gregory, Weinzierl Matthew. The Optimal Taxation of Height: A Case Study of Utilitarian Income Redistribution, *American Economic Journal: Economic Policy*, February 2010, 2 (1), pp. 155–176.

482. Mankiw N Gregory. Spreading the Wealth Around: Reflections Inspired by Joe the Plumber: Presidential Address, *Eastern Economic Journal*, Summer 2010, 36 (3), pp. 285–298.

483. Marceau Nicolas, Mongrain Steeve, Wilson John D. Why Do Most Countries Set High Tax Rates on Capital? *Journal of International Economics*, March 2010, 80 (2), pp. 249–259.

484. Marrero Gustavo A. Tax–Mix, Public Spending Composition and Growth, *Journal of Economics (Zeitschrift fur Nationalokonomie)*, February 2010, 99 (1), pp. 29–51.

485. Martin Fernando M. Markov–Perfect Capital and Labor Taxes, *Journal of Economic Dynamics and Control*, March 2010, 34 (3), pp. 503–521.

486. Martinez Diego, Sanchez A Jesus. A Note on the Optimal Level of Public Inputs, *Social Choice and Welfare*, March 2010, 34 (3), pp. 363–369.

487. Martinez–Vazquez Jorge, Timofeev Andrey. Decentralization Measures Revisited, *Public Finance and Management*, 2010, 10 (1), pp. 13–47.

488. Mason Ruth. Tax Discrimination and Capital Neutrality, *World Tax Journal*, June 2010, 2 (2), pp. 126–138.

489. Mason Susan, Thomas Kenneth P. Tax Increment Financing in Missouri: An Analysis

of Determinants, Competitive Dynamics, Equity, and Path Dependency, *Economic Development Quarterly*, May 2010, 24 (2), pp. 169-179.

490. Matei Gheorghe, Pirvu Daniela. Effects of the Formula for Common Consolidated Corporate Tax Base Apportionment, *Theoretical and Applied Economics*, October 2010, 17 (10), pp. 37-48.

491. Matei Gheorghe, Pirvu Daniela. Premises in Implementing the Common Consolidated Tax Base System, *Theoretical and Applied Economics*, 2010, 17 (3), pp. 109-119.

492. Mateos-Planas Xavier. Demographics and the Politics of Capital Taxation in a Life-Cycle Economy, *American Economic Review*, March 2010, 100 (1), pp. 337-363.

493. Mathieu-Bolh Nathalie. Welfare Improving Distributionally Neutral Tax Reforms, *Economic Modelling*, September 2010, 27 (5), pp. 1253-1268.

494. Matkin David S T. Before There Was Enron, There Was Orange County: A Study of Local Government Financial -Oversight Committees, *Public Budgeting and Finance*, Fall 2010, 30 (3), pp. 27-50.

495. Matsumoto Mutsumi, Feehan James P. Capital-Tax Financing and Scale Economies in Public-Input Production, *Regional Science and Urban Economics*, May 2010, 40 (2-3), pp. 116-121.

496. Mattoon Richard H, Haleco-Meyer Vanessa, Foster Taft. Improving the Impact of Federal Aid to the States, Federal Reserve Bank of Chicago Economic Perspectives, 3rd-4th Quarter 2010, 34 (3-4), pp. 66-82.

497. Mattozzi Andrea. Policy Uncertainty, Electoral Securities, and Redistribution, *International Economic Review*, February 2010, 51 (1), pp. 45-71.

498. Mayor Karen, Tol Richard S J. The Impact of European Climate Change Regulations on International Tourist Markets, *Transportation Research: Part D: Transport and Environment*, January 2010, 15 (1), pp. 26-36.

499. McGill Greg. The Effects of Taxation on Sustainable Development, *Local Economy*, May 2010, 25 (3), pp. 251-263.

500. McHale I G, Peel D A. Habit and Long Memory in UK Lottery Sales, *Economics Letters*, October 2010, 109 (1), pp. 7-10.

501. McInerney Melissa. Privatizing Public Services and Strategic Behavior: The Impact of Incentives to Reduce Workers' Compensation Claim Duration, *Journal of Public Economics*, 2010, 94, pp. 777-789.

502. McKenzie Kenneth J, Sershun Natalia. Taxation and R&D: An Investigation of the Push and Pull Effects, *Canadian Public Policy*, September 2010, 36 (3), pp. 307-324.

503. McMillen Daniel P, Singell Larry D Jr. A Distributional Difference-in-Difference Evaluation of the Response of School Expenditures to Reforms and Tax Limits, *Education Fi-*

nance and Policy, Summer 2010, 5 (3), pp. 349–377.

504. Menoncin Francesco, Panteghini Paolo M. Retrospective Capital Gains Taxation in a Dynamic Stochastic World, *Finanz Archiv*, September 2010, 66 (3), pp. 236–242.

505. Merriman David. The Micro–geography of Tax Avoidance: Evidence from Littered Cigarette Packs in Chicago, *American Economic Journal: Economic Policy*, May 2010, 2 (2), pp. 61–84.

506. Messer Kent D, Poe Gregory L, Rondeau Daniel, Schulze William D, Vossler Christian A. Social Preferences and Voting: An Exploration Using a Novel Preference Revealing Mechanism, *Journal of Public Economics*, 2010, 94, pp. 308–317.

507. Milanovic Branko. Four Critiques of the Redistribution Hypothesis: An Assessment, *European Journal of Political Economy*, March 2010, 26 (1), pp. 147–154.

508. Minea Alexandru, Villieu Patrick. Financial Development, Institutional Quality and Maximizing –Growth Trade –Off in Government Finance, *Economic Modelling*, January 2010, 27 (1), pp. 324–335.

509. Minford. Patrick. The Effects of Labour Taxation on the Economy. *Economic Affairs*, Summer 2010, Supplement 2.

510. Mino Kazuo, Fujisaki Seiya. Growth and Distributional Effects of Inflation with Progressive Taxation, *Economics Bulletin*, 2010, 30 (4), pp. 3055–3065.

511. Misch Florian, Gemmell Norman, Kneller Richard. Binding Constraints and Second-Best Strategies in Endogenous Growth Models with Public Finance, *Journal of Globalization and Development*, 2010, 1 (2), pp. 217–223.

512. Miyazaki Tomomi. Local Public Sector Investment and Stabilization Policy: Evidence from Japan, *Public Policy Review*, February 2010, 6 (1), pp. 153–166.

513. Miyazawa Kazutoshi. Old Age Support in Kind, *Journal of Pension Economics and Finance*, July 2010, 9 (3), pp. 445–472.

514. Mkandawire Thandika. On Tax Efforts and Colonial Heritage in Africa, *Journal of Development Studies*, November 2010, 46 (10), pp. 1647–1669.

515. Mohsin Mohammed. The Dynamic Effects of Tax Policies in a Small Open Economy, *Applied Economics*, September 2010, 42 (22–24), pp. 3091–3104.

516. Monacelli Tommaso, Perotti Roberto, Trigari Antonella. Unemployment Fiscal Multipliers, *Journal of Monetary Economics*, July 2010, 57 (5), pp. 531–553.

517. Morande Felipe, Petermann Alexandra, Vargas Miguel. Determinants of Urban Vacant Land: Evidence from Santiago, Chile, *Journal of Real Estate Finance and Economics*, February 2010, 40 (2), pp. 188–202.

518. Morawski Leszek, Myck Michal. "Klin" –Ing Up: Effects of Polish Tax Reforms on Those in and on Those Out, *Labour Economics*, June 2010, 17 (3), pp. 556–566.

519. Morellec Erwan, Schurhoff Norman. Dynamic Investment and Financing under Personal Taxation, *Review of Financial Studies*, January 2010, 23 (1), pp. 101–146.

520. Morgenroth Edgar. Regional Dimension of Taxes and Public Expenditure in Ireland, *Regional Studies*, July 2010, 44 (6), pp. 777–789.

521. Mori Naoya. Tax Clientele Effects of Dividends under Intertemporal Consumption Choices, *Journal of Banking and Finance*, May 2010, 34 (5), pp. 1089–1097.

522. Morphi Katerina. Bank Regulation: A Controlled Incentive for Earnings Management, *International Journal of Financial Services Management*, 2010, 4 (4), pp. 260–280.

523. Moss Laurence S. The Seligman–Edgeworth Debate about the Analysis of Tax Incidence: The Advent of Mathematical Economics, 1892–1910 (2003), *American Journal of Economics and Sociology*, January 2010, 69 (1), pp. 524–562.

524. Moulton Stephanie, Wise Charles. Shifting Boundaries between the Public and Private Sectors: Implications from the Economic Crisis, *Public Administration Review*, May–June 2010, 70 (3), pp. 349–360.

525. Moutos Thomas, Tsitsikas Christos. Whither Public Interest: The Case of Greece's Public Finances, *FinanzArchiv*, June 2010, 66 (2), pp. 170–206.

526. Munley Vincent G, Harris Mary H. State Aid Programs for Equalizing Spending across Local School Districts: Does the Structure of the Program Matter, or Only Its Size? *Public Choice*, April 2010, 143 (1–2), pp. 23–47.

527. Myyra Sami, Pouta Eija. Farmland Owners' Land Sale Preferences: Can They Be Affected by Taxation Programs? *Land Economics*, May 2010, 86 (2), pp. 245–262.

528. Nakabayashi Masanari. Optimal Tax Rules and Public Sector Efficiency with an Externality in an Overlapping Generations Model, *Journal of Public Economics*, 2010, 94, pp. 1028–1040.

529. Nakada Minoru. Environmental Tax Reform and Growth: Income Tax Cuts or Profits Tax Reduction, *Environmental and Resource Economics*, December 2010, 47 (4), pp. 549–565.

530. Nelson Tim, Kelley Simon, Orton Fiona, Simshauser Paul. Delayed Carbon Policy Certainty and Electricity Prices in Australia, *Economic Papers*, December 2010, 29 (4), pp. 446–465.

531. Nevondwe Lufuno. South African Social Security and Retirement Reform: A Long Journey towards the Redrafting of the New Pension Funds Act, *Pensions: An International Journal*, November 2010, 15 (4), pp. 287–296.

532. Newbery David. A Nuclear Future? UK Government Policy and the Role of the Market, *Economic Affairs (Institute of Economic Affairs)*, June 2010, 30 (2), pp. 21–27.

533. Neyapti Bilin. Fiscal Decentralization and Deficits: International Evidence, *European*

Journal of Political Economy, June 2010, 26 (2), pp. 155–166.

534. Nicolaides Phedon. A Model of Europeanisation with and without Convergence, *Intereconomics/Review of European Economic Policy*, March–April 2010, 45 (2), pp. 114–121.

535. Nie Haifeng, Liu Yi. An Estimate of the Indirect Tax Incidence in Urban Households (In Chinese. With English summary), *Jingji Yanjiu/Economic Research Journal*, July 2010, 45 (7), pp. 31–42.

536. Nielsen Soren Bo, Raimondos–Moller Pascalis, Schjelderup Guttorm. Company Taxation and Tax Spillovers: Separate Accounting Versus Formula Apportionment, *European Economic Review*, January 2010, 54 (1), pp. 121–132.

537. Niizawa Hidenori. Comment on "Climate Change Policy Options for Asian Economies: Findings from an Integrated Assessment Model", *Asian Economic Policy Review*, June 2010, 5 (1), pp. 86–87.

538. Nordhaus William D. Carbon Taxes to Move toward Fiscal Sustainability, *Economists' Voice*, 2010, 7 (3), pp. 86–94.

539. Nyborg Karine. Will Green Taxes Undermine Moral Motivation? *Public Finance and Management*, 2010, 10 (2), pp. 331–351.

540. Oechslin Manuel. Government Revenues and Economic Growth in Weakly Institutionalised States, *Economic Journal*, June 2010, 120 (545), pp. 631–650.

541. Okpara Godwin Chigozie. Productivity and the Effect of Taxation on Economic Growth in Nigeria, *International Journal of Research in Commerce and Management*, October 2010, 1 (6), pp. 7–15.

542. Okuda Shin'ya, Sakaue Manabu, Shiiba Atsushi. Value Relevance of Profit Available for Dividend, *Asia–Pacific Journal of Accounting and Economics*, April 2010, 17(1), pp. 41–56.

543. Oliver Xisco, Piccoli Luca, Spadaro Amedeo. A Microsimulation Evaluation of Efficiency, Inequality, and Polarization Effects of Implementing the Danish, the French, and the U.K. Redistribution System in Spain, *Review of Income and Wealth*, March 2010, 56(1), pp. 186–214.

544. Olivero Maria Pia. Government Spending, Distortionary Taxation and the International Transmission of Business Cycles, *Journal of Economic Integration*, June 2010, 25 (2), pp. 403–426.

545. Orain Arnaud. Progressive Indirect Taxation and Social Justice in Eighteenth–century France: Forbonnais and Graslin's Fiscal System. *European Journal of the History of Economic Thought*, Oct. 2010, 17 (4), pp. 659–685.

546. Orsini Chiara. Changing the Way the Elderly Live: Evidence from the Home Health Care Market in the United States, *Journal of Public Economics*, 2010, 94, pp. 142–152.

547. Oshima Kosuke. Single Capital, Investment Choices and Preferential Tax Regimes, *Papers in Regional Science*, August 2010, 89 (3), pp. 659–668.

548. Oster Emily, Shoulson Ira, Quaid Kimberly, Dorsey E Ray. Genetic Adverse Selection: Evidence from Long–term Care Insurance and Huntington Disease, *Journal of Public Economics*, 2010, 94, pp. 1041–1050.

549. Overesch Michael, Voeller Dennis. The Impact of Personal and Corporate Taxation on Capital Structure Choices, *FinanzArchiv*, September 2010, 66 (3), pp. 263–294.

550. Overesch Michael, Wamser Georg. The Effects of Company Taxation in EU Accession Countries on German FDI, *Economics of Transition*, July 2010, 18 (3), pp. 429–457.

551. Owens Michael Leo. Public Support for the "Regional Perspective": A Consideration of Religion, *Urban Affairs Review*, July 2010, 45 (6), pp. 745–774.

552. Panaccione Luca, Ruscitti Francesco. A Note on Optimal Commodity Taxation with Moral Hazard and Separable Preferences, *Economics Bulletin*, 2010, 30 (3), pp. 2380–2387.

553. Panageas Stavros. Optimal Taxation in the Presence of Bailouts, *Journal of Monetary Economics*, January 2010, 57 (1), pp. 101–116.

554. Park Albert, Wang Sangui. Community–based Development and Poverty Alleviation: An Evaluation of China's Poor Village Investment Program, *Journal of Public Economics*, 2010, 94, pp. 790–799.

555. Park Hyun. Fiscal Policy and Equitable Growth, *Review of Development Economics*, February 2010, 14 (1), pp. 121–140.

556. Parker Jonathan A. Vissing–Jorgensen, Annette; The Increase in Income Cyclicality of High–Income Households and Its Relation to the Rise in Top Income Shares, *Brookings Papers on Economic Activity*, Fall 2010, pp. 1–55.

557. Parmenter Brian, Breckenridge Amar, Gray Stephen. Economic Analysis of the Government's Recent Mining Tax Proposals, *Economic Papers*, September 2010, 29 (3), pp. 279–291.

558. Pasten Roberto, Cover James P. The Political Economy of Unsustainable Fiscal Deficits, *Cuadernos de Economia (Pontifical Catholic University of Chile)*, November 2010, 47 (136), pp. 169–189.

559. Paulus Alari, Sutherland Holly, Tsakloglou Panos. The Distributional Impact of In–Kind Public Benefits in European Countries, *Journal of Policy Analysis and Management*, Spring 2010, 29 (2), pp. 243–266.

560. Paxson Christina, Schady Norbert. Does Money Matter? The Effects of Cash Transfers on Child Development in Rural Ecuador, *Economic Development and Cultural Change*, October 2010, 59 (1), pp. 187–229.

561. Pecorino Paul. By–Product Lobbying with Rival Public Goods, *European Journal of*

Political Economy, March 2010, 26 (1), pp. 114-124.

562. Perez Gonzalez Patricio, Cantarero David. Fiscal Decentralization and Economic Growth: Evidence from Spanish Regions: Erratum, *Public Budgeting and Finance*, Spring 2010, 30 (1), pp. 152.

563. Perino Grischa. Technology Diffusion with Market Power in the Upstream Industry, *Environmental and Resource Economics*, August 2010, 46 (4), pp. 403-428.

564. Perri Tim. Deferments and the Relative Cost of Conscription, *B.E. Journal of Economic Analysis and Policy: Topics in Economic Analysis and Policy*, 2010, 10 (1).

565. Peter Egger, Marko Koethenbuerger Michael Smart. Do Fiscal Transfers Alleviate Business Tax Competition? Evidence from Germany, *Journal of Public Economics*, 2010, 94, pp. 235-246.

566. Phijaisanit Euamporn. Fiscal Revenue Consideration for Potential Tax Treaties in AFTA: Theoretical Exercise and Application on Thailand's Data, *International Research Journal of Finance and Economics*, October 2010 (52), pp. 149-159.

567. Philippon Thomas. Financiers versus Engineers: Should the Financial Sector Be Taxed or Subsidized? *American Economic Journal: Macroeconomics*, July 2010, 2 (3), pp. 158-182.

568. Pijoan-Mas Josep, Sanchez-Marcos Virginia. Spain Is Different: Falling Trends of Inequality, *Review of Economic Dynamics*, January 2010, 13 (1), pp. 154-178.

569. Pirttila Jukka, Uusitalo Roope. A "Leaky Bucket" in the Real World: Estimating Inequality Aversion Using Survey Data, *Economica*, January 2010, 77 (305), pp. 60-76.

570. Plourde Andre. On Properties of Royalty and Tax Regimes in Alberta's Oil Sands, *Energy Policy*, August 2010, 38 (8), pp. 4652-4662.

571. Porter Tod S.. Trends in the Fiscal Capacity of Ohio's Public Schools, *Journal of Education Finance*, Winter 2010, 35 (3), pp. 217-244.

572. Poterba James。The Challenge of Tax Reform and Expanding the Tax Base Geary Lecture—2009, *Economic and Social Review*, Summer 2010, 41 (2), pp. 133-148.

573. Prasad Monica, Deng Yingying. Taxation and the Worlds of Welfare: Corrigendum, *Socio-Economic Review*, July 2010, 8 (3), pp. 583.

574. Pressman Steven. The Middle Class throughout the World in the Mid-2000s, *Journal of Economic Issues*, March 2010, 44 (1), pp. 243-262.

575. Prohl Silika. Test of Fiscal Sustainability and Causality Hypotheses for Switzerland, *Schweizerische Zeitschrift fur Volkswirtschaft und Statistik/Swiss Journal of Economics and Statistics*, June 2010, 146 (2), pp. 481-506.

576. Propper Carol, Sutton Matt, Whitnall Carolyn, Windmeijer Frank. Incentives and Targets in Hospital Care: Evidence from a Natural Experiment, *Journal of Public Economics*,

2010, 94, pp. 318–335.

577. Prusvic David, Pavlokova Katerina. Generational Accounting in European Health Care Systems, *Finance a Uver/Czech Journal of Economics and Finance*, 2010, 60 (5), pp. 378–399.

578. Pudney Stephen. Drugs Policy: What Should We Do about Cannabis? *Economic Policy*, January 2010 (61), pp. 165–194, 199–211.

579. Puppe Clemens, Xu Yongsheng. Essential Alternatives and Freedom Rankings, *Social Choice and Welfare*, October 2010, 35 (4), pp. 669–685.

580. Raimondos–Møller Pascalis, Schmitt Nicolas. Commodity Taxation and Parallel Imports, *Journal of Public Economics*, 2010, 94, pp. 153–162.

581. Ramcharan Rodney, Inequality and Redistribution: Evidence from U.S Counties and States, 1890–1930, *Review of Economics and Statistics*, November 2010, 92 (4), pp. 729–744.

582. Rannlund Runar, Lundgren Tommy. Environmental Policy and Profitability: Evidence from Swedish Industry, *Environmental Economics and Policy Studies*, 2010, 12 (1–2), pp. 59–78.

583. Ratuva Steven. Back to Basics: Towards Integrated Social Protection for Vulnerable Groups in Vanuatu, *Pacific Economic Bulletin*, 2010, 25 (3), pp. 40–63.

584. Raudla Ringa. Governing Budgetary Commons: What Can We Learn from Elinor Ostrom? *European Journal of Law and Economics*, December 2010, 30 (3), pp. 201–221.

585. Ravallion Martin. Do Poorer Countries Have Less Capacity for Redistribution? *Journal of Globalization and Development*, 2010, 1 (2).

586. Ray Debraj. Uneven Growth: A Framework for Research in Development Economics, *Journal of Economic Perspectives*, Summer 2010, 24 (3), pp. 45–60.

587. Realdon Marco. After–Tax Valuation of Convertible Bonds and Participation Exemption, *Economic Notes*, November 2010, 39 (3), pp. 147–171.

588. Reda Ayman. Religious and Economic Preferences: An Empirical Analysis of State Tax Rates and Public Spending, *International Economic Journal*, September 2010, 24 (3), pp. 297–316.

589. Reis Mauricio. Cash Transfer Programs and Child Health in Brazil, *Economics Letters*, July 2010, 108 (1), pp. 22–25.

590. Reitschuler Gerhard. Fiscal Policy and Optimal Taxation: Evidence from a Tax Smoothing Exercise, *Scottish Journal of Political Economy*, May 2010, 57 (2), pp. 238–252.

591. Riedl Arno. Behavioral and Experimental Economics Do Inform Public Policy, *FinanzArchiv*, March 2010, 66 (1), pp. 65–95.

592. Rigby Stephen H. Urban Population in Late Medieval England: The Evidence of the

Lay Subsidies, *Economic History Review*, May 2010, 63 (2), pp. 393–417.

593. Ritter Moritz. The Optimum Quantity of Money Revisited: Distortionary Taxation in a Search Model of Money, *B.E. Journal of Macroeconomics: Topics in Macroeconomics*, 2010, 10 (1).

594. Rizzo Leonzio. Interaction between Federal Taxation and Horizontal Tax Competition: Theory and Evidence from Canada, *Public Choice*, July 2010, 144 (1), pp. 369–387.

595. Rockoff Jonah E.. Local Response to Fiscal Incentives in Heterogeneous Communities, *Journal of Urban Economics*, September 2010, 68 (2), pp. 138–147.

596. Rockoff Jonah E, Lockwood Benjamin B. Stuck in the middle: Impacts of Grade Configuration in Public Schools, *Journal of Public Economics*, 2010, 94, pp. 1051–1061.

597. Rodden Jonathan, Wibbels Erik. Fiscal Decentralization and the Business Cycle: An Empirical Study of Seven Federations, *Economics and Politics*, March 2010, 22 (1), pp. 37–67.

598. Rodgers Joan R. Chronic and Temporary Poverty in Australia: Targeting Public Transfers, *Economic Record*, Special Issue September 2010 (86), pp. 87–100.

599. Romer Christina D, Romer David H. The Macroeconomic Effects of Tax Changes: Estimates Based on a New Measure of Fiscal Shocks, *American Economic Review*, June 2010, 100 (3), pp. 763–801.

600. Rosholm Michael, Vejlin Rune. Reducing Income Transfers to Refugee Immigrants: Does Start-Help Help You Start? *Labour Economics*, January 2010, 17 (1), pp. 258–275.

601. Rothstein Jesse. Is the EITC as Good as an NIT? Conditional Cash Transfers and Tax Incidence, *American Economic Journal: Economic Policy*, February 2010, 2 (1), pp. 177–208.

602. Rouillon Sebastien. Optimal Law Enforcement with Costly Public Funds, *International Review of Law and Economics*, December 2010, 30 (4), pp. 345–348.

603. Ruis Arjan, de Zeeuw Aart. International Cooperation to Combat Climate Change, *Public Finance and Management*, 2010, 10 (2), pp. 379–404.

604. Ruiz del Portal X. On the Qualitative Properties of the Optimal Income Tax, *Mathematical Social Sciences*, May 2010, 59 (3), pp. 288–298.

605. Russo Benjamin. Is Past Prologue? Prospects for State and Local Sales Tax Bases, *Applied Economics*, June–July 2010, 42 (16–18), pp. 2261–2274.

606. Saez Emmanuel. Do Taxpayers Bunch at Kink Points? *American Economic Journal: Economic Policy*, August 2010, 2 (3), pp. 180–212.

607. Salmon Richard G. The Evolution of Virginia Public School Finance: From the Beginnings to Today's Difficulties, *Journal of Education Finance*, Fall 2010, 36 (2), pp. 143–161.

608. Sancho Ferran. Total Fiscal Cost of Indirect Taxation: An Input–Output Approxima–

tion for Catalonia, Empirical, *Economics Letters*, September 2010, 9 (9), pp. 875-882.

609. Sancho Ferran. Double Dividend Effectiveness of Energy Tax Policies and the Elasticity of Substitution: A CGE Appraisal, *Energy Policy*, June 2010, 38 (6), pp. 2927-2933.

610. Sandmo Agnar. Uncertainty in the Theory of Public Finance. *Geneva Risk & Insurance Review*, Jun 2010.

611. Saputra Wempi. The Choice of Tax Bases under Fiscal Federalism and the Unitary System, *Economics Bulletin*, 2010, 30 (1), pp. 219-233.

612. Sargent Thomas J, Smith Bruce D. The Timing of Tax Collections and the Structure of "Irrelevance" Theorems in a Cash-in-Advance Model, *Macroeconomic Dynamics*, September 2010, 14 (4), pp. 585-603.

613. Sarpça Sinan. Multi-dimensional Skills, Specialization, and Oligopolistic Competition in Higher Education, *Journal of Public Economics*, 2010, 94, pp. 800-811.

614. Sauter Nicolas, Winter Joachim. Do Investors Respond to Tax Reform? Evidence from a Natural Experiment in Germany, *Economics Letters*, August 2010, 108 (2), pp. 193-196.

615. Schabert Andreas. Monetary Policy under a Fiscal Theory of Sovereign Default, *Journal of Economic Theory*, March 2010, 145 (2), pp. 860-868.

616. Schelker Mark, Eichenberger Reiner. Auditors and Fiscal Policy: Empirical Evidence on a Little Big Institution, *Journal of Comparative Economics*, December 2010, 38 (4), pp. 357-380.

617. Scheve Kenneth, Stasavage David. The Conscription of Wealth: Mass Warfare and the Demand for Progressive Taxation, *International Organization*, Fall 2010, 64 (4), pp. 529-561.

618. Schildberg-Hörisch Hannah. Is the Veil of Ignorance only a Concept about Risk? An Experiment, *Journal of Public Economics*, 2010, 94, pp. 1062-1066.

619. Schiller Timothy. Riding the Revenue Roller Coaster: Recent Trends in State Government Finance, *Federal Reserve Bank of Philadelphia Business Review*, 1st Quarter 2010, pp. 23-30.

620. Schneider Friedrich, Buehn Andreas, Montenegro Claudio E. New Estimates for the Shadow Economies All over the World, *International Economic Journal*, December 2010, 24 (4), pp. 443-461.

621. Schneider Friedrich. The Influence of Public Institutions on the Shadow Economy: An Empirical Investigation for OECD Countries, *Review of Law and Economics*, 2010, 6 (3), pp. 32-40.

622. Schob Ronnie. Climate Policy: Reaping an Additional Employment Dividend, *Public Finance and Management*, 2010, 10 (2), pp. 251-283.

623. Schobel Enrico. Self-Regulated Markets for Professional Legal Services: The Case of

Tax Intermediaries, *Journal of Economic Issues*, June 2010, 44 (2), pp. 497–504.

624. Schoefer Benjamin. Regulation and Taxation: A Complementarity, *Journal of Comparative Economics*, December 2010, 38 (4), pp. 381–394.

625. Schubert Stefan F. Coping with Externalities in Tourism: A Dynamic Optimal Taxation Approach, *Tourism Economics*, June 2010, 16 (2), pp. 321–343.

626. Seifried Frank Thomas. Optimal Investment with Deferred Capital Gains Taxes: A Simple Martingale Method Approach, *Mathematical Methods of Operations Research*, February 2010, 71 (1), pp. 181–199.

627. Selim Sheikh. Optimal Taxation in a Two Sector Economy with Heterogeneous Agents, *Economics Bulletin*, 2010, 30 (1), pp. 534–542.

628. Sen Anindya, Ariizumi Hideki, Driambe Daciana. Do Changes in Cigarette Taxes Impact Youth Smoking? Evidence from Canadian Provinces, *Forum for Health Economics and Policy*, 2010, 13 (2).

629. Seymore R, Adams P D, Mabugu M, van Heerden J H, Blignaut J. The Impact of an Environmental Tax on Electricity Generation in South Africa, *Journal for Studies in Economics and Econometrics*, August 2010, 34 (2), pp. 1–18.

630. Shan Hui. Property Taxes and Elderly Mobility, *Journal of Urban Economics*, March 2010, 67 (2), pp. 194–205.

631. Shirley Ho J. Social Norms and Emission Tax: Multiple Equilibria in Adopting Pollution Abatement Device, *Applied Economics*, January–February 2010, 42 (1–3), pp. 97–105.

632. Simpson Nicole B. Tiefenthaler, Jill; Hyde, Jameson; The Impact of the Earned Income Tax Credit on Economic Well–Being: A Comparison across Household Types, *Population Research and Policy Review*, December 2010, 29 (6), pp. 843–864.

633. Simula Laurent. Optimal Nonlinear Income Tax and Nonlinear Pricing: Optimality Conditions and Comparative Static Properties, *Social Choice and Welfare*, July 2010, 35 (2), pp. 199–220.

634. Simula Laurent, Trannoy Alain. Optimal Income Tax under the Threat of Migration by Top–income Earners, *Journal of Public Economics*, 2010, 94, pp. 163–173.

635. Sjögren Tomas. Optimal Taxation and Environmental Policyin a Decentralized Economic Federation with Environmental and Labor Market Externalities, *Public Finance and Management*, 2010, 10 (2), pp. 284–330.

636. Skatun John Douglas. The Death Rates of Smokers and Their External Effects, *Journal of Economic Studies*, 2010, 37 (3–4), pp. 455–470.

637. Skidmore Mark, Kashian Russ. On the Relationship between Tax Increment Finance and Property Taxation, *Regional Science and Urban Economics*, November 2010, 40 (6),

pp. 407–414.

638. Skoufias Emmanuel, Lindert Kathy, Shapiro Joseph. Globalization and the Role of Public Transfers in Redistributing Income in Latin America and the Caribbean, *World Development*, June 2010, 38 (6), pp. 895–907.

639. Slemrod Joel. Old George Orwell Got It Backward: Some Thoughts on Behavioral Tax Economics, *FinanzArchiv*, March 2010, 66 (1), pp. 15–33.

640. Slemrod Joel, Traxler Christian. Optimal Observability in a Linear Income Tax, *Economics Letters*, August 2010, 108 (2), pp. 105–108.

641. Smith Greg. The Henry Review and Taxing Business Income and Rents, *Australian Economic Review*, December 2010, 43 (4), pp. 422–428.

642. Smyth Russell, Mishra Vinod, Qian Xiaolei. Knowing One's Lot in Life versus Climbing the Social Ladder: The Formation of Redistributive Preferences in Urban China, *Social Indicators Research*, April 2010, 96 (2), pp. 275–293.

643. Socol Cristian, Marinas Marius, Socol Aura Gabriela. Fiscal Sustainability and Social Cohesion: Common and Specific in EU Sub-models, *Theoretical and Applied Economics*, 2010, 17 (3), pp. 43–62.

644. Socol Cristian, Marinas Marius, Socol Aura–Gabriela. The Impact of Welfare State to Labour Market: European Submodels Differences, *Theoretical and Applied Economics*, August 2010, 17 (8), pp. 63–86.

645. Sommers Benjamin D. Targeting in Medicaid: The Costs and Enrollment Effects of Medicaid's Citizenship Documentation Requirement, *Journal of Public Economics*, 2010, 94, pp. 174–182.

646. Song Donglin, Wang Linhui, Dong Zhiqing. Is There Skill Biased Technological Change? Evidence from China (In Chinese. With English summary). *Jingji Yanjiu/Economic Research Journal*, May 2010, 45 (5), pp. 68–81.

647. Sousa Ricardo M. The Consumption-Wealth Ratio and Asset Returns: The Euro Area, the UK and the US, *Journal of Money, Investment and Banking*, July 2010 (16), pp. 12–28.

648. Staehr Karsten. The Global Financial Crisis and Public Finances in the New EU Countries in Central and Eastern Europe: Developments and Challenges, *Public Finance and Management*, 2010, 10 (4), pp. 671–712.

649. Stalebrink Odd J, Kriz Kenneth A, Guo Weiyu. Prudent Public Sector Investing and Modern Portfolio Theory: An Examination of Public Sector Defined Benefit Pension Plans, *Public Budgeting and Finance*, Winter 2010, 30 (4), pp. 28–46.

650. Stallmann Judith I, Deller Steven. Impacts of Local and State Tax and Expenditure Limits on Economic Growth, *Applied Economics Letters*, May–June 2010, 17 (7–9), pp.

645-648.

651. Stark Oded, Hyll Walter, Behrens Doris A. Gauging the Potential for Social Unrest, *Public Choice*, April 2010, 143 (1-2), pp. 229-236.

652. Stern Nicholas. Presidential Address: Imperfections in the Economics of Public Policy, Imperfections in Markets, and Climate Change, *Journal of the European Economic Association*, April-May 2010, 8 (2-3), pp. 253-288.

653. Stine William F. Estimating the Determinants of Property Reassessment Duration: An Empirical Study of Pennsylvania Counties, *Journal of Regional Analysis and Policy*, 2010, 40 (2), pp. 143-159.

654. Strand Jon. Optimal Fossil-Fuel Taxation with Backstop Technologies and Tenure Risk, *Energy Economics*, March 2010, 32 (2), pp. 418-422.

655. Sturn Richard. "Public Goods" before Samuelson: Interwar Finanzwissenschaft and Musgrave's Synthesis, *European Journal of the History of Economic Thought*, May 2010, 17 (2), pp. 279-312.

656. Tabbush Constanza. Latin American Women's Protection after Adjustment: A Feminist Critique of Conditional Cash Transfers in Chile and Argentina, *Oxford Development Studies*, December 2010, 38 (4), pp. 437-459.

657. Talpos Ioan, Crasneac Alexandru O. The Effects of Tax Competition, *Theoretical and Applied Economics*, August 2010, 17 (8), pp. 39-52.

658. Tamai Toshiki. Public Goods Provision, Redistributive Taxation, and Wealth Accumulation, *Journal of Public Economics*, 2010, 94, pp. 1067-1072.

659. Tamura Yuji. Migrant Smuggling, *Journal of Public Economics*, 2010, 94, pp. 540-548.

660. Tang Ning, Mitchell Olivia S, Mottola Gary R, Utkus Stephen P. The Efficiency of Sponsor and Participant Portfolio Choices in 401 (k) Plans, *Journal of Public Economics*, 2010, 94, pp. 1073-1085.

661. Tanzi Vito. Sistemas fiscales en la OCDE: Evolucion Reciente, Competencia yconvergencia (With English summary). *Papeles de Economia Espanola*, 2010 (125-126), pp. 1-17.

662. Tao Ran, Su Fubing, Liu Mingxing, Cao Guangzhong. Land Leasing and Local Public Finance in China's Regional Development: Evidence from Prefecture-Level Cities, *Urban Studies*, September 2010, 47 (10), pp. 2217-2236.

663. Teulings Coen N. How to Share Our Risks Efficiently? Principles for Optimal Social Insurance and Pension Provision, *De Economist*, April 2010, 158 (1), pp. 1-21.

664. Tezcan Keramettin, Unlukaplan Ilter. Underground Economy and Tax Administration, *Sosyoekonomi*, 2010, 6 (13), pp. 179-189.

665. Thaize Challier M-Christine. Socio-political Conflict, Social Distance, and Rent Extraction in Historical Perspective, *European Journal of Political Economy*, March 2010, 26 (1), pp. 51-67.

666. Thirunavukkarasu S. Personal Income Taxation in India: Retrospect and Prospect, *Indian Journal of Economics and Business*, March 2010, 9 (1), pp. 111-121.

667. Thorndike Joseph J. The Fiscal Revolution and Taxation: The Rise of Compensatory Taxation, 1929-1938, *Law and Contemporary Problems*, Winter 2010, 73 (1), pp. 95-122.

668. Thornton John, Adedeji Olumuyiwa. Fiscal Decentralization and Fiscal Consolidations in Emerging Market Economies, *Applied Economics Letters*, July-August 2010, 17 (10-12), pp. 1043-1047.

669. Tideman T Nicolaus, Plassmann Florenz. Pricing Externalities, *European Journal of Political Economy*, June 2010, 26 (2), pp. 176-184.

670. Tirole Jean. From Pigou to Extended Liability: On the Optimal Taxation of Externalities under Imperfect Financial Markets, *Review of Economic Studies*, April 2010, 77 (2), pp. 697-729.

671. Toader Stela Aurelia. The Impact of Tax Equity on Income Tax Collection during Economic Decline, *Romanian Economic and Business Review*, Summer 2010, 5 (2), pp. 118-127.

672. Tomic Aleksandar. Nations, Taxes and Religion: Did Mohammad Have It Right? *Public Choice*, March 2010, 142 (3-4), pp. 461-464.

673. Tonin Mirco, Vlassopoulos Michael. Disentangling the Sources of Pro-socially Motivated Effort: A field Experiment, *Journal of Public Economics*, 2010, 94, pp. 1086-1092.

674. Toshimitsu Tsuyoshi. On the Paradoxical Case of a Consumer-Based Environmental Subsidy Policy, *Economic Modelling*, January 2010, 27 (1), pp. 159-164.

675. Tra Constant I. A Discrete Choice Equilibrium Approach to Valuing Large Environmental Changes, *Journal of Public Economics*, 2010, 94, pp. 183-196.

676. Tsai Tsung-Sheng, Yang C C. Minimum Winning versus Oversized Coalitions in Public Finance: The Role of Uncertainty, *Social Choice and Welfare*, February 2010, 34 (2), pp. 345-361.

677. Tsangyao Chang, Yuan-Hong Ho, Caudill Steven B. Is Per Capita Real GDP Stationary in China? More Powerful Nonlinear (logistic) Unit Root Tests. *Applied Economics Letters*, Sep. 2010.

678. Tscharaktschiew Stefan, Hirte Georg. The Drawbacks and Opportunities of Carbon Charges in Metropolitan Areas—A Spatial General Equilibrium Approach, *Ecological Economics*, December 2010, 70 (2), pp. 339-357.

679. Tsui Kevin K. Resource Curse, Political Entry, and Deadweight Costs, *Economics and*

Politics, November 2010, 22 (3), pp. 471–497.

680. Tsukuda Yoshihiko, Miyakoshi Tatsuyoshi. Econometric Analysis of Fiscal Policy Budget Constraints in Endogenous Growth Models, *Economics Bulletin*, 2010, 30 (4), pp. 2884–2894.

681. Urakawa Kunio, Oshio Takashi. Comparing Marginal Commodity Tax Reforms in Japan and Korea, *Journal of Asian Economics*, December 2010, 21 (6), pp. 579–592.

682. Urban Peter J. Is the Long-Term Bond Rate the Appropriate Uplift Rate for the RSPT? *Economic Papers*, September 2010, 29 (3), pp. 317–319.

683. Valles-Gimenez Jaime, Zarate-Marco Anabel. Trueba-Cortes, Carmen; Green Taxes in a Federal Context: An Empirical Model for Industrial Waste in Spain, *Review of Regional Studies*, Summer 2010, 40 (1), pp. 27–51.

684. Van der Mensbrugghe Dominique. Climate Change Policy Options for Asian E-conomies: Findings from an Integrated Assessment Model, *Asian Economic Policy Review*, June 2010, 5 (1), pp. 63–83.

685. Van der Ploeg Frederick. Aggressive Oil Extraction and Precautionary Saving: Coping with Volatility, *Journal of Public Economics*, 2010, 94, pp. 421–433.

686. Van Sonsbeek Jan-Maarten. Micro Simulations on the Effects of Ageing-Related Pol-icy Measures, *Economic Modelling*, September 2010, 27 (5), pp. 968–979.

687. Vanistendael Frans. Taxation and Non-discrimination, a Reconsideration of With-holding Taxes in the OECD, *World Tax Journal*, June 2010, 2 (2), pp. 175–191.

688. Vartapetov Karen. Russia's Federal Fiscal Grants: Regional Equalisation and Growth, *Post-Communist Economies*, December 2010, 22 (4), pp. 471–481.

689. Varvarigos Dimitrios. Inflation, Volatile Public Spending, and Endogenously Sus-tained Growth, *Journal of Economic Dynamics and Control*, October 2010, 34 (10), pp. 1893–1906.

690. Vasquez Cordano Arturo L, Balistreri Edward J. The Marginal Cost of Public Funds of Mineral and Energy Taxes in Peru, *Resources Policy*, December 2010, 35 (4), pp. 257–264.

691. Velde Francois R. The Case of the Undying Debt, *Financial History Review*, October 2010, 17 (2), pp. 185–209.

692. Venegas-Martinez Francisco. Fiscal Policy in a Stochastic Model of Endogenous Growth: The Mexican Case, *Indian Development Review*, January-December 2010, 8 (1-2), pp. 139–155.

693. Ventry Dennis J Jr. The Accidental Deduction: A History and Critique of the Tax Subsidy for Mortgage Interest, *Law and Contemporary Problems*, Winter 2010, 73 (1), pp. 233–284.

694. Vergara R. Taxation and Private Investment: Evidence for Chile, *Applied Eco-*

nomics, February 2010, 42 (4-6), pp. 717-725.

695. Vigneault Marianne. Fiscal Decentralization with Regional Redistribution and Risk Sharing, *Public Finance and Management*, 2010, 10 (1), pp. 48-79.

696. Villegas-Palacio Clara, Coria Jessica. On the Interaction between Imperfect Compliance and Technology Adoption: Taxes versus Tradable Emissions Permits, *Journal of Regulatory Economics*, December 2010, 38 (3), pp. 274-291.

697. Vodopivec Milan. How Viable Are Unemployment Insurance Savings Accounts? Simulation Results for Slovenia, *Comparative Economic Studies*, June 2010, 52 (2), pp. 225-247.

698. Von Reuss Alexander, Prebble John. The Taxation of Foreign Investment Funds: A Comparative Review of Selected Aspects of the Rules of Germany and New Zealand, *World Tax Journal*, October 2010, 2 (3), pp. 195-226.

699. Wagenvoort Rien, de Nicola Carlo, Kappeler Andreas. Infrastructure Finance in Europe: Composition, Evolution and Crisis Impact, *EIB Papers*, 2010, 15 (1), pp. 16-39.

700. Wagner Richard E. Raising vs. Leveling in the Social Organization of Welfare, *Review of Law and Economics*, 2010, 6 (3).

701. Wallin Bruce A. Snow, Douglas; Budget Deficits in the States: Massachusetts, *Public Budgeting and Finance*, Spring 2010, 30 (1), pp. 80-104.

702. Wan Junmin. The Incentive to Declare Taxes and Tax Revenue: The Lottery Receipt Experiment in China, *Review of Development Economics*, August 2010, 14 (3), pp. 611-624.

703. Wang Guogang. Urbanization: Core of China Economic Development Mode Transition. *Jingji Yanjiu/Economic Research Journal*, December 2010, 45 (12), pp. 70-81.

704. Wang Xiaobing, Piesse Jenifer. Inequality and the Urban-Rural Divide in China: Effects of Regressive Taxation, *China and World Economy*, November-December 2010, 18 (6), pp. 36-55.

705. Wang Zhen. The Redistribution Effects of New Countryside Construction Policies in China (In Chinese. With English summary), *Jingji Yanjiu/Economic Research Journal*, June 2010, 45 (6), pp. 17-27.

706. Warren Neil. The Henry Review, State Taxation and the Federation, *Australian Economic Review*, December 2010, 43 (4), pp. 409-421.

707. Webb Natalie J, Candreva Philip J. Diagnosing Performance Management and Performance Budgeting Systems: A Case Study of the U.S. Navy, *Public Finance and Management*, 2010, 10 (3), pp. 524-555.

708. Weinbach Andrew, Paul R. Transfer Payment Distribution and Increases in Gambling Activity, *Applied Economics Letters*, January-February 2010, 17 (1-3), pp. 165-167.

709. Weller Christian E, Rao Manita. Progressive Tax Policy and Economic Stability, *Journal of Economic Issues*, September 2010, 44 (3), pp. 629–659.

710. Wen Jean–Francois, Yuan Lasheng. Optimal Privatization of Vertical Public Utilities, *Canadian Journal of Economics*, August 2010, 43 (3), pp. 816–831.

711. Wendner Ronald. Conspicuous Consumption and Generation Replacement in a Model of Perpetual Youth, *Journal of Public Economics*, 2010, 94, pp. 1093–1107.

712. Whiteford Peter. The Australian Tax–Transfer System: Architecture and Outcomes, *Economic Record*, December 2010, 86 (275), pp. 528–544.

713. Whiteford Peter. The Henry Review and the Social Security System, *Australian Economic Review*, December 2010, 43 (4), pp. 429–436.

714. Wiggan Jay. Managing Time: The Integration of Caring and Paid Work by Low–Income Families and the Role of the UK's Tax Credit System; *Policy Studies*, November 2010, 31 (6), pp. 631–645.

715. Witesman Eva M. Order beyond Crisis: Organizing Considerations across the Public Service Configuration Life Cycle, *Public Administration Review*, May–June 2010, 70 (3), pp. 361–366.

716. Wooster Rossitza B, Lehner Joshua W. Reexamining the Border Tax Effect: A Case Study of Washington State, *Contemporary Economic Policy*, October 2010, 28 (4), pp. 511–523.

717. Wrake Markus, Myers Erica, Burtraw Dallas, Mandell Svante, Holt Charles. Opportunity Cost for Free Allocations of Emissions Permits: An Experimental Analysis, *Environmental and Resource Economics*, July 2010, 46 (3), pp. 331–336.

718. Wu Ming–Che, Liau Yung–Shi, Wang Yung–Chang. The Effect on Stock Return Volatility of a Temporary Cut in the Land Value Increment Tax—Evidence from Taiwan, *International Journal of Economics*, December 2010, 4 (2), pp. 267–272.

719. Wu Yonghong. Property Tax Exportation and Its Effects on Local Business Establishments: The Case of Massachusetts Municipalities, *Economic Development Quarterly*, February 2010, 24 (1), pp. 3–12.

720. Xu Yan, Halkyard Andrew. The Impact of the Global Financial Crisis on Broadly Based Indirect Taxation: A Chinese Case Study. *eJournal of Tax Research*, Dec. 2010.

721. Yan Matthew Chang Keng, Arokiasamy Lawrence, Suat Cristal Lee Ah. Indirect Taxation: Awareness and Impact on Undergraduates, *International Research Journal of Finance and Economics*, July 2010 (41), pp. 43–50.

722. Yanase Akihiko. Tariff and Environmental Tax Reforms in a Polluted Small Open Economy with Public Production, *FinanzArchiv*, December 2010, 66 (4), pp. 333–49.

723. Yao Xin, Xiying Liu. Optimal Carbon Tax in China with the Perspective of Economic

Growth. (In Chinese With English summary), *Jingji Yanjiu/Economic Research Journal*, November 2010, 45 (11), pp. 48–58.

724. Yunker James A. Capital Wealth Taxation as a Potential Remedy for Excessive Capital Wealth Inequality, *Journal of Post Keynesian Economics*, Fall 2010, 33 (1), pp. 83–104.

725. Zabel Jeffrey, Schwartz Saul, Donald Stephen. The Impact of the Self-Sufficiency Project on the Employment Behaviour of Former Welfare Recipients, *Canadian Journal of Economics*, August 2010, 43 (3), pp. 882–918.

726. Zelenak Lawrence A. The Federal Retail Sales Tax That Wasn't: An Actual History and an Alternate History, *Law and Contemporary Problems*, Winter 2010, 73 (1), pp. 149–205.

727. Zhang ZhongXiang. The US Proposed Carbon Tariffs and China's Responses, *Energy Policy*, May 2010, 38 (5), pp. 2168–2170.

728. Ziebarth Nicolas R, Karlsson Martin. A Natural Experiment on Sick Pay Cuts, Sickness Absence, and Labor Costs, *Journal of Public Economics*, 2010, 94, pp. 1108–1122.

后　记

一部著作的完成需要许多人的默默贡献，闪耀着的是集体的智慧，其中铭刻着许多艰辛的付出，凝结着许多辛勤的劳动和汗水。

本书在编写过程中，借鉴和参考了大量的文献和作品，从中得到了不少启悟，也汲取了其中的智慧菁华，谨向各位专家、学者表示崇高的敬意——因为有了大家的努力，才有了本书的诞生。凡被本书选用的材料，我们都将按相关规定向原作者支付稿费，但因为有的作者通信地址不详或者变更，尚未取得联系。敬请您见到本书后及时函告您的详细信息，我们会尽快办理相关事宜。

由于编写时间仓促以及编者水平有限，书中不足之处在所难免，诚请广大读者指正，特驰惠意。